대조언어학

대조언어학
Contrastive Linguistics

2판 6쇄 발행일 | 2023년 09월 25일
2판 1쇄 발행일 | 2014년 07월 17일
1판 1쇄 발행일 | 2013년 04월 25일

저 자 | 허용, 김선정
펴낸이 | 최도욱
펴낸곳 | 소통
주 소 | 서울시 금천구 시흥대로 193 아람아이씨티타워 1110호

전 화 | 070-8843-1172
팩 스 | 0505-828-1177
이메일 | sotongpub@gmail.com
블로그 | http://sotongpublish.tistory.com
가 격 | 22,000원

잘못된 책은 바꾸어 드립니다.
이 책의 내용은 저작권법에 따라 보호받고 있습니다.

ISBN 978-89-93454-81-9 93700

e-CIP 홈페이지(http://www.nl.go.kr/ecip)에서 이용하실 수 있습니다.
(CIP제어번호: CIP2014010071)

대조언어학

소통

서 문

이 책은 대조언어학을 소개하기 위한 책이다. 이 책을 구상한 것은 두 사람이 『외국어로서의 한국어발음교육론』(2006)의 집필을 끝낸 후였으니 7년 전의 일이다. 문제는 과연 우리가 이러한 책을 쓸 수 있을까 하는 것이었다. 그것은 학문으로서의 대조언어학이 갖는 광범위하고 방대한 성격 때문이었다. 주지하는 대로 대조언어학은 그 성격상 언어학계나 외국어 교육계에서 나옴 직함에도 불구하고 국내에서는 물론이고 외국에서도 한두 권을 제외하고는 거의 출판된 적이 없었다는 사실이 이와 같은 성격의 책을 집필하는 것이 얼마나 지난한 일인지를 보여주고 있다.

그렇다고 하여 마냥 손을 놓고 있을 수는 없는 일이었다. 개론서 성격의 책을 집필하는 모든 사람들의 생각처럼, 해당 분야에 적합한 책이 없어 그 분야를 가르치고 배우는 사람들의 애타는 마음을 잘 알기 때문이다. 그러나 처음부터 책으로 출판할 생각을 한 것은 아니었다. 처음에는 그런 생각 없이 서로 정보를 주고받는다는 차원에서 강의안을 교환해 보는 정도로 출발하였다. 일단 각자가 속해 있는 대학에서 강의를 하면서 필요한 사항들을 중심으로 강의안을 만들어 서로 교환하고 또 부족한 부분들을 보완해 가면서 지속적으로 자료를 축적하였다.

이러한 작업을 5~6년 하고 나니 괜찮은 자료들을 제법 모을 수 있었다. 그 자료들을 책으로 묶을 생각을 하고 나니 이 책이 어떤 성격의 책이어야 하는지에 대한 고민이 생겼다. 언어 간 대조가 두 언어 사이의 거리만을 알기 위한 것이라면 특정 기준 없이 두 집단을 단순 비교하면 되겠지만, 그러한 접근방법은 언어를 꿰뚫어 보는 데에는 큰 도움이 되지 못한다는 사실을 모든 언어학자들은 SPE 식의 규칙을 통해 경험한 바 있다. 언어에 대한 연구에서는, 그것이 특별히 언어 간 대조라면 언어적 사실이나 현상이 주어진 기준으로부터 어떤 방향으로 얼마나 떨어져 있는지를 아는 것이 중요하다고 할 것이다. 그런 점에서 두 사람은 단순한 상호 대조보다는 보편성과 유형론의 관점에서 기술하기로 하였다. 또 하나 고민한 것은 이 책의 목적이 서로 다른 언어에 대한 차이를 지식적으로 전달하는 것인지 자연언어에 대한 조망과 개별 언어에 대한 이해를 하는 것인지에 대한 것이었다. 전자도 매우 중요하지만 그것은 또 다른 전문가들에게 맡기기로 하고, 이 책에서는 후자의 입장에 서기로 하였다.

이와 같은 논의를 바탕으로 전체 목차를 결정하고 각 장의 세부 목차와 다룰 언어도 결정하였다. 원 자료에는 이 책에 실리지 않은 다른 언어도 적지 않게 있었지만, 책의 분량을 고려하여 우리에게 익숙한 영어, 일본어, 중국어를 중심으로 하고 최근의 우리나라 상황을 생각하여 필요한 경우에는 동남아 언어들도 부분적으로 포함시키기로 하였다.

이 책은 크게 두 부분으로 나누어진다. 첫 번째는 제1장과 제2장으로 일종의 도입이라고 할 수 있으며, 두 번째는 나머지로 대조언어학의 실제적인 내용을 담고 있다. 3장부터 6장은 음운 대조를 다루고, 7장과 8장은 형태 대조를 다룬다. 9장부터 11장은 통사 대조를 다루고, 12장은 어휘, 13장은 표현 및 담화 대조를 다룬다. 각 장에서 다루는 내용은 제1장에 간략히 기술되어 있다.

각 장은 세 부분으로 나누어지는데, '들어가기'에서는 해당 주제에 대한 자연언어의 일반적인 모습에 대해 간략히 소개하였고, 그에 이어 한국어 교육에서 나타나는 학습자의 오류를 간단히 살펴보았으며, 그 이후에는 해당 주제에 대한 언어별 특징을 기술하였다.

이 책을 내면서도 빚을 갚는 마음이 드는 것은 전과 다를 바가 없다. 뜻하지도 않게 후학들이 많아 다른 학문 영역의 교수들로부터 부러움의 대상이 되었는데, 그런 고마운 후학들에게 작은 도움이라도 되기를 바라는 마음이 크다.

오랜 시간 우리 나름대로 열심히 준비하고 잘못된 것들을 수정하였지만,

막상 책으로 내려고 하니 혹시나 하는 생각에 주저하는 마음도 없지 않다. 두 사람으로선 최선의 노력으로 만든 책이지만, 다른 시각에선 여전히 부족한 점들이 많을 것이기 때문이다. 잘못된 부분이 없기를 바랄 뿐이나 모든 잘못된 내용은 집필자들에게 있음을 알고 앞으로 더 많은 연구를 통해 다듬어 갈 것이다.

이 책을 발간하는 데 적지 않은 분들의 도움을 받았다. 가장 먼저 이 책에 실린 참고문헌의 저자들에게 감사를 드린다. 많은 내용들이 그들의 연구에 힘입은 바 크다. 책의 성격상 일일이 참고서적의 서지사항을 밝히지 못하고 일괄적으로 처리한 점에 대해 그 분들의 양해를 구한다. 그리고 대조언어학 또는 유형론이라는 학문의 성격상 대형자료들이 필요한 경우가 많았는데, *The World Atlas of Language Structures(WALS)*와 *UCLA Phonological Segment Inventory Database(UPSID)*의 도움이 매우 컸다. 멀리서나마 이 자료를 구축한 학자들에게 깊은 고마움을 표한다. 그리고 그 어느 때보다 경제 상황이 어려운 때에 이 책의 출판이 가능하도록 많은 고생을 하신 소통의 최도욱 사장님과 편집부에게도 감사를 드린다.

이 책을 집필하는 데 직접적으로 도움을 준 많은 사람들이 있다. 먼저 계명대학교의 Michael Finch 교수와 민경모 교수, 한국외국어대학교의 김의수 교수와 임형재 교수, 김민영 박사, 대구대학교의 우창현 교수 등은 집필한 내용에 대해 유익한 조언을 해 주었다. 이분들에 대한 고마움이 매우 크다. 그리고 특수 언어에 대해서 한국외국어대학교의 여러 교수님들께도 자문을 구했는데 이를 통하여 언어의 보다 구체적인 모습에 좀 더 가까이 다가갈 수 있었다. 또한 일본어와 중국어를 비롯한 여러 언어에 대한 정확한 정보를 제공해 주고, 원어 교정에 도움을 준 이영주(일본어), 야마모토 미사키(일본어), 유양(柳楊, 중국어), 이은희(중국어), 장혜선(중국어), 강현자(독일어), 김성수(프랑스어), 분마럿 껀나파(태국어), 유혜정(태국어), 웬 티옥(베트남어) 선생 등에게 고마움을 전한다. 특별히 계명대학교의 강진숙, 박은정 두 선생은 원고를 몇 번이고 읽어 작은 실수 하나라도 놓치지 않으려고 애를 써 주었고,

한국외국어대학교의 정진희 선생과 조소연 선생도 교정을 보느라 수고를 아끼지 않았다. 이에 고마움을 표하고 싶다. 이 외에도 자료 수집과 교정 과정에서 여러 가지 도움을 준 강미(姜薇), 김목아, 김지영, 김희진, 류선영, 박성심, 이소영, 장근영, 채경진, 최효선 선생 등에게도 고마움을 전한다. 언제나 그렇듯이 이렇게 많은 분들의 도움이 없었더라면 이 책의 출판이 불가능하였기에 모두에게 큰 고마움을 전한다.

끝으로, 이 책을 쓰는 내내 머릿속을 떠나지 않는 분들이 계셨다. Robert Robins, Neil Smith, Ruth Kempson, Deirdre Wilson, Theodora Bynon, Jonathan Kaye, John Wells 교수님 등 University of London의 SOAS(School of Oriental and African Studies)와 UCL(University College London)의 언어학 교수들이다. 이분들은 Nupe, Wolof, Igbo, Bantu 등 이름도 알지 못했던 아프리카와 또 다른 American Indian들의 낯선 언어들을 통해서 우리가 모르던 언어의 매력을 일깨워 주셨고, 강의 시간마다 여러 언어의 다양한 양상을 소개해 주심으로 언어에 대한 사고의 폭을 넓혀 주셨다. 그때마다 우리는 마치 TV에서 보는 동물의 왕국과 같이 늘 새로운 세계로 이끌려 갔다. 이 책의 한 장(章) 한 장(章)을 써 나가면서 '아, 그때 그분들이 이런 것들을 가르치려 했구나.' 하는 생각을 지울 수가 없었다. 지금 돌이켜 생각해도 언어에 대해 그렇게 해박할 수가 없었고, 언어를 그렇게 사랑할 수 없었던 것 같다. 느꺼운 마음에 가슴이 뭉클하였다.

비록 여러 가지로 부족한 책이지만 처음 나오는 대조언어학 교재라는 점에 자부심을 가지며, 뒤이어 나오는 책들의 작은 주춧돌이 되기를 바랄 뿐이다.

2013년 3월

허 용 · 김선정 씀

목 차

제1장 대조언어학 개괄 ··· 1

1. 들어가기 ·· 1
2. 대조언어학과 인접 학문 ·· 2
    2.1 비교언어학과 대조언어학 ··· 2
    2.2 언어 유형론과 대조언어학 ··· 3
3. 대조언어학의 외국어 학습 가설 ·· 4
    3.1 대조 분석 ··· 4
    3.2 오류 분석 ··· 11
    3.3 중간언어 ··· 14
4. 대조언어학의 연구 방법 ·· 17
5. 대조언어학의 분야 ·· 20
    5.1 음운 대조 ··· 21
    5.2 형태 대조 ··· 22
    5.3 통사 대조 ··· 22
    5.4 어휘 대조 ··· 24
    5.5 표현 및 담화 대조 ·· 24
6. 대조언어학과 외국어 교육 ·· 25

제2장 세계 언어의 이모저모 ··· 27

1. 들어가기 ·· 27
    1.1 언어의 수 ··· 27
    1.2 언어 사용 인구 ··· 29

2. 어족의 종류 ··· 31
　2.1 아시아 지역 ··· 31
　2.2 유럽 지역 ··· 41
　2.3 아프리카 지역 ··· 52
　2.4 아메리카 지역 ··· 56

제3장 모 음 · 59

1. 들어가기 ··· 59
2. 학습자 오류 ·· 60
3. 자연언어 음소 체계의 특성 ······································· 61
　3.1 음소의 수 ··· 62
　3.2 모음 대 자음의 비율 ··· 64
4. 언어별 모음 체계 ··· 65
　4.1 언어별 단모음 체계 ··· 67
　4.2 언어별 이중모음 체계 ·· 71
5. 모음의 유형적 보편성 ··· 76

제4장 자 음 · 79

1. 들어가기 ··· 79
2. 학습자 오류 ·· 80
3. 자연언어 자음 체계의 특성 ······································· 81
4. 언어별 자음 체계 ··· 84
　4.1 한국어의 자음 체계 ··· 84
　4.2 영어의 자음 체계 ·· 85
　4.3 일본어의 자음 체계 ··· 86

4.4 중국어의 자음 체계 ··· 87
　5. 언어 간 자음 목록 대조 ··· 88
　6. 보편성에 따른 자음 체계 대조 ··· 93
　　　6.1 공명음 ·· 93
　　　6.2 장애음 ·· 97

제5장 음 절 ·· 105

　1. 들어가기 ·· 105
　2. 학습자 오류 ··· 106
　3. 음절구조의 구성요소와 유형 ··· 107
　　　3.1 음절구조의 구성요소 ·· 107
　　　3.2 음절구조의 유형 ·· 112
　4. 언어별 음절구조 ·· 113
　　　4.1 한국어의 음절구조 ··· 113
　　　4.2 다른 언어의 음절구조 ··· 116
　5. 초분절음소 ··· 121
　　　5.1 성조 ··· 121
　　　5.2 장단 ··· 125
　　　5.3 악센트 ·· 126
　　　5.4 억양 ··· 129

제6장 음운현상 ·· 131

　1. 들어가기 ·· 131
　2. 학습자 오류 ··· 132
　3. 종성 제약 ··· 133

4. 자음동화 ··· 138
   4.1 조음 위치 동화 ································· 138
   4.2 조음 방법 동화 ································· 143

5. 구개음화 ··· 147

6. 자음 약화 현상 ·· 152

제7장 어휘범주별 특성 ···························· 157

1. 들어가기 ··· 157

2. 학습자 오류 ··· 161

3. 명사 ·· 163
   3.1 일반적 특징 ·· 163
   3.2 한국어 명사의 특징 ···························· 167
   3.3 다른 언어의 경우 ······························· 169

4. 인칭대명사 ·· 173
   4.1 일반적 특징 ·· 173
   4.2 한국어 인칭대명사의 특징 ·················· 175
   4.3 다른 언어의 경우 ······························· 176

5. 동사 ·· 181
   5.1 일반적 특징 ·· 181
   5.2 한국어 동사의 특징 ···························· 183
   5.3 다른 언어의 경우 ······························· 184

6. 형용사 ··· 191
   6.1 일반적 특징 ·· 191
   6.2 한국어 형용사의 특징 ························ 192
   6.3 다른 언어의 경우 ······························· 195

제8장 단어형성법 ·· 201

1. 들어가기 ·· 201
2. 학습자 오류 ·· 203
3. 형태소의 분류 ··· 205
   3.1 실질적 의미 유무에 따른 분류 ······················ 205
   3.2 자립성 유무에 따른 분류 ······························ 206
   3.3 기능에 따른 분류 ·· 207
4. 접사 ·· 211
5. 단어의 형성 ·· 213
   5.1 단어의 분류 ··· 213
   5.2 굴절, 파생, 합성 ··· 216
6. 단어 구조의 대조 ··· 237
   6.1 통합성에 따른 분류 ····································· 237
   6.2 융합성에 따른 분류 ····································· 240

제9장 어 순 ·· 243

1. 들어가기 ·· 243
2. 학습자 오류 ·· 246
3. 기본성분의 순서 ·· 247
   3.1 고정어순과 자유어순 ··································· 247
   3.2 자연언어에서의 기본성분의 순서 ···················· 249
4. 다른 어순 ··· 254
   4.1 명사구 내부의 어순 ····································· 254
   4.2 동사구 내부의 어순 ····································· 264

제10장 시제와 상 ······ 275

1. 들어가기 ······ 275
2. 학습자 오류 ······ 278
3. 시제 ······ 279
    3.1 시제의 구분 ······ 279
    3.2 시제의 문법적 체계 ······ 283
    3.3 언어별 시제의 특징 ······ 287
4. 상 ······ 297
    4.1 상의 분류 ······ 297
    4.2 언어별 상의 특징 ······ 305

제11장 문장의 종류 ······ 309

1. 들어가기 ······ 309
2. 학습자 오류 ······ 310
3. 문장의 분류와 기준 ······ 311
4. 문장의 종류 ······ 317
    4.1 평서문 ······ 317
    4.2 의문문 ······ 323
    4.3 명령문 ······ 336
    4.4. 부정문 ······ 341

제12장 어 휘 ······ 349

1. 들어가기 ······ 349
2. 학습자 오류 ······ 350

3. 어휘장을 활용한 어휘 대조 ··· 352
   3.1 대응되는 어휘가 없는 경우 ·· 354
   3.2 하나의 어휘에 대응되는 어휘가 복수로 존재하는 경우 ············· 356

4. 상위어와 하위어를 활용한 어휘 대조 ······································· 360

5. 유표성과 저지를 활용한 어휘 대조 ·· 361

6. True Friends와 False Friends를 활용한 어휘 대조 ···················· 366
   6.1 한국어와 중국어의 대조 ··· 367
   6.2 한국어와 일본어의 대조 ··· 368
   6.3 한국어와 베트남어의 대조 ·· 371

7. 합성어 구성 순서 대조 ·· 373

제13장 표현 및 담화 ·· 377

1. 들어가기 ··· 377

2. 학습자 오류 ··· 378

3. 주제 중심 언어와 주어 중심 언어 ··· 379

4. 상황 중심 언어와 인간 중심 언어 ··· 383

5. 청자 중심 언어와 화자 중심 언어 ··· 385

6. 존재 중심 언어와 소유 중심 언어 ··· 387

7. 부분 기술 언어와 전체 기술 언어 ··· 389

8. 신정보와 구정보 ·· 391

9. 지시 표현 ·· 393

10. Macro to Micro 언어와 Micro to Macro 언어 ························ 395

참고문헌 ··· 399

제1장 대조언어학 개괄

1. 들어가기

　한국어를 교육해 본 경험이 있거나 외국어를 배워 본 경험이 있는 사람들은 한 번쯤 학습자의 모국어와 학습 대상 언어 간의 관계에 관하여 생각해 보았을 것이다. 외국어 학습에 미치는 여러 가지 요인 중에서도 학습자의 모국어는 가장 중요한 요인 중의 하나임에 틀림이 없을 것이다. 이는 외국어 교육에서 학습자들의 모국어에 따라 겪는 어려움이 다르다는 사실이 뒷받침해 준다. 예를 들어 영어를 모국어로 하는 학생들의 경우에는 한국어의 존대법과 조사의 쓰임을 습득하는 데에 많은 어려움을 보인다. 그러나 이들과는 달리 일본어를 모국어로 하는 사람들의 경우는 이러한 한국어의 특징을 익히는 데 상대적으로 용이하다. 따라서 외국어를 교육하는 교사가 학습자들의 모국어와 학습 대상 언어 간의 차이점과 공통점을 이해하고 이를 교수·학습에 이용하면 언어 교육의 효과를 높일 수 있다. 즉, 두 언어 간에 무엇이 어떻게 다르며, 이를 실제 언어 교육에 어떻게 응용할 것인가 하는 문제를 생각해야 한다. 이를 위해서는 언어들 간의 면밀하고 체계적인 대조가 필요하다. 이러한 점에서 학습 대상 언어와 학습자 모국어 간의 대조언어학(contrastive linguistics)적 연구가 필요한 것이다.

이 장에서는 외국어 교육 현장에서 실용적인 목적으로 요구되는 대조언어학이 무엇인지에 관하여 대략적으로 알아보고, 외국어 교육에서의 대조언어학의 역할에 관하여 알아보고자 한다.

2. 대조언어학과 인접 학문

모든 언어는 보편성(principles)과 특수성(parameters)을 가진다. 언어가 가지는 보편성과 특수성을 비교·대조하는 언어학의 분야에는 비교언어학, 언어 유형론, 대조언어학 등이 있는데 각각의 특성을 간략히 알아보자.

2.1 비교언어학과 대조언어학

역사비교언어학이라고도 하는 비교언어학(comparative linguistics)은 해당 언어의 변천 및 여러 언어 간의 상관관계를 통시적(diachronic)인 시각으로 연구하는 분야로 한 언어의 초기 형태와 후기 형태를 비교하기도 하고, 같은 계통에 속하는 상이한 언어들을 비교하여 특정 언어 간의 상호관련성 등을 연구하기도 한다. 이 책의 2장에서 사용하는 인도·유럽어족이니 알타이어족이니 하는 말도 언어 간의 상호관련성을 연구하는 비교언어학의 연구 성과로 이루어진 것이다. 이와는 달리 대조언어학(contrastive linguistics)은 공시적(synchronic)인 시각으로 대상이 되는 언어의 특징을 파악하고 다른 언어들과의 차이점을 파악하고자 하는 언어학이다. 비교언어학이 해당 언어의 역사적인 변천 과정이나 타 언어와의 공통점이나 차이점 등 언어에 대한 이해에 목표를 두는 이론언어학적 (theoretical linguistics) 성격이 강하다면, 대조언어학은 외국어 교육 등 실용적인 목적에서 출발한 언어학으로 응용언어학적(applied linguistics) 성격이 강하다고 하겠다. 비교언어학과 대조언어학의 특징을 간략히 표로 정리하면 다음과 같다.

	비교언어학	대조언어학
관심 영역	해당 언어 간의 공통점	해당 언어 간의 차이점
목 적	보편성과 특수성 등 언어에 대한 이해	외국어 교육 등 실용적인 분야에서의 활용
접근 방법	통시적 접근	공시적 접근
언어학적 분류	이론언어학	응용언어학

〈표 1〉 비교언어학과 대조언어학

2.2 언어 유형론과 대조언어학

언어 유형론(linguistic typology)은 공시적인 시각에서 세계의 여러 언어들을 조사하여 공통적인 특징을 파악하고 이를 바탕으로 유형을 분류하는 것을 말한다. 이렇듯 유형론이 역사적인 관계를 고려하지 않는다는 점에서는 대조언어학과 비슷하다. 그러나 유형론이 언어의 보편성을 추구하고 어떤 특정 언어의 개별적인 특징보다는 자연언어의 전체적인 조감도를 그리는 일에 관심을 갖는 데 비해, 대조언어학은 언어의 개별성을 추구하고 각각의 공통점과 차이점을 비롯한 구체적인 특징을 파악하는 일을 중시한다. 이러한 특징으로 인해 유형론은 동시에 많은 언어들을 연구의 대상으로 삼지만 대조언어학은 소수의 언어를 대상으로 한다. 유형론은 대조언어학과 마찬가지로 언어의 계통과 관계없이 연구될 수 있는데 해당 언어의 특성을 단순히 파악하거나 분류하는 데에서 끝나는 것이 아니라 궁극적으로는 언어의 특성을 일반화하여 자연언어가 가지는 보편적인 특성(universality)을 탐구하는 데 그 목적을 둔다. 언어 유형론과 대조언어학의 특징을 요약하면 다음과 같다.

	언어 유형론	대조언어학
관심 영역	언어 간의 공통점	언어 간의 차이점
중시 분야	보편성, 전체적인 조감도	개별성, 구체적인 특징
접근 방법	공시적 접근	공시적 접근
언어학적 분류	이론언어학	응용언어학

〈표 2〉 언어 유형론과 대조언어학

3. 대조언어학의 외국어 학습 가설

앞에서 언급한 바와 같이 대조언어학이란 공시적으로 언어들 간의 유사성과 차이점을 기술하기 위해 두 개 이상의 언어의 특징을 대조시켜 분석하는 언어학의 한 분야이다. 이 절에서는 대조언어학과 관련된 외국어 학습 가설에 대해 살펴보기로 하자.

3.1 대조 분석

대조 분석(Contrastive Analysis: CA)은 행동주의 심리학과 구조주의 언어학이 결합된 풍토에서 생성된 이론으로 대조의 대상이 되는 두 개 이상의 언어에 나타난 음운적, 형태적, 통사적, 표현 담화적 특징을 대조해 보는 것이다. 이 이론에서는 외국어 습득에 대한 주요 장애물을 모국어의 간섭(interference)이라고 보았다. 나아가 외국어 학습이 어려운 것은 이러한 간섭 때문이고, 이를 해결하기 위해서는 교사나 언어학자가 학습자의 모국어와 학습 대상 언어를 과학적이고 구조적으로 분석해야 한다고 보았다. 양 언어의 체계적인 대조는 학습자가 겪을 수 있는 어려움을 예견할 수 있을 뿐만 아니라 해결할 수 있다고 보았다.

대조 분석 가설은 Lado(1957)가 *Linguistics Across Cultures*를 발표한 이후 본격적으로 알려지게 되었는데, 적극적인 입장과 소극적인 입장으로 나누어진다. 적극적인 입장에서는 대조 분석이 제2언어 학습에서 나타날 수 있는 모든 문제점을 예측할 수 있으며, 모국어와 학습 대상 언어 간의 차이를 학습 대상 언어를 학습하면서 겪는 유일한 어려움으로 보았다. 다음은 적극적인 입장에서 보는 대조 분석과 외국어 학습과의 관계이다.

첫째, 외국어 학습에서 겪는 어려움 또는 오류의 주요한 원인, 혹은 유일한 원인은 학습자의 모국어에서부터 나오는 간섭이다.

둘째, 외국어 학습 과정에서 오는 어려움은 주로 두 언어의 차이에서 기인한다.

셋째, 두 언어의 차이가 크면 클수록 학습에서의 어려움은 더욱 커진다.

넷째, 두 언어를 비교하여 얻은 결과는 외국어 학습에서 일어날 수 있는 어려움과 오류를 예측하는 데 필요하다.

다섯째, 학습자가 학습해야 하는 것은 대조 분석에 의하여 이루어진 차이점의 양과 같다.

소극적인 입장에서는 대조 분석을 단순히 학습자의 모국어와 학습 대상 언어 간의 차이점을 기술하는 것으로 보았다. 따라서 대조 분석 결과는 학습자의 오류는 예측할 수 없고, 단지 오류가 발생했을 경우 오류의 원인을 규명하는 데 설명을 제공할 수 있는 것으로 보았다.

위와 같이 학습자의 모국어와 학습 대상 언어에서 나타나는 차이점을 파악하는 일로 외국어 학습의 난점을 예측할 수 있다고 주장하는 대조 분석 가설은 지나치게 비현실적(unrealistic)이고 비실제적(unpractical)이라는 비판을 받게 된다. 왜냐하면, A와 B라는 언어 간에 존재하는 차이점으로 인해 A라는 언어를 모국어로 하는 학습자가 B라는 언어를 배울 때 어려움을 겪을 것으로 예측을 하였으나 실제 학습 현장에서는 그러한 어려움이 나타나지 않기도 하고, 유사점으로 인해 큰 어려움 없이 학습을 할 수 있을 것으로 예측했던 데에서 오히려 어려움을 겪기도 하기 때문이다.

이러한 비판을 극복하기 위하여 대조 분석의 예측 단계를 형식화해 보려는 시도가 이루어졌다. Stockwell, Bowen & Martin(1965)은 교사나 언어학자가 제2언어 학습에서 상대적인 어려움을 예측할 수 있도록 문법적 난이도의 위계(hierarchy of difficulty)를 제안하였다. 또한 이를 바탕으로 Prator(1967)는 음운과 문법 영역에 동시에 적용될 수 있는 문법적 난이도의 위계를 0단계에서부터 5단계까지 총 여섯 단계로 구분하여 객관화해 보려는 시도를 하였다.[1] 여기에서 난이도의 0단계는 두 언어 간에 차이점이나 대립되는 특징이 전혀 없어 긍정적 전이가 일어나는 단계이고, 5단계는 모국어에 있는 하나의 항목이 학습 대상 언어에서는 두 개 이상으로 분화되어 간섭이 정점에 이르는 단계이다. 즉, 단계가 올라갈수록 학습의 난이도가 높아지는데(ascending order of difficulty) 모국어와 학습 대상 언어 간에 공통점이 많으면 단계가 낮고, 두 언어 간에 차이점이 많으면 단계가 높다. 이들은 자신

---

1) 다음은 Prator(1967)의 난이도의 위계이다. 단계별 관련 예시 등 보다 자세한 사항은 Brown(2007)을 참조할 것.
0단계 - 전이(transfer): 두 언어 간에 차이점이나 대립되는 점이 나타나지 않는 경우이다. 학습자는 모국어의 소리, 구조, 또는 어휘를 학습 대상 언어로 긍정적으로 단순히 전이할 수 있다.
1단계 - 융합(coalescence): 모국어의 두 항목이 학습 대상 언어에서 본질적으로 한 항목으로 합쳐지는 경우이다. 이 경우 학습자는 모국어에서 익숙하게 해 온 언어의 구별을 학습 대상 언어에서는 무시해야 한다.
2단계 - 구별부족(underdifferentiation): 모국어에 있는 어떤 항목이 학습 대상 언어에는 없는 경우이다. 학습자는 이러한 항목을 사용하는 것을 피해야만 한다.
3단계 - 재해석(reinterpretation): 모국어에 존재하는 어떤 항목이 학습 대상 언어에서는 새로운 형태로 나타나거나 분포가 다른 경우이다.
4단계 - 과잉구별(overdifferentiation): 모국어에는 없거나 만일 있다고 해도 전혀 유사점이 없는 항목이 학습 대상 언어에 있어서 학습자가 배워야 하는 경우이다.
5단계 - 분리(split): 모국어에서는 하나이던 항목이 학습 대상 언어에서는 둘 또는 그 이상으로 분리되는 경우이다. 이때 학습자는 분리된 항목을 구별하는 것을 배워야만 한다.

들이 제시한 난이도의 위계가 그 어떤 두 개의 개별 언어에도 적용이 되므로 대조 분석의 예측 단계에서 객관성을 제공할 수 있다고 하였다.

그러나 이러한 노력에도 불구하고 외국어 학습에서 나타나는 오류가 단순히 모국어와 학습 대상 언어와의 차이에서 오는 것이 아니라는 것이 밝혀짐으로써 대조 분석 가설은 많은 비판을 받게 되었다. 즉, '이런저런 데에서 어려움을 겪게 될 것이다'라고 했던 예측(prediction)들이 사실이 아닌 것으로 드러났다. 그러면서 오히려 산출된 오류에 관심을 가지게 되었고, 실증적 증거(empirical evidence)의 중요성을 강조하게 되었다. 다시 말해, '예측'에 의존하기보다는 말하기와 쓰기 등에 나타난 오류와 같은 '실증적 증거'에 의미를 두게 되었다. 더욱이 외국어 학습에서 나타나는 오류는 단순히 학습자의 모국어와 학습 대상 언어와의 차이에서 기인되는 것이 아니라 외국어 학습에서 필연적으로 겪게 되는 자연스러운 현상으로 간주하는 관점이 새롭게 각광을 받게 된다.

대조 분석적 접근 방법은 학습자의 모국어와 학습 대상 언어의 특징을 정적인 상태에서 비교하지만 학습자가 언어 학습에서 일으키는 오류는 실제적으로 훨씬 더 많은 요인이 복합적으로 작용하여 생산된다. 오류는 학습자의 모국어와 학습 대상 언어의 구조적 차이뿐만 아니라 학습 대상 언어의 내부 전이, 교재나 교사 등의 학습 환경 등 보다 복합적인 원인에 의해 산출되기 때문이다. 따라서 학습자의 학습 과정을 제대로 이해하기 위해서는 학습 과정에서 학습자가 생산해 낸 오류를 다방면에서 분석하는 보다 포괄적이며 동적인 연구가 필요하다.

가장 단적으로 이야기를 하면 외국어 학습을 위해 이루어지는 대조 분석은 학습자의 모국어와 학습 대상 언어의 음운적, 형태적, 통사적, 표현 및 담화적 특징을 대조하는 것이라면, 이와는 달리 오류 분석은 학습 대상 언어만이 대조의 대상이 된다. 즉, 한국어를 배우는 영어권 학습자의 특성을 이해하기 위해서는 영어와 한국어를 대조하는 것이 아니라 영어권 학습자들이 표현한 한국어를 한국어 모국어 화자들이 사용하는 한국어와 대조한다. 즉, 오류 분석의 대상이 되는 언어는 학습 대상 언어 하나뿐인 것이다. 다만 학습자의 모국어는 일부 오류의 원인을 이해하는 데 정보를 제공할 뿐이다.

3.1.1 전이

전이(transfer)란 외국어 학습에서 긍정적이든 부정적이든 학습자의 모국어가 학습 대상 언어의 습득에 미치는 영향을 일컫는 말로, 긍정적 전이와 부정적 전이, 무전이로 나눌 수 있다. 긍정적 전이인 유용(facilitation)은 학습 내용이 두 언어에서 같을 때 일어나며, 부정적 전이인 간섭(interference)은 두 언어가 연관은 있으나 다를 때 일어난다. 또한 무전이(zero transfer)는 학습 내용이 두 언어에서 전혀 관련성이 없을 때 일어난다. 대조 분석 가설에서는 이들 중 학습의 장애 요인이 되는 간섭을 더 중요하게 다룬다.

간섭에는 언어 간 간섭과 언어 내 간섭이 있는데, 전자는 언어 간 범주의 차이와 구조, 규칙, 의미의 차이에 의해 나타난다. 이러한 간섭은 배제적(preclusive)이거나 침입적(intrusive)인데, 배제적 간섭은 학습 대상 언어의 어떠한 규칙이 학습자의 모국어에는 없어서 일어나는 간섭을 일컫는다. 예를 들어, 한국어를 모국어로 하는 사람들이 영어를 배울 때 한국어에 없는 정관사(the)나 부정관사(a/an)의 사용에서 겪는 어려움을 일컫는다. 거꾸로, 영어를 모국어로 하는 사람들이 한국어를 배울 때 영어에는 없는 주격, 목적격 조사 등의 사용에서 겪는 어려움을 말한다. 이와는 달리 침입적 간섭은 학습자의 모국어에 있는 어떠한 요소가 학습 대상 언어의 것과 서로 달라서 학습 대상 언어의 학습을 방해하는 것이다. 예를 들어, 영어를 모국어로 하는 사람이 영어의 어순 때문에 한국어 학습에서 어순의 간섭을 받는 경우나 반대로 한국어를 모국어로 하는 사람들이 영어의 어순 때문에 받는 간섭의 경우이다. 또한 '*학교는 깨끗한입니다'처럼 형용사를 영어에서처럼 be 동사와 함께 서술어로 사용하는 예가 이에 해당된다.

언어 내 간섭은 학습자가 이미 알고 있는 학습 대상 언어의 어떠한 특징을 새로 학습할 내용에 그대로 적용함으로써 나타난다. 이는 주로 이미 학습한 내용과 학습할 내용 간에 보이는 불규칙성이나 복잡성, 비대칭성으로 인해 학습자가 과잉일반화(overgeneralization)를 함으로써 발생한다. 예를 들어, 학습자가 한국어 학습의 초기에 '먹어요, 좋아요' 등 용언의 '-어요/아요' 활용형을 배운 후 불규칙 용언에도 같은 규칙을 적용하여 '*춥어요, 덥어요'라고 하는 경우이다. 한국어를 모국어로 하는 사람들이 영어를 배울 때에 나타나는 불규칙 동사의 과거형이나 과거분사형 구성에 보이는 어려움이 이에 해당된다. 또한 should나 can, would, must 등의 조동사가 3인칭 주어와 쓰일 때 -s나 -es를 붙이는 경우도 이에 해당된다. 다음은 한국어 화자가 영어를 학습할 때 생산한 언어 내 간섭의 예이다.

a. * I <u>sleeped</u> well.
b. * He <u>has goed</u> to school.
c. * She <u>must sleeps</u> early.
d. * He <u>does should</u> stay home.

위 예문 (a, b)에서는 sleep과 go의 과거형과 과거분사형이 각각 slept와 gone임에도 불구하고, 규칙동사처럼 동사의 원형에 '-ed'를 붙이는 오류를 범한 것이다. (c, d)에서는 must나 should 같은 조동사는 주어의 인칭이나 수에 관계없이 동사의 원형을 취하나 주어가 3인칭 단수 현재인 점을 감안하여 동사의 원형에 s나 -es를 붙이는 오류를 일으킨 것이다. 이와 같은 오류는 학습자의 모국어인 한국어의 영향으로 발생한 것이 아니라 영어 자체가 가지고 있는 불규칙성 때문인 것이다.

지금까지 논의한 전이에 관한 내용을 정리하면 다음과 같다.

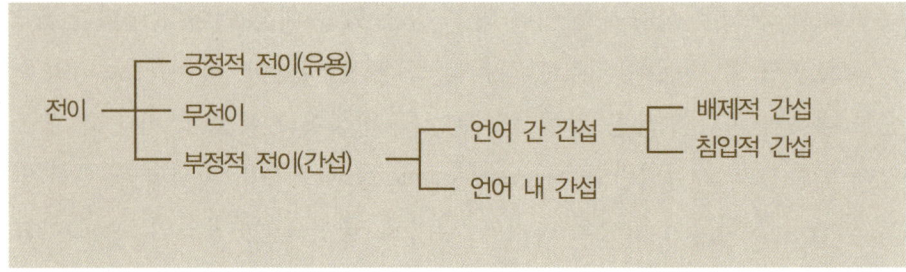

3.1.2 전이와 외국어 학습

앞에서 살펴본 바와 같이 학습자의 모국어와 학습 대상 언어의 공통점과 차이점은 외국어 학습에 커다란 영향을 준다. 학습자의 모국어와 학습 대상 언어 간에 공통점이 많으면 긍정적인 전이가 많아 학습이 용이하고, 적으면 긍정적인 전이가 적어 학습이 더디다. 그러나 반대로 두 언어 간에 차이점이 많으면 부정적인 전이인 간섭이 많아 학습이 더디고, 적으면 간섭이 적어 학습이 용이하다. 예를 들면, 한국어와 구조가 비슷한 일본어 화자가 한국어를 배울 경우 두 언어 간의 유사성으로 인해 다른 언어권 학습자들에 비해 상대적으로 한국어를 쉽게 배운다. 그러나 한국어와 차이점이 큰 영어를 모국어로 하는 한국어 학습자는 일반적으로 한국어를 배우는 속도가 일본인 학습자들보다 느리다.

외국어 학습에 나타나는 언어 간 간섭과 언어 내 간섭의 관계를 보면 흥미 있는 특징을 보인다. 일반적으로 언어 간 간섭(53%)이 언어 내 간섭(31%)보다 더 큰 것으로 알려져 있다(Richards, 1974). 그러나 학습자의 학습 대상 언어의 수준이 초급 단계에서 고급 단계로 갈수록 언어 간 간섭현상은 감소하고 언어 내 간섭현상은 점차 증가한다(Taylor, 1975). 이는 학습자의 학습 대상 언어의 수준이 올라갈수록 학습자가 자신의 모국어보다는 이미 학습한 내용에 의존하여 새로운 것을 배우기 때문일 것이다.

학습자의 모국어와 학습 대상 언어를 공통점과 차이점을 연구하는 대조

분석은 외국어를 효율적으로 학습하는 데에 많은 긍정적인 영향을 준다. 하지만 외국어 학습에 나타나는 모든 어려움을 예측할 수 없으며, 특히 학습 대상 언어의 언어 내 간섭 문제는 다루지 못한다.

3.2 오류 분석

오류 분석(Error Analysis: EA) 가설은 이전까지의 외국어 학습 이론에 큰 영향을 끼쳤던 대조 분석 가설이 학습자가 생산한 오류의 원인과 유형을 모두 설명해 줄 수가 없다는 한계가 드러나면서 등장하게 되었다. 대조 분석 가설은 외국어 학습 시 학습자의 모국어 영향을 파악하는 데에 큰 도움을 주었다. 그러나 학습자의 오류는 두 언어의 차이에서뿐만 아니라 다양한 원인에서 비롯될 수 있으며 모든 오류가 예측될 수 있는 것은 아니다. 다시 말해, 오류 분석 가설은 학습자의 오류가 모국어와 학습 대상 언어와의 차이에서만 기인된다고 보지 않고 다른 다양한 원인에서 기인된다고 본다. 또한 오류는 학습자의 학습 단계를 보여주며 학습자가 학습 대상 언어를 어떻게 내재화시키는지를 보여 준다고 여긴다. 대조 분석 가설에서는 오류를 예방해야 할 부정적인 요인으로만 보았지만 오류 분석 가설에서는 오류를 학습자의 자연스러운 학습 과정의 일부이며 학습 수단의 일부라고 보았다.

Corder(1967)는 다음과 같은 세 가지 측면에서 학습자의 오류가 중요하다고 하였다.

첫째, 오류는 교사에게 학습자가 학습 대상 언어에 어느 정도 도달했는지, 학습자가 무엇을 학습해야 하는지를 말해 준다.

둘째, 오류는 연구자에게 학습자가 어떤 전략과 절차를 사용하여 언어를 학습하고 습득하는지를 알려 주는 증거가 된다.

셋째, 오류는 학습자에게 학습을 위한 하나의 지침이 되므로 없어서는 안 되는 요인이다. 학습자는 오류를 통해 학습 과정에서 스스로 설정한 학습 대상 언어에 대한 가설을 검증할 수가 있다. 즉, 오류는 학습자의 학습 대상 언어의 발달 과정을 보여주는 긍정적인 요소이며 학습자의 전략 중 하나라고 할 수 있다.

오류 분석 연구에서 오류의 유형을 분류하는 것도 중요하지만 오류가 발생한 원인을 파악하는 것도 중요하다. 학습자들이 생산한 오류의 원인은 몇 가지로 분류할 수 없을 정도로 다양하며 학습자들이 생산한 표면적인 언어 자료만으로는 명백하게 증명할 수 없는 것들이 많으므로 지금까지 Richards(1974), Corder(1971), Selinker(1974), Brown(1994) 등 많은 연구자들이 오류의 원인에 대한 다양한 학설을 제기해 왔다. 그동안 논의된 학습자 오류의 원인을 살펴보면 크게 다음과 같은 세 가지로 분류할 수 있다. 언어 간 간섭에 의한 오류(interlingual interference), 언어 내적 간섭에 의한 오류(intralingual interference), 그 외의 원인에 의한 오류가 바로 그것이다.

언어 간 간섭은 외국어 학습 시 학습자가 모국어의 언어 체계의 영향을 받아 발생하게 되는 오류로 특히 초급 학습자들에게 많이 나타난다. 초급 학습자는 학습 대상 언어에 대한 언어 체계가 없으므로 자신이 알고 있는 모국어 언어 체계를 학습 대상 언어에 그대로 적용하는 경우가 많기 때문이다. 언어 내 간섭은 학습 대상 언어의 문법적인 복잡성이나 불규칙성 때문에 오류가 발생하는 경우를 말한다. 언어 학습자는 학습의 초기 단계에서는 언어 간 간섭을 많이 일으키지만 학습 대상 언어의 수준이 높아질수록 언어 내 간섭을 많이 일으킨다. 그 외의 원인에 의한 오류는 교과 과정이나 교재, 교사 등 학습 환경에 의해서 발생하는 오류와 교실 밖의 사회적 상황이나 학습자의 의사소통 전략에 의해서 발생하는 오류를 모두 포함한다. 이와 같은 논의를 볼 때 오류의 원인을 규명하고 분류하는 작업은 매우 복잡하다고 할 수 있다.

오류 분석은 앞에서 언급한 바와 같이 외국어 학습에 있어 교사, 학습자, 연구자 모두에게 유용한 정보를 제공해 준다. 그러나 이렇게 유용한 오류 분석에도 다음과 같은 몇 가지 문제점이 있다.

첫째, 객관성이 부족하다. 오류를 판단하는 기준은 외국어 학습 목적이나 교수법에 따라 다를 수 있고, 판단자의 개인적인 성향에 따라서도 다를 수 있다. 또한 복합성을 띤 오류의 경우에는 오류로 판정을 하더라도 분석자에 따라 그 범주가 다를 수 있다.

둘째, 학습자들이 오류에 지나친 주의를 기울이는 위험이 있을 수 있다. 오류의 감소가 학습 대상 언어의 수준이 향상되었다는 중요한 판단 기준이 되지만 외국어 학습의 궁극적인 목표는 오류를 감소시키는 데 있는 것이 아니라 유창한 의사소통 능력을 확보하는 데 있다. 따라서 학습자들이 오류에 지나치게 신경을 써 회피와 같은 전략을 자주 사용하게 되면 궁극적으로는 언어 학습의 효과를 저하시킬 수 있다.

셋째, 오류의 빈도에 따르는 난이도의 설정이 쉽지 않다. 외국어 학습 시 교재에서 강조가 되었거나 교사가 강조한 내용의 경우 다소 어렵다고 하더라도 오류가 나타나지 않거나 발생 빈도가 낮을 수 있다. 반대로, 쉬운 학습 내용이라고 하더라도 상대적으로 덜 강조가 될 경우 오류를 생산할 수 있다. 따라서 오류의 빈도만으로 난이도를 설정하는 일은 극히 위험하고 바람직스럽지 못하다. 오류의 빈도가 낮다고 해서 난이도가 낮은 것은 아니다.

넷째, 이해 자료를 무시한 표현 자료의 과잉 강조를 낳을 수 있다. 언어는 말하기, 듣기, 쓰기, 읽기로 구성되어 있으므로 이해 영역인 듣기나 읽기도 표현 영역인 말하기나 쓰기만큼 중요하다. 다만 표현 영역은 구체적인 산출물이 있으므로 오류 분석의 자료로 활용되는 것뿐이다. 그러나 듣기나 읽기도 외국어 학습 과정을 이해하고 파악하는 데 동일한 중요성을 갖는다고 하겠다.

오류 분석은 외국어 교육을 학습자 중심의 관점으로 전환시키고 학습자들이 생산한 다양한 오류의 양상을 밝혀 외국어 학습의 과정을 이해하고, 나아가 언어권별 교수법을 마련하는 데에 큰 기여를 하였다. 그러나 오류 분석이 오류의 원인을 명백하게 규명할 수 없다는 점이나 학습자의 실수와 회피에 대해서는 설명해 줄 수 없다는 점, 학습자들의 오류 양상만을 보여 줄 뿐 학습자의 언어 습득 과정은 증명할 수 없다는 점에서 적지 않은 한계점을 가지고 있다. 또한 최근 들어서는 학습자가 생산한 많은 긍정적인 특징을 무시한 채 잘못 사용한 것만을 가지고 학습자의 외국어 학습의 특징을 논하는 것이 부적절하다는 지적도 있다. 이러한 오류 분석의 한계점에도 불구하고 아직도 오류 분석은 외국어 학습의 과정을 이해하려는 외국어 교육 연구자들에게 많은 사랑을 받고 있다.

3.3 중간언어

중간언어(Interlanguage)라는 용어는 Selinker(1972)에 의해서 처음으로 사용되었는데 학습자가 학습 대상 언어에 도달하는 과정에서 보이는 모국어도 학습 대상 언어도 아닌 중간 체계의 언어를 말한다. 중간언어 가설(Interlanguage Hypothesis)은 학습자가 학습 대상 언어를 학습할 때에 자기 나름대로의 가설과 규칙을 세우면서 학습 대상 언어의 체계를 구축해 나간다고 보고 그 과정에서 나타나는 학습자의 오류를 단순히 불완전한 학습으로 인해 나타나는 수행상의 잘못이 아니라 하나의 독립된 언어로 인정한다.

학습자는 학습 대상 언어를 습득하는 과정에서 잘못된 학습 대상 언어의 체계를 수정 없이 지속적으로 사용하는 현상을 보인다. 학습 대상 언어가 불완전한 상태로 굳어져서 더 이상 다음 단계로 나아가지 않는 것이다. Selinker(1972)는 이러한 현상을 화석화(fossilization)라고 하였다. 학습자는 불완전한 언어 체계로도 학습 대상 언어 화자와 의사소통을 하는 데에 큰 지장이 없기 때문에 더 이상 학습을 진행하지 않게 되며 그에 따라 불완전한 언어 체계가 고착화된다. 대조 분석 가설과 오류 분석 가설에서는 학습자의 오류를 불완전한 학습으로 나타나는 결과라고 보고 이러한 오류를 제거

해 나가는 것이 학습의 과정이라고 보았다. 그러나 중간언어 가설에서는 학습자의 오류를 학습자가 학습 대상 언어를 창조적·체계적으로 구축하는 과정에서 나타나는 하나의 독립된 언어로 인정하였다.

중간언어의 특징에 대해 Selinker, Swain & Dumas(1975)는 상호이해성(mutual intelligibility), 체계성(systemicity), 안정성(stability) 및 후퇴성(backsliding)을 들고 있으며, Ellis(1985)는 체계성(systemicity), 변화성(permeability), 역동성(dynamic)을 들고 있다. 한편, 김진우(2002)는 중간언어의 특징을 독자성, 체계성, 보편성으로 보았다. 각각의 특징을 요약하면 다음과 같다.

3.3.1 독자성

독자성(identity)이란 중간언어가 학습자의 창조적인 과정에 의해서 만들어진다는 것이다. Selinker(1972)는 학습자가 다음과 같은 다섯 가지 과정에 의해서 학습 대상 언어의 문법을 만들어 간다고 보았다. 학습자의 모국어로 인해 나타나는 언어 전이(language transfer), 학습자가 학습 대상 언어를 훈련하는 과정에서 나타나는 훈련 전이(transfer of training), 학습자가 학습 대상 언어의 복잡한 규칙을 단순화하는 제2언어 학습 전략(strategies of second language learning), 학습자가 학습 대상 언어 화자와 의사소통을 하기 위해서 화석화된 언어를 사용하는 제2언어 의사소통 전략(strategies of second language learning communication), 학습자가 학습 대상 언어 문법 중의 한 항목을 관련이 없는 항목까지 확대시키는 학습 대상 언어 문법 규칙의 과잉일반화(overgeneralisation of target language linguistic material) 등이 그것이다.

3.3.2 체계성

체계성(systemicity)이란 학습자의 중간언어는 자의적이고 무질서한 것이 아니라 체계적이고 단계적이라는 것이다. 중간언어는 문법의 발달 과정을 체계적으로 본다는 점에서 Chomsky의 변형생성문법(transformational generative grammar)이론과 그 맥락을 같이 하며, 학습자가 자연스럽게 학습 대상 언어의 체계를 세워 나가는 언어 발달 과정으로 본다는 점에서 제1언어 습득 이론가들이 주장한 자연적인 언어 습득 순서 이론과도 같다고 할 수 있다. 또한 제1언어·제2언어 습득 연구는 모두 변형생성문법에 의해서 발생된 학문으로 이 세 학문은 체계성이라는 공통점을 가지고 있다.

3.3.3 보편성

보편성(universality)이란 모든 학습자들은 자신의 모국어나 학습 환경에 상관없이 동일하거나 유사한 절차로 학습 대상 언어를 학습한다는 것이다. 보편성의 원리는 Chomsky가 처음 주장하여 제1언어 습득 연구 학자들에게도 영향을 주었는데, 이러한 점에서 보편성 역시 중간언어 가설, 변형생성문법 이론, 제1언어 습득 이론을 한데 묶어 주는 공통된 원리라고 볼 수 있다. 그러나 제2언어 습득은 학습자가 이미 하나의 언어가 자리 잡고 있는 상태에서 언어를 배우게 된다는 점에서 제1언어 습득과 다르다고 할 수 있다.

이처럼 중간언어 가설은 학습자의 언어 습득 과정과 단계를 보여 주고 언어 습득의 독자성 및 보편성을 증명해 준다는 점에서 오류 분석의 한계점을 보완해 준다고 할 수 있다. 따라서 앞으로의 오류 분석 연구는 오류의 현상만을 보여주는 데에서 그치는 것이 아니라 학습자의 오류를 중간언어의 관점으로 해석하여 학습자의 언어 습득 과정과 언어 습득의 보편성 및 독자성을 보여 주는 방향으로 진행될 것이다.

4. 대조언어학의 연구 방법

앞에서도 말한 바와 같이 대조언어학은 대조의 대상이 되는 언어에서 대응하는 부분을 찾아 공통점(similarities)과 차이점(differences)을 분석하는 학문이다. 따라서 대조언어학적 분석을 위해서는 다음과 같은 방법으로 접근해야 한다.

첫째는 무엇과 무엇이 서로 대응하는 요소인가 하는 점을 명확히 하지 않으면 안 된다. 다시 말해, 무엇과 무엇, 어느 부분과 어느 부분이 '등가(equivalent)'인가 하는 점을 분명히 해야 한다(오미영 역, 2007). 이를 도식화하여 설명하면 다음과 같다.

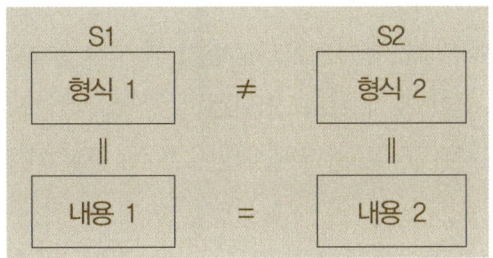

위에서 서로 다른 두 언어의 언어 기호를 S1과 S2로 나타냈을 때, S1의 형식1과 S2의 형식2는 보기에는 전혀 달라도 각각의 형식이 담보하는 내용1과 내용2가 서로 같을 경우 S1과 S2는 서로 대응한다고 할 수 있다. 즉, 형식1과 형식2는 형태는 다르지만 같은 내용을 나타내는 두 개의 등가 형식이라고 할 수 있다. 바꾸어 말하면 직접적으로는 비교할 수 없는 두 형식이 '내용1=내용2'라는 제3의 항을 매개로 하여 둘 사이에 등가 관계가 성립한다는 것이다. 이는 논리학이나 수학에서 직접 등가임을 나타낼 수 없는 두 항 A, B에 대하여 C를 매개로 A=C, B=C임을 보임으로써 A=B를 증명할 수 있는 것과 같다. 이때, A와 B 사이에 있는 C를 '비교 제3항(tertium comparationis)'이라고 부르는데 '내용1=내용2'가 비교 제3항에 해당하는 것이다. 형식은 형태로 밖으로 드러나는 것이지만 내용은 드러나지 않는다. 따라서 실제 분석에서는 분석자 혹은 모국어 화자가 가장 적당하다고 생각하는 '번역 대응'을 얻어서 그것을 토대로 서로 대응하는 형식을 찾아가게 된다. 즉, 비교 제3항을 명시하지 않은 채로 서로 대응하는 형식이 등가라고 보고 분석을 진행하는 것이다. 다음 예를 보자.

> a. 안녕하세요? (아침에)
> b. 아침 드셨어요?

이 두 문장의 문자적 의미는 크게 다르다. 그러나 아침에 인사할 때의 발화라는 기능으로 본다면 대단히 비슷하므로 같은 내용을 가진 등가로 취급할 수 있다. 다시 말해, 등가는 그 표현이 지시하는 것(지시물, referent)이 서로 대응되고, 그것이 지시(reference)하는 문장의 의미가 서로 대응되는 두 개의 표현, 나아가서는 상황 맥락에서의 쓰임이 서로 대응되는 두 표현 사이에 성립한다.

둘째는 용어와 단위를 가급적 통일하여 대조하는 항목을 기술해야 한다. 예를 들어 영어의 자음 /p, t, k/를 기술할 때는 폐쇄음으로 칭하고, 한국어의 자음 'ㅂ, ㄷ, ㄱ'를 기술할 때는 파열음으로 칭한다면 바람직하지 않다. 독자가 '폐쇄음'과 '파열음'이 동일한 의미를 갖는 명칭이라는 점을 알고 있지 못하면 두 언어의 자음 체계를 이해하는 데 어려움이 발생하게 된다. 이는 같은 사물이라도 색깔이 다른 안경을 쓰고 보면 서로 달리 보이는 것과 마찬가지일 것이다. 자동차의 속도를 이야기할 때 55마일과 83km 중 어느 것이 더 빠르냐고 한다면 쉽게 대답하기 힘들다. 그러나 단위를 통일하게 되면 금방 대답할 수 있을 것이다. 이처럼 언어 간 대조를 할 때에는 용어와 단위를 최대한 통일하여 기술해야 공통점과 차이점을 쉽게 파악할 수 있다.

　셋째는 대조의 대상이 되는 언어의 공통점과 차이점을 파악하는 일도 중요하지만 언어의 일반적 특징, 즉 보편성(language universals)도 함께 고려해 보아야 한다. UPSID에 따르면, 자연언어의 음소의 수는 최소 11개부터 최대 141개로 그 차이가 아주 크다. 한국어의 음소는 31개(자음 21개, 모음 10개)이고, 일본어의 음소는 19개(자음 14개, 모음 5개)이다.[2] 그렇다면 수적인 면에서 31개와 19개 중 어느 것이 더 보편적일까 하는 것이다. 다시 말해, 음소의 수를 보면 한국어가 일본어보다 12개나 많은데 이는 한국어 음소의 수가 많기 때문일까? 아니면, 일본어 음소의 수가 적기 때문일까? 이때 우리가 언어의 보편성을 알지 못하면 이러한 판단을 하기가 어렵다. 그렇다고 최소값인 11과 최대값인 141을 평균한 76개를 보편적인 것으로 볼 수도 없다. 그러나 자연언어의 음소의 평균이 약 31개라는 사실을 알면 한국어와 일본어의 음소의 수에 나타나는 큰 차이는 한국어 때문이 아니라 일본어가 보편성에서 멀기 때문임을 알 수 있다. 아울러 31개의 음소를 가지고 있는 한국어는 평균에 해당하는 언어임을 알 수 있다. 또 하나의 예를 들어 보면, 한국어에는 'ㅅ, ㅆ, ㅎ' 등 세 개의 마찰음이 있고, 영어에는 /s, z, f, v, θ, ʃ, ʒ, h/가 있는데 한국어의 마찰음 수가 적은 것일까? 영어의 마찰음 수가 많은 것일까? 또 각각의 언어에서 발견되는 마찰음은 다른 언어에서도 널리 발견되는 소리일까? 이에 대한 답을 제공하는 일은 언어의 보편성을 모르고는 불가능한 일이다. UPSID에 의하면, 자연언어에는 약 6~8개의 마찰음이 존재하는데 가장 보편적인 음은 /f, s, z, ʃ/ 등이다. 이렇게 볼 때 한국어의 마찰음은 보편성 면에서 수적으로나 내용 면으로나 일반적이지 않음을 알 수 있다. 그러나 영어의 마찰음은 수적으로는 아주 많지만 내용 면으로는 보편적인 마찰음을 모두 포함하므로 보편성이 높다고 하겠다.

---

[2] 이 책에서는 WALS를 따라 /y/와 /w/를 자음에 포함한다. 이에 관한 보다 자세한 논의는 3장과 4장을 참조할 것.

끝으로, 두 개 또는 그 이상의 언어를 대조할 경우 무슨 언어를 무슨 언어에 대조하는지 일관성 있는 방향이 유지되어야 한다. 다시 말해, 한영대조는 한국어가 영어와 다른 점을 중심으로 연구하는 것이고, 영한대조는 영어가 한국어와 다른 점을 연구하는 것이다. 한영대조는 한국어가 영어와 어느 면에서 어떻게 다른지를 연구하기 위한 것이므로 일관성 있게 한국어를 중심으로 영어를 보는 시각을 유지해야 한다. 그래야만 대조언어학의 초점이 분산되지 않고 일관성이 유지된다. 예를 들어, 영한대조의 경우에는 접속사나 관계대명사 문제가 대조의 중요한 대상이 될 수 있으나 한영대조의 경우에는 이들이 관심의 대상이 되지 못한다. 따라서 직접적인 연구 대상이 되는 언어와 대조의 대상이 되는 언어를 일관된 시각으로 조망해야 할 것이다.

대조언어학의 연구 방법

① 서로 대응하는 요소가 무엇인지 명확히 해야 한다.
② 대조하는 항목의 용어와 단위를 가급적 통일하여 기술해야 한다.
③ 언어 간의 공통점과 차이점을 파악하되 보편성도 함께 고려해야 한다.
④ 주가 되는 언어와 대조의 대상이 되는 언어를 일관성 있게 유지해야 한다.

---

5. 대조언어학의 분야

대조언어학 역시 기본적으로는 언어학의 한 분야이므로 언어학과 마찬가지로 음운 대조, 형태 대조, 통사 대조, 표현 및 담화 대조 등과 같은 하위 분야를 갖는다. 이 절에서는 각각의 하위 분야에서 다루는 내용을 간략히 요약하여 제시한다.

5.1 음운 대조

음운 대조는 대조언어학에서 가장 잘 발달된 분야로 대조의 대상이 되는 언어의 음운적 특징을 대조한다. 가장 먼저 음소(분절음)와 운소(초분절음)를 대조한다.

> 음소/분절음(phoneme/segments) : 자음, 모음
> 운소/초분절음(prosody/suprasegments) : 성조, 장단, 악센트, 억양
>
> ⇒ 변별적으로 작용하는 분절음 및 초분절음은 언어마다 다르다.

자음의 경우 조음 위치적 특징과 조음 방법적 특징을 대조한다. 한국어의 경우 조음 위치는 타 언어와 대조해 볼 때 비교적 단순한 반면에 조음 방법의 경우에는 기(氣, aspiration)의 세기에 따른 삼지적 대립이 존재하는 특징을 보인다. 또한 한국어의 모음을 타 언어와 대조해보면 '어' 모음과 '으' 모음이 비교적 유표적이다.

또한 해당 언어의 음절구조의 특징을 대조하고, 다양한 음운현상을 대조한다. 음절의 경우 초성, 중성, 종성 등 각 위치에 나타나는 자음과 모음의 수를 대조해 볼 수 있다. 나아가 음절의 위치에 따른 특별한 음소배열제약(phonotactic constraints)이 있는지의 여부 또한 대조의 대상이 된다. 한국어에서 일어나는 음운현상을 다른 언어와 대조해 볼 때 비음화나 유음화와 같은 방법 동화가 있다는 점이 상당히 특징적이라고 할 수 있다.

음운 대조는 다음 예에서 확인할 수 있는 것처럼 같은 영어 단어가 한국어와 베트남어, 일본어에서 왜 다르게 발음이 되는지에 관한 답을 제공해 줄 수 있다.[3]

영어	한국어	베트남어	일본어
model	모델	모덴	모데루
file	파일	파인	화이루
bus	버스	뷧	바스
world cup	월드컵	원굽	와루도캅푸
Mc Donald	맥도날드	막도난	마쿠도나루도

5.2 형태 대조

형태 대조 영역에서는 대조의 대상이 되는 언어에 존재하는 품사를 대조하고, 각 품사가 갖는 특성을 대조한다. 예를 들어, 한국어에는 조사가 있고 접속사가 없는데, 영어는 반대의 경우이다. 그러나 형용사의 경우에는 양 언어에 모두 존재하지만 기능면에서 볼 때 확연히 다르다. 한국어에서는 형용사가 동사와 같이 서술어의 기능을 하는 반면 영어에서는 수식어의 기능을 한다. 또한 형태소가 결합하여 단어를 이루는 방법, 즉 단어형성법(word formation)에 대해 대조한다. 이때 해당 언어에서 사용되는 파생(derivation)과 굴절(inflection)의 방법이 대조의 대상이 된다.

5.3 통사 대조

통사 대조 분야에서는 무엇보다도 구성성분(constituents)들의 배열 순서, 즉 어순(word order)이 중요하다. 주어(S), 목적어(O), 동사(V) 등의 배열순서와 관련된 기본 어순은 물론 명사구 내부의 어순과 동사구 내부의 어순을 다룬다.4) 좀 더 구체적으로 말하면, 명사구의 경우 전치사가 있는 언어인

---

3) 이는 언어마다 존재하는 분절음이 다르고, 음절구조가 다르고, 음운현상이 다르기 때문이다. 이에 관하여는 이 책의 음운 대조 영역(3장~6장)에서 자세히 다룬다.

4) 문장의 구성성분을 논할 때는 동사(verb)보다는 서술어(predicate)가 더 정확하나 어순에

지, 또는 후치사가 있는 언어인지를 다루고 수식어와 피수식어의 위치를 다룬다. 예를 들어, 프랑스어의 경우 sac[sak] lourd[luːʀ](가방+무거운), voiture[vwatyːʀ] rouge[ʀuː3](자동차+빨간)에서 확인할 수 있는 바와 같이 피수식어인 명사가 수식어인 형용사 앞에 위치한다. 한국어는 '무거운 가방', '빨간 치마'와 같이 피수식어가 수식어 뒤에 위치한다. 또한 한국어에는 전치사가 없고, 후치사가 발달되어 있다. 이와는 달리 영어의 경우에는 전치사가 발달되어 있다. 동사구의 경우 부사어가 서술어를 앞에서 수식하는지, 또는 뒤에서 수식하는지를 다루고 본용언과 보조용언의 위치를 다룬다. 한국어에서는 부사가 서술어를 앞에서 수식하고, 본용언이 보조용언 앞에 위치한다. 그러나 영어의 경우에는 반대의 양상을 띤다.

또한 문장에서 시제와 상을 표시하는 방법을 대조하는데, 언어에 따라서는 시제가 중심이 되는 언어가 있고, 상이 중심이 되는 언어가 있다. 시제 또한 이분법적으로 인식하기도 하고 삼분법적으로 인식하기도 한다.

이 밖에도 의문문이나 부정문 등과 같은 문장 구성 방법을 대조한다. 판정의문문의 경우에는 의문사의 위치가 대조의 대상이 되고, 설명의문문의 경우에는 의문문을 구성하는 방법이 대조의 대상이 된다. 즉, 판정의문문의 경우 한국어와 일본어, 중국어에서는 의문사가 원래의 위치에 남아 있지만, 영어의 경우에는 문두(sentence-initial)에 위치한다. 설명의문문의 경우에는 한국어는 동사를 활용하여 의문문을 구성하지만 영어는 어순을 도치하여 의문문을 구성하고, 일본어와 중국어는 의문첨사를 사용하여 의문문을 구성한다.

서는 SOV, SVO와 같이 P보다는 V를 사용하므로 이를 따라 제시하였다. 이에 관한 보다 자세한 논의는 이 책의 9장을 참조할 것.

5.4 어휘 대조

한 언어의 어휘부(lexicon)는 워낙 방대하므로 언어 간에 어휘를 대조하는 일은 쉬운 일이 아니다. 게다가 한국어와 영어처럼 한자어권과 게르만어권과 같이 동일한 언어권에 속하지 않는 경우에 어휘를 대조한다는 것 자체가 의미 없는 일일 수도 있다. 한국어와 중국어, 일본어, 베트남어와 같이 또는 독일어와 영어와 같이 동일 언어권인 경우에는 True Friends와 False Friends 개념을 도입하여 대조할 수 있다. True Friends는 형태나 발음도 유사하고 의미도 유사한 어휘(동형동의어, 同形同意語)이고, False Friends는 형태나 발음은 유사하나 의미는 다른 어휘(동형이의어, 同形異意語)이다. 예를 들어, 한국어의 '준비'와 '모양'은 베트남어에서 발음도 비슷하고 의미도 같은 True Friends이다. 그러나 愛人의 경우에는 한국어에서는 결혼을 했든 안 했든 사랑하는 사람을 일컫는 말이지만 일본어에서는 불륜 관계에 있는 사람을 일컫고, 중국어에서는 배우자를 일컫는 False Friends이다. 또한 해당 어휘가 가지고 있는 의미장(semantic field)을 대조하거나 상위어와 하위어의 관계를 대조해 볼 수 있다. 또한 유표성(markedness)과 저지(blocking)의 개념을 적용하여 어휘에 나타난 특징을 대조해 보고, 합성어 구성의 순서 등을 대조해 볼 수 있다.

5.5 표현 및 담화 대조

표현 및 담화 대조에서는 대조의 대상이 되는 언어의 표현에 나타나는 특징을 대조한다. 주제 중심 언어인지와 주어 중심 언어인지를 대조해 볼 수 있고, 상황 중심 언어인지와 인간 중심 언어인지를 대조해 볼 수 있다. 또한 to have를 중요시 하는 소유 중심 언어인지와 to be를 중요시 하는 존재 중심 언어인지를 대조해 볼 수 있다. 이뿐만 아니라 대화에서 청자가 중심이 되는지, 아니면 화자가 중심이 되는지를 대조해 볼 수 있고, '네 말'이나 '내 기분'처럼 일부를 대상으로 표현하는지, 아니면 한 사람 전체를 대상으로 기술하는지를 대조해 볼 수 있다. 또한 큰 단위부터 이야기를 하고 작은 단위로 내려가는 Macro to Micro 언어인지, 아니면 반대로 작은 단위부터 이야기를 하고 큰 단위로 올라가는 Micro to Macro 언어인지를 대조해 볼 수 있다. 한국어를 영어와 대조해 볼 때, 한국어는 주제 중심, 상황 중심, 존재 중심, 화자 중심, 일부 기술, Macro to Micro의 언어적 특성이 강하다. 이 외에도 신정보(new information)와 구정보(given information)를 표시하는 방법을 대조해 볼 수 있다.

6. 대조언어학과 외국어 교육

앞에서도 언급한 바와 같이 대조언어학은 외국어 교육을 위한 실용적인 목적으로 연구되어 왔다. 외국어 교육과 관련된 대조언어학의 효용성을 간단히 정리해 보면 다음과 같다.

첫째, 교사들에게는 외국어 교육 또는 제2언어 교육을 하는 데 도움을 준다. 교사는 대조언어학적 지식을 기초로 하여 수업 시 제시 순서를 정하고, 수업에서 무엇을 강조할 것인가를 정할 수 있다. 또한 오류가 발생할 경우에는 대조언어학적 정보를 활용하여 수정해 줄 수 있다.

둘째, 외국어 또는 제2언어를 배우는 학습자들에게는 학습 정보를 제공하고, 의사소통 전략을 선택하는 데 도움을 준다. 학습 대상 언어의 숙달도 수준이 낮은 학습자는 먼저 자신의 모국어로 생각을 하고, 이를 외국어 또는 제2언어로 표현한다. 이때 두 언어 간의 대조언어학적 지식은 오류의 생산을 줄일 수 있도록 해 줄 뿐만 아니라 효과적인 의사소통을 위한 전략을 선택하는 데 정보를 제공해 준다. 대조언어학적 지식은 아동 학습자보다는 모국어의 간섭이 심한 성인 학습자들에게 더욱 결정적인 역할을 한다.

셋째, 연구자들에게는 외국어 또는 제2언어 습득에서 나타나는 학습자의 특성에 관한 연구에 근거를 제공한다. 학습자가 생산한 표현 자료 중 상당한 부분은 학습자의 모국어가 무엇인지에 따라 그 특징이 다르다. 이때 대조언어학적 지식은 학습자가 생산한 말하기나 쓰기 자료에 나타난 제반 양상을 이해하는 데 많은 유용한 정보를 제공한다.

넷째, 외국어 또는 제2언어 교재를 구성하는 데 기초 자료를 제공한다. 학습 대상 언어와 학습자의 모국어를 체계적으로 대조 분석한 결과는 효과적인 언어 학습 교재를 구성하는 데 근거를 제공한다. 또한 대조언어학적 정보는 학습자들에게 가르쳐야 할 규칙을 선정하는 데 근거를 제공하며, 등급 설정을 위한 근거를 제공한다. 이러한 이유로 언어 학습 교재는 학습자의 언어가 무엇인가에 따라, 혹은 학습 대상 언어가 무엇인가에 따라 다르게 구성되는 결과를 낳는다.

다섯째, 외국어 또는 제2언어 평가에 도움을 준다. 대조언어학적 지식은 평가의 기준을 정하고, 평가 항목을 선택하는 데 유용한 정보를 제공한다.

앞에서도 말한 바와 같이 대조언어학은 흔히 외국어나 제2언어의 교수와 학습을 위해 응용언어학적 관점에서 연구되지만 언어 대조 자체에 목적을 두고 연구되기도 한다. 언어 간의 대조 연구는 어느 특정한 한 언어만을 타 언어로부터 분리하여 연구하는 것보다 더 넓은 시각으로 대상이 되는 언어를 객관적으로 조망해 볼 수 있다는 점에서도 충분히 의미 있는 일이다. 이론적인 대조 연구에서 얻은 언어 간의 공통점과 차이점에 관한 통찰력은 개별 언어의 정확한 기술을 위해서뿐만 아니라 언어 유형론(typology)이나 보편 문법(language universals), 통번역(interpretation-translation)의 연구와도 밀접한 관련을 갖는다.

제2장 세계 언어의 이모저모

1. 들어가기

지구상에는 많은 언어가 있다. 이들은 지리적으로도 서로 관련성을 맺고 있을 뿐만 아니라, 계통적으로도 깊은 관련성이 있는 언어들이 있다. 이 장에서는 언어학의 본격적인 대조에 앞서 이와 같은 지리적 관점과 계통적 관점에서 세계 언어를 살펴보고자 한다. 지리적 관점은 어떤 대륙에서 어떤 언어들을 사용하는지에 대한 것이고, 계통적 관점은 각 어족 별로 어떤 특징이 있는지를 살펴보는 것이다.

1.1 언어의 수

현재 지구상에서 사용되고 있는 언어가 몇 개인지에 대한 물음에 대해 학자들 사이에 일치된 견해는 없다. 대개 6,000개에서 7,000개 사이라고 주장하지만 경우에 따라서는 3,000개에서부터 10,000개까지 등 다양한 주장이 있다. 이렇게 학자들마다 의견이 일치하지 않는 이유는 그 수를 정확히 파악하는 데 많은 어려움이 있기 때문이기도 하고, 다른 한편으로는 언어학적으로, 역사적으로, 문화적으로 또는 다른 이유로 하나의 독립된 언어를 정의하기가 쉽지 않기 때문이기도 하다. 가장 최근 통계에 의하면 현재까지 약 7,000개 가까운 언어가 있음이 밝혀졌다.

여기서 잠깐

A와 B 두 언어는 한 언어의 방언인가 아니면 서로 다른 두 언어인가?

언어학적으로 볼 때 두 언어 A와 B를 통해 서로 의사소통이 가능하면 한 언어의 방언으로 취급하고 의사소통이 불가능할 때는 서로 다른 언어로 취급한다. 그리고 문화의 뿌리가 동일한지의 여부도 동일 언어를 판단하는 기준이 되기도 한다.

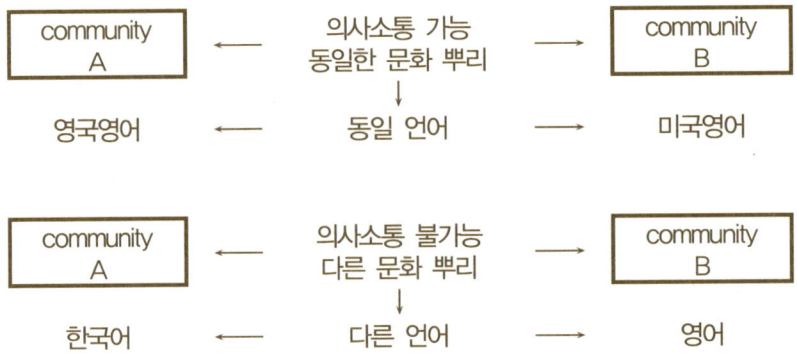

그러나 이러한 언어학적 정의가 실제로는 적용되지 않는 경우가 있다. 예를 들어, 덴마크어와 스웨덴어, 노르웨이어는 서로 의사소통이 가능하지만, 그 나라 사람들은 나라가 다른 것처럼 언어도 다르다고 말한다. 반대로 중국이나 태국에는 서로 통하지 않는 언어가 많지만 한 나라라는 생각 또는 문화적 공동체라는 생각 때문에 그 나라 안에는 하나의 언어만 존재한다고 말한다(Goddard, 2005: 29; Crystal, 2010: 294, 297).

1.2 언어 사용 인구

이 지구상에서 언어를 사용하는 인구는 얼마나 될까? 이 질문은 매우 어리석은 것처럼 들릴 수 있다. 전 세계 인구의 정확한 통계는 모른다 할지라도 모든 인간이 언어를 사용하므로 언어 사용 인구는 지구상의 인구 수만큼 될 것이다. 미국 통계청(*United States Census Bureau*; http://www.census.gov/)에 의하면 2014년 3월 현재 전 세계 인구는 71억 5천만 명을 넘는다. 따라서 이러한 숫자들이 언어 사용 인구가 된다는 것이 맞는 대답일 것이다.

그런데 우리의 고민은 이들이 어떤 언어를 사용하는지 정확히 알지 못한다는 데 있다. *Ethnologue: Languages of the World*(http://www.ethnologue.com/) 17판(2013)에 의하면 약 62억 명의 사람들의 언어만 파악되고 있다. 다시 말하면 10억 명에 가까운 사람들의 언어는 아직 파악하지 못하고 있는 것이다. 언어 수와 인구 수를 그림으로 제시하면 <그림 1>과 같다.

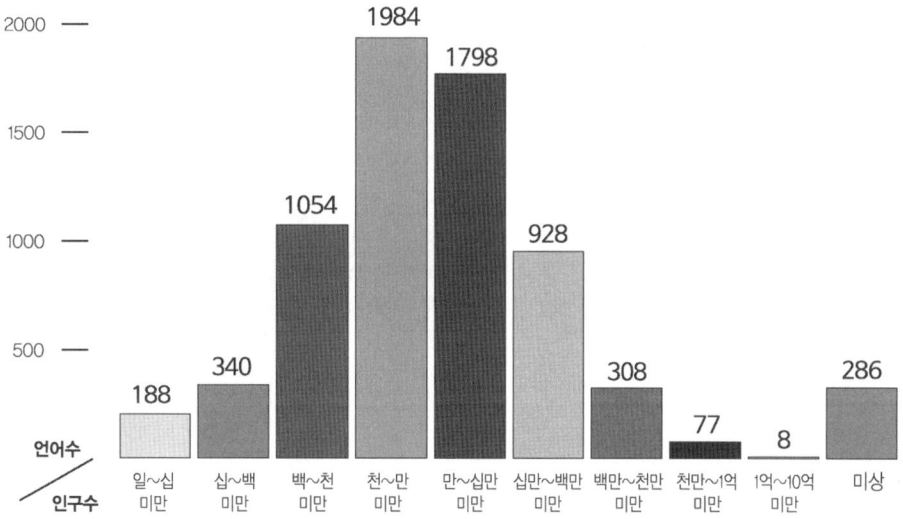

〈그림 1〉 세계 언어 수와 인구 수
(전체 언어 수: 7105개, 전체 언어 사용 인구 수: 62억 6천만 명; Ethnologue 17판)

여기서 잠깐

멸종위기의 언어

*Ethnologue: languages of the world*는 현재 언어와 관련된 전 세계 통계 중 가장 정확하다고 할 수 있다. 〈그림 1〉을 보면 지구상의 약 7,000개가 넘는 언어 중 사용 인구가 천만 명 미만인 언어가 대부분이다. 사용 인구가 천 명 미만인 언어도 1,500개가 넘어 전체 언어 수의 20%에 해당하는 수치이다. 그러나 천만 명 이상의 사용 인구를 가진 언어는 100개도 안 되지만 전체 인구의 80%를 차지할 만큼 사용 인구가 많다.

학자들에 따르면 2100년까지는 현재 언어의 50~90%가 지구상에서 사라질 것이라고 한다. *Ethnologue: languages of the world*에 의하면 멸종 위기의 언어, 그 중에서도 다음 세대에 전수되지 않고 소수의 성인만 사용하여 곧 사라질 죽어가는 언어(dying language)는 2013년 현재 906개(전체 언어의 13%)라고 한다.

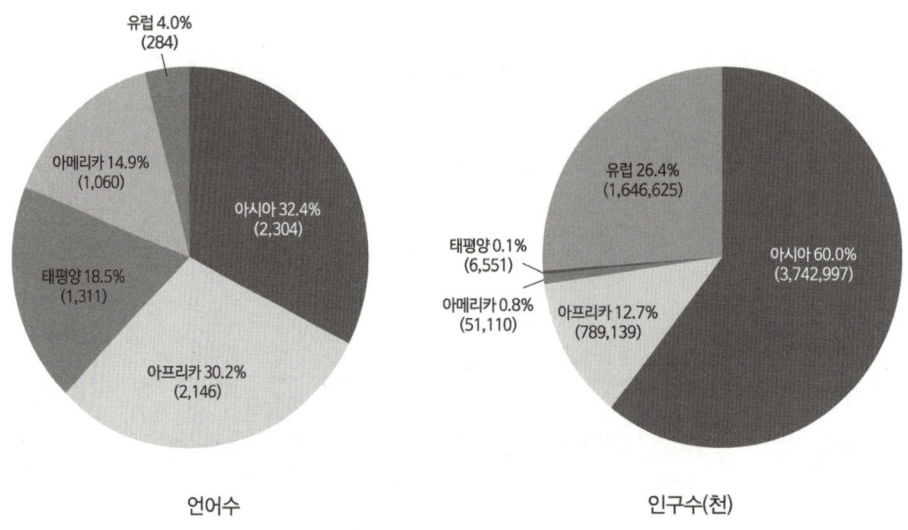

〈그림 2〉 대륙별 언어 수와 사용 인구 수

2. 어족의 종류

이제 우리의 관심을 보다 구체적인 것으로 옮겨 보도록 한다. 즉, 언어 지리적 관점에서 어떤 지역에서 어떤 언어를 사용하는지, 그리고 언어 계통적 관점에서 어떤 언어가 어떤 어족에 속하는지를 살펴보도록 한다. 그리고 언어유형적 관점에서 같은 계통에 속하는 언어들의 공통점은 무엇인지도 살펴보고자 한다.

2.1 아시아 지역

아시아 지역의 언어는 크게 서쪽의 코카서스 지역과 발칸 지역에서부터 동쪽의 캄차카 반도와 폴리네시아 지역에 걸친 48개국에서 사용되고 있다. 한 나라의 국가어(national language)나 공식어(official language)만을 볼 때 대체로 11개의 어족, 35개의 언어가 존재한다. 대표적인 어족과 언어를 살펴보면 다음과 같다.

2.1.1 알타이어족

알타이어족(Altaic Languages)은 중앙아시아를 중심으로 유라시아 대륙에 널리 퍼져 살고 있는 알타이 문화권의 민족들이 사용하는 언어들을 총괄하여 지칭하는 것이다. 지역적으로 볼 때 발칸 반도에서부터 중앙아시아와 몽골을 거쳐 시베리아와 야쿠트 지역, 그리고 캄차카 반도가 있는 동북아시아 지역에 이르기까지 광범위하게 펼쳐져 있으며, 비공식적인 부족어까지 포함하면 약 60여 개의 언어(전 세계 언어의 약 0.93%)가 이에 속하며 사용 인구는 약 1억 4천 명 정도로 전 세계 인구의 2%가 조금 넘는다.

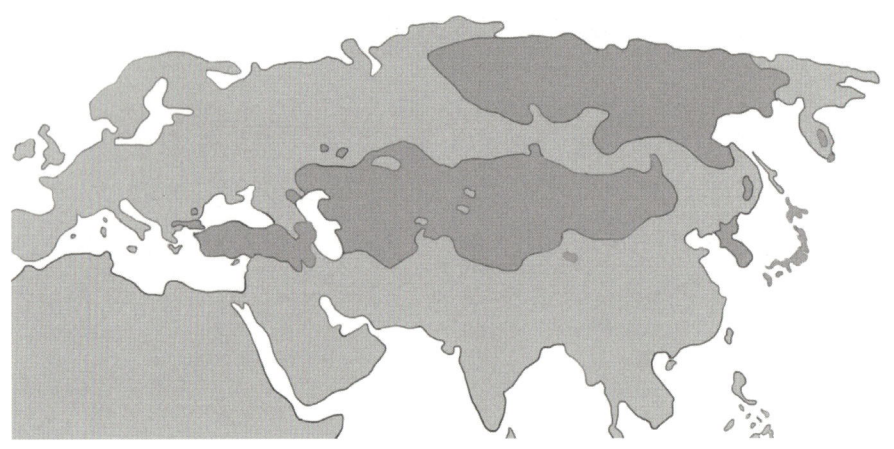

〈그림 3〉 알타이어족 분포

알타이어족은 크게 터키 어군(Turkic Languages), 몽골 어군(Mongol Languages), 퉁구스 어군(Tungustic Languages)의 세 어군으로 나뉜다. 이 중 가장 대표적인 것은 터키 어군이다. 알타이어족에 속하는 대표적인 언어로는 터키어, 아제르바이잔어, 카자흐어, 우즈베크어, 투르크멘어, 키르기스어, 몽골어, 예벤키어 등인데, 이들 대부분은 터키 어군에 속하며 몽골어와 예벤키어는 각각 몽골 어군과 퉁구스 어군에 속한다. 한국어는 그 동안 알타이어족에 속하는 언어로 분류되어 왔는데 최근에는 일본어처럼 별도의 독자적인 언어로 간주하는 경향이 있다. 그것은 한국어가 그만큼 알타이 제어들과 차이점이 있다는 것을 의미한다.

알타이어족이 갖는 공통적 특징은 다음과 같이 음운적인 면과 문법적인 면을 들 수 있다(이기문·이호권, 2008).

● 알타이어족의 음운적 특징

① 전설과 후설이 대립하는 구개적 모음조화이다.
② 두음법칙에 의해 어두에 자음군과 유음(특히 /r/)이 오는 것을 피한다.
③ 모음교체나 자음교체를 통한 문법적 기능의 전환이 없다.

● 알타이어족의 문법적 특징

① 교착성이 있다.
② 관계대명사가 없다.
③ 접속사가 없고 보충법으로 부동사(converb)를 사용한다.
④ 명사와 동사의 최소형은 어간이다.[1]

이 외에도 음절 내의 자음연쇄 분포 불가, 장·단 모음의 구분, SOV 어순, 후치사 사용 등이 알타이 제어의 공통적인 특징으로 거론된다.

그리고 알타이어족에 속하는 언어의 주요 어순은 다음과 같다.

언어 \ 어순	기본 어순	부치사 어순	형용사-명사 어순	속격-명사 어순
터키어	SOV	후치사	형용사+명사	속격+명사
우즈베크어				
투르크멘어				
키르기스어				
몽골어				
예벤키어				

〈표 1〉 알타이어족의 주요 어순(WALS, 86)[2]

---

[1] 최소형이 어간이라는 말은 명사는 조사 없이 주격형으로 사용되고, 동사는 어미 없이 명령형으로 사용된다는 의미이다. 이것은 한국어와는 다른 점이다.

2.1.2 중국·티베트어족

인도·유럽어족 다음으로 많은 사용 인구를 가진 중국·티베트어족(Sino-Tibetan Languages)은 동아시아, 동남아시아, 남아시아 등에서 사용된다. 사용 인구는 약 12억 명(약 21%)으로 추정되며 언어 수는 약 450개(6.44%)이다. 이 어족에는 두 개의 어군이 있는데, 하나는 중국과 타이완, 그리고 싱가포르 등 동남아시아에서 사용되는 여러 종류의 중국어를 망라한 중국 어군(Sinitic Languages 또는 Chinese Languages)이고, 다른 하나는 티베트어와 버마어, 그리고 부탄에서 사용되는 종카어(Dzongkha)가 속한 티베트·버마 어군(Tibet-Burman Languages)이다. 이 중에서 중국 어군의 특질을 살펴보면 다음과 같다(Goddard, 2005).

● **중국 어군의 공통적 특징**

> ① 성조를 가지고 있다
> ② 분류사를 가지고 있다.
> ③ 굴절이 없거나 드물다.
> ④ 대체로 SVO어순을 갖는다.
> ⑤ 명사구 내에서 수식어(지정사, 소유격, 형용사 등)는 피수식어보다 앞에 위치한다.
> ⑥ 전치사와 후치사 모두를 가지고 있다.

이 중국 어군의 특징은 앞에서 본 알타이어족과 같은 북방어족의 특징과 뒤에서 볼 타이·카다이어족과 같은 남방어족의 특징을 공유하고 있다. 이런

---

2) *The World Atlas of Language Structures*(WALS)는 언어구조 면에서 세계에서 가장 큰 데이터베이스로, 2005년에 해당 분야의 전문가 55명이 참여하여 만든 책이다. 2008년 online(http://wals.info)으로도 구축되어 계속 갱신 작업을 하고 있으며, 2011년 4월 판이 가장 최근 판으로 140여 개의 항목을 다루고 있다. 수집된 언어 수는 2600개가 넘으며, 최고 1500개 이상의 언어를 다루고 있는 항목도 있다.

이유로 학자들은 중국 어군을 남·북방 언어의 중간적 언어라 한다.

중국 어군과 티베트·버마 어군을 각각 대표하는 중국어와 버마어의 어순을 살펴보면 다음과 같다.

언어 \ 어순	기본 어순	부치사 어순	형용사-명사 어순	속격-명사 어순
중국어	SVO	전치사	형용사+명사	속격+명사
버마어	SOV	후치사	명사+형용사	

〈표 2〉 중국·티베트어족의 주요 어순(*WALS*, 86)

2.1.3 타이·카다이어족

태국어족이라고도 불리는 타이·카다이어족(Tai-Kadai Languages)에 속하는 언어들은 타이와 라오스를 비롯하여 중국 남부, 미얀마 북동부 등에서 사용되며, 90여 개의 언어(1.3%), 약 800만 명 정도의 사용 인구(1.35%)가 있다.

대표적인 두 언어로는 태국어와 라오어를 들 수 있는데 이 어족에 속하는 언어들의 특징으로는 다음과 같은 것들이 있다(Goddard, 2005).

● **타이·카다이어족의 공통적 특징**

① 거의 모든 언어가 성조를 가지며 성조의 수는 다른 언어들에 비해 적지 않다. 예를 들어, 표준 태국어의 경우 5개의 성조를 가지며, 언어에 따라서는 변이성조(allotone)을 포함하여 15개를 갖는 경우도 있다.
② 대체로 자연언어의 평균적인 음운의 수를 갖는다.
③ 굴절이 거의 없으며, 합성과 중첩(reduplication)이 파생의 가장 중요한 요소이다.
④ 연쇄동사 구문이 흔하다.
⑤ 분류사가 매우 발달해 있다.
⑥ 거의 모든 언어가 SVO의 어순을 갖는다.
⑦ '명사+수식어'의 어순을 갖는다.

이 어족의 대표적인 두 언어인 태국어와 라오어의 어순을 살펴보면 다음과 같다.

언어 \ 어순	기본 어순	부치사 어순	형용사-명사 어순	속격-명사 어순
태국어	SVO	전치사	명사+형용사	명사+속격
라오어				

〈표 3〉 타이·카다이어족의 주요 어순(WALS, 86)

여기서 잠깐

태국어의 특징

아래는 태국어의 특징이다(최창성, 2002; 이한우, 2002).
① 성조언어로 5개의 성조(low, mid, high, rising, falling)를 갖는다.
② 고립어로 굴절(어형변화)이 없다. 따라서 문법적 관계는 어순과 문맥에 따라 결정된다.
③ SVO 어순을 가지며, '피수식어+수식어'의 어순을 갖는다.
④ 경우에 따라 주어 생략이 가능하다.
⑤ 굴절이 없고, 문법성(grammatical gender)과 관사가 없다.
⑥ 태국어의 형용사는 계사 없이 서술어가 될 수 있다.
⑦ 형용사와 부사의 구별이 뚜렷하지 않다.
⑧ 비교급은 영어와 같이 '비교대상+비교내용+비교기준'의 순서를 갖는다.
⑨ '매우'와 같은 의미의 강조는 주로 단어의 중첩을 통해 나타낸다.
⑩ 어휘의 대부분은 산스크리트어, 팔리어, 캄보디아어, 중국어에서 차용한 것들이다.
⑪ 분석적 언어여서 합성어가 많다.
⑫ 겸양적 표현이 풍부하다.
⑬ 대명사는 화자의 성(性)과 대화자 간의 상관관계에 따라 달라진다.
⑭ 태국어의 자음은 21개(y, w 포함)이며, 모음은 9개이다.
⑮ 자음 중에서 파열음(k, ? 제외)은 무성·무기음, 무성·유기음, 유성·무기음의 세 종류가 있다.
⑯ 모음은 전형적인 9모음 체계로, 저모음, 중모음, 고모음에 각각 3개(전설 1개, 평순후설 1개, 원순후설 1개)의 모음을 갖는다.
⑰ 모음에는 장단이 있다.

⑱ CVC의 음절구조로, 음절 말에는 8개의 자음(p, t, k, m, n, ŋ, y, w)만이 가능하다.
⑲ 원칙적으로 단음절어들이 많다.

이 중 한국어와 완전히 또는 부분적으로 일치하는 현상은 어떤 것일까?

2.1.4 오스트로네시아어족

남도('austro 南,' 'nesia 島')의 의미를 갖는 오스트로네시아어족(Austronesian Languages)은 세계에서 가장 크고 넓게 분포된 어족(Goddard, 2005)으로, 하와이와 태평양의 대부분의 섬, 말레이시아 및 인도네시아 전역, 그리고 필리핀 군도 전체도 이 지역에 포함되며, 서쪽으로는 아프리카 동부 해안의 마다가스카르 섬까지 이어진다. 이 어족에 속하는 언어는 약 1,200여 개(약 18%)이며 약 3억 5천 명 정도의 사용 인구(약 6%)를 가져 인도·유럽어족, 중국·티베트어족, 나이저·콩고어족(Niger-Congo Languages) 등과 함께 6개 주요 어족 중의 하나이다. 말레이·폴리네시아 어군(Malayo-Polynesian Languages)은 오스트로네시아어족에서 가장 큰 어군인데, 아시아 언어 중에서는 말레이어(말레이시아, 브루나이), 인도네시아어(인도네시아), 타갈로그어(필리핀), 테툼어(동티모르)가 이 어군에 속한다.

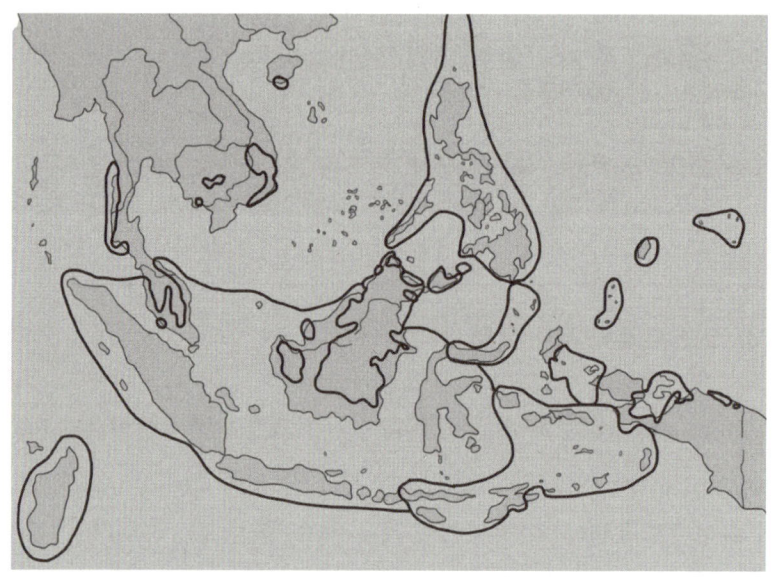

〈그림 4〉 오스트로네시아어족의 분포

오스트로네시아어족의 특징은 다음과 같다(Goddard, 2005).

● **오스트로네시아어족의 공통적 특징**

① 음운의 수는 자연언어의 평균이거나 그보다 적다.
② 교착어로 모든 종류의 접사(접미사, 접두사, 접요사, 접환사)를 가지고 있다.
③ 보다 복잡한 어휘를 생산하기 위해서 중첩(reduplication)을 많이 사용한다.
④ 복수 대명사의 사용에 있어 화자 또는 청자의 포함 여부에 따라 어휘가 달라진다.

오스트로네시아어족에 속하는 말레이어, 인도네시아어, 타갈로그어, 테툼어의 주요 어순은 <표 4>와 같다.

언어 \ 어순	기본 어순	부치사 어순	형용사-명사 어순	속격-명사 어순
말레이어 (말레이시아/브루나이)	SVO	전치사	명사+형용사	명사+속격
인도네시아어 (인도네시아)	SVO	전치사	명사+형용사	명사+속격
타갈로그어 (필리핀)	VSO	전치사	둘 다 가능3)	명사+속격
테툼어 (동티모르)	SVO	전치사	명사+형용사	속격+명사

〈표 4〉 오스트로네시아어족의 주요 어순(*WALS*, 86)

이 네 언어의 기본 어순은 타갈로그어만 VSO이고 나머지는 SVO 어순이다. 그러나 모두 VO 어순, 즉 동사구의 핵이 되는 동사가 목적어에 선행하는 핵어 선행 언어이다. 이 유형을 따라 네 언어 모두 전치사 언어로 나타난다(보다 자세한 것은 제9장 참조). 그리고 테툼어를 제외하고는 속격이 명사에 후행하는 언어로 나타난다.

2.1.5 오스트로·아시아어족

오스트로·아시아어족(Austro-Asian Languages)에는 약 170개 언어(2.45%)가 있으며, 1억 명 정도의 사용 인구(1.74%)가 있다. 이 어족에서는 몬·크메르(Mon-Khmer) 어군과 문다(Munda) 어군이 대표적이다. 그 중에서 몬·크메르 어군이 이 어족의 핵심으로 캄보디아에서 사용되는 크메르어와 베트남어가 여기에 속한다. 문다 어군은 인도의 북동부 지역의 일부와 방글라데시의 일부에서 사용되고 있다.

몬·크메르 어군은 다음과 같은 음운적 특성과 문법적 특성을 갖는다(Goddard, 2005).

---

3) 여기서 말하는 '둘 다 가능'은 특정 어순이 우세하다는 판단을 내리기가 어렵다(No dominant order)는 의미이다.

● 몬·크메르 어군의 음운적 특징

① 모음의 수가 매우 많은 편이다.
② 모음의 높낮이(개구도)는 보통 4개 이상으로 다소 많은 편이다.
③ 이 지역의 다른 어족(예 타이·카다이어족, 중국 어군 등)과 달리 몬·크메르 언어들은 어두 자음군을 갖는다. 베트남어처럼 어두 자음군을 갖지 않는 것은 예외적인 현상이다.
④ /s/나 /h/와 같은 마찰음이 적게 나타난다.
⑤ 이 지역의 다른 어족들은 단일어의 경우 대부분 단음절이고 복합어나 중첩어의 경우 2음절이 되는 데 반해, 몬·크메르 언어들은 두 음절을 합하면 1.5음절(sesquisyllable)이 된다. 즉, 첫음절이 운율적으로 약하고 음소배열제약이 매우 심하여 반음절(half syllable)이 된다.
⑥ 성조를 갖지 않는 것이 일반적이어서 베트남어처럼 성조를 갖는 것이 이례적이다.

● 몬·크메르 어군의 문법적 특징

① 접요사가 다양하며 첫 자음 다음에 삽입된다.
② 굴절이 없거나 매우 적다.
③ SVO의 기본 어순을 갖는다.
④ 속격은 명사 뒤에 위치한다.
⑤ 형용사와 지시사(demonstratives)는 명사 뒤에 위치한다.

몬·크메르 어군의 두 주요 언어인 크메르어와 베트남어의 어순을 살펴보면 다음과 같다.

언어 \ 어순	기본 어순	부치사 어순	형용사-명사 어순	속격-명사 어순
크메르어	SVO	전치사	명사+형용사	명사+속격
베트남어				

〈표 5〉 몬·크메르 어군의 주요 어순(*WALS*, 86)

이 두 언어는 표에서 보는 것과 같이 대부분의 어순은 같다. 다만, 표에는 나타나 있지 않지만 수사와 명사의 어순에서는 차이가 나서 크메르어는 '명사+수사'의 어순인 반면, 베트남어는 '수사+명사'의 어순이다.

지금까지 아시아 지역의 언어들에 대해 살펴보았다. 아시아 지역에 속하는 어족에는 여기서 다루지 않은 드라비드어족, 코카서스어족, 그리고 인도·유럽어족, 그리고 아프리카·아시아어족 등이 있다. 드라비드어족에는 인도 남부와 스리랑카에서 주로 사용되는 타밀어가 있으며, 아시아와 유럽의 경계가 되는 코카서스 산맥을 중심지역으로 하는 코카서스어족에는 그루지야어가 있다.[4] 그리고 설명의 편의상 다음 절에서 다룰 인도·유럽어족에는 인도의 힌디어를 비롯하여, 페르시아어(이란), 우르두어(파키스탄), 벵골어(방글라데시), 네팔어(네팔) 등이 있다. 아프리카 지역에서 다룰 아프리카·아시아어족에는 아랍어와 히브리어, 그리고 여러 아프리카어들이 포함된다.

2.2 유럽 지역

유럽에는 영국, 독일, 프랑스에서부터 바티칸시국(Vatican City State)에 이르기까지 46개의 나라가 있다. 이 나라들이 어떤 언어를 사용하는지 어족별로 살펴보도록 한다. 유럽 지역의 가장 대표적인 어족은 인도·유럽어족(Indo-European Languages)이다. 유럽어 중에서 이 어족에 속하지 않는 언어는 우랄어족(Uralic Languages)에 속하는 핀란드어, 헝가리어, 에스토니아어

---

[4] 타밀어와 한국어는 같은 어족에 속하지는 않으나 많은 어휘가 유사하다. 타밀어와 한국어 어휘의 관련성은 Homer B. Hulbert(1863~1949)의 *A Comparative Grammar of the Korean Language and the Dravidian Languages of India*(1905)에서 처음으로 소개되었다. 타밀어와 한국어는 난(나), 니(너), 아빠(아빠), 엄마(엄마), 아뻐지(아버지), 아나(하나), 두(둘), 셋(셋), 아파(아파-아프다), 와(와, come), 봐(봐-see), 뻬이(비), 비야(벼), 베뚜기(메뚜기), 사할(쌀), 안니(언니), 비단(비단), 풀(풀), 날(날) 등 가족관계나 농사 관련 어휘 등을 포함하여 유사한 기초 어휘가 상당수에 이른다. 이러한 이유로 영화 <Life of Pi>에서 인도 남부 출신인 파이가 가족들과 함께 캐나다로 떠나던 중 폭풍우를 만나 가족을 잃게 되자 "아빠", "엄마"를 부르며 절규하는 모습을 보게 된다.

등의 소수에 불과하다.

2.2.1 인도·유럽어족

인도·유럽어족은 세계에서 가장 큰 어족으로 영국의 윌리엄 존스 경(Sir William Jones)에 의해 처음 주장된 어족이다. 이 어족에 속하는 언어는 약 430개로, 7,000여 개 자연언어의 약 6%에 불과하지만 사용 인구는 27억 명(약 45.7%)이 넘어 세계 인구의 절반에 가까운 사람들이 사용하고 있다.

여기서 잠깐

Sir William Jones(1746~1794)

영국의 동양학자이면서 법률가인 그는 캘커타 고등법원 판사로 인도 체재 중 벵골 아시아 협회(Bengal Asiatic Society)를 창립하였다. 그는 산스크리트어가 유럽 언어의 모체라는 당시까지의 견해를 부정하고, 산스크리트어와 고전 그리스어, 라틴어의 모어(母語), 즉 원시 인도·유럽어의 존재를 주장하였다.("…… indeed, that no philologer could examine them all three[the Sanskrit language, the Greek, the Latin/집필자 주], without believing them to have sprung from some common source, which, perhaps, no longer exists." (Crystal, 2010))

인도·유럽어족의 어휘적 유사성 – father

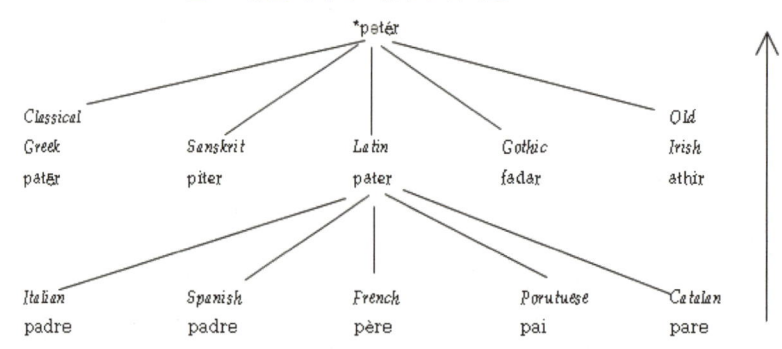

이 어족은 다시 몇 개의 어군으로 나뉘는데 그 숫자는 학자에 따라 10개 내외에서 16개 정도로 나눈다. 그 중 중요한 어군은 다음과 같다.

● **인도·유럽어족의 주요 어군**

어족	인도 · 유럽어 조어(Proto-Indo-European)					
어군	게르만 어군 (Germanic)	이탈리아 어군 (Italic)	켈트 어군 (Celtic)	발트·슬라브 어군 (Balto-Slavic)	인도·이란 어군 (Indo-Iranian)	그리스 어군 (Greek)
언어	영어 독일어 스웨덴어 네덜란드어	프랑스어 이탈리아어 스페인어 포르투갈어 루마니아어	아일랜드어 웨일즈어 스코틀랜드어	러시아어 폴란드어 체코어 우크라이나어 세르비아어 크로아티아어 리투아니아어	힌디어 산스크리트어 페르시아어 벵골어 펀자브어 쿠르드어 네팔어	그리스어

이제 이들 중에서 중요한 몇 가지 어군에 대해 살펴보도록 한다.

1) 게르만 어군

게르만 어군(Germanic Languages)은 영어, 독일어, 네덜란드어, 스웨덴어, 노르웨이어 등 우리에게 매우 친숙한 나라의 언어들로 구성되어 있다. 이들 언어를 사용하는 나라들 외에도 룩셈부르크와 덴마크의 언어들도 이 어군에 속한다. 이들 나라의 국가어(national language) 또는 공식어(official language)는 다음과 같다.

나라	언어	나라	언어
영국	영어	룩셈부르크	룩셈부르크어, 독일어, (프랑스어)
독일	독일어	아일랜드 공화국	영어, (아일랜드어)
네덜란드	네덜란드어	스웨덴	스웨덴어
스위스	독일어, (프랑스어, 이탈리아어)	덴마크	덴마크어
오스트리아	독일어	노르웨이	노르웨이어
벨기에	독일어, 네덜란드어, (프랑스어)	아이슬란드	아이슬란드어

(※ 위의 언어 중에서 프랑스어, 이탈리아어, 아일랜드어는 게르만 어군이 아님)

〈표 6〉 게르만 어군의 주요 나라와 언어(*WALS*, 86)

유럽에서 게르만 어군에 속하는 언어를 사용하는 나라는 <표 6>에서와 같이 모두 12개 나라이다. 게르만 어군은 지역적 특성에 따라 서(西)게르만 어군과 북(北)게르만 어군으로 나뉘는데, 지역적으로 북유럽에 속한 스웨덴어, 덴마크어, 노르웨이어, 아이슬란드어 등은 북게르만 어군에 속하고 나머지는 서게르만 어군에 속한다. 이들 중 우리에게 익숙한 언어의 몇 가지 주요 어순을 살펴보면 <표 7>과 같다. 참고로 스웨덴어와 노르웨이어, 덴마크어는 거의 같기 때문에 스웨덴어 하나만을 알아보도록 한다.

언어 \ 어순	기본 어순	부치사 어순	형용사-명사 어순	속격-명사 어순
영어	SVO	전치사	형용사+명사	둘 다 가능
독일어				명사+속격
네덜란드어				명사+속격
스웨덴어				속격+명사

〈표 7〉 게르만 어군의 주요 어순(*WALS*, 86)

기본 어순을 볼 때 네 언어 모두 SVO 어순을 갖는다. 부치사와 '속격-명사'의 어순은 기본 어순(보다 정확히는 동사와 목적어의 어순)과 관계가 깊다. 예를 들어, OV 언어는 후치사 언어의 경향이 많으며, 속격이 명사 앞에 오고 동사 앞에 부사가 오며, '비교기준+비교표지+형용사'의 순서로 되는 것이 일반적이다. 반면, VO 언어는 그 반대이다(보다 자세한 것은 제9장 참조). 이렇게 볼 때, 독일어와 네덜란드어는 전치사 언어이면서 '명사+속격'의 순서를 가져 VO의 일반적인 유형과 일치하지만, 스웨덴어는 '속격+명사'의 어순을 가지고 영어는 둘 다 가능하여 VO의 일반적 유형과는 다른 모습을 보인다.[5] 한편, 형용사와 명사의 어순은 기본 어순과 관계없이 형용사가 명사 뒤에 오는 경우가 많고, 특별히 VO 어순에서는 '명사+형용사'의 어순이 보다 일반적이다. 이런 점에서 볼 때 네 언어 모두 그러한 유형과 일치하지 않는다고 볼 수 있다.

여기서 잠깐

영어는 어떤 언어인가?

영어는 계통상 게르만 어군에 속하지만, 다른 관점에서 보면 그렇지 않을 수도 있다. 어휘적, 음운적, 문법적으로 보면 이탈리아 어군에 속하는 특징들이 많다. 어휘적으로 볼 때 프랑스어나 이탈리아어에서 차용한 어휘가 많고(예 ballot, garage), 음운적으로 볼 때 어말에서 /ʒ/(예 corsage, massage, mirage)를 사용하며, 그리고 문법적으로는 경우에 따라 형용사가 명사 뒤에서 수식하는 것(예 nothing special, fish alive, someone reliable) 등이 그 예가 된다. 그리고 유형적으로 볼 때 영어는 라틴어보다는 중국어와 같이 고립어의 성격이 강하다.

---

5) 스웨덴어의 경우 *WALS*에 제시된 것과는 달리 '명사+속격'도 가능하다. *WALS*에서는 '속격+명사'의 어순이 더 우세하다고 파악한 것으로 판단된다.

2) 이탈리아 어군

로망스 어군(Romance Languages)이라고도 불리는 이탈리아 어군(Italic Languages)은 라틴어에서 유래된 언어여서 라틴 어군(Latin Languages)이라고도 한다. 쉽게 말해 이탈리아 어군은 로마제국의 세력 확장에 의해 이루어진 어군이다. 구어체 라틴어인 '속라틴어(Vugar Latin)'를 모태로 하는 이 어군에는 이탈리아를 중심으로 주로 남유럽의 나라들이 포함되어 있다. 이에 속하는 주요 나라들과 그 언어를 보면 다음과 같다.

나라	언어	나라	언어
이탈리아	이탈리아어	포르투갈	포르투갈어
프랑스	프랑스어	루마니아	루마니아어
스페인	스페인어		

〈표 8〉 이탈리아 어군의 주요 나라와 언어

통계에 의하면, 이탈리아 어군에 속하는 언어는 위 다섯 개 언어와, 우리에게는 낯선 안도라공화국(Principality of Andorra)의 Catalan어까지 포함하여 6억 7천만 명 이상의 인구가 사용하고 있다. 이들 언어 외에도 약 20여 개의 언어들이 이탈리아 어군에 속한다.

언어 \ 어순	기본 어순	부치사 어순	형용사-명사 어순	속격-명사 어순
이탈리아어	SVO	전치사	명사+형용사	명사+속격
프랑스어				
스페인어				
포르투갈어				
루마니아어				

〈표 9〉 이탈리아 어군의 주요 어순(*WALS*, 86)

이탈리아 어군의 언어들은 모두 VO가 갖는 경향과 일치한다. 그리고 형용사와 명사의 어순에 있어서는 언어 일반적인 어순인 형용사가 명사 뒤에서 수식하는 방법을 취한다.

3) 발트·슬라브 어군

발트·슬라브 어군(Balto-Slavic Languages)은 다시 발트 어파(Baltic languages)와 슬라브 어파(Slavic Languages)로 나뉜다.6) 발트 어파에는 발트해(Baltic Sea)의 두 나라 언어, 즉 리투아니아어(Lithuanian)와 라트비아어(Latvian)가 있고, 슬라브 어파는 소위 말하는 동구권(Eastern Europe)의 언어들을 말한다. 두 어파 중 우리에게 보다 익숙한 슬라브 어파에 속하는 주요 나라들과 그 언어를 보면 <표 10>과 같다.

나라	언어	나라	언어
러시아	러시아어	불가리아	불가리아어
우크라이나	우크라이나어	세르비아	세르비아어
폴란드	폴란드어	크로아티아	크로아티아어
체코	체코어	보스니아	보스니아어
슬로바키아	슬로바키아어	슬로베니아	슬로베니아어

〈표 10〉 슬라브 어파의 주요 나라와 언어

---

6) 슬라브 어파는 발트·슬라브 어군의 하위부류에 속하지만 그 규모와 언어학적 중요성으로 인해 게르만 어군, 로망스 어군 등 다른 어군 등과 동등하게 다루어지는 경우가 많다. 이 책에서도 필요에 따라서는 슬라브 어군으로 명명하도록 한다.

〈그림 5〉 슬라브 어파

이들 중 아래 다섯 언어의 주요 어순을 살펴보면 다음과 같다.

언어 \ 어순	기본 어순	부치사 어순	형용사-명사 어순	속격-명사 어순
러시아어	SVO	전치사	형용사+명사	명사+속격
폴란드어				
체코어				
불가리아어				둘 다 가능
세르비아·크로아티아어				

〈표 11〉 슬라브 어파의 주요 어순(*WALS*, 86)

〈표 11〉에서 보는 것과 같이 슬라브 어파는 조금 특이한 모습을 보인다. 어순은 VO 유형인데, 그것과 관련된 다른 어순 중 부치사는 전치사 유형을 택하는 반면, 속격의 경우는 언어별 차이를 많이 보이고 있다. 실제로 슬라브 어파의 대부분은 '명사+속격' 또는 두 어순이 모두 가능하여 어떤 것이 우선인지 파악하기 어려운 경우의 둘로 나누어진다. 그리고 형용사-

명사의 어순에 있어서는 거의 모든 슬라브어파의 언어가 '형용사+명사'의 어순을 갖는다.

4) 인도·이란 어군

인도·이란 어군은 다음과 같이 아시아 지역에 속하는 인도·유럽어족이다.

나라	언어	나라	언어
인도	힌디어	방글라데시	벵골어
스리랑카	신할리어	이란	페르시아어
몰디브	디베히어	아프가니스탄	다리어, 파슈토어
파키스탄	우르두어	타지키스탄	타지크어
네팔	네팔어		

〈표 12〉 인도·이란 어군의 주요 나라와 언어

이들 언어의 주요 어순을 보면 다음과 같다.

언어 \ 어순	기본 어순	부치사 어순	형용사-명사 어순	속격-명사 어순
힌디어(인도)	SOV	후치사	형용사+명사	속격+명사
신할리어(스리랑카)				
디베히어(몰디브)				
우르두어(파키스탄)				
네팔어(네팔)				
벵골어(방글라데시)				
파슈토어(아프가니스탄)		둘 다 가능		
페르시아어(이란)		전치사	명사+형용사	명사+속격
타지크어(타지키스탄)				

〈표 13〉 인도·이란 어군의 주요 어순(*WALS*, 86)

<표 13>에 의하면 이들의 기본 어순은 한국어와 같은 SOV이다. 이것은 앞에서 본 인도·유럽어족의 다른 언어들과 다른 점이다. 즉, 같은 인도·유럽 언어라 할지라도 어순에 있어서는 다를 수 있다. 페르시아어와 타지크어를 제외한 나머지 언어들의 경우를 보면 한국어와 동일한 어순을 보이고 있음을 알 수 있다.

또 한 가지 눈여겨보아야 할 사실은 페르시아어와 타지크어에서의 부치사의 위치와 속격 구성이다. 앞에서 본 대로 이 두 가지는 OV와 VO에 따른 핵어 구성과 상관관계가 매우 깊다(WALS, 83, 85, 86, 95).[7] 따라서 핵어 후행인 OV에서는 후치사, '속격+명사' 구성이 일반적이다. 그런데 페르시아어와 타지크어는 전치사, '명사+속격'의 구성을 보여 일반적인 모습에서 벗어났다고 할 수 있다. 이에 대해 우리는 유럽어와의 상호교류 또는 영향에 의한 결과로 추측할 수 있다. 이러한 추측이 가능한 것은 중세 페르시아어가 후치사 언어였기 때문이다(*Wikipedia*, Persian Language). 현대 페르시아어의 일종인 타지크어는 당연히 페르시아어의 모습을 가지고 있어 전치사 언어가 된다. 여기서 우리의 관심을 끄는 것이 아프가니스탄의 파슈토어이다. 이 언어는 이란의 페르시아어와 같은 계통이지만 <표 13>에서 보는 것과 같이 전치사와 후치사를 겸용하여 사용하고, 속격 구성도 페르시아어와 다르다. 그 이유는 파슈토어가 문장 구성에 있어서는 인도·아리아어의 구성을 따르고 있기 때문이다. 즉, 힌디어와 같은 어순을 갖는 것이다.

2.2.2 우랄어족

우랄어족(Uralic Languages)은 그 이름에서 알 수 있듯이 우랄 사람들의 고향인 우랄 산맥과 관련이 있다. 역사비교언어학자들은 초기에는 우랄어족

---

7) *The World Atlas of Language Structures*(*WALS*)는 Haspelmath 외(2005)에 의해 편집된 것으로, 100여 가지의 언어학적 특성 면에서 자연언어가 어떤 모습을 보이는지 지리적 관점에서 조사한 것이다. Online(http://wals.info)을 통해 해마다 보완되고 있다.

〈그림 6〉 우랄 산맥

과 알타이어족을 같은 계통으로 보고 우랄·알타이어족의 가설을 세웠으나, 이들 사이에 관련성이 부족하다는 연구의 결과로 결국 두 어족을 분리하였다. 그러나 우랄어족과 가장 가까운 어족은 알타이어족임은 분명하다. 우랄어족에 속하는 언어는 약 40개(0.55%)이며, 사용 인구는 약 2140만 명(0.36%) 정도이다. 우랄어족의 언어를 국가어 또는 공식어로 사용하는 나라는 헝가리, 핀란드, 에스토니아 정도이다. 이들은 모두 핀·우그르 어군(Finno-Ugric Languages)에 속한다.

이 어족은 격 체계가 매우 발달한 것으로 유명하다. 예를 들어, 헝가리어는 18~24개, 핀란드어는 15개의 격을 가진 것으로 알려져 있다. 그리고 이 격들은 한국어의 조사와 같은 접미사 형태의 격표지(case marker)를 통해 이루어진다. 그리고 이 어족에는 성(gender)의 구별이 없다. 음운론적 특성으로는 모음조화를 들 수 있다.

세 언어의 주요 어순을 보면 다음과 같다.

언어 \ 어순	기본 어순	부치사 어순	형용사-명사 어순	속격-명사 어순
헝가리어	자유어순	후치사	형용사+명사	속격+명사
핀란드어	SVO[8]			
에스토니아어				

〈표 14〉 우랄어족의 주요 어순(*WALS*, 86)

---

8) 핀란드어의 어순은 원래는 SOV 유형이었으나, 핀족의 이주와 유럽 언어와 접촉을 통하여 현재는 SVO 유형으로 바뀌었다(송향근, 2003).

<표 14>에 의하면 핀란드어와 에스토니아어는 한국어와는 다른 SVO 유형이고, 헝가리어는 특별한 우선순위의 어순이 없는 자유어순이다. 나머지 어순은 한국어와 같다.

2.3 아프리카 지역

아프리카는 다른 대륙보다 더 많은 언어가 있어, 500만 명 정도가 약 2,000개 정도의 언어를 사용하고 있는 것으로 추정하고 있다. 아프리카는 국제 혼성어(lingua francas)의 대륙이라 할 수 있다. 북쪽과 북동쪽에는 아랍어가 사용되고, 스와힐리어는 동아프리카의 전역에서 사용되고, 옛 식민지 국가들은 대부분의 경우 프랑스어와 영어를 사용하고 있다(Crystal, 2010).

아프리카에는 두 개의 나이저·콩고어족(A, B)을 포함하여 전체 6개의 어족이 있다. 이 6개의 어족 중에서 아프리카 북부의 아프리카·아시아어족과 다마스쿠스의 오스트로네시아어족은 이미 살펴본 바 있다. 그리고 아프리카 최남단의 남아프리카 공화국에서는 아프리칸어(Afrikaans)를 사용하는데, 이 언어는 인도·유럽어족에 속한다.

〈그림 7〉 아프리카 지역의 어족

2.3.1 나이저·콩고어족

나이저·콩고어족(Niger-Congo Languages)은 그 규모로 볼 때 세계 6대 주요 어족 중의 하나이다. 그리고 아프리카 내에서도 지역적으로 가장 넓게 분포하며, 언어 수(1,500개 이상; 약 22%)와 사용 인구(3억 8천 명 이상; 6.4% 이상)에서도 가장 대표적인 어족이다. 이 어족의 핵심을 이루는 어군이 반투 어군(Bantu Languages)으로 500개 넘는 언어가 이에 속하며 사용 인구가 1억을 넘는다. 지역적으로는 중앙아프리카와 동아프리카, 남아프리카의 광대한 지역을 포함하고 있다. 이 어족의 가장 대표적인 언어는 케냐, 탄자니아, 우간다, 콩고공화국의 공식어인 스와힐리어(Swahili)이며, 그 외 요루바어(Yoruba), 풀라어(Fula), 이보어(Igbo), 줄루어(Zulu) 등이 있다.

이들의 어순을 보면 다음과 같이 전형적인 VO 유형의 특징을 보여주고 있다.

언어 \ 어순	기본 어순	부치사 어순	형용사–명사 어순	속격–명사 어순
스와힐리어	SVO	전치사	명사+형용사	명사+속격
요루바어				
이보어				
줄루어				

〈표 15〉 나이저·콩고어족의 주요 어순(*WALS*, 86)

2.3.2 아프리카·아시아어족

함·셈어족(Hamito-Semitic Languages)[9]이라고도 불리는 아프리카·아시아어족(Afro-Asiatic Languages)은 중동, 북부아프리카, 에티오피아와 소말리아를 비롯한 아프리카의 뿔(Horn of Africa) 지역, 그리고 세네갈, 알제리, 수단 등과 같이 사하라 사막의 남쪽 가장자리 지역인 사헬(Sahel) 지역에서 사용된다.

---

[9] 함어족과 셈어족은 성경에 나오는 노아 아들들의 이름을 딴 것이다.

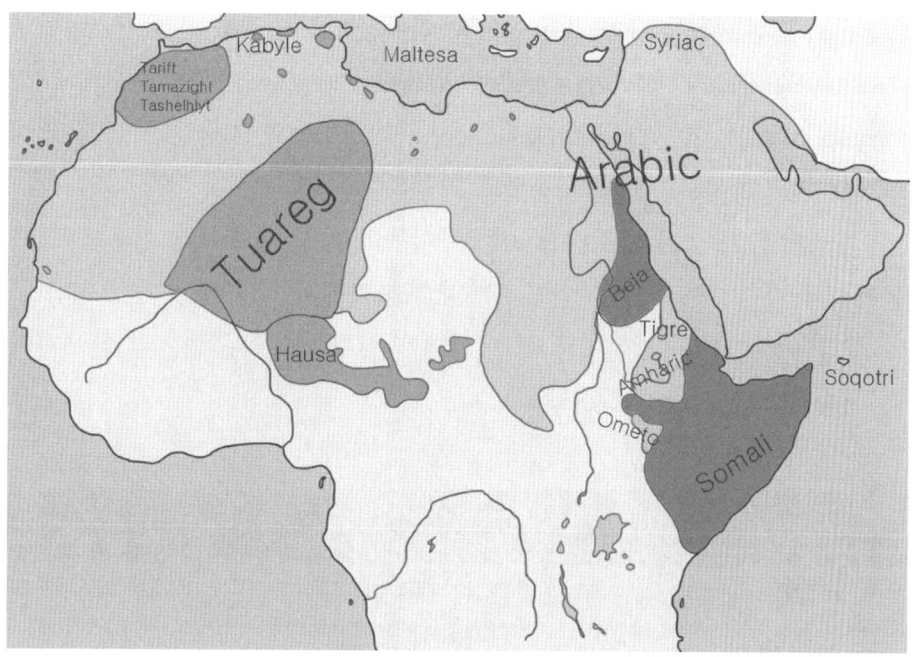

〈그림 8〉 아프리카·아시아어족의 분포

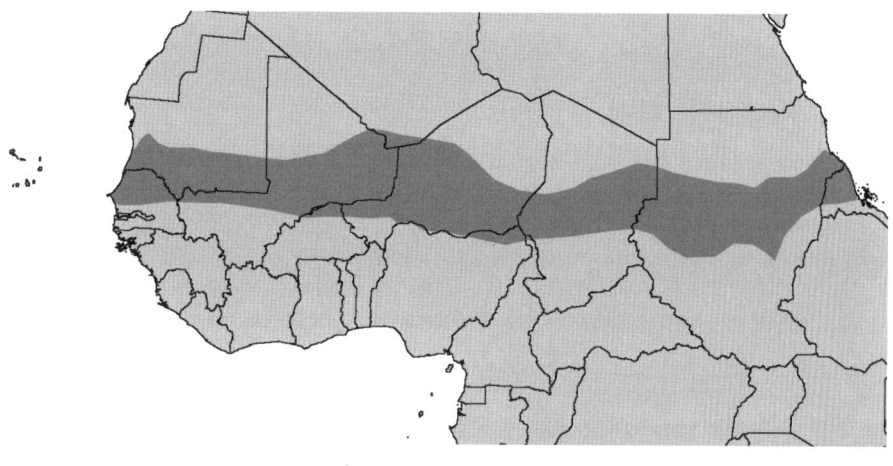

〈그림 9〉 사헬(Sahel) 지역

아프리카·아시아어족은 350여 개의 언어(5.11%), 약 3억 6천 명 정도의 사용인구(6.03%)를 가진 주요 6대 어족 중의 하나이다. 아프리카·아시아어족은 크게 셈 어군(Semitic Languages), 하우사어(Hausa)가 속한 차드 어군(Chadic Languages), 그리고 베르베르 어군(Berber Languages), 쿠시 어군(Cushitic Languages), 오모 어군(Omotic Languages), 그리고 그 외 지금은 사라진 고대 이집트 어군(Egyptian Languages)으로 나뉜다.

이들 중 셈 어군이 아프리카·아시아어족의 가장 대표적인 어군으로, 중동에서와 마찬가지로 북부 아프리카의 대부분에서 사용되는 아랍어와, 구약 성경을 기록한 히브리어도 셈 어군에 속한다. 이들 두 언어와 하우사어의 어순을 보면 다음과 같다.

언어 \ 어순	기본 어순	부치사 어순	형용사-명사 어순	속격-명사 어순
아랍어	VSO	전치사	명사+형용사	명사+속격
히브리어	VSO	전치사	명사+형용사	명사+속격
하우사어	SVO	전치사	형용사+명사	명사+속격

〈표 16〉 아랍어와 히브리어, 하우사어의 주요 어순(*WALS*, 86)

2.4 아메리카 지역

아메리카 지역은 토착어가 매우 발달된 지역이지만, 국가어나 공식어의 관점에서 볼 때 이 지역의 언어는 매우 단순하다. 북미는 영어를, 중남미는 대부분 스페인어를 사용하기 때문이다.[10] 중남미에서 스페인어나 영어를 사용하지 않는 나라는 브라질밖에 없다. 브라질은 이탈리아어군의 포르투갈어를 공식어로 사용하고 있다. 한편 파라과이는 스페인어와 함께 과라니어(Guarani)를 공식어로 사용하고 있다. 과라니어는 남미 토착인들이 사용

---

10) 호주나 뉴질랜드의 경우도 영어를 국가어로 지정하여 사용하고 있다. 이런 이유로 여기에서는 이들 언어에 대해서는 다루지 않기로 한다.

하는 언어로서 투피어족(Tupian Languages)의 하나다. 이 언어는 아르헨티나, 볼리비아, 브라질의 몇몇 지역에서도 사용되고 있다. 이 언어의 어순은 다음과 같다.

언어＼어순	기본 어순	부치사 어순	형용사-명사 어순	속격-명사 어순
과라니어	SVO	후치사	명사+형용사	속격+명사

〈표 17〉 과라니어의 주요 어순(*WALS*, 86)

지금까지 우리는 세계 언어를 지리적 관점, 계통적 관점, 그리고 유형적 관점에서 살펴보았다. 언어는 서로 다른 점들도 많고 비슷한 점도 많으며, 그러한 차이가 지리적으로도 어느 정도 상관관계가 있음을 보았다. 다음 장부터는 언어학의 주요 영역에서 언어에 따른 차이가 어떻게 나타나는지에 대해 살펴보도록 한다.

● 언어 지리와 어족 및 어군

지역	어족	어군	언어(예)
아시아	알타이어족	터키 어군	터키어, 아제르바이잔어, 카자흐어, 우즈베크어, 투르크멘어, 키르기스어
		몽골 어군	몽골어
		퉁구스 어군	예벤키어
	중국·티베트어족	중국 어군	중국어
		티베트·버마 어군	티베트어, 버마어, 종카어
	타이·카다이어족		태국어, 라오어
	오스트로네시아어족	말레이·폴리네시아 어군	말레이어, 인도네시아어, 타갈로그어, 테툼어
	오스트로·아시아어족	몬·크메르 어군	크메르어, 베트남어
		문다 어군	인도 북동부, 방글라데시 일부에서 사용되는 언어
유럽	인도·유럽어족	게르만 어군	영어, 독일어, 스웨덴어, 네덜란드어
		이탈리아 어군	프랑스어, 이탈리아어, 스페인어, 포르투갈어, 루마니아어
		켈트 어군	아일랜드어, 웨일즈어, 스코틀랜드어
		발트·슬라브 어군	러시아어, 폴란드어, 체코어, 우크라이나어, 세르비아어, 크로아티아어, 리투아니아어
		인도·이란 어군	힌디어, 산스크리트어, 페르시아어, 벵골어, 펀자브어, 쿠르드어, 네팔어
		그리스 어군	그리스어
	우랄어족	핀·우그르 어군	헝가리어, 핀란드어, 에스토니아어
아프리카	나이저·콩고어족	반투 어군	스와힐리어, 요루바어, 풀라어, 이보어, 줄루어
	아프리카·아시아어족	셈 어군	아랍어, 히브리어
		차드 어군	하우사어
		베르베르 어군	
		쿠시 어군	
		오모 어군	
		고대 이집트 어군	
아메리카	투피어족		과라니어

제3장 모 음

1. 들어가기

언어학의 모든 영역에서 추구하는 궁극적인 목표 가운데 하나가 자연언어에 대한 조감도를 그리는 것이라 할 수 있다. 많은 학자들 사이에서 이를 위한 노력이 이루어져 왔는데 그러한 노력의 과정에서 보편성(universals)과 유형(typology)의 개념이 도입되었다. 음성·음운론의 영역도 예외가 아니어서 많은 학자들이 자연언어의 보편적인 모습을 찾으려 하였고, 대표적인 첫 작품이라 할 수 있는 것이 209개 언어의 음성 자료를 구축한 *Stanford Phonology Archiving Project(SPA)*로 Crothers(1978)는 이를 바탕으로 자연언어에서의 모음의 보편성을 논의하였다. 그러나 그가 발표한 것은 모음에 국한된 소논문이어서 아쉽게도 자음은 물론이고 모음에서도 자연언어의 구체적인 모습을 보기는 어려웠다.

우리에게 자연언어에 관한 음성·음운의 구체적인 모습을 본격적으로 보여준 것은 Maddieson(1980, 1984)이다. 그를 통해 발표된 *UCLA Phonological Segment Inventory Database*(이하 *UPSID*)는 317개 언어의 음운 목록을 구축하고 이를 분석하여 우리에게 자연언어의 음운 체계에 대해 여러 가지 의미 있는 자료를 제공하고 있다. 이후 *WALS*가 Haspelmath, Dryer, Gil & Comrie(2005)와 온라인을 통해 자연언어에서의 자음과 모음 목록의 크기를 비롯하여 음성·음운에 관한 기본적이면서도 중요한 사항들을 제시하여 특정 언어의 특성을 개략적으로나마 파악할 수 있게 해 주었다.

이 장에서는 *UPSID*와 *WALS*를 바탕으로 한국어의 모음 체계를 영어, 일본어, 중국어의 것과 비교·대조해본다. 본격적인 논의에 들어가기에 앞서 먼저 한국어의 모음 학습에서 나타나는 오류에 관해 살펴보자.

2. 학습자 오류

다음은 모음과 관련된 영어권 학습자의 오류이다.

○ 사고 [사거]	고기 [거기]	좀 더 [점 더]
○ 머리 [모리]	벌레 [볼레]	자전거 [차존고]
○ 얼음 [어럼]	어른 [어런]	있으면 [이쎠면]

한국어의 '어' 모음을 '오'로 발음하기도 하고, 거꾸로 '오' 모음을 '어'로 발음함을 알 수 있다. 이는 영어권 화자들이 한국어의 '오'와 '어'를 가깝게 여겨 구별하여 발음하기가 어렵기 때문일 것이다. 또한 '으' 모음을 '어' 모음으로 발음하는데 이는 영어에는 '으' 모음이 없어 '으'의 발음이 쉽지 않기 때문이다.

다음은 모음과 관련된 일본어권 학습자의 오류이다.

○ 어머니 [오모니]	머리 [모리]	서울 [소우르]
○ 여자 [요자]	여기 [요기]	여름 [요르므]
○ 구름 [그르므]	수리 [스리]	두더지 [드도지]

    한국어의 '어' 모음을 '오'로, '여' 모음을 '요'로 발음함을 알 수 있다. 이는 일본어에는 모음 '어'와 '여'가 없기 때문이다. 또한 '우' 모음을 '으' 모음으로 발음하는데 이는 일본어에 있는 '우' 모음은 입술을 평평하게 한 채 발음하기 때문일 것이다.
    다음은 모음과 관련된 중국어권 학습자의 오류이다.

○ 환영 [화닝]	명사 [밍사]	기차역 [기차얔]
○ 의사 [으어사]	의자 [으어자]	의지 [으어지]
○ 가을 [가얼]	기름 [기럼]	힘들다 [힘덜다]

    중국어에는 이중모음인 '여' 모음이 없어 '이' 모음과 비슷하게 발음하거나 '야' 모음으로 발음함을 알 수 있다. 또한 '의' 모음을 '으어'로 발음하거나 '으' 모음을 '어' 모음으로 발음하기도 한다.

3. 자연언어 음소 체계의 특성

    각 언어의 모음 체계의 특징을 알아보기 전에 먼저 *UPSID*를 바탕으로 음소 체계의 특징에 관해 알아보기로 하자. 이는 모음과 자음 각각의 특징을 파악하는 일도 중요하지만 상호간에 나타나는 특징을 파악하는 일도 자연언어의 특징을 이해하는 데 도움이 되기 때문이다.

3.1 음소의 수

세상의 언어에는 200개 이상의 서로 다른 모음이 있고, 600개 이상의 서로 다른 자음이 있다(Ladefoged, 2001). 이렇게 많은 모음과 자음은 언어에 따라 수적인 면에서나 내용적인 면에서 다르다. *UPSID*에서 전 세계 언어의 약 6%에 해당되는 317개의 언어를 대상으로 조사한 바에 따르면 하나의 자연언어에는 최소 11개, 최대 141개의 음소(모음과 자음)가 있는 것으로 나타났다. 최소 음소를 사용하는 언어는 파푸아 뉴기니아의 로도캐스어(Rotokas), 무라어(Mura)로 11개의 음소가 있다고 한다. 이에 반해 최대 음소를 사용하는 언어는 나마비아와 앙고라의 !Kung(!Xu, Zhu라고도 한다.)으로 모두 141개의 음소가 있다고 한다.

〈자연언어의 음소 수〉
최소: 11개   최대: 141개
그렇다면 자연언어 음소 수의 평균은 얼마나 될까?

자연언어의 음소 수에 나타나는 이러한 차이는 우리로 하여금 놀라움을 금치 못하게 한다. 그러나 우리를 안도하게 하는 점은 분석 대상 언어 중 65%는 음소의 수가 20개에서 35개 사이인 것으로 나타났다는 점이다. 또 한 가지는 분석 대상 언어의 평균 음소의 수가 얼핏 생각해도 학습이 가능할 것으로 여겨지는 31개를 조금 넘는다는 것이다. 분석 대상 언어 중 6.3%인 26개의 언어가 평균 음소 수인 31개를 갖고 있는 것으로 나타났다. 이를 통해 음소를 수적인 면으로 볼 때 우리는 언어 간에 아주 큰 다양성이 존재하지만 그 안에서도 어느 정도의 보편성이 있음을 알 수 있다.

여기서 잠깐 음소의 수와 의사소통의 문제에 대해 생각해 보자. 우리가 언어로써 원활한 의사소통을 하기 위해서는 발화 간의 적절한 구별이 필요하고, 그러기 위해서는 음소의 수에 상한선(upper limit)이 있어야 할 것이다. 다시 말해 음소의 수가 너무 많으면 이를 제대로 구별하여 적절하게 발음하기 어려워 의사소통에 실패할 수 있을 것이다. 그러나 역으로 변별적인 형태소의 결합으로 적절한 어휘를 구성하기 위해서는 음소의 수에 하한선(lower limit)이 있어야 할 것이다. 음소의 수가 지나치게 적으면 뜻을 분간하는 데 어려움을 겪게 될 것이고, 이를 피하기 위해서는 필요 이상의 긴 음절로 된 단어들이 생성될 것이다.

그렇다면, 자연언어에는 실제로 상한선과 하한선을 유지하기 위한 어떠한 노력이나 변화가 있을까? 자연언어를 살펴보면, 음소의 수가 상한선인 35개를 넘는 언어와 하한선인 20개보다 적은 언어가 적지 않게 발견된다고 한다. 심지어는 믿을 수 없을 정도로 음소의 수가 많은 언어도 발견된다. 앞에서 말한 바와 같이 140개가 넘는 음소를 갖고 있는 주어(!Xũ)의 경우 역사적으로 연구해 볼 때 아주 오랫동안 안정적으로 이 많은 음소를 유지해 왔다고 한다(Traill, 1978; Baucom, 1974, Maddieson(1980)에서 재인용). 발화 간의 효과적인 구별을 위하여 음소의 수가 더 적어야 한다면 음운 체계의 축소에 관한 끊임없는 도전을 받아왔어야만 할 것이다. 그러나 그러한 징후는 전혀 없었다고 한다. 이와는 반대로 20개가 안 되는 음소를 사용하는 하와이어나 로토캐스어 등의 언어도 형태소의 구성에서 대립적인 음소의 부족으로 인해 의사소통에 어려움을 겪어야 했겠지만 이러한 흔적은 발견되지 않는다고 한다. 다시 말해 받아들이기 힘들 만큼의 많은 동음어(homophony morpheme)가 생성되거나 감당할 수 없을 정도로 긴 형태소가 만들어졌어야 했겠지만 이런 현상은 전혀 나타나지 않는다는 것이다. 하와이어의 경우에는 형태소 당 평균 음소 수가 3.5개밖에는 안 된다고 한다(Pukui and Elbert, 1965, Maddieson(1980)에서 재인용). 우리는 이를 통해 자연언어의 음소 체계는 수적인 면에서 볼 때 원활한 의사소통을 위한 어떠한 변화도 나타나고 있지 않음을 알 수 있다.

이렇듯 한 언어에서 사용되는 음소의 수는 언어마다 다르고, 그 수에 있어 큰 차이가 있다고 하더라도 해당 언어를 모국어로 하는 사람들 간에 의사소통을 하는 데는 아무런 어려움이 없다. 또한 상당히 많은 수의 음소를 가지고 있는 언어를 모국어로 습득하는 사람이 습득에 어려움을 겪는다거나, 역으로 지나치게 적은 수의 음소를 가지고 있는 언어를 모국어로 습득하는 사람이 습득에 용이하다거나 하지 않는다는 것은 잘 알려진 사실이다. 그러나 지금까지 알려진 바에 따르면 음소의 수는 외국어 또는 제2언어 학습에서의 난이도와는 상당히 관련성이 높다. 음소의 수가 많은 언어를 모국어로 사용하는 사람이 음소의 수가 적은 언어를 학습할 때에는 상대적으로 수월하지만 음소의 수가 적은 언어를 모국어로 사용하는 사람이 음소의 수가 많은 언어를 학습할 때에는 상대적인 어려움을 겪게 된다.

3.2 모음 대 자음의 비율

어떤 언어에서 모음의 수가 적으면 보상(compensation)의 차원에서 자음의 수가 많고, 역으로 모음의 수가 많으면 자음의 수가 적게 나타날까? 아니면 모음과 자음 간에는 수적인 면에서 볼 때 서로 아무런 관련성이 없는 것일까? 또한 모음과 자음의 비율은 얼마나 될까? *WALS*(3장)에 의하면, 자연언어의 모음 대 자음의 평균 비율은 1: 4.25이고 40% 이상의 언어들이 1:2.75~4.5에 분포되어 있다.

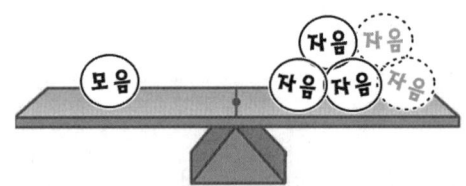

〈그림 1〉 모음과 자음의 비율

또한 어떤 언어에 음소의 수가 많으면 그 언어에는 모음보다는 자음이 많을 가능성이 높은 것으로 나타났다. 예를 들어, 하이다어(Haida)에는 51개의 음소가 있는데 48개의 자음과 3개의 모음으로 구성되어 있다. 그러나 모음이 많고 자음이 극소수인 언어는 거의 없는 것으로 나타났다(WALS, 2).

이 책에서 분석의 주 대상으로 삼은 한국어와 영어, 일본어, 중국어의 모음 대 자음의 비율을 보면, /y/와 /w/를 자음으로 볼 때 한국어는 10:21, 영어는 12:24, 일본어는 5:14, 중국어는 5:25이다. 이들을 WALS의 기준에 따라 분류하면 한국어는 중저(moderately low), 영어는 저(low), 일본어는 중(average)에 속하고, 중국어는 중고(moderately high)에 속한다(WALS, 3).[1] 자음과 모음의 비율에 있어서는 네 언어가 모두 서로 다른 특징을 보이고 있음을 알 수 있다. 이를 보편성의 관점에서 보면 '일본어 > 중국어, 한국어 > 영어'의 순이 된다. 정확하게 1:2의 비율을 보이는 영어가 다른 세 언어보다 보편성이 많이 떨어진다고 할 수 있다. 다시 말해, 영어는 자음보다 모음이 많은 음운 체계를 이룬다. 이에 관하여는 뒤에서 좀 더 자세히 살펴볼 것이다. 그러면 언어별 모음 체계에 관해 알아보기로 하자.

4. 언어별 모음 체계

모음은 하나의 소리로 구성된 단모음(monophthong)과 두 개의 모음이 합쳐진 이중모음(diphthong)으로 나뉜다. 이를 기술적으로 말하면, <그림 2>에서 확인할 수 있는 바와 같이 단모음은 발음할 때 입모양에 변화가 없는

---

[1] WALS(3장)에서는 564개의 언어를 대상으로 모음과 자음의 비율을 파악하였다. 그 값은 1.11부터 29까지 분포하는데 평균(mean)값은 4.25이고, 중앙(median)값은 3.5이다. 이를 다음과 같이 다섯 단계로 나누고, 해당 언어의 수를 제시하였다. 저(1~2): 59개, 중저(2.0~2.75): 97개, 중(2.75~4.5): 234개, 중고(4.5~6.5): 102개, 고(6.5 이상): 72개. 이때 10개의 언어만이 12보다 높은 것으로 나타났다. WALS에서는 중국어를 중(average)으로 분류하고 있는데 이는 학자에 따라 중국어 모음을 6개나 그 이상으로 보기 때문이다.

모음이며, 이중모음은 입모양에 변화가 있는 모음이다.

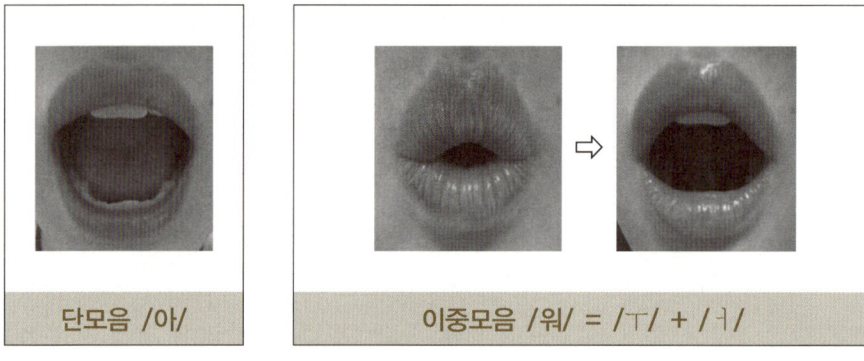

〈그림 2〉 단모음과 이중모음

또한 영어와 중국어에서 사용되는 3개의 모음이 합쳐진 삼중모음(triphthong)이 있다. 먼저 언어별로 단모음 체계를 살펴본 후에 나머지 모음 체계에 관해 살펴보기로 한다.

여기서 잠깐

기본 모음과 모음 체계의 확대

모음 /a, i, u/는 기본 모음으로 대부분의 언어에서 발견된다. 기본 3모음에 모음이 추가되는 방식으로 모음 체계가 확대되는데 5모음(/a, i, u, e(ɛ), o(ɔ)/) 체계가 가장 보편적이다. 모음 /e(ɛ)/는 모음 /a/와 모음 /i/가 결합하여 만들어진 모음(예 아이 → 애, said)이고, 모음 /o(ɔ)/는 모음 /a/와 모음 /u/가 결합하여 만들어진 모음(예 auto)이다. 이에 관한 보다 자세한 설명은 허용·김선정(2006)을 참조할 것.

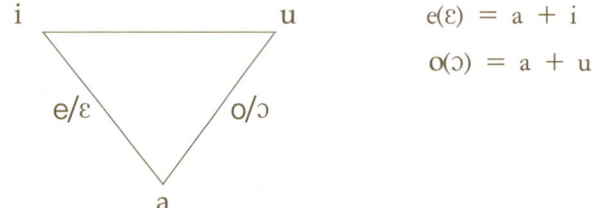

4.1 언어별 단모음 체계

4.1.1 한국어의 단모음

한국어의 단모음은 지역과 연령 등에 따라 조금씩 차이가 나지만, 표준 한국어에서는 다음과 같은 10개로 잡는다. 이를 혀의 높낮이와 혀의 최고점의 앞뒤 위치, 입술 모양에 따라 분류하면 다음과 같다.

혀의 높낮이 \ 혀의 위치, 입술 모양	전설모음		후설모음	
	평순모음	원순모음	평순모음	원순모음
고모음	ㅣ [i]	(ㅟ [ü])	ㅡ [ɨ]	ㅜ [u]
중모음	ㅔ [e]	(ㅚ [ö])	ㅓ [ə]	ㅗ [o]
저모음	ㅐ [ɛ]		ㅏ [a]	

〈표 1〉 한국어의 단모음

한국어에는 10개의 단모음이 있는데 /ㅟ/와 /ㅚ/는 이중모음으로 발음하기도 한다. 한국어의 단모음을 8개로 본다면 3개의 전설모음과 5개의 후설모음이 있다. 또한 혀의 높낮이로 보면 3개의 고모음과 3개의 중모음, 2개의 저모음이 있다. 입술 모양에 따라 살펴보면 2개의 원순모음과 6개의 평순모음이 있다.

4.1.2 영어의 단모음

영어의 모음도 사용 지역에 따라 많은 차이가 나지만 *WALS*를 기준으로 하여 이를 혀의 높낮이와 혀의 최고점의 앞뒤 위치, 입술 모양, 근육의 긴장성(tense/lax)에 따라 분류하면 다음과 같다.

	긴장성	전설모음		중설모음		후설모음	
		평순	원순	평순	원순	평순	원순
고모음	긴장모음	i					u
	이완모음	ɪ					ʊ
중모음	긴장모음	e					o
	이완모음	ɛ		ʌ/ə			ɔ
저모음	긴장모음						
	이완모음	æ		a		ɑ	

〈표 2〉 영어의 단모음

영어에는 12개의 단모음이 있는데 5개의 전설모음과 2개의 중설모음, 5개의 후설모음이 있다. 또한 혀의 높낮이로 보면 4개의 고모음과 5개의 중모음, 3개의 저모음이 있다. 입술 모양에 따라 살펴보면 4개의 원순모음(u, ʊ, o, ɔ)과 8개의 평순모음이 있다. 또한 모음을 발음할 때 근육이 긴장이 되는 긴장모음이 4개, 그렇지 않은 이완모음이 8개 있다.

한국어와 영어의 모음 체계를 대조해 보면, 영어가 수적인 면에서도 한국어보다 많으며, 혀의 높이의 면에서도 영어가 한국어보다 복잡하다. 또한 긴장모음과 이완모음의 구별이 있다(예) /i/ vs. /ɪ/(seat vs. sit); /u/ vs. /ʊ/ (fool vs. full) 등). 긴장모음은 혀에 힘이 더 가해져서 나는 소리이고, 이완모음은 혀에 힘이 덜 가해져서 나는 소리이다. 대체로 이완모음이 긴장모음보다 조음되는 위치가 낮고 소리의 길이 면에서 더 짧다. /e/는 한국어의 /ㅔ/보다 혀의 위치가 조금 높으며 /ɛ/는 /ㅔ/보다 조금 낮은 소리이다. 그리고 /æ/는 한국어의 /ㅐ/보다 조금 낮은 소리이다. /ʌ/는 이완모음으로 혀의 위치 면에서 한국어의 /ㅓ/와 /ㅏ/의 중간에 있다. /ɔ/는 한국어의 /ㅗ/보다 입을 조금 더 크게 벌리고 발음하는 모음이다. 영어의 후설모음 중에서 /ɑ/를 제외한 /u, ʊ, o, ɔ/는 모두 원순모음이다.

4.1.3 일본어의 단모음

일본어의 단모음은 수적인 면에서 한국어나 영어보다 훨씬 적다. 이를 혀의 높낮이와 혀의 최고점의 앞뒤 위치, 입술 모양에 따라 분류하면 다음과 같다.

혀의 높낮이 \ 혀의 위치 / 입술 모양	전설모음 평순모음	전설모음 원순모음	중설모음 평순모음	중설모음 원순모음	후설모음 평순모음	후설모음 원순모음
고모음	イ [i]				ウ [ɯ]	
중모음	エ [e]					オ [o]
저모음			ア [a]			

〈표 3〉 일본어의 단모음

위에서 확인할 수 있는 바와 같이 일본어에는 5개의 모음이 있는데 2개의 전설모음과 1개의 중설모음, 2개의 후설모음으로 나뉜다. 또한 혀의 높낮이로 보면 2개의 고모음과 2개의 중모음, 1개의 저모음이 있다. 입술 모양에 따라 살펴보면 1개의 원순모음과 4개의 평순모음이 있다. 이를 5개의 모음을 가지고 있는 러시아어나 인도네시아어, 스페인어 등과 같은 언어들과 비교해 보면, 일본어는 원순성을 가진 /u/ 모음이 없고 대신 평순모음인 /ɯ/ 모음을 갖는다는 점이 특이하다. /ɯ/는 원순성이 매우 약하여 한국어의 /ɨ/ 모음과 유사한 모음이다.

4.1.4 중국어의 단모음

중국어의 단모음 역시 앞에서 살펴본 일본어와 마찬가지로 5개이다. 혀의 높낮이와 혀의 앞뒤 위치, 입술 모양에 따라 <표 4>와 같이 분류한다.

혀의 위치 입술 모양 혀의 높낮이	전설모음		후설모음	
	평순모음	원순모음	평순모음	원순모음
고모음	i	y(=ü)		u
중모음			ə	
저모음			a	

〈표 4〉 중국어의 단모음

중국어에는 5개의 모음이 있는데 2개의 전설모음과 3개의 후설모음이 있다.[2] 또한 혀의 높낮이로 보면 3개의 고모음과 중모음과 저모음이 각각 하나씩 있다. 입술 모양에 따라 살펴보면 2개의 원순모음과 3개의 평순모음이 있다. 중국어의 5모음 체계는 /a, i, u, e, o/가 나타나는 모음 체계와는 달리 /e/와 /o/모음이 없고, 대신 전설 원순 고모음인 /ü/ 모음과 후설 평순 중모음인 /ə/ 모음이 있다. 이는 일반적인 5모음 체계 언어와는 상당히 다른 것이다.

4.1.5 단모음 체계 대조

혀의 높낮이는 네 개 언어 모두에서 고, 중, 저 모두 3개의 등급으로 나누어진다. 한국어에서 혀의 높이가 가장 낮은 모음은 'ㅏ'인데 영어의 [a]와 유사하고, 일본어의 [a], 중국어의 [a]와 유사하다. 혀의 높이가 가장 높은 고모음에는 한국어에 'ㅣ, ㅜ, ㅡ, (ㅟ)'가 있고 영어에 [i], [u]가 있다. 일본어에는 [i]와 [ɯ], 중국어에는 [i], [u], [ü]가 있다. 혀의 높이가 중간 단계인 경우에는 한국어에는 'ㅔ, ㅓ, ㅗ, (ㅚ)'가 있고, 영어에는 [e], [ə], [o], [ɔ]가 있다. 일본어에는 [e]와 [o], 중국어에는 [ə]가 있다.

원순성의 면에서 대조를 해보면 한국어의 경우에는 모음 'ㅟ'와 'ㅚ'가

---

2) Lin(2007)에서는 /a/ 모음을 전설 평순 저모음으로 분류하고, 후설 평순 저모음을 /a/의 변이음으로 보았다. 그러나 이 책에서는 더 보편적인 견해를 따르도록 한다.

각각 [wi]와 [we] 등의 이중모음으로 발음됨으로써 단모음 중 원순모음은 실제적으로는 'ㅗ, ㅜ' 둘뿐이다. 'ㅗ'는 영어의 [o], 일본어의 [o]에 대응된다. 그러나 중국어에는 이에 대응되는 모음이 없다. 'ㅜ'는 영어의 [u], 일본어의 [ɯ], 중국어의 [u]에 대응된다. 그러나 일본어의 [ɯ]는 원순성이 약하여 평순모음에 가깝다. 영어의 원순 중모음인 [ɔ]에 해당하는 모음은 한국어, 일본어, 중국어에는 없다.

혀의 최고점의 위치 면에서 대조를 해 보면 한국어는 전설과 후설로 양분된다. 현대 한국어에서는 전설의 위치에서 발음상 앞에서 언급한 바와 같이 'ㅣ'와 'ㅔ/ㅐ'가 있다. 영어의 전설모음에는 5개가 있고, 일본어와 중국어에는 2개가 있다. 한국어의 비전설모음은 영어나 일본어의 경우에는 중설모음과 후설모음으로 나뉜다. 한국어의 'ㅏ'는 영어의 [a], 일본어의 [a], 중국어의 [a]와 유사하다. 한국어의 'ㅡ'는 다른 세 언어에는 없다. 그러나 발음상 일본어의 [ɯ]가 이와 유사하고, 영어에서 원순성이 약화된 [ʊ]가 유사하다고 할 수 있다. 한국어의 'ㅓ'는 영어와 중국어의 [ə]와 유사하다. 그러나 일본어에는 이에 해당하는 음이 없다.[3]

3모음(a, i, u) 체계 언어 : 아랍어, 하이다어
5모음(a, i, u, e, o) 체계 언어 : 일본어, 러시아어, 인도네시아어, 스페인어 등

4.2 언어별 이중모음 체계

이중모음은 앞에서 말한 대로 2개 이상의 모음이 합쳐져 나는 소리이다. 이중모음은 일반적으로 다음과 같은 특징을 갖는다.

---

[3] 아랍어에는 /a, i, u/ 3개의 단모음밖에 없다. 이러한 3개의 모음은 별도의 문자로 표기되지 않고, 자음에 점을 찍거나 선을 긋는 등의 표시를 하여 표기한다.

첫째, 두 개의 모음 중 하나는 대체로 고모음 /ㅣ/ 또는 /ㅜ/ 모음이다. 둘째, 이 두 모음은 완전한 단모음의 소리를 갖지 못한다. 예를 들어, /ㅕ/는 /ㅣ/ + /ㅓ/(예 피었다 → 폈다), /ㅝ/는 /ㅜ/ + /ㅓ/(예 키우+어 → 키워)로 이때 /ㅣ/와 /ㅜ/는 반모음(semi-vowel)이다. 이러한 이유로 이중모음을 구성할 때 관여하는 /ㅣ/와 /ㅜ/ 모음을 국제음성기호로 각각 /y/(또는 /j/)와 /w/로 표시한다. 이를 반자음(semi-consonant) 또는 활음(glide)이라고도 부른다.

셋째, 이중모음에는 공명도(sonority)가 낮은 곳에서 높은 곳으로 올라가는 상향이중모음(rising diphthong)과 반대로 공명도가 높은 곳에서 낮은 곳으로 내려가는 하향이중모음(falling diphthong)이 있다. 공명도는 모음의 성질이므로 반모음인 활음은 모음보다 공명도가 낮다. 따라서 '모음+활음'은 공명도가 높은 데서 낮은 데로 가는 하향이중모음이고, '활음+모음'은 상향이중모음이다. 예를 들어, 'ㅑ(ㅣ+ㅏ)', 'ㅕ(ㅣ+ㅓ)'는 상향이중모음이고, 반대의 경우인 boy나 cow의 [ɔɪ], [aʊ]는 하향이중모음이다.

4.2.1 한국어의 이중모음

한국어의 이중모음은 모두 11개로 다음과 같이 두 종류로 구분된다. /ㅢ/를 제외하고는 모두 '활음+모음'의 구조인 상향이중모음이다.

○ 상향이중모음
　ㅣ(=/y/)계 이중모음:　　ㅑ [ya]　　ㅕ [yə]　　ㅛ [yo]
　　　　　　　　　　　　　ㅠ [yu]　　ㅖ [ye]　　ㅒ [yɛ]
　ㅜ(=/w/)계 이중모음:　　ㅘ [wa]　　ㅝ [wə]　　ㅟ [wi]
　　　　　　　　　　　　　ㅙ [wɛ]　　ㅞ [we]　　ㅚ [we]

○ 하향이중모음
　ㅢ [iy]

그러나 위와 같은 이중모음도 발음상으로는 'ㅔ'와 'ㅐ'의 구별이 어렵고, 'ㅙ'와 'ㅞ', 이중모음으로 발음되는 'ㅢ'의 구별이 어렵다.

4.2.2 영어의 이중모음

영어의 이중모음은 한국어의 이중모음과 달리 상향이중모음(활음+모음)뿐만 아니라 하향이중모음(모음+활음)도 발달되어 있다.

○ 상향이중모음

[ya]	yard, yarn	[ye]	yet, yellow
[yu]	youth, use	[wa]	wild, wine
[yo]	yoke, yogurt	[wæ]	wag, wagon
[yə]	yearn, young	[wə]	work, word
[yæ]	yam, yap	[we]	web, wet

○ 하향이중모음

전향	[aɪ]	my, high, time		[ɪə]	fear, idea, here
	[ɔɪ]	oil, coin, boy		[ɛə]	bear, chair, share
	[eɪ]	eight, day, way	중향	[ɔə]	born, before, horse
후향	[aʊ]	house, cow, how		[ʊə]	poor, tour, moor
	[oʊ]	go, ago, old		[ɑə]	farm, are, heart

이 외에도 mayer의 [eɪə], fire의 [aɪə], lawyer의 [ɔɪə], power의 [aʊə], mower의 [oʊə] 등의 삼중모음도 있다.

4.2.3 일본어의 이중모음

일본어에도 /y/계와 /w/계의 이중모음이 존재하는데 /y/계가 3개, /w/계가 1개뿐으로 이중모음의 수가 많지 않다. 4개의 이중모음 모두가 '활음+모음'의 구조인 상향이중모음이다.

○ /y/계 이중모음: や([ya]) ゆ([yu]) よ([yo])
○ /w/계 이중모음: わ([wa])

4.2.4 중국어의 이중모음

중국어의 이중모음은 학자들에 따라 견해가 다르나 상향이중모음과 하향이중모음이 모두 발달되어 있다. 활음 다음에 중모음 또는 저모음이 오는 상향이중모음에는 다음 다섯 가지가 있다.

○ 상향이중모음
　/y/계 이중모음:　　[ia]　　想(xiǎng) 생각하다
　　　　　　　　　　[ie]　　谢(xiè) 감사하다
　　　　　　　　　　[ye]　　学(xué) 공부하다
　/w/계 이중모음:　　[ua]　　关(guān) 닫다
　　　　　　　　　　[uo]　　多(duō) 많다

또한 다음과 같이 중모음 또는 저모음 다음에 활음이 오는 하향이중모음이 있다.

○ 하향이중모음

/y/계 이중모음: [ai]   愛(ài) 사랑하다   白(bái) 하얗다
                        外(wài) 바깥   卖(mài) 팔다

                [ei]   內(nèi) 안   尾(wěi) 꼬리
                        美(měi) 아름답다   灰(huī) 회색

/w/계 이중모음: [au]   高(gāo) 높다   包(bāo) 싸다
                        刀(dāo) 칼   好(hǎo) 좋다

                [ou]   猴(hóu) 원숭이   够(gòu) 충분하다
                        油(yóu) 기름   豆(dòu) 콩

이 외에도 /iau/(tiào, 跳 뛰어오르다)나 /uai/(huài, 坏 나쁘다), /uei/(duì, 对 맞다), /iou/(qiú, 球 공)와 같은 삼중모음도 있다. 그러나 학자에 따라서는 상향이중모음과 삼중모음에 있는 중·저모음 앞의 첫 고모음을 모음의 일부가 아닌 자음에 속한 활음으로 보아 하향이중모음만을 중국어의 이중모음으로 인정하기도 한다(Lin, 2007).[4] 즉, [ia], [ie], [ye], [ua], [uo]에서의 첫 모음을 모음이 아닌 자음의 일부로 보아 위 모음을 이중모음이 아닌 단모음으로 본다. 또한 [iau], [uai], [uei], [iou]에서의 첫 모음도 자음의 일부로 보고 각각을 하향이중모음인 [au], [ai], [ei], [ou]로 본다. 이러한 관점에서 보면 중국어에는 4개의 하향이중모음만이 있을 뿐이다.

4.2.5 이중모음 체계 대조

[y], [w] 뒤에 모음이 오는 상향이중모음은 한국어와 영어, 일본어, 중국어가 흡사하다. 그러나 /y/계의 이중모음과 /w/계의 이중모음이 모두 널리 발

---

[4] 정확히 말하자면, '모음'과 '자음'이 아닌 '운모'와 '성모'로 각각 기술되어야 한다. 그러나 아직은 중국어의 음절구조를 다루기 전이므로 일반적인 용어인 '모음'과 '자음'으로 기술한다. 중국어의 음절구조에 관한 보다 자세한 논의는 이 책의 5장 4절을 참조할 것.

달되어 있는 한국어나 영어와는 달리 일본어에는 /w/계의 이중모음이 [wa] 하나밖에는 없다. 영어와 중국어에는 [aɪ], [aʊ], [ɔɪ]와 같은 하향이중모음이 있는데 한국어와 일본어에는 없다. 또한 영어와 중국어에는 삼중모음이 존재하나 한국어와 일본어에는 없다. 참고로 아랍어에는 상향이중모음은 없고, 하향이중모음인 [ai]와 [au] 2개가 있을 뿐이다.

5. 모음의 유형적 보편성

지금까지 이루어진 자연언어의 모음 유형에 대한 주요 연구(Crothers, 1978; Maddieson, 1984; Lindblom, 1986 등)를 보면 몇 가지 공통점을 찾을 수 있다.

첫째, 하나의 자연언어에서 가장 흔히 나타나는 모음 수는 5개부터 7개이다. 이중에서도 5모음체계 언어가 가장 많다. *UPSID*에 제시된 모음 수의 통계를 보면 다음과 같다(Schwartz et al., 1997).

모음 수	언어 수	모음 수	언어 수
3	19개(6.0%)	9	24개 (7.6%)
4	25개(7.9%)	10	8개 (2.5%)
5	109개(34.4%)	11	4개 (1.3%)
6	60개(18.9%)	12	2개 (0.6%)
7	44개(13.9%)	13 이상	3개 (1.0%)
8	19개(6.0%)	합:	317개

〈표 5〉 자연언어 모음 수의 빈도

둘째, 자연언어에서 가장 선호되는 모음은 a, i, u, e, o, ɛ, ɔ, ɨ, ə, y, ö의 11개이다.

셋째, 이들 11개의 모음은 대체로 a, i, u > e, o 또는 ɛ, ɔ > ɨ, ə > y, ö의

순서로 선호된다.

넷째, 이들 선호도와 모음체계는 상관관계를 갖는다. 즉, 모음체계별로 다음과 같은 모음이 주를 이룬다.

① 3모음 체계: /i, a, u/
② 4모음 체계: /i, a, u/ + /e, o, ε, ɔ/ 중 하나
③ 5모음 체계: /i, a, u/ + /e, o (또는 ε, ɔ)/
④ 6모음 체계: /i, a, u/ + /e, o (또는 ε, ɔ)/ + 모음 하나
⑤ 7모음 체계:
   i) /i, a, u/ + /e, o, ε, ɔ/
   ii) /i, a, u/ + /e, o (또는 ε, ɔ)/ + /ɨ, ə/

위를 통해 모음들이 순차적인 방식(ordered fashion)으로 구성됨을 알 수 있다. 즉, 다른 언어보다 많은 수의 모음을 가진 언어는 그 이전 단계의 모음 체계에 몇 가지 모음이 더해지는 방식으로 모음의 수가 증가한다.

Maddieson(1984)에 의하면, 어느 언어에 고모음이나 저모음이 없으면 중모음도 없다. 예를 들어, [e] 모음은 저모음인 [a] 모음이나 [i] 모음이 없이는 존재하지 않는다. 원순 전설 모음(rounded front vowels)은 같은 높이의 평순 전설 모음이 없으면 없다. 예를 들어, 원순 전설 모음인 [ü] 모음은 평순 전설 모음인 [i] 모음이 없이는 존재하지 않는다. 이러한 특징은 한국어를 비롯한 영어, 일본어, 중국어의 모음 체계에서 확인할 수 있다.

제4장 자음

1. 들어가기

앞 장에서 설명한 바와 같이 Maddieson(1984)은 우리에게 자연언어의 음성·음운에 관한 모습을 구체적으로 보여주었다. 특히 317개 언어의 음운 목록을 구축한 *UPSID*를 분석하여 제시한 자연언어가 갖는 음운 체계의 특성에 관한 연구는 상당히 의미 있는 자료이다. 특별히 자음과 관련하여서는 자연언어 자음 체계의 전반적인 모습과 함께 폐쇄음, 마찰음, 비음, 유음 등 각각의 조음 방법에 따른 세부적인 분석이 이루어짐으로써 특정 언어의 자음 체계와 그 구성에 대해 객관적인 조망을 가능하게 하였다. 또한 Haspelmath, Dryer, Gil & Comrie(2005)는 *WALS*를 구축하여 자연언어의 모음과 자음의 크기를 비롯하여 음성·음운 면에서 기본적이면서도 중요한 사항들을 제시함으로써 특정 언어의 위치를 타 언어들과 비교하여 파악할 수 있게 해 주고 있다.

이 장에서는 한국어와 영어, 일본어, 중국어의 자음 체계를 살펴본 후에 *UPSID*와 *WALS*를 바탕으로 자연언어의 유형적 보편성의 관점에서 이 언어들이 어떤 특징을 보이는지에 관해 알아보고자 한다. 이는 네 개 언어의 자음 체계를 대조하는 데뿐만 아니라 자연언어의 자음 체계에 관한 전반적인 모습을 조망하는 데 도움이 될 것이다.

2. 학습자 오류

다음은 자음과 관련된 영어권 학습자의 오류이다.

> ○ 지난 [치난]   점수 [첨수]   좀 [촘]   잘 [찰]
> ○ 바보 [파보]   부부 [푸부]   달 [탈]   다리 [타리]

경구개 파찰 평음인 'ㅈ'를 격음인 'ㅊ'로 발음하고, 양순 파열 평음인 'ㅂ'를 격음인 'ㅍ'로 발음함을 알 수 있다. 이는 영어에서는 무성 장애음은 초성에서 격음으로 발음되기 때문이다.

다음은 자음과 관련된 일본어권 학습자의 오류이다.

> ○ 토끼 [도끼]   피리 [비리]   채소 [재소]   근처 [근저]
> ○ 지도 [치도]   지갑 [치갑]   지문 [치뭉]   도시 [토시]

일본어 화자들은 한국어의 격음을 평음으로 발음하기도 하고, 평음을 격음으로 발음하기도 한다.

다음은 자음과 관련된 중국어권 학습자의 오류이다.

○ 다리 [따리]　　나비 [나삐]　　개구리 [깨구리]
○ 감기 [캄기]　　포도 [포토]　　졸업 [추럽]

중국어에는 한국어의 평음에 해당하는 음이 없기 때문에 한국어의 평음을 경음이나 격음으로 발음하는 오류를 범한 것이다.

3. 자연언어 자음 체계의 특성

자연언어에는 약 600개가 넘는 자음이 있다(Ladefoged, 2001). 이러한 자음은 앞 장에서 언급한 바와 같이 순차적인 방식(ordered fashion)으로 구성된다. 따라서 한 언어의 음운 체계는 기본적인 소리가 있고, 여기에 추가적인 소리가 더해짐으로써 이루어지게 된다. *UPSID*에 따르면 어떤 한 언어의 조음 위치와 조음 방법의 수적인 면을 고려해 볼 때 균형을 맞추기 위한 보상 차원에서의 아무런 현상도 일어나지 않는다. 다시 말해 조음 위치가 단순하다고 하여 조음 방법이 복잡하거나 역으로 조음 방법이 복잡하다고 하여 조음 위치가 단순하지 않다는 것이다. 자음의 수가 많으면 모음의 수도 많고, 자음과 모음의 수가 많으면 초분절음소도 발달되어 있는 것처럼 자음을 조음하는 방법과 위치 간에도 보상 차원의 어떤 현상도 일어나지 않는다. 이런 면에서 볼 때, 호주의 웜(Wurm)이라는 언어처럼 자음의 조음 위치는 상당히 복잡하나 파열음 간의 조음 방법 대립이 발견되지 않는 언어는 극히 드문 것이다(Maddieson, 1984).

Maddieson(1984)은 최빈치인 분절음 수에 맞추어 자연언어에서 가장 높은 빈도를 보이는 21개의 자음을 추출하여 '유형적으로 가장 이상적인 체계

(typologically most plausible structure)'를 제시하였다.[1] 이는 가상의 자음 체계로 어떤 자연언어도 아래에 있는 21개의 자음을 모두 갖고 있지는 않다고 한다. 이를 제시하면 다음과 같다.

조음 방법		양순음		치음/치조음		경구개음	연구개음		성문음
장애음	파열음	p	b	t	d		k	g	ʔ
	파찰음					ʧ			
	마찰음	f		s	z	ʃ			h
공명음	비음		m		n	ɲ		ŋ	
	유음			l, r					
	활음	w				j			

〈표 1〉 유형적으로 이상적인 자음 체계

5개의 조음 위치를 사용하며, 방법적으로 보면 크게는 장애음과 공명음으로 나뉘고 파열음은 성문음을 제외하고는 모두 무성음과 유성음의 대립쌍을 가진다. 또한 4개의 비음과 2개의 유음이 있다.

*UPSID*에 따르면 한 언어에는 8개에서 10개의 파열음(파찰음 포함)이 있다. 나머지 자음은 언어마다 상당히 다양한 것으로 나타났다. 마찰음의 경우는 2개에서 4개가 가장 흔하고(48%), 비음의 경우도 마찰음과 마찬가지로 2개에서 4개의 분포를 보이는데 이에 해당하는 언어가 83%나 된다. 또한 한 언어에는 2개의 유음(41%)과 2개의 유성 접근음(69%)이 있고, 약 61%의 언어가 자음 /h/를 갖고 있는 것으로 나타났다.

자음 체계에서 발견되는 보편적인 특징을 대략적으로 요약하면 다음과 같다.

첫째, 장애음 중 가장 기본이 되는 음은 파열음이다. 대체로 어떤 언어에

---

1) Maddieson(1984)은 <표 1>에 제시되어 있는 21개의 자음 중 가장 빈도가 낮은 자음은 /z/인데, /ʦ/나 /x, v, ʤ/ 등의 마찰음 또는 파찰음들이 이를 대체할 수 있다고 하였다.

서 마찰음과 파찰음이 있으면 그 언어에는 기본적으로 파열음이 존재한다. 예를 들어, 어느 한 언어에 /s/가 있다는 말은 /t/가 있다는 사실을 함의한다.

둘째, 모든 언어는 무성 파열음을 갖는다. /p, t, k/ 중 적어도 2개는 갖는다.

셋째, 장애음의 기본은 무성음이다. 즉, 유성음이 있는 언어는 반드시 그에 해당하는 무성음이 있다. 유성 장애음은 같은 위치에서 발음되는 무성 장애음이 없이는 나타나지 않는다. 예를 들어, 어떤 언어에 /b, d, g/가 있으면 그 언어에는 반드시 /p, t, k/가 존재한다. 유성음은 무성음에 유성성(voicing)을 더함으로써 생성되기 때문이다. 그러나 역으로 /t/가 있다고 해서 /d/가 있다거나 /k/가 있다고 해서 /g/가 있는 것은 아니다.

무성 장애음(p, t, k) + 유성성(성대 진동) ⇒ 유성음(b, d, g)

넷째, 비음은 대부분 같은 위치에서 발음되는 장애음이 없이는 나타나지 않는다. 다시 말해 /n/은 /t/가 있어야 하고, /m/는 /p/가 있어야 한다.

다섯째, 가장 흔한 마찰음은 /s, f, ʃ/이다.

마지막으로, 너무도 유사성이 강하여 구별하기 힘든 두 음은 한 언어의 음 체계에 동시에 나타나는 경우가 거의 없다. 예를 들어, 유성 양순 마찰음인 /β/와 /v/는 어느 언어에서도 동시에 출현하지 않는다.

4. 언어별 자음 체계

4.1 한국어의 자음 체계

한국어의 자음은 모두 21개로, 이들은 조음 위치와 조음 방법, 우리 몸으로부터 방출되는 공기의 세기에 따라 다음과 같이 분류된다.

조음 방법		조음 위치	양순음	치조음	경구개음	연구개음	성문음
파열음		평음	p	t		k	
		격음	pʰ	tʰ		kʰ	
		경음	p'	t'		k'	
파찰음		평음			ʧ		
		격음			ʧʰ		
		경음			ʧ'		
마찰음		평음		s			h
		경음		s'			
공명음	비음		m	n		ŋ	
	유음			l(r)			
	활음		w		j		

〈표 2〉 한국어의 자음 체계

위에서 보는 바와 같이 한국어의 자음은 장애음 15개와 공명음 6개로 구성된다. 장애음의 경우에는 조음 위치상 양순, 치조, 연구개, 경구개, 성문의 5개의 음성 영역을 사용하며, 파열음은 그 중에서 양순과 치조, 연구개의 세 군데, 파찰음은 경구개 한 군데, 마찰음은 치조와 성문의 두 군데를 사용한다. 조음 방법으로는 파열음, 파찰음, 마찰음이 있으며 이들은 무성음만으로 구성되며 각각 평음, 격음, 경음으로 구성된다. 단, 마찰음 /s/의 경우에는 격음이 없다. 공명음의 경우에는 조음 위치 면에서 성문을 제외한 나머지 네 군데를 사용한다. 이 중에서 비음은 양순음(m), 치조음(n), 연구개음(ŋ) 각 한 개씩 3개로 파열음과 동일한 위치에서만 조음되며, 유음은 치조음(l/r) 하나이다. 활음에는 양순음(w)과 경구개음(j)이 있다. 그리고 한국어의 모든 공명음은 유성음이다.

4.2 영어의 자음 체계

영어의 자음은 24개로, 조음 위치와 조음 방법, 성대 진동의 유무(유성음 vs. 무성음)에 따라 다음과 같이 분류된다.

조음 방법		조음 위치	양순음	순치음	치간음	치조음	경구개 치조음	경구개음	연구개음	성문음
장애음	파열음		p b			t d			k g	
	파찰음						ʧ ʤ			
	마찰음			f v	θ ð	s z	ʃ ʒ			h
공명음	비음		m			n			ŋ	
	유음					l, ɹ				
	활음		w					j		

〈표 3〉 영어의 자음 체계

영어의 자음은 장애음과 공명음을 합하여 전체 24개의 분절음으로 구성된다. 이 중 장애음은 조음 위치 면에서 위에 나타난 8개의 음성 영역을 사용하는데, 파열음은 양순, 치조, 연구개의 세 군데, 파찰음은 경구개 한 군데, 그리고 마찰음은 순치, 치간, 치조, 경구개·치조, 성문 등 다섯 군데를 사용한다. 조음 방법적인 면에서는 /h/를 제외한 모든 장애음에 무성음과 유성음이 존재한다. 한편, 공명음은 한국어 체계와 거의 동일하다. 비음의 경우에는 한국어에서와 마찬가지로 파열음과 조음 위치가 동일하며, 유음은 /l/과 /ɾ/이 별개의 분절음으로 존재한다. 그리고 한국어와 마찬가지로 모든 공명음은 유성음이다.

4.3 일본어의 자음 체계

일본어의 자음은 14개로, 조음 위치와 조음 방법, 성대 진동의 유무에 따라 다음과 같이 분류된다.[2]

조음 방법	조음 위치	양순음	치조음	경구개음	연구개음	성문음
장애음	파열음	p　b	t　d		k　g	
	마찰음		s　z			h
공명음	비음	m	n			
	유음		ɾ			
	활음			j	w	

〈표 4〉 일본어의 자음 체계

일본어의 자음은 장애음과 공명음을 합하여 전체 14개로 구성된다. 이 중 장애음은 조음 위치 면에서 양순, 치조, 연구개, 성문 등 4개의 음성 영역을 사용하고, 파열음은 양순, 치조, 연구개의 세 군데, 마찰음은 치조와 성문의 두 군데를 사용한다. 파찰음은 파열음의 변이음으로만 존재한다.

---

[2] 일본어의 음소를 보는 견해에는 크게 두 가지가 있다. 하나는 ち[chi]와 つ[tsu]의 [tʃ]와 [ts]를 [t]의 변이음으로 보아 경구개음의 존재를 인정하지 않는 경우(小泉 保, 1993)이고, 다른 하나는 이들을 각각의 음소로 보는 견해(服部 四郎, 1951; 日本語教育学会 編, 1982)이다. 이 책에서는 한국어, 영어, 중국어와의 대조를 위해 Lindblom & Maddieson(1988)을 따라 별개의 음소로 다루지 않는다.

조음 방법적인 면에서는 영어에서와 마찬가지로 /h/를 제외한 모든 장애음에 무성음과 유성음이 존재한다. 한편, 공명음은 한국어나 영어 체계와 조금 달라 비음의 경우 /n/과 /m/은 있으나 연구개비음 /ŋ/은 없다. 유음의 경우 /l/은 존재하지 않으며 탄설음 /ɾ/이 있다. 그리고 모든 공명음은 유성음이다.

4.4 중국어의 자음 체계

중국어의 자음은 활음을 포함하여 25개로, 조음 위치와 조음 방법, 유기성의 유무(유기음 vs. 무기음)에 따라 다음과 같이 분류된다.[3]

조음 방법		조음 위치	양순음	순치음	치음	권설음	경구개음	연구개음
장애음	파열음	무기음	p		t			k
		유기음	pʰ		tʰ			kʰ
	파찰음	무기음			ts	tʂ	tɕ	
		유기음			tsʰ	tʂʰ	tɕʰ	
	마찰음	무기음		f	s	ʂ	ɕ	x
공명음	비음		m		n			ŋ
	유음				l	ɻ		
	활음		w				j, ɥ	

〈표 5〉 중국어의 자음 체계

중국어의 자음은 장애음과 공명음을 합하여 전체 25개로 구성된다. 이 중 장애음은 조음 위치 면에서 6개의 음성 영역을 사용하는데, 파열음에는

---

[3] Lin(2007)에서는 경구개 파찰음 /tɕ, tɕʰ/와 경구개 마찰음 /ɕ/을 변이음으로 보아 자음 목록에서 제외하였으나, 이 책에서는 한국어, 영어, 일본어와의 대조를 위해 *WALS*를 따라 별개의 음소로 설정하였다.

양순음, 치음/치조음, 연구개음 등 세 종류가 있고, 파찰음에는 치음/치조음, 권설음(또는 후치조음), (치조)경구개음이 있다. 그리고 마찰음은 양순음을 제외한 다섯 군데에서 조음된다. 앞의 세 언어와 달리 성문 마찰음 /h/가 없고 대신 연구개 마찰음 /x/가 있다. 조음 방법적인 면에서는 파열음과 파찰음에는 무기음과 유기음의 대립이 있으나 마찰음에는 유기음이 없다. 한편, 공명음의 경우 비음은 한국어와 영어의 체계와 동일하고, 유음은 영어에서와 마찬가지로 두 종류가 있다. 한편, 활음의 경우에는 /j, w/ 외에 유성의 양순·경구개 접근음인 /ɥ/이 있다는 점이 앞의 세 언어와 다르다. 그리고 공명음은 앞의 세 언어와 마찬가지로 모두 유성음이다.

5. 언어 간 자음 목록 대조

자음 목록의 크기는 *UPSID*와 *WALS*에서 공통적으로 적게는 6개에서부터 많게는 100개 내외로 나타난다(Maddieson 1984; *WALS*, 1). 자음 목록의 크기는 보편성의 관점에서 볼 때 그 자체로도 의미가 있지만, 그 크기의 크고 작음에 따라 자음 체계의 특징도 달라진다는 점에서 음운 체계 연구의 주된 관심의 대상이 된다. 이런 이유로 *UPSID*와 *WALS* 모두 자음 목록의 크기에 대해 논의를 하고 있다. 이 두 자료 모두에서 분류의 기준이 되는 것은 자연언어 자음 목록의 평균값 또는 최빈치이다. 두 자료에 나타난 평균값은 22.7~22.8개이고, 최빈치는 21~22개이다. *WALS*의 기준에 의하면 네 개 언어의 자음 목록의 크기는 다음과 같다.

내용＼언어	한국어	영어	일본어	중국어
자음 수	21	24	14	25
유형	중형	중형	소형/중소형	중형/중대형

〈표 6〉 자음 목록의 크기

따라서 한국어와 영어는 자연언어의 가장 높은 비율을 차지하고 있는 일반적인 크기인 데 비해 일본어와 중국어는 상대적으로 덜 일반적인 크기라 할 수 있다.

먼저 자음 체계가 가장 간단한 일본어부터 살펴보도록 한다. 앞에서 제시한 일본어의 자음 14개는 음가의 차이는 있지만 하나의 예외도 없이 모두 <표 1>의 이상적인 자음체계에 포함된다. 따라서 일본어는 자음 구성에 있어 소형 목록의 언어이다.

다음으로 자음의 최빈치와 동일한 수의 자음을 가진 한국어를 살펴보면, 공명음의 경우에는 모두 <표 1>에 포함된다. 반면, 장애음의 경우에는 /p, t, k, ʧ, s/의 5개만이 같으며, 나머지 장애음 10개는 <표 1>에 없는 분절음들이다. 즉, 한국어 자음의 반에 해당하는 분절음들이 보편적인 분절음에 속하지 않는 것들이다. 따라서 한국어는 음운 목록이나 자음 목록의 크기 면에서는 자연언어의 평균에 가깝지만 자음의 구성 면에서는 대형 목록의 특징을 가지고 있다고 할 수 있다.

다음으로 네 개 언어 중 두 번째로 큰 자음 목록을 가진 영어의 경우를 살펴보도록 한다. 이 경우에도 공명음은 유형적 이상 체계와 거의 다르지 않다. 장애음의 경우를 보면 영어에는 <표 1>에 없는 분절음 /v, ʤ, θ, ð, ʒ/가 있다. 그런데 앞에서 언급한 대로 /v, ʤ/는 /z/를 대체할 수 있을 정도로 빈도가 높은 분절음들이다. 나머지 3개의 분절음 정도가 <표 1>과 다른 것인데, 영어의 자음의 수가 24개로 <표 1>의 체계보다 3개가 많다는 것을 고려한다면 이 숫자는 그리 문제가 되지 않을 것이다. 따라서 영어의 자음 목록은 한국어보다 크지만 자음의 구성 면에 있어서는 소형 목록의 특징을 갖는다고 하겠다.

그러면 네 개의 언어 중 자음 목록이 가장 큰 중국어의 경우를 살펴보자. 중국어 역시 공명음에 있어서는 /u̯/을 제외하고는 <표 1>의 체계 내에 포함된다. 반면, 장애음의 경우에는 많은 차이를 보인다. 17개의 장애음 중 /p, t, k, f, s/ 등을 제외하고 적어도 10개 이상은 <표 1>의 체계에 나타나지 않은 분절음들이다. 이러한 면에서 중국어는 한국어와 마찬가지로 수적으로 보나 구성 면으로 보나 대형의 언어에 속한다고 할 수 있다. 그럼 좀 더 구체적으로 네 개 언어의 자음 목록을 비교해 보자.

먼저 네 개 언어에서 사용되는 자음을 조음 위치별로 나누어 제시하면 다음과 같다.

언어 조음 위치	한국어	영어	일본어	중국어
양순음	p, p', p^h, m, w	p, b, m, w	m, p, b, w	p, p^h, m, w
순치음		f, v		f
치간음		θ, ð		
치음				t, t^h, s, ts, ts^h, n, l
치조음	t, t', t^h, s, s', n, r/l	t, d, s, z, n, l, r	t, d, s, z, n, r	
권설음				ʂ, tʂ, $tʂ^h$, ɻ
경구개음	tʃ, tʃ', $tʃ^h$, y	ʃ, ʒ, tʃ, dʒ, y	y	ɕ, tɕ, $tɕ^h$, j, ɥ
연구개음	k, k', k^h, ŋ	k, g, ŋ	k, g	k, k^h, x, ŋ
후음 (성문음)	h	h	h	

<표 7> 조음 위치별 자음 대조

한국어에는 양순음, 치조음, 경구개음, 연구개음, 후음이 있으나 순치음, 치간음, 치음, 권설음이 없다. 영어의 경우에는 양순음, 순치음, 치간음, 치

조음, 경구개음, 연구개음, 후음이 있으나 치음과 권설음이 없다. 이와는 달리 상대적으로 자음의 수가 적은 일본어에는 양순음, 치조음, 연구개음, 후음 밖에는 없다. 자음의 수가 가장 많은 중국어에는 치간음과 치조음을 제외하고는 모두가 발견된다.

다음으로 대조의 대상이 되는 네 개 언어에서 사용되는 자음을 조음 방법별로 나누어 제시하면 다음과 같다.

조음 방법	언어	한국어	영어	일본어	중국어
장애음	파열음	p, t, k p', t', k' pʰ, tʰ, kʰ	p, t, k b, d, g	p, t, k b, d, g	p, t, k pʰ, tʰ, kʰ
	마찰음	s, s', h	f, θ, s, ʃ, h v, ð, z, ʒ	s, z, h	f, s, ʂ, ɕ, x
	파찰음	ʧ, ʧ', ʧʰ	ʧ, ʤ		ts, tʂ, tɕ ts', tʂ', tɕ'
공명음	비음	m, n, ŋ	m, n, ŋ	m, n	m, n, ŋ
	유음	l/r	l, r	r	l, ɹ
	활음	w, y	w, y	w, y	w, j, ɥ

〈표 8〉 조음 방법별 자음 대조

한국어는 파열음이 9개, 마찰음이 3개, 파찰음이 3개, 비음이 3개, 유음이 하나, 활음이 2개로 파열음과 파찰음이 많다. 영어의 경우에는 6개의 파열음과 9개의 마찰음, 2개의 파찰음, 3개의 비음, 2개의 유음, 2개의 활음이 있는 언어로 마찰음이 많은 언어임을 알 수 있다. 이에 반해 일본어는 6개의 파열음, 3개의 마찰음, 2개의 비음, 하나의 유음, 2개의 활음이 있는 언어로 네 개 언어 중 자음의 수가 가장 적음을 알 수 있다. 중국어에는 6개의 파열음과 5개의 마찰음, 6개의 파찰음, 3개의 비음과 2개의 유음, 3개의 활음이 있다. 상대적으로 파찰음이 많음을 알 수 있다.

한국어의 자음을 다른 언어와 비교해 보면 다음과 같은 특징이 있다.
첫째, 대립되는 소리의 수적인 차이(numerical difference)이다. 다른 언어는 장애음이 대개 두 종류로 분류되는데, 한국어는 세 종류로 분류된다는 것이다. 양순 파열음을 예로 들어 보면, 영어와 일본어 모두 /p/와 /b/ 두 종류의 소리가 있는 반면, 한국어에는 /p, pʰ, p'/ 즉, /ㅂ, ㅍ, ㅃ/ 세 종류의 소리가 있다.

둘째, 대립되는 소리의 질적인 차이(qualitative difference)이다. 영어와 일본어, 프랑스어 등 대부분의 언어에서 장애음은 성대의 떨림이 있는 유성음과 성대의 떨림이 없는 무성음의 대립이 있는 데 반해, 한국어의 장애음에는 /b, d, g, z, ʤ/ 등과 같은 유성음이 없고 무성음만이 있다. 한국어는 그 대신 '평음, 격음, 경음'의 대립이 있어, 이 소리들의 차이로 평음으로 발음되는 '달(/tal/)'과 격음으로 발음되는 '탈(/tʰal/)'과 경음으로 발음되는 '딸(/t'al/)'의 의미가 달라진다. 한국인이 영어나 일본어의 /b, d/를 각각 한국어의 /ㅂ, ㄷ/로 인식하는 것은 유성음과 무성음의 차이를 기의 세기로 인식하여 유성음의 경우는 기가 상대적으로 약한 평음으로 인식하기 때문이다.

셋째, 한국어 자음은 조음 위치 면에서 다른 언어보다 단순하여 한국어에는 영어의 think, father에서 볼 수 있는 치음 /θ, ð/이나 flower, victory에서 볼 수 있는 순치음 /f, v/와 같은 소리가 없다. 또한 중국어에서 볼 수 있는 권설음, 그리고 아랍어 등에서 많이 나타나는 목젖음이나 인두음이 없다.

넷째, 한국어의 파열음과 파찰음은 모두 12개로 평균이 8~10개임을 고려할 때 상당히 많은 편이다. 그러나 가장 흔한 마찰음이 /s, f, ʃ/임을 고려해 보면, 한국어의 마찰음은 수적인 면에서는 적지만 'ㅅ[s]'와 'ㅆ[s']'의 대립은 보편적인 것이 아니다.

다섯째, 영어와 같은 언어에서는 /l/과 /r/이 별개의 자음이지만 한국어의 유음 /ㄹ/은 환경에 따라 소리가 다르게 나는 변이음(allophone)이다. 즉, 모음 사이의 /ㄹ/(예 다리, 노래)은 영어의 [r]과 유사하게 발음되고 나머지 위치(예 돌, 풀과)에 오는 /ㄹ/은 영어의 [l]과 유사한 소리로 발음된다.

6. 보편성에 따른 자음 체계 대조

지금까지는 각 언어의 자음 체계의 특징을 큰 틀에서 살펴보았다면 이제부터는 조음 방법에 의해 분류된 자음의 영역별 특징을 살펴봄으로써 네 개 언어의 자음 체계를 좀 더 세부적으로 고찰하고자 한다. 논의의 편의상 공명음부터 살펴보기로 한다.

6.1 공명음

앞 절의 <표 1>에 제시한 자음의 유형적인 이상 체계를 보면 전체 21개의 자음 중 공명음이 8개이다. 이는 전체 자음의 38%에 해당하는 수치이다. 그러나 이것은 가상 체계이며, 실제로 자연언어는 장애음 70%와 공명음 30%로 구성된다(Lindblom & Maddieson, 1988). 네 개 언어의 장애음 대 공명음의 비율은 다음과 같다.

언어 \ 내용	자음 수	장애음 수	공명음 수	장애음 : 공명음 비율
한국어	21	15	6	71.4 : 28.6
영 어	24	17	7	70.8 : 29.2
일본어	14	9	5	64.3 : 35.7
중국어	25	17	8	68.0 : 32.0

<표 9> 장애음 대 공명음의 비율

<표 9>에서 확인할 수 있는 바와 같이 한국어와 영어, 중국어 세 개의 언어는 장애음 대 공명음의 비율이 거의 자연언어의 보편적인 모습을 보인다. 그러나 일본어는 보편적인 모습과는 조금 다르지만, 앞에서 언급한 유

형적 이상 체계와 그 비율이 비슷하다. 이런 면에서 보면 일본어도 자연언어의 보편적인 모습을 갖추고 있다고 할 수 있다.

6.1.1 비음

UPSID와 WALS에 의하면 10개 정도의 언어를 제외한 모든 언어에서 비음의 존재가 확인된다. 즉, 비음은 자연언어에서 매우 보편적인 것이다. 비음 중 93.1%가 유성음인 것으로 나타났다(Maddieson, 1984). 한국어, 영어, 일본어, 중국어에 나타나는 비음이 모두 유성음이라는 점에서 이들은 모두 자연언어의 보편성을 갖는다고 하겠다. 네 개 언어 중 비음이 2개인 일본어를 제외한 나머지 세 언어에는 모두 비음이 3개 있다. 그리고 비음의 조음 위치를 보면 양순음과 치음/치조음은 네 개 언어에 공통적으로 존재하고 일본어에만 연구개 비음이 없다. 비음에 대한 UPSID의 통계를 보면 다음과 같다(Maddieson, 1984).

비음 수	0	1	2	3	4	5	6
언어 수	10	7	101	95	83	14	7
비율(%)	3.2	2.2	31.9	30.0	26.2	4.4	2.2

〈표 10〉 비음 수의 빈도

조음 위치	치음/치조음	양순음	연구개음	경구개음	권설음	기타
	/n/	/m/	/ŋ/	/ɲ/	/ɳ/	/ɴ,ɱ/외
언어 수	316	299	167	107	20	25

〈표 11〉 비음의 조음 위치 빈도

<표 10>을 통해서 비음의 수는 '2개 > 3개 > 4개'의 순으로 빈도가 높

음을 알 수 있다. 이렇게 보면 일본어가 가장 보편성을 갖는다고 할 수 있겠지만, 그 차이가 크지 않으므로 네 개 언어 모두가 비음의 수에서 자연언어의 보편성을 갖는다고 할 수 있다. 그리고 비음의 조음 위치 면에서 볼 때 네 개 언어 모두 가장 빈도가 높은 두세 개의 조음 위치에 비음을 가지고 있는 점도 보편적이라고 할 수 있다.

비음과 관련하여 몇 가지 덧붙인다면, 첫째 비음의 존재는 해당하는 조음 위치에서의 파열음의 존재를 함의한다는 것이고, 둘째는 고빈도를 보이는 세 가지 비음 간에도 '/n/ > /m/ > /ŋ/'의 함의관계가 존재하여 비음이 하나인 언어에서는 /n/으로만, 비음이 2개인 언어에서는 /n/과 /m/으로, 그리고 비음이 3개인 언어에서는 대체로 이 세 비음 또는 /ŋ/(71.6%) 대신 /ɲ/(28.4%)으로 구성된다. 비음의 출현 위치를 고려해 볼 때 네 개 언어 모두 어두에서는 /n/과 /m/만 나타나며 /ŋ/은 나타나지 않는다. 지금까지는 이러한 비음의 분포적 특성이 자연언어의 일반적인 모습으로 간주되어 왔지만, /ŋ/을 갖는 234개의 언어 중 146개가 어두에도 나타나며 어두에 나타나지 못하는 언어는 88개뿐이다(*WALS*, 9). 이런 점에서 볼 때, 네 개 언어는 모두 상대적으로 보편성에서 멀다고 하겠다.

6.1.2 유음

자음 체계 구성의 관점에서 유음에 대한 논의는 해당 언어에 유음이 존재하는지의 여부와 설측음이 존재하는지의 여부가 관심의 대상이 된다. 또한 해당 언어에 존재하는 유음의 수와 유음이 하나일 경우와 둘 이상일 경우 그 구성이 어떻게 되는지에 관하여도 관심을 갖는다.

유음은 대부분(95.9%)의 자연언어에서 나타나는 보편적인 음이다(Maddieson, 1984). 위 네 개의 언어 모두 이 점에서는 다를 바가 없다. 따라서 이어지는 우리의 관심은 유음의 수에 대한 것이다. 이에 대한 통계는 <표 12>와 같다.

유음 수	0	1	2	3	4	5	6	7	10
언어 수	13	74	130	46	29	14	8	2	1
비율(%)	4.1	23.2	41.0	14.5	9.1	4.4	2.5	0.6	0.3

〈표 12〉 유음 수의 빈도

〈표 12〉에서 확인할 수 있듯이 유음의 수에 대한 빈도는 '2개 > 1개 > 3개'의 순이다. 이 점에서 볼 때 2개의 유음을 가진 영어와 중국어가 자연언어의 보편적인 모습에 가장 가깝다. 그리고 유음 수에 대한 비율로만 볼 때 하나의 유음을 가진 한국어와 일본어도 상당히 보편적이라 할 수 있지만, 자연언어의 72% 이상이 2개 이상의 유음을 가진다는 점에서 보면 한국어와 일본어는 보편성이 낮은 언어라 할 수 있다.

주지하는 대로 유음은 설측음인 /l/ 소리 그룹과 /r/ 소리 그룹으로 구분되는데, WALS(8장)에 따르면 566개의 언어 중 설측음이 없는 언어는 95개에 불과하고 83.2%에 해당하는 471개 언어가 설측음을 가지고 있으며, 그 중에서 388개의 언어(82.4%)가 유성 접근음 /l/을 가지고 있다. 이런 점에서 보면 /l/을 가지고 있는 영어와 중국어는 자연언어의 보편적인 모습을 갖는 반면, 설측음이 없는 일본어는 보편성에서 멀다고 하겠다. 한국어의 경우는 /ㄹ/을 무엇으로 보느냐에 따라 달라질 것이다.[4] 유음이 하나인 언어의 경우는 설측음과 /r/ 소리 모두 나타나는데 /r/ 소리(42개 언어)가 설측음(32개 언어)보다 좀 더 많고, /r/ 소리 중에서도 28개 언어가 탄설음(flap)으로 실현된다. 한편, 2개의 유음을 갖는 경우에는 해당 언어들의 83.1%가 설측음 하나와 /r/ 소리 하나로 구성된다. 이런 점에서 볼 때 여기에 해당하는 영어와 중국어도 보편성을 갖는다고 할 수 있다.

---

4) 참고로 UPSID와 WALS 모두 한국어의 유음을 설측음 /l/로 간주하고 있다.

6.1.3 활음

마지막으로 활음에 대해 살펴보도록 한다. 활음(voiced approximant)은 자연언어의 90% 이상이 가지고 있을 정도로 흔한 음이다(Maddieson, 1984). 이런 점에서 보면 네 개의 언어는 모두 보편성을 가지고 있다고 할 수 있다. 그리고 경구개 접근음 /j/와 양순 접근음 /w/는 네 개 언어가 모두 가지고 있는데 아래 표에서 확인할 수 있는 바와 같이 이 두 활음을 모두 가지고 있는 것(71.3%)이 자연언어의 일반적인 특징이다.

		/j/	
		유	무
/w/	유	71.3%(226개 언어)	4.4%(14개 언어)
	무	14.8%(47개 언어)	9.5%(30개 언어)

〈표 13〉 활음의 분포

그런데 중국어는 나머지 세 언어에 없는 경구개 접근음 /ɥ/가 있는데, 이 소리는 *UPSID* 전체 317 언어 중 네 개에만 나타나는 매우 드문 소리(Maddieson, 1984)라는 점에서 보편성이 떨어지고, 아울러 3개의 활음을 가지고 있다는 점에서도 보편성이 낮다고 하겠다.

6.2 장애음

자연언어에 있어 공명음이 없는 언어(예 무라어(Mura), Amerindian 어족)는 있어도 장애음이 없는 언어는 없다. 그리고 장애음은 공명음보다 분절음 수에 있어서나 조음 방법 면에 있어서나 훨씬 다양하다. 이런 점에서 볼 때 한 언어의 자음 체계의 특성은 장애음에 의해 결정된다고 할 수 있다. 여기에서는 장애음의 특징을 *UPSID*의 방법을 따라 파열음(파찰음 포함)과 마찰음으로 나누어 살펴보기로 한다.

6.2.1 파열음

1) 파열음 목록의 크기

파열음은 지금까지의 조사 결과 단 하나의 예외도 없이 모든 언어에 나타나는 유일한 소리이고, 거의 모든 언어에서 그 수가 가장 많이 나타나는 소리이다. 317개 언어 중 63%에 해당하는 언어가 5~11개의 파열음(파찰음 포함)을 가지고 있으며, 전체 평균값은 10.5개이다(Maddieson, 1984). 이 평균값을 기준으로 네 언어의 파열음을 살펴보면 한국어는 12개(파열음 9개, 파찰음 3개), 영어는 8개(파열음 6개, 파찰음 2개), 일본어는 6개(파열음 6개), 중국어는 12개(파열음 6개, 파찰음 6개)로, 한국어와 중국어는 평균값에 가까운 반면 영어와 일본어는 적은 편이다. 그런데 파열음의 수는 언어에 따라 편차가 매우 커서(3개~36개) 이 평균값에 의한 보편성 여부는 큰 의미를 갖지는 못한다. 오히려 3절에 제시되어 있는 <표 1>과 같이 가장 빈도가 높은 자음 목록과 비교하여 살펴보는 것이 더 타당하다. <표 1>에 제시된 파열음은 파찰음을 포함하여 8개이고, 21개의 자음에 포함될 가능성이 있는 /ʤ/를 포함하면 9개가 평균값이다. 이를 비율로 따지면 약 40% 내외가 된다. 이를 기준으로 해서 보면 한국어는 57%(15/21)로 파열음의 수가 많고, 영어의 경우는 33.3%(8/24)로 다소 적은 편이다. 일본어의 경우는 40%(6/15)로 평균값에 해당하며, 중국어는 47%(12/25) 내외로 다소 많은 편이라 할 수 있다.

2) 조음 위치

다음으로 폐쇄음의 조음 위치와 조음 방법 면에 나타난 각 언어의 특징에 대해 살펴보도록 한다. 주지하는 대로 조음 위치나 조음 방법 면에서 계열(series)로 나타나는 특징이 가장 두드러진 음이 파열음이다. 먼저 조음 위치 면에서 네 언어가 어떤 모습을 보이는지 살펴보도록 한다. 조음 위치에 대한 자연언어의 모습은 다음과 같다.

조음 위치의 수	2	3	4	5	6
언어 수	2	171	103	35	6
비율(%)	0.3	53.9	32.5	11.0	1.9

〈표 14〉 조음 위치 수의 빈도

조음 위치	양순음	치음/치조음	경구개/경구개치조음	권설음	연구개음	목젖음	양순-연구개음
언어 수	314	316	59	36	315	47	20
비율(%)	99.1	99.7	18.6	11.4	99.4	14.8	6.3

〈표 15〉 조음 위치별 빈도

<표 14>와 <표 15>는 파찰음을 제외한 파열음만을 대상으로 한 것이다. 자연언어에서의 파열음의 조음 위치는 최대 6가지가 있음을 알 수 있는데 이는 앞에서 언급한 대로 비음의 경우와 일치한다. <표 15>에 의하면 자연언어의 반 이상(53.9%)이 3계열의 조음 위치의 수를 갖는다는 사실을 알 수 있다. 이런 면에서 볼 때 한국어를 비롯한 영어, 일본어, 중국어는 모두 자연언어의 보편적인 성격을 갖는다는 것을 알 수 있다.

한편, 조음 위치별 빈도에서는 치음/치조음, 연구개음, 양순음이 다른 위치에 비해 압도적으로 많다는 것을 알 수 있다. 이런 면에서 위 네 언어는

자연언어의 보편적인 모습을 갖는다고 할 수 있다. 그리고 이 위치는 비음의 조음 위치별 빈도와 동일하다. 따라서 이런 면에서도 네 언어 모두 자연언어의 보편적인 성격을 갖는다.

한편, 파열음과 파찰음을 합친 조음 위치의 수를 보면 한국어와 영어는 파찰음이 각 하나씩이어서 전체 4개이고, 일본어는 파찰음이 없어 3개이며, 중국어는 조음 위치에 따른 파찰음의 종류가 3개이어서 전체 6개가 된다. 이를 자연언어에 비추어 보면 <표 16>과 같다.

조음 위치의 수	2	3	4	5	6	7
언어 수	2	62	139	87	25	2
비율(%)	0.6	19.6	43.8	27.4	7.9	0.6

〈표 16〉 파열음과 파찰음의 조음 위치 수의 빈도

<표 16>을 볼 때 보편성은 한국어, '영어 > 일본어 > 중국어'의 순이 된다. 특별히 중국어는 이 점에서 자연언어의 7.9%에 해당하는 매우 적은 부류에 속하는 언어라 하겠다.

3) 조음 방법

다음으로 조음 방법 면에서 네 언어의 특징을 살펴보도록 한다. <표 2>부터 <표 5>에서 볼 수 있듯이 네 언어는 조음 방법 면에서 무기 무성 파열음(plain voiceless stops; 이하 무성음)을 갖는다는 공통점과 함께 차이점도 있는데, 한국어와 중국어는 유기 무성 파열음(aspirated voiceless stops; 이하 유기음)을 갖는 반면, 영어와 일본어는 무기 유성 파열음(plain voiced stops; 이하 유성음)을 갖는다. 그리고 한국어는 소위 말하는 긴장음, 즉 무성 후두음(voiceless laryngealised)이 더해진다. 따라서 한국어는 조음 방법의 수가 세 가지이고 다른 언어는 두 가지이다. 이에 대한 자연언어의 모습은 다음과 같다.

조음 방법의 수	1	2	3	4	5	6
언어 수	50	162	76	25	2	2
비율(%)	15.8	51.1	24.0	7.9	0.6	0.6

〈표 17〉 조음 방법 수의 빈도

조음 방법의 수 분절음 종류	1	2	3	4
무성 평음(plain voiceless)	98.0	90.1	89.5	96.0
유성 평음(plain voiced)	2.0	81.5	69.7	88.0
무성 격음(aspirated voiceless)	0.0	16.0	63.2	52.0
무성 외파음(voiceless ejective)	0.0	3.7	42.1	56.0
유성 내파음(voiced implosive)	0.0	1.2	27.6	48.0

〈표 18〉 조음 방법 수에 따른 분절음별 빈도

먼저 조음 방법의 수를 보면, 영어나 일본어, 중국어와 같이 두 종류의 파열음을 가진 언어가 자연언어의 반(51.1%)을 넘고, 한국어와 같이 세 종류의 파열음을 가진 언어는 24%의 비율로 순서로는 두 번째이지만 두 종류의 파열음을 가진 경우와 비교할 때 차이가 많이 난다. 따라서 영어, 일본어, 중국어는 보편적인 모습을 갖는 반면, 한국어는 덜 보편적이라 할 수 있다. 그리고 조음 방법의 수에 따른 분절음의 종류를 보면, 두 종류를 가지는 경우 무성음과 유성음이 주를 이루고 유기음이 나타나는 경우는 16%에 불과하다. 따라서 '영어, 일본어 > 중국어' 순으로 보편성을 갖는다. 그러나 한국어의 경우에는 파열음의 구성 면에서 보편성이 적다고 할 수 있다.

6.2.2 마찰음

마지막으로 네 언어의 마찰음의 특성을 비교해 보자. 이에 대한 자연언어의 마찰음 수에 따른 빈도와 위치별 빈도는 다음과 같다.[5]

마찰음 수	0	1	2	3	4	5	6	7	8	9 이상
언어 수	21	37	62	47	37	26	28	19	20	20
비율(%)	6.6	11.7	19.6	14.8	11.7	8.2	8.8	6.0	6.3	6.3

〈표 19〉 마찰음 수의 빈도

조음 위치 \ 조음 방법	무성음	언어 수	유성음	언어 수	유성음 비율
치음/치조음	/s/	266	/z/	96	0.36
후치조음	/ʃ/	146	/ʒ/	51	0.34
순치음	/f/	135	/v/	67	0.50
연구개음	/x/	75	/ɣ/	40	0.52
목젖음	/χ/	29	/ʁ/	13	0.45
양순음	/ɸ/	21	/β/	32	1.52
치조설측음	/ɬ/	30	/ɮ/	7	0.23
치간음	/θ/	18	/ð/	21	1.16
권설음	/ʂ/	17	/ʐ/	3	0.17
경구개음	/ç/	16	/ʝ/	7	0.43
인두음	/ħ/	13	/ʕ/	9	0.69

〈표 20〉 마찰음의 위치별 빈도

먼저 마찰음 수(/h/ 제외)에 있어서 네 언어의 보편성을 비교하여 보면,

---

[5] 마찰음은 〈표 19〉에서와 같이 언어에 따라 없는 경우도 있고 많으면 12개 이상도 있는데 여기에서는 네 언어 중 가장 많은 영어의 경우에 맞추어 8개까지만 세부적으로 제시하고 그 이상은 하나로 묶어서 제시한다. 그리고 이 숫자에는 /h/는 포함되지 않는다. 그것은 /h/가 과연 마찰음인지에 대한 학자들의 견해가 다르기 때문이다.

한국어는 2개(/s, s'/), 영어는 8개(/f, v, θ, ð, s, z, ʃ, ʒ/), 일본어는 2개(/s, z/), 중국어는 5개(/f, s, ʂ, ç, x/)이다. 이런 면에서 보면 한국어와 일본어가 가장 보편적인 모습을 보이고, 중국어와 영어는 그렇지 않다. 특별히 영어의 마찰음은 파열음(6개)보다 많아 보편성에서 좀 멀다고 하겠다.

다음으로 마찰음의 구성 면에서 보면 네 언어 모두 가장 빈도가 높은 /s/를 가지고 있다는 점에서 보편적이다. 그리고 /s, z/를 가진 일본어가 네 언어 중 가장 보편적인 모습에 가까운 것으로 나타난다. 참고로, 2개의 마찰음을 가진 언어에서 가장 빈도가 높은 음은 /s/와 /f/이다. 한국어도 2개의 마찰음을 갖고 있기는 하지만, 긴장음 /s'/의 경우는 *UPSID*의 317개 언어 중 하우사어(Hausa)와 함께 두 언어에서만 나타나는 매우 특이한 분절음으로 분류된다(Maddieson, 1984). 따라서 이런 면에서 한국어의 마찰음은 보편성에서 멀다고 하겠다. 한편, 영어의 경우 /f, v, ʃ, ʒ/는 빈도가 높은 편이지만, /θ, ð/는 빈도가 매우 낮은 편에 속하는 분절음들이다. 중국어의 경우는 /f, s/는 빈도가 높지만 /ʂ, ç, x/는 빈도가 낮다.

영어와 중국어는 마찰음의 구성에 있어 차이를 보이는데, 영어는 동일 조음 위치에서 유성음과 무성음이 같이 나타나는 반면, 중국어는 무성음에 대응하는 유성음이 서로 다른 조음 위치의 무성음만으로 구성되어 있음을 알 수 있다. 마찰음에서의 유무성과 관련하여 볼 때 2개의 마찰음을 가진 경우 가장 빈도가 높은 것은 일본어에서와 같은 유·무성음의 구성인 /s, z/가 아니라 무성음만의 구성인 /s, f/라는 사실은 매우 의미 있는 사실이다.

이런 점에서 보면 같은 조음 위치에서 유성음과 무성음이 동시에 나타나는 영어의 경우는 중국어에 비해 보편성이 매우 떨어진다고 하겠다. 그리고 2개의 마찰음을 가진 62개의 언어 중 단 3개의 언어에서만 /s, z/가 발견된다는 점에서 볼 때 일본어의 경우도 마찬가지다. 이런 점에서 볼 때 마찰음의 구성 면에서 중국어가 네 개 언어 중 가장 보편성이 강하고 한국어, 영어, 일본어는 보편성이 약하다고 할 수 있다.

장애음에 대한 지금까지의 논의를 종합하면 다음과 같다.

첫째, 파열음 목록의 크기(즉, 분절음 수)의 비율에 있어서는 일본어가 가장 보편적이며, 그 다음으로 영어와 중국어이고, 한국어가 네 언어 중 보편성에서 가장 멀다.

둘째, 파열음의 조음 위치의 수와 그에 따른 구성 면에서 네 언어는 모두 보편적이다. 단, 파찰음을 합한 경우에는 한국어와 영어는 보편적이지만, 일본어는 보편적인 모습에서 조금 멀고, 중국어는 보편성이 많이 떨어진다.

셋째, 파열음의 조음 방법 수 면으로 볼 때 한국어를 제외한 나머지 세 언어는 보편적이다. 조음 방법에 따른 분절음의 구성 면에서 보면 영어와 일본어는 보편적이고, 한국어와 중국어는 보편성에서 멀지만, 둘 중에서 한국어가 더 멀다.

넷째, 마찰음 수의 관점에서 보면 한국어와 일본어는 보편적이고, 중국어는 보편성에서 조금 멀고, 영어는 매우 멀다. 그리고 마찰음의 구성 면에서 보면 네 언어 모두 보편성이 결여되어 있지만 그 중에서도 중국어가 가장 보편성에 가깝고 나머지 세 언어는 보편성에서 멀다.

제5장 음절

1. 들어가기

앞에서 공부한 모음과 자음을 통해 우리는 인간이 의사소통을 위해 사용하는 소리가 아무렇게나 구성되는 것이 아니라 어떤 체계를 갖는다는 사실을 알게 되었다. 이를 좀 더 정확히 표현하면 자연언어의 말소리는 구조화된 소리 체계(structured sound system)라 할 수 있다. 이러한 체계성은 각 언어의 음절을 이루는 방식이나 음절 내에서의 위치에 따른 자음과 모음의 분포 특성에도 분명히 드러난다. 예를 들어, 한국어에서는 '트리'나 '텐트'라는 음절은 불가능하다. 즉, 한국어에서는 어두와 어말에서 자음군은 불가능하다. 그러나 영어에서는 tree, tent와 같이 어두와 어말에서 자음군이 가능하다. 이와 같이 음절은 언어에 따라 다른 모습을 보인다. 그리고 같은 언어에서도 음절 내의 위치에 따라 구성이 달라질 수 있다. 예를 들어, 영어에서 '-rt'나 '-nt'로 끝나는 단어는 있어도 'rt-'나 'nt-'로 시작하는 단어는 없다. 이를 통해 자음과 모음을 합하여 음절을 구성할 때에도 어떠한 체계가 있고, 그 체계는 음절 내의 위치에 따라 다르다는 것을 알 수 있다.

언어에 따른 음절구조의 차이는 언어 학습에 있어 학습자들의 오류를 유발할 뿐만 아니라 외국인 억양(foreign accent)의 특색을 드러나게 한다. 예를 들어, 일본어 화자들이 한국어의 2음절 단어인 '김치'를 '기무치'와 같이 3음절로 발음한다거나, 한국어 화자들이 1음절 영어 단어 strike를 [스트라이크]와 같이 5음절로 발음하는 것도 음절구조의 차이에서 기인한 것이다. 이 장에서는 한국어를 중심으로 영어, 일본어, 중국어의 음절구조 특성과 위치에 따른 분포 특성에 관해 알아본다.

2. 학습자 오류

다음은 음절과 관련된 영어권 학습자의 오류이다.

○ 값 [갑시]   닭 [달ㄱ]   삶 [살ㅁ]
○ 닭이 [다기] 읽어요 [이러요/이거요]

위에서 언급한 대로 한국어에서는 음절 말에서 자음군의 발음이 불가능하지만 영어에서는 가능하므로 초급 영어권 학습자들은 이러한 경우 두 받침을 모두 발음하려는 경향이 있다. 한편, 겹받침의 경우에는 두 가지 자음 중 하나만 발음하는 것을 강조하다 보면 '닭이, 읽어요'에서는 연음 전에 자음을 탈락시키는 오류가 나타나기도 한다.

다음은 음절과 관련된 일본어권 학습자의 오류이다.

○ 날다 [나루다]   길 [기루]   일본 [이루본]
○ 김치 [기무치]   곰 [고무]   밖 [바꾸]

일본어의 경우 대부분의 음절이 모음으로 끝나기 때문에 한국어에서 자음으로 끝나는 음절에 [으] 또는 [위]를 추가하여 발음하는 오류를 범한다. 다음은 음절과 관련된 중국어권 학습자의 오류이다.

○ 복잡 [보짭] 대학교 [대하교] 자격증 [자겨증]
○ 있기 [이기] 몇 살 [며살] 꽃 [꼬]

중국어에는 종성에 올 수 있는 장애음이 없으므로 한국어의 종성 장애음을 탈락시켜 발음하는 오류를 범한다.

3. 음절구조의 구성요소와 유형

3.1 음절구조의 구성요소

음절(syllable)이란 고대 그리스어의 '함께(syn/syl-)'에서 유래한 말로 '소리의 묶음(the phonological "building blocks" of words)'을 뜻한다(*Wikipedia*, Syllable). 즉, 한 번에 소리 낼 수 있도록 묶여 있는 자음과 모음의 결합체를 일컫는다. 음절을 이루는 방식은 언어에 따라 적지 않은 차이점이 있지만 일반적으로 '초성-중성-종성'으로 구성되는데, 이를 음운론에서는 '두음(onset)-음절핵(nucleus)-말음(coda)'이라 부른다. 그리고 음절구조(syllable structure)는 일반적으로 다음과 같이 나타낸다.

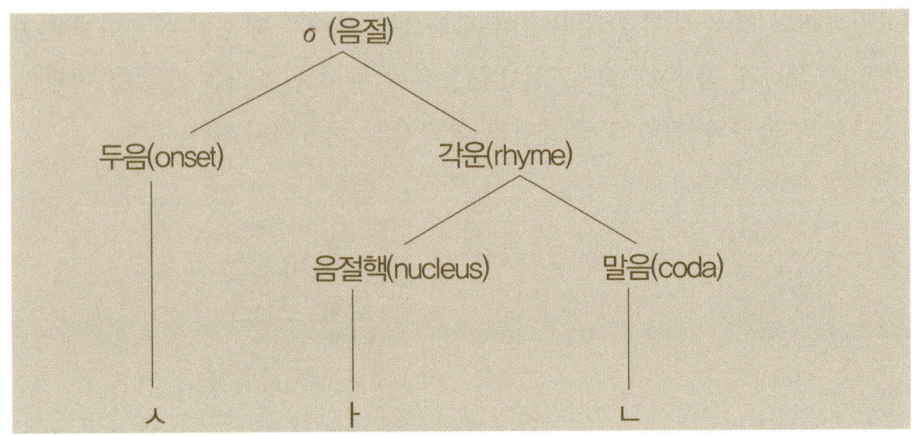

〈그림 1〉 음절구조

　　<그림 1>의 음절구조에서 두음은 모음 앞에서 발음되는 자음이며, 음절핵은 모음이고, 말음은 모음 뒤에서 발음되는 자음이다. 일반적으로 두음과 말음은 선택적이어서 없어도 되지만, 음절핵은 이름에서 알 수 있는 바와 같이 없어서는 안 되는 가장 중심이 되는 핵심적인 요소이다. 즉, '산'에서 두음의 자음을 없애면 '안'이 되고, 말음의 자음을 없애면 '사'가 된다. 그리고 둘 다 없애면 '아'가 된다. 그러나 모음 'ㅏ'를 없애면 초성 'ㅅ'과 종성 'ㄴ'만 남게 되어 발음이 불가능하게 된다. 이는 음절을 이루는 데 있어 음절핵이 필수적인 요소라는 사실을 말해 준다. 이제 음절을 이루는 구성요소들이 갖는 특징에 대해 좀 더 자세히 살펴보도록 한다.

3.1.1 두음

　　대부분의 언어에서 두음(onset)은 선택적이지만 필수적인 언어도 있다. 이들 언어에서는 음절이 모음으로 시작될 수 없고 반드시 자음으로 시작되어야 한다. 한국어와 일본어, 중국어의 경우에는 이 자리에 하나의 자음만 가능하지만, 언어에 따라서는 자음군(consonant cluster)을 허용하기도 한다. 영어, 프랑스어, 네덜란드어, 스페인어 등이 이에 해당한다. 뒤에서 자세히 설명하겠지만, 자음군인 경우 선행 자음과 후행 자음 사이에는 엄격한 제약이 있다.

두음은 말음과 달리 바로 뒤에 모음 자리인 음절핵이 오는 관계로 해당 언어의 모든 자음이 올 수 있다. 단, 연구개 비음 [ŋ]은 제4장에서 본 것과 같이 두음에 오지 못하는 언어도 있는데, 한국어를 비롯하여 영어, 일본어, 중국어 등이 이에 포함된다. 반면, 베트남어, 태국어, 버마어, 타갈로그어 등 대부분의 동남아시아 언어에서는 두음에서 [ŋ]이 발음된다.

3.1.2 말음

말음(coda)의 유무는 음절구조를 구분하는 데 중요한 역할을 한다. 흔히 말하는 열린음절과 닫힌음절의 구분은 바로 이 말음의 유무에 의한 것이다. 개음절이라고 불리는 열린음절(open syllable)은 말음 없이 음절핵, 즉 모음으로 끝나는 음절(V, CV)이고, 폐음절이라고도 불리는 닫힌음절(closed syllable)은 말음으로 끝나는 음절(VC, CVC)이다.

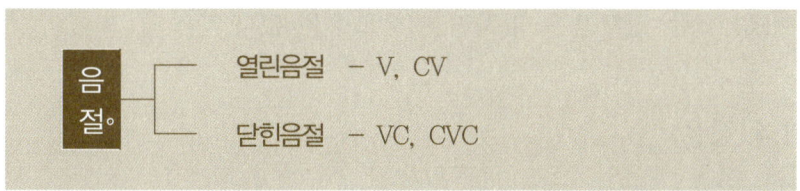

자음은 대체로 앞에 오는 모음보다는 뒤에 오는 모음에 기대어 발음하게 되는데, 말음을 허용한다는 것은 후행하는 모음 없이 자음을 발음한다는 것이고, 말음을 허용하지 않는다는 것은 후행하는 모음 없이는 자음을 허용하지 않는다는 것이다. 따라서 전자의 언어에서는 자음으로 끝나는 단어를 허용하는 반면, 후자의 언어에서는 모든 단어는 반드시 모음으로 끝난다.

앞에서 언급한 대로 말음은 뒤에 모음 없이 발음되는 것이므로 두음에 비해 발음의 제약이 많을 수 있다. 이 위치에 하나의 자음만 허용하는 언어도 많은데, 그 중에는 비음만 허용하는 중국어와 같은 언어도 있으며 소수의 자음만 허용하는 한국어, 베트남어와 같은 언어도 있다. 영어나 프랑스어와 같이 자음군을 허용하는 언어도 있는데, 이 경우에도 두음만큼은 아니지만 자음들 사이에 제약이 존재한다.

3.1.3 음절핵

음절핵(nucleus)은 자음이 위치하는 두음이나 말음과는 달리 모음이 위치하는 자리로, 음절 내에서는 없어서는 안 되는 필수적인 자리이다. 그것은 모음이 갖는 성절성(成節性, syllabicity) 때문이다. 즉, 모음 없이는 음절이 이루어지지 않는다. 이 위치에는 단모음은 물론 장모음과 이중모음도 올 수 있다. 그러나 모든 언어에 장모음과 이중모음이 존재하는 것은 아니다. 한국어를 비롯하여 영어와 네덜란드어, 핀란드어, 일본어는 장모음과 이중모음을 둘 다 갖지만, 스페인어는 이중모음은 있는 반면 장모음이 없고, 월로프어(Wolof)는 장모음은 있지만 이중모음은 없다.

3.1.4 각운

각운은 앞의 <그림 1>에서 보는 것과 같이 분절음과 직접 연결되지는 않는다는 점에서 다른 세 구성요소와는 성격이 다르다. 그럼에도 불구하고 음절구조의 구성요소 중 하나가 되는 것은 음절핵과 그 뒤에 오는 말음이 하나의 음운 영역을 형성하는 경우가 많기 때문이다. 네덜란드어가 그 대표적인 예로, 이 언어에서는 단모음 뒤에는 자음군이 올 수 있지만, 장모음 뒤에는 자음군이 오지 못한다. 다시 말해, 모음과 그 뒤에 오는 자음은 음량(quantity) 면에서 하나의 영역을 형성하여 서로 영향을 주기 때문이다. 이렇게 볼 때 <그림 1>의 음절구조는 초성, 중성, 종성의 삼분법 구조와는 성격이 다르다. 그러나 모든 언어가 네덜란드어와 같은 제약을 갖는 것은 아니므로 <그림 1>과 같은 음절구조가 모든 언어에 적용된다고 하기는 어렵다.

여기서 잠깐

음절구조의 특성

print와 같은 영어 단어를 보면 '장애음-유음-모음-비음-장애음'의 순서로 되어 있다. 아래의 자음성과 모음성을 볼 때, 이러한 단어 구조를 통해 알 수 있는 것은 영어와 같이 어두 자음군과 어말 자음군을 가진 언어들은 대개 모음을 중심으로 하여 앞쪽에서는 자음성이 강하고 모음성이 약한 음으로 시작하여 점점 모음성이 강한 방향으로 가다가 모음 뒤쪽에서는 갈수록 자음성이 강한 방향으로 구성됨을 알 수 있다.

장애음	비음/유음	모음	비음/유음	장애음
←				→
자음성		모음성	자음성	

이러한 특징은 우리가 줄다리기를 할 때 힘이 센 사람들이 양 팀의 앞과 뒤에 위치하는 것과 같이 어떤 한 음절을 인접한 다른 음절로부터 보호하여 의사소통에 장애를 초래하지 않기 위함일 것이다. 이것을 모음성(공명도)의 관점에서 보면 한 음절의 구조는 아래와 같이 점점 모음성이 강한 쪽으로 가다가 모음 이후는 모음성이 약한 쪽으로 가는 산 모양이 된다.

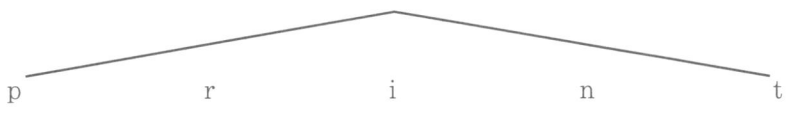

3.2 음절구조의 유형

언어에 따라 음절구조가 달라질 수 있는데, 그것은 두음과 말음에서의 자음의 수와 밀접한 관련을 맺는다. 자연언어에 나타나는 음절구조의 유형은 대체로 다음의 세 가지 유형으로 나뉜다(WALS, 12).

첫째, 단순형 음절구조(simple syllable structure) 유형이다. CV 구조가 여기에 속하는데, 자음 하나와 그 뒤에 모음이 오는 구조이다. 모든 언어는 이 구조를 갖지만, 오직 이 음절구조만 가능한 언어도 존재한다. 단순형 음절구조 유형에 속하는 언어는 그렇게 많지 않아 WALS 조사 대상 486개 언어 중 61개 언어인 12.5%가 이에 속한다. 이에 속하는 언어로는 하와이어, 스와힐리어, 요루바어(Yoruba) 등이 있다.

둘째, 중간형 음절구조(moderately complex syllable structure) 유형이다. 이 구조는 단순형의 두음 또는 말음에 하나의 자음을 더한, CCV 또는 CVC 구조이다. CCV는 두음에는 자음군을 허용하지만 말음은 허용하지 않는 구조이며, CVC는 모음을 중심으로 앞뒤에 각각 하나의 자음만을 허용하는 언어이다. 한국어는 후자에 속한다. CCV의 두음 자음군 CC는 앞에서 언급한 대로 매우 엄격한 제약이 있어, 두 번째 자음은 유음이나 활음으로 제한된다. 그리고 CVC 구조의 말음 또한 제약이 존재할 수 있어 언어에 따라서는 이 위치에 특정 자음들만 허용하기도 한다. 자연언어 중에는 중간형 음절구조 유형에 속하는 언어가 가장 많아 56.4%(274/486)가 이에 속한다.

셋째, 복잡형 음절구조(complex syllable structure) 유형이다. 이 유형의 음절구조는 두 가지 유형이 있는데, 하나는 그렇게 많은 언어에 나타나지는 않지만 두음의 자음군이 아무런 제약을 갖지 않는 경우와, 영어와 같이 말음에 세 개 이상의 자음이 오는 구조이다. 영어의 음절구조는 $(C^3)V(C^4)$로 두음에는 최대 세 개의 자음(예 strike[straɪk])이, 그리고 말음에는 최대 네 개의 자음(예 strengths[stɹɛŋkθs])이 올 수 있다. 이 유형에 속하는 언어는 31.1%(151/486)이다.

이 세 가지 유형은 다음 표와 같이 자음목록의 크기와 어느 정도의 관련을 맺는데 자음목록의 수가 적을수록 단순형 음절구조 유형이 많고, 많을수록 복잡형 음절구조 유형이 많다.

음절구조 유형	평균 자음 수
단순형 음절구조	19.1
중간형 음절구조	22
복잡형 음절구조	25.8

〈표 1〉 음절구조 유형에 따른 평균 자음 수(*WALS*, 12)

다음 절에서는 한국어, 영어, 일본어, 중국어의 음절구조에 관해 살펴보기로 한다.

4. 언어별 음절구조

4.1 한국어의 음절구조

한국어의 음절은 글자의 모습대로 초성(두음), 중성(음절핵), 종성(말음)으로 이루어져 있다. 초성과 종성의 자리에는 자음이 오고, 중성의 자리에는 모음이 온다. 이에 따른 한국어의 음절구조는 다음과 같다.

● **한국어의 음절구조**

(C)V(C)	음절핵을 이루는 모음은 필수적이고, 초성과 종성에는 하나의 자음이 선택적으로 올 수 있다.

여기서 잠깐

한글은 음소문자일까? 음절문자일까?

문자는 자음이나 모음 등 음소를 단위로 하여 표기하는 음소문자와 음절을 단위로 하여 표기하는 음절문자로 나뉜다. 예를 들어, [ma]를 ma로 적는 영어의 알파벳은 하나의 음절이 자음과 모음으로 분리될 수 있는 음소문자이다. 이에 반해, ま로 적는 일본어의 가나와, 马로 적는 중국어의 한자는 자음과 모음을 분리할 수 없으므로 음절문자에 속한다. 우리말을 적는 한글은 자음과 모음을 이용하여 표기하므로 음소문자에 해당한다. 그런데 한글이 알파벳과 다른 점은 자음과 모음을 결합하여 음절 단위로 모아쓰기를 한다는 것이다. 즉, 알파벳은 표기에 음절의 개념을 포함하지 않고 왼쪽에서 오른쪽으로 음소를 늘어놓는 풀어쓰기를 하지만 한글은 음소문자이지만 음절 단위로 모아쓴다. 예를 들어, 영어에서는 [pin]을 pin으로 적는 반면에 한글에서는 '핀'으로 적는다. 즉, 한 번에 발음되는 것은 한 글자로 표기한다. 이는 한글의 우수성을 증명해 주는 하나의 증거가 된다.

알파벳과 한글의 이러한 차이점은 긴 말을 줄여서 사용할 때도 다른 양상으로 나타난다. 영어에서는 두문자어(頭文字語, acronym)라고 하여 각 낱말의 맨 앞 철자만을 취하여 UN(United Nations), WTO(World Trade Organization) 등으로 표현하는 데 반해 한국어에서는 맨 앞 음절들을 취하는 방법을 택하여 '전경련(전국경제인연합회), 금감위(금융감독위원회)' 등으로 표현한다. 또한 십자말풀이(cross word puzzle)를 할 때에도 영어에서는 음소를, 한국어에서는 음절을 하나의 네모 칸 안에 넣는다.

음절구조와 관련된 한국어의 특징은 다음과 같다.
첫째, 아래와 같이 네 종류의 음절구조가 가능하다.

음절구조	초성	중성	종성	예
모음(V)		ㅏ		아, 오, 우
자음 + 모음(CV)	ㄴ	ㅗ		노, 가, 소
모음 + 자음(VC)		ㅣ	ㅂ	입, 온, 울
자음 + 모음 + 자음(CVC)	ㅁ	ㅜ	ㄴ	문, 감, 공

〈표 2〉 한국어의 음절구조 유형

둘째, 한국어는 종성 자음을 가질 수 있는 닫힌음절 언어이다.

셋째, 모든 음절에는 반드시 모음이 있어야 한다. 자음 하나로는 음절을 이룰 수 없고, 자음은 모음과 결합해야 음절을 이룰 수 있다. 예를 들어, 'ㅅ' 또는 'ㅂ'은 물론 'ㄴ' 하나로는 음절이 되지 못한다.

넷째, 한국어의 초성에는 위치에 따른 제약이 있다. 이에는 자음군 제약, [ŋ] 제약, /ㄹ/ 제약의 세 가지가 있다. 이들은 글자 그대로 초성의 위치에 자음군과 [ŋ]과 /ㄹ/이 오지 못한다는 제약이다. 이들 중 /ㄹ/ 제약은 자음군 제약과 함께 알타이어의 공통적 속성으로, 엄격히 말하면 초성 제약이 아니라 어두 제약이다. 즉, 한국어에서는 '노래, 소리' 등과 같이 두 번째 이하의 음절에서는 /ㄹ/이 초성에 올 수 있다. 다만, '락엽(→ 낙엽), 력사(→ 역사)' 등과 같이 어두에 /ㄹ/이 오는 것을 피하는 제약이다. 그러나 이러한 /ㄹ/ 제약도 최근에 와서는 '라디오(radio), 라일락(laillak), 리본(ribbon)'과 같은 외래어의 유입으로 조금씩 약해지고 있다.

다섯째, 종성에도 위치에 따른 제약이 있다. 초성에서와 마찬가지로 자음군 제약이 있어 최대 하나의 자음만 허용되며, 그 중에서도 '음절 말 중화'라 하여 /ㄱ, ㄴ, ㄷ, ㄹ, ㅁ, ㅂ, ㅇ/ 7개의 자음만 올 수 있다(제6장 음운현상 참조). '닭, 값, 넋' 등과 같은 경우는 표기상 '자음+모음+자음+자음(CVCC)'의 구조를 갖지만, 발음은 두 자음 중 하나만 발음되는 CVC 구조이다. 음절은 표기가 아닌 발음에 의한 것이기 때문이다.

여섯째, 한국어의 중성에는 아래와 같이 단모음, 장모음, 이중모음이 올 수 있다.

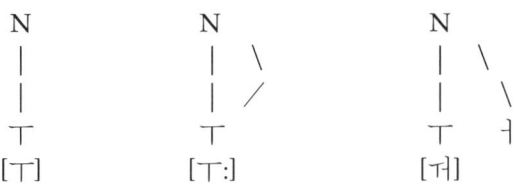

여기서 잠깐

> **장모음과 이중모음**
>
> 현대 한국어에서는 단모음과 장모음의 변별력이 약하여 화자에 따라서는 장단이 단어의 의미를 분화하지 못한다. 그리고 만약 이중모음 중 활음(Glide, G)을 자음이나 모음이 아닌 별개의 것으로 하면 한국어의 '교, 며' 등의 음절구조는 CGVC가 된다. 그러나 이중모음과 단모음을 하나의 음절핵으로 적는 쓰기 체계를 고려해 볼 때 적어도 한국어 교육을 위해서는 '교, 며'와 같은 음절을 '고', '머'와 같이 CV로 처리함이 적합할 것이다.

4.2 다른 언어의 음절구조

4.2.1 영어의 음절구조

영어의 음절구조도 기본적으로 '두음-음절핵-말음'으로 구성되는 것은 한국어와 차이가 없으나, 그 내적인 구조는 아래와 같이 여러 가지 면에서 한국어와 차이가 난다.

● 영어의 음절구조

$(C^3)V(C^4)$	음절핵을 이루는 모음은 필수적이고, 자음은 초성에서는 세 개까지, 종성에서는 네 개까지 올 수 있다.

영어의 음절구조의 특징을 좀 더 자세히 알아보면 다음과 같다.
첫째, 두음에는 [ŋ]은 올 수 없으나 자음군은 가능하다. 자음군의 경우

기본적으로 두 개의 자음이 올 수 있으며, 만약 첫 자음이 /s/면 spring, strike, screen 등과 같이 /s/를 포함하여 자음이 세 개까지 올 수 있다. 영어의 어두 자음군에는 첫째 위치에 오는 자음(C_1)과 둘째 위치에 오는 자음(C_2)에 엄격한 제약이 있다. 그 제약은 다음과 같다.

어두 자음군	C_1	C_2	예
자음+자음(C_1C_2)	장애음	[l/r]	plain traffic cream
	장애음(치조음)	[w]	twin swing dwell
	대부분 자음	[y]	new music duty view
자음+자음+자음($C_1C_2C_3$)	s	장애음+유음	spring strike screen

〈표 3〉 영어의 어두 자음군

이때 중요한 점은 자음의 앞뒤 위치를 절대 바꿀 수가 없다는 것이다. 즉, 'lp-, rt-, rk-, wt-, yd-' 등으로 시작하는 단어는 존재할 수 없다.

둘째, 단일어의 경우에는 어말에 자음이 두 개는 물론이고, 세 개까지 가능하다. 그러나 동사의 과거시제 어미(-ed)나 명사의 복수형(-s)과 같은 어미가 붙는 경우 strengthened ([strɛŋθnd]), prompts ([prɑ:mpts])에서와 같이 자음의 수가 네 개($C_1C_2C_3C_4$)가 된다. 말음의 경우에도 두음보다는 약하지만 다음과 같이 분포에 제약이 있다.

어말 자음군	C_1	C_2	예
자음+자음(C_1C_2)	[l]	장애음, 비음	help, silk, belt, film
	비음	장애음	tent, pink, camp, bench
			lens, sense, change
	장애음	장애음	left, adopt, list, fox, act

〈표 4〉 영어의 어말 자음군(C_1C_2)

어말 자음군	C_1	C_2	C_3	예
자음+자음+자음 ($C_1C_2C_3$)	비음	마찰음, 파열음		against, prompt, distinct
	파열음	마찰음	파열음	text, midst

<표 5> 영어의 어말 자음군($C_1C_2C_3$)

지금까지 언급된 사항을 정리하면 영어의 경우에는 두음에는 자음이 최대 3개까지 올 수 있고, 말음에는 형태소 결합이 있을 경우 최대 4개까지 가능함을 알 수 있다. 이러한 특징은 두음에서든 말음에서든 자음연쇄가 불가능하고 하나의 사음만이 올 수 있는 한국어와 비교하여 볼 때 아주 복잡하다고 할 수 있다.

4.2.2 일본어의 음절구조

일본어의 음절구조는 기본적으로 다음과 같이 열린음절을 바탕으로 한 '자음(C)+모음(V)'의 구조이다.

● 일본어의 음절구조

(C)V	음절핵을 이루는 모음은 필수적이고, 자음은 초성에서 선택적으로 올 수 있다.

따라서 일본어에서는 아래와 같은 음절구조 유형이 가능하다.

음절구조	예
모음(V)	絵 /e/ 王 /o:/
자음+모음(CV)	手 /te/ 戸 /to/

<표 6> 일본어의 음절구조 유형

<표 6> 보는 바와 같이 일본어는 기본적으로는 '자음+모음'의 열린음절구조이지만 환경에 따라서는 발음(撥音) /N/과 촉음(促音) /Q/이 올 수 있다. 일본어의 종성 자음의 실현 양상에 관하여는 다음 장에서 더 자세히 논의하기로 한다.

4.2.3 중국어의 음절구조

중국어와 한국어 음절구조의 가장 큰 차이는 음절구조에 대한 인식이다. 한국인은 음절에 대해 초성, 중성, 종성의 삼분법적인 사고를 하는 반면, 중국인은 음절을 성모(聲母)와 운모(韻母)의 이분법적인 사고를 한다. 성모는 음절 초에 나오는 자음이고, 운모는 음절 초에 나오는 자음을 제외한 나머지 음소들이다. 따라서 운모에서 [n]과 [ŋ]를 제외하면 모두 모음이다. 여기에 초분절음인 성조가 더하여져 중국어의 음절을 이루는데, 성조가 없이는 음절을 이룰 수 없다. 성조는 1성, 2성, 3성, 4성으로 나뉜다. 중국어의 음절 구성은 비교적 간단하여 한 음절에 최소 1개의 음소, 최다 4개의 음소를 가지고 있다. 중국어의 음절구조는 다음과 같다.

● **중국어의 음절구조**

 운모를 이루는 모음은 필수적이고 성모에는 자음이 선택적으로 올 수 있다. 그러나 성조(tone, T)는 필수적이다.

중국어의 음절은 모음의 경우 단모음도 가능하고 이중모음은 물론 삼중모음도 가능하다. 하지만 종성에는 비음을 제외한 자음이 오지 못한다. 따라서 중국어의 음절구조를 VC나 CVC로 표시하기보다는 VN이나 CVN으로 표시하여 종성 자음이 비음(nasals)에 한정되어 있음을 보여 주기도 한다. 종성 자음이 있는 경우에는 삼중모음은 불가능하고 단모음과 이중모음만이 가능하다.

중국어 음절구조의 유형을 예와 함께 제시하면 다음과 같다.

음절구조 유형 1[1]	유형 2	예	성모	운모	성조[2]
모음(V)	V	俄 [e]		e	2성
	VV	夜 [iɛ]		iɛ	2성
	VVV	有 [ioʊ]		ioʊ	3성
자음 + 모음(CV)	CV	他 [t'a]	t'	a	1성
	CVV	毛 [maʊ]	m	aʊ	2성
	CVVV	表 [biao]	b	iao	3성
모음 + 자음(VN)	VC	安 [an]		an	1성
	VVC	弯 [uan]		uan	1성
자음 + 모음 + 자음(CVN)	CVC	根 [gən]	g	ən	1성
	CVVC	天 [tian]	t	ian	1성

〈표 7〉 중국어의 음절구조 유형

여기서 잠깐

분절음과 음절과 수적인 관계

분절음과 음절의 수적인 관계는 어떨까? 다시 말해 어느 한 언어에서 분절음의 수가 많으면 그 언어에서 가능한 음절의 수도 많을까? 아니면, 분절음의 수가 많으면 음절구조가 단순화되어 가능한 음절의 수가 적게 나타날까?

자음 목록의 크기와 음절 목록의 크기와의 관계를 조사해 본 결과 가능한 음절의

---

1) 음절구조 유형 1은 이중모음이나 삼중모음의 음절구조를 단모음과 구별하지 않고 모음 하나로 보는 경우이고, 유형 2는 단모음, 이중모음, 삼중모음을 구별하는 경우이다.

2) 중국어의 성조에 관하여는 다음 절에서 다룬다.

수로 볼 때 언어 간에 유사성이 전혀 없다(Maddieson, 1980). 예를 들어, 하와이어에서 가능한 음절수는 162, 로토캐스어는 350, 베트남어는 14,430, 태국어는 23,638인 것으로 나타났다. 한 언어에서 가능한 음절의 수는 가능한 음절의 유형과 가장 관계가 깊은 것으로 나타났고, 다음으로 해당 언어의 음소배열규칙(phonotactic constraints)이 중요한 요소로 작용을 하는 것으로 나타났다. 그런 다음에는 초분절음소의 영향이 큰 것으로 나타났다.

5. 초분절음소

음절과 독립적이면서도 의존적으로 실현되는 음의 높이나 길이, 세기 등과 같은 운율적 자질을 운소(prosody, 韻素)라고 한다. 이러한 운소가 발화상에서 의미를 구별하는 데 변별적으로 작용을 할 경우 이를 초분절음소(suprasegmental phoneme)라고 한다. 초분절음소라는 것은 자음이나 모음 등과 같은 분절음 위에 얹혀서 단어의 뜻을 구별하는 데 사용된다는 의미에서 나온 말이다. 초분절음소에는 성조나 장단, 악센트(강세, 고저), 억양 등이 있다.

5.1 성조

성조(tone)란 음높이의 변화로 단어의 의미를 구분하는 초분절음소를 일컫는다. 전 세계 언어 중 약 60%~70%가 성조 언어이며, 주로 아시아 및 아프리카, 중미 지역에 분포한다(Yip, 2002). 그러나 527개의 언어를 대상으로 조사한 *WALS*에 의하면 58.2%에 해당하는 307개의 언어가 무성조 언어로 분류되었다.[3] 성조를 가지고 있는 언어는 고(high)와 저(low) 두 개만을 가진 단순형 성조 언어(simple tone system)와 그 이상을 가진 복잡형 성조 언어(complex tone system)로 나뉜다. 조사 대상 언어의 4분의 1인 25.1%에 해당하는 132개의 언어는 단순형 성조 언어이고, 16.7%에 해당하는 88개의 언어만이 복잡형 성조 체계 언어로 나타났다. 성조는 지역에 따른 분포상의 특색을 보이는데, 아프리카 언어는 모든 언어가 성조 언어이다. 이들 중 대부분은 단순형 성조 언어이고, 복잡형은 드물다. 복잡형 성조 언어는 동아시아와 동남아시아 지역에서 두드러지게 나타난다.

성조와 음소 수의 상관관계를 살펴보면 재미있는 점을 알 수 있다. 자음 수과 모음의 평균수가 많으면 성조가 복잡하고, 반대로 적으면 성조가 없거나 단순하다. 이러한 양상은 특히 성조가 발달되어 있는 아프리카와 동아시아 및 동남아시아 언어에서 확인된다. 다음 표를 통해 음소의 수와 성조와의 관계를 확인할 수 있다.

성조 체계	언어 수	평균 자음 수	평균 모음 수
복잡형	88	26.0	7.05
단순형	130	23.3	6.28
무성조	305	22.1	5.58

〈표 8〉 성조 체계와 음소의 수

성조 체계는 음소뿐만 아니라 음절과도 연관이 있는 것으로 나타났다. 성조는 단순형이나 복잡형의 음절구조보다는 중간형의 음절구조에서 자주 발견된다. 성조 체계의 복잡성이 감소하면, 중간형의 음절구조의 비율은 감소한다. 반면에 복잡형의 음절구조를 갖는 언어의 비율이 증가하면, 성조

---

3) 성조를 가진 언어는 실제로는 좀 더 많을 것으로 예측된다. 왜냐하면, 성조가 발달되어 있는 1,489개의 나이저·콩고어족 중 5% 미만인 68개밖에는 조사 대상에 포함이 안 된 데다가 상대적으로 성조가 덜 발달되어 있는 145개의 인도·유럽어족 중 10%가 넘는 16개의 언어가 포함된 통계이기 때문이다. 만약 10%의 나이저·콩고어족을 포함시켰더라면 80개의 언어가 성조 언어로 추가가 되었을 것이다.

체계의 복잡성이 감소한다. 이를 통해 복잡형의 성조 체계는 복잡형의 음절구조보다 중간형의 음절구조와 더 관련이 깊음을 알 수 있다. 한편 무성조 언어는 더 복잡한 음절구조를 가질 가능성이 높다.

이러한 성조는 현대 표준 한국어에서는 변별적으로 작용하지 않지만, 중국어와 태국어, 베트남어와 같은 언어에서는 의미를 분화하는 데 사용된다. 중국어에는 4성이 있는데 성조는 아래 표에서와 같이 모음 위에 표시된다. 다음은 ma와 ba가 성조에 따라 어떻게 뜻이 달라지는지를 보여준다.

성조	예	뜻	예	뜻
1성	妈 [mā]	엄마	八 [bā]	팔
2성	麻 [má]	삼, 마	拔 [bá]	뽑다
3성	马 [mǎ]	말	把 [bǎ]	손잡이
4성	骂 [mà]	꾸짖다	爸 [bà]	아빠

〈표 9〉 중국어의 성조

태국어에는 5개의 성조가 있는데, 중국어의 경우처럼 성조는 아래와 같이 모음 위에 표시한다.

성조	예	뜻
평성(-)	ปา [pa]	던지다
1성(\)	ป่า [pà]	숲
2성(∧)	ป๊า [pâ]	이모, 고모
3성(/)	ป๋า [pá]	(의미 없음)
4성(∨)	ป๋า [pǎ]	아버지

〈표 10〉 태국어의 성조

끝으로 베트남어에는 아무 표시를 하지 않는 1성을 포함하여 모두 6개의 성조가 있는데 성조는 모음의 위 또는 아래에 표시한다. 다음은 베트남어에서 성조에 따라 ma의 뜻이 어떻게 달라지는지를 보여준다.

성조	어휘	뜻
1성	ma	마귀(魔)
2성	mà	그러나
3성	mã	말(馬)
4성	mả	묘
5성	má	엄마, 뺨
6성	mạ	볏모

〈표 11〉 베트남어의 성조

여기서 잠깐

베트남어와 중국어의 성조

베트남어에서 1, 3, 5성은 음역이 높은 성조이고, 2, 4, 6성은 낮은 성조이다. 중국어에서 1성은 높고 길게, 2성은 중간에서 높은 음으로 올라간다. 3성은 낮은 음에서 더 내렸다가 끝을 살짝 올리고, 4성은 가장 높은 음에서 가장 낮은 음으로 빨리 떨어뜨려 발음한다. 이를 그림으로 나타내면 다음과 같다.

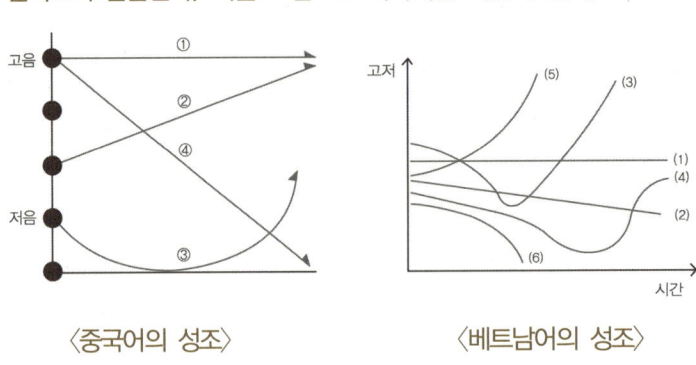

〈중국어의 성조〉 〈베트남어의 성조〉

5.2 장단

음의 장단은 단어의 의미 분화에 관여하는 음의 길이를 일컫는다. 한국어의 경우 <표준발음법>에는 음의 장단이 아직 의미 분화에 관여하는 것으로 나와 있으나 많은 사람들은 구별하지 않고 사용한다. 소리의 길이에 따라 의미가 분화되는 어휘의 예를 보면 다음과 같다.

단음	장음	단음	장음
밤(夜)	밤:(栗)	눈(眼)	눈:(雪)
발(足)	발:(簾)	벌(罰)	벌:(蜂)
말(馬)	말:(言)	병(甁)	병:(病)

<표 12> 한국어에서의 음의 장단

일본어의 경우에는 한국어와는 달리 소리의 장단이 의미 변별에 매우 중요한 기능을 한다. 다음의 예를 보자.

단음		장음	
단어	뜻	단어	뜻
おばさん [obasan]	아주머니	おばあさん [oba:san]	할머니
おじさん [ozisan]	아저씨	おじいさん [ozi:san]	할아버지
おにさん [onisan]	도깨비	おにいさん [oni:san]	오빠
ゆき [yuki]	눈	ゆうき [yu:ki]	용기
めし [mesi]	밥	めいし [me:si]	명함

<표 13> 장단에 따라 의미가 다른 일본어

다음 <표 14>에서 확인할 수 있는 바와 같이 영어의 경우에도 장단은 의미를 구별하는 데 영향을 준다.

단음		장음	
단어	뜻	단어	뜻
sit [sit]	앉다	seat [siːt]	의자
lid [lid]	뚜껑	lead [liːd]	이끌다
hit [hit]	때리다	heat [hiːt]	열

〈표 14〉 장단에 따라 의미가 다른 영어

5.3 악센트

악센트(accent)란 하나하나의 단어에 대해 사회적 습관으로 굳어져 있는 상대적인 음의 높이(고저)나 음의 세기(강약)의 배열을 의미한다. 음의 높이에 의한 악센트를 고저 악센트(pitch accent)라고 하고, 음의 세기에 의한 악센트를 강세 악센트(stress accent)라고 한다. 일본어는 고저에 따라 의미를 구별할 수 있는 고저 악센트 언어이다.4) 다음의 예를 보자.

고저(高低)		저고(低高)	
단어	뜻	단어	뜻
はし [hasi]	젓가락	はし [hasi]	다리(橋)
あめ [ame]	비	あめ [ame]	사탕
あか [aka]	빨강	あか [aka]	때
あき [aki]	가을	あき [aki]	싫증
さけ [sake]	연어	さけ [sake]	술

〈표 15〉 음의 높이에 따라 의미가 다른 일본어

언어에 따라서는 강세 악센트의 위치가 정해져 있기도 하다. *WALS*에서

---

4) 일본어의 고저 악센트는 의미를 구별할 뿐 아니라 한 문장 안에서 단어와 단어 또는 어절과 어절의 경계를 구분하는 문법 기능을 담당하기도 한다. 그러나 이 책에서는 이에 관하여는 다루지 않기로 한다.

510개의 언어를 대상으로 조사한 바에 의하면 220개의 언어가 강세가 고정이 되어 있는 반면 반 이상(282개)이 고정된 강세(fixed stress)를 갖는다. 이 경우 강세가 단어 내의 음절의 무게(syllable weight)와 관련 없이 오직 단어 경계(word edge)를 참고하여 강세를 주는 위치가 정해진다. 고정된 강세를 갖는 경우는 대략 여섯 가지로 분류된다.

강세 위치	언어 수
첫째 음절 강세 언어	92
둘째 음절 강세 언어	16
셋째 음절 강세 언어	1
끝에서 두 번째(antepenultimate) 음절 강세 언어	12
끝 바로 앞(penultimate) 음절 강세 언어	110
끝(ultimate) 음절 강세 언어	51

〈표 16〉 고정된 강세의 위치

<표 16>에서 확인할 수 있는 바와 같이 강세가 고정되어 있지 않은 경우에는 첫음절에 강세가 오는 경우가 약 33%이고, 끝 바로 앞 음절에 강세가 오는 경우가 39%에 이른다. 유럽어의 경우 영어와 같이 음절의 무게에 따라 강세가 결정되는 언어가 아니라면 대략 첫째 음절에 강세가 오고, 오스트로네시아어족에 속한 언어의 경우에는 끝 바로 앞의 음절에 강세가 온다. 이런 면에서 본다면, 마지막 음절에 강세가 오는 프랑스어나, 끝에서 두 번째 음절에 강세가 오는 웨일즈어(Welsh)는 특징적이라고 하겠다. 이에 반해, 러시아어는 자유 강세 악센트 언어이므로 강세만으로 낱말의 의미를 구분할 수 있다. 다음에 있는 러시아어의 예를 보자. 오직 강세의 위치만으로 의미가 달라짐을 알 수 있다.

첫째 음절 강세		둘째 음절 강세	
단어	뜻	단어	뜻
própast	절벽	propást	사라지다
zámok	성	zamók	자물쇠
pláchyu	울다	plachyú	지불하다
órgan	기관	orgán	오르간
múka	고난	muká	밀가루

〈표 17〉 강세의 위치에 따라 의미가 다른 러시아어

영어 역시 강세 악센트 언어로 명사, 동사, 형용사, 부사 등 실질적인 의미를 갖는 단어에는 반드시 적어도 하나의 강세를 가져야 한다.[5] 이러한 악센트는 주로 발화의 리듬을 유지시켜 주는 기능을 하지만 때로는 음소처럼 단어의 의미를 구별하는 역할을 하기도 한다. 다음은 같은 음소로 구성된 단어가 강세에 따라 그 품사가 달라지는 예이다. 첫음절에 강세를 받으면 명사로 사용되고, 두 번째 음절에 강세를 받으면 동사로 사용된다.

첫째 음절 강세	둘째 음절 강세	첫째 음절 강세	둘째 음절 강세
명사	동사	명사	동사
próject	projéct	ábstract	abstráct
ímport	impórt	récord	recórd
réport	repórt	éscort	escórt

〈표 18〉 강세의 위치에 따라 품사가 다른 영어

---

5) 영어는 음절의 무게에 따라 강세가 결정되는데 이완모음만으로 이루어진 경우처럼 가벼운 음절(light syllable)에는 강세가 오지 못하고, 무거운 음절(heavy syllable)에는 강세가 온다. 무거운 음절은 긴장모음이나 이중모음으로 된 음절, 혹은 무슨 모음이든 모음 뒤에 자음(coda)이 오는 음절을 일컫는다. 음절의 무게에 따라 강세가 결정되는 언어에 관한 보다 자세한 내용은 WALS의 15, 16장을 참조할 것.

5.4 억양

끝으로 억양(intonation)은 구나 문장 층위에 걸쳐서 나타나는 음높이의 변화 유형을 가리키는 말로 단어의 의미를 구별하지는 못하지만 통사적 혹은 문맥적 의미를 표현한다. 특히 문장의 마지막 음절에 얹히는 핵억양은 문장의 종류를 구별해 줄뿐만 아니라 어조나 화자의 감정 상태를 나타내 주기도 한다. 다음 한국어의 억양을 보자.

① 집에 가↗ (의문문)
② 집에 가. (평서문)
③ 집에 가↓ (명령문, 명령하듯)
④ 집에 가↗ (청유문, 부드럽게)

지금까지 초분절음소에 관해 간단히 살펴보았다. 다음 장으로 가기 전에 분절음과 초분절음 간의 수적인 관계에 관해 간략히 살펴보자. 많은 학자들은 로토카스어와 같이 분절음의 수가 극도로 적은(11개) 언어의 경우에 분절음 차원이 아닌 초분절음의 차원에서 보상이 이루어지느냐 하는 문제에 대해 오랫동안 관심을 가져왔다. 다시 말해, 분절음의 수가 많은 언어는 명료한 의사소통을 위해 상대적으로 초분절음이 잘 발달되어 있지 않겠느냐 하는 것이다. 달리 표현을 하면, 분절음의 수가 많은 언어는 비교적 초분절음이 간단한 특징이 나타나고, 분절음의 수가 적은 언어는 초분절음이 더 복잡하게 발달되어 있는 경향이 있느냐 하는 것이다. 하지만 *UPSID*에서 다룬 언어 중 분절음의 수가 20개 이하인 언어와 45개 이상인 언어 각각 28개를 대상으로 테스트를 해본 결과 20개 이하인 언어가 45개 이상인 언어보다 강세와 성조가 더 복잡하지 않은 것으로 나타났다(Maddieson, 1980). 다시 말해 분절음의 수가 적은 언어의 초분절음에 나타난 특성이 분절음의 수가 많은 언어에서보다 덜 정교함이 분명히 나타났다. 오히려 분절음을 많이 가지고 있는 언어에서 초분절적 특성이 더 정교하게 발달되어 있는 것으로 나타났다. 즉, 분절음 수가 많은 언어에서 두 개 이상의 성조와 강세 등이 발달되어 있는 반면, 분절음의 수가 적은 언어에서는 강세와 성조가 발견되지 않았다. 따라서 어느 한 분야에서의 복잡성은 다른 분야에서 복잡성으로 나타날 가능성이 높다는 것이다. 어느 한 분야가 복잡하다고 하여 균형을 유지하기 위해 다른 분야가 단순해지는 쪽으로 언어의 체계가 발달되지 않는다는 것이다.

제6장 음운현상

1. 들어가기

    자음과 모음은 홀로 있을 때는 각각의 소리대로 발음이 된다. 그러나 이들이 서로 결합하여 특정 환경을 이루게 되면 음가에 변동이 일어나기도 한다. 예를 들어, '사'와 '소' 같이 'ㅅ'은 모음 앞에서는 그대로 [ㅅ]로 발음되지만, '옷'과 '맛'에서와 같이 어말(보다 정확히는 음절 말)에 오게 되면 제 음가대로 소리 나지 못하고, 파열되지 않은 [ㄷ]로 발음되어 각각 [옫]과 [맏]으로 발음된다. 또한 이들이 주격조사 '이'와 결합할 때에는 [오시]와 [마시]와 같이 [ㅅ]로 발음되지만, 보조사 '만'과 함께 쓰일 때에는 [온만]과 [만만]으로 발음된다. 이와 같은 현상은 한국어에서만 일어나는 것이 아니라 거의 모든 언어에서 일어난다. 예를 들어, 영어에서는 electric, electrical 경우 어말에서나 /a/ 모음 앞에서는 /c/가 [k]로 발음되지만 electricity의 경우에서처럼 /i/ 모음 앞에서는 [s]로 발음된다. 이와 같이 어떤 소리가 다른 소리를 만나 원래 소리대로 발음되지 않고 다른 소리로 발음되는 것을 음운현상 (phonological process) 또는 음운변동(phonological change)이라고 한다.

이러한 음운현상은 여러 언어에 공통적으로 나타나는 것들도 있지만 언어에 따라 차이를 보이는 것들도 많다. 이 장에서는 종성의 위치에 나타나는 자음 제약과 자음동화, 구개음화, 자음 약화 현상 등을 중심으로 한국어와 다른 언어의 공통점과 차이점에 대하여 알아보도록 한다.

2. 학습자 오류

다음은 음운현상과 관련된 영어권 학습자들의 오류이다.

○ 막내 [막내]   밭만 [받만]   국물 [국물]
○ 국립 [국립]   입력 [입력]   국력 [국력]
○ 진리 [진리]   전라도 [전라도]   날나라 [달나라]

영어에서는 nickname, batman, book marker, pork ribs, Henry처럼 같은 환경에서 음운 변화가 일어나지 않기 때문이다.

다음은 음운현상과 관련된 일본어권 학습자들의 오류이다.

○ 정말 [점말]   방법 [밤법]   공부 [곰부]
○ 남자 [난자]   준비 [줌비]   막내 [만내]
○ 숙제 [숟쩨]   식당 [싣땅]   갑자기 [갇짜기]

일본어에서는 대부분의 음절이 모음으로 끝난다. 따라서 CVCV와 같은 음절구조가 일반적이다. 그러나 경우에 따라 CVCCV와 같이 자음이 연속되는 음절구조를 볼 수 있는데 이 경우 자음연쇄 CC는 반드시 조음 위치가 같아야 한다. 이러한 일본어의 제약으로 인해 일본어권 학습자들은 위의 예와 같이 조음 위치가 다른 자음연쇄의 경우 앞 자음을 뒤에 오는 자음과 같은 위치의 자음으로 바꾸어 발음하는 오류를 범한다.

다음은 음운현상과 관련된 베트남어와 태국어권 학습자들의 오류이다.

○ 달 [단]   말[만]   굴 [군]   탈 [탄]   물 [문]

이는 베트남어나 태국어에서는 'ㄹ'이 음절 말에 올 수 없기 때문이다.

3. 종성 제약

앞장에서 설명한 바와 같이 음절은 초성, 중성, 종성으로 구성되어 있다. 초성에서는 대부분의 자음이 제 음가대로 소리 나지만 종성에 오는 자음에는 많은 제약이 따른다. 한국어의 경우 초성에서는 [ŋ]을 제외한 모든 자음이 올 수 있고, 이러한 자음들은 모두 제 음가대로 소리 난다. 이는 영어나 일본어를 포함한 대부분의 언어에서도 마찬가지이다. 그러나 종성의 경우는 다르다. 위에서 본 것과 같이 '옷'과 '맛'의 받침은 제 음가로 발음되지 않는다.

그러면 먼저 한국어에 나타나는 종성의 자음 제약에 관하여 구체적으로 알아보자. 한국어에서 종성의 위치에서 표기로 사용할 수 있는 자음은 /ㄸ, ㅃ, ㅉ/를 제외한 16자이다. 그러나 이 자음들은 음절 말의 위치(즉, 어말 또는 자음 앞)에서 제 음가대로 발음되는 것이 아니라, [ㄱ, ㄴ, ㄷ, ㄹ, ㅁ, ㅂ,

이 중의 하나로 발음된다. /ㄴ, ㅁ, ㅇ/은 제 음가대로 발음되지만, /ㄱ, ㄲ, ㅋ/는 [k̚], 즉 파열되지 않은 [ㄱ]로 발음되며, /ㄹ/은 [r]이 아닌 [l]로, /ㅂ, ㅍ/는 [p̚], 즉 파열되지 않은 [ㅂ]로 발음되고, /ㅅ, ㅆ, ㅈ, ㅊ, ㄷ, ㅌ/는 [t̚], 즉 파열되지 않은 [ㄷ]로 발음된다. 이를 표로 제시하면 아래와 같다.

표기상의 자음	발음	예
ㄱ, ㅋ, ㄲ	ㄱ [k̚]	국, 부엌도
ㄴ	ㄴ [n]	산, 문과
ㄷ, ㅌ, ㅅ, ㅆ, ㅈ, ㅊ	ㄷ [t̚]	닫다, 밭, 옷, 있다, 낮도, 꽃과
ㄹ	ㄹ [l]	물, 길도
ㅁ	ㅁ [m]	밤, 곰과
ㅂ, ㅍ	ㅂ [p̚]	입, 잎도
ㅇ	ㅇ [ŋ]	공, 방과

〈표 1〉 음절 말 자음의 실현 양상

이러한 현상을 음절 말 중화(syllable-final neutralisation)라고 한다. 음운론에서 '중화'란, 원래 서로 다른 소리들이 특정 환경에서 각각의 특성을 잃고 같은 소리로 발음되는 것을 말한다. 예를 들어, '바'와 '파'에서는 'ㅂ'과 'ㅍ'은 원래의 음가대로 발음되어 서로 다른 소리로 실현되지만, '입'과 '잎'과 같은 어말에서나 '입도'와 '잎도'와 같은 자음 앞에서는 'ㅂ'과 'ㅍ'이 각각의 특성을 잃어버리고 둘 다 파열되지 않은 [ㅂ]으로 소리 난다. 즉, 음절 말에서 중화된 것이다.

그러나 뒤에 모음으로 시작하는 조사나 어미가 오면 이들은 다음 예에서와 같이 원래 소리대로 발음된다.

낫, 낮, 낯   낫이 [나시], 낮이 [나지], 낯이 [나치]
            +이 →
빗, 빚, 빛   빗이 [비시], 빚이 [비지], 빛이 [비치]

이를 연음(liaison)이라고 한다. 연음은 아래 예에 제시되어 있는 바와 같이 프랑스어에서도 널리 일어나는 현상이다.

| mon [mõ] 나의 | +ami(친구) → | mon ami 나의 친구 [monami] |
| petit [pti] 작은 | | petit ami 작은 친구 [petitami] |

여기서 잠깐

연음의 보편성과 예외

연음은 거의 모든 언어에 적용되는 매우 보편적인 현상이다. 즉, CVCV와 같은 경우, 한국어나 영어와 같이 종성에 자음을 둘 수 있는 언어에서는 /CV$CV/($는 음절 경계)로 음절이 나뉠 수도 있고, /CVC$V/로 나뉠 수도 있을 것 같지만, 실제로는 거의 예외 없이 /CV$CV/로 음절화된다. 즉, 모음 사이의 자음은 뒤 음절의 초성으로 음절화된다. 이와 같은 현상은 언어보편적인데, 이를 음운론에서는 최대초성원리(Maximum Onset Principle, MOP)로 설명한다. 간단히 말해, 앞 음절의 종성으로도 가능하고 뒤 음절의 초성으로도 가능한 자음(군)은 우선적으로 초성으로 음절화하라는 것이다.

그런데 이와 같은 보편적인 원리가 적용되지 않는 언어가 있는데, 중국어, 일본어, 베트남어 등이 이에 해당한다. 중국어의 경우 天安门은[Tiā$n'ān$mén]이 아닌 [Tiān$'ān$mén]으로 발음되며, 일본어의 경우 日本へ는 [nihone]가 아닌 [nihoNe]로 발음한다.

이러한 이유로 중국어나 일본어, 베트남어를 모국어로 하는 한국어 학습자들의 경우에는 한국어를 발음할 때 글자 하나하나를 독립적으로 발음하는 특징을 보인다.

한국어에 나타난 것과 같은 음절 말 중화현상은 언어보편적인 현상으로 보기는 어렵다. 영어를 비롯한 대부분의 언어에서는 나타나지 않는다. 예를 들어, 영어에서는 but, cat, bus, boss, cheese, college, bush, match, beach, cook에서와 같이 마지막 자음이 원래대로 발음된다. 그러나 태국어의 경우에는 반자음을 빼면 음절 말에서 [p, t, k, m, n, ŋ] 6개의 자음만이 소리 날 수 있어 우리와 매우 비슷한 현상을 보인다. 이 언어에서는 외래어에도 음절 말 중화현상을 적용하여 크리스마스(Christmas)나 보너스(bonus)와 같은 단어를 각각 [kʰritmâat]과 [bōonat]으로 발음한다. 이는 베트남어의 경우도 마찬가지여서 음절 말의 위치에 반자음을 빼면 다음과 같은 여덟 개의 자음 /m, n, ŋ, p, t, k, ɲ, c/밖에 오지 못한다. 한국어와 베트남어, 태국어에서 공통적으로 일어나는 이러한 현상은 음절 말의 불파(unreleasing) 현상 때문이다. 모든 소리는 조음점에서 공깃길을 열어주어야 제 음가대로 발음되는데, 그 공깃길을 열어주지 않는 불파 현상으로 인하여 소리들 간의 대립이 이루어지지 않는 것이다. 이 세 언어의 차이점은 한국어에서는 음절 말의 위치에서 유음(ㄹ)이 가능한 반면 나머지 두 언어에서는 이 위치에서 유음이 불가능하다는 것이다. 이러한 이유로 베트남어나 태국어 화자들은 한국어의 '달, 말, 굴'과 같이 종성 자음 'ㄹ'을 잘 발음하지 못하여 'ㄴ'으로 발음한다.

종성 제약을 다루면서 독일어나 네덜란드어의 어말 무성음화(final devoicing) 현상에 관해 언급하지 않을 수 없다. 이 언어에서는 어말 장애음의 중화가 일어난다(Schane, 1973). 즉, 초성에서나 모음과 모음 사이에서 존재하던 유성음과 무성음의 대립이 사라지고, 어말에서는 모두 무성음으로 발음된다. 따라서 어말에서는 무성음과 유성음 간의 중화가 일어난다고 할 수 있다. 다음에 제시되어 있는 독일어의 예를 보자.

단어(단수)	발음	단어(복수)	발음
Korb (바구니)	korp	Körbe	körbə
Bund (연합)	bunt	Bünde	bündə
Wald (숲)	walt	Wälder	wäldər
Tag (날)	tāk	Tage	tāgə
Hund (개)	hunt	Hunde	hundə
Glas (유리)	glās	Gläser(안경)	glāzər

〈표 2〉 독일어의 어말 무성음화

위의 표에서 왼쪽의 단어들이 단수이고, 오른쪽의 단어들이 복수이다. 그런데 왼쪽 단어들에서는 어말 자음이 무성음으로 발음되고, 오른쪽 단어들에서는 유성음으로 발음된다. 이것은 원래 오른쪽과 같이 유성음이던 자음들이 왼쪽에서와 같이 어말에 위치하게 됨에 따라 무성음으로 발음되는 것이다.

이러한 어말 무성음화 현상으로 인해 독일어 화자는 영어의 cap과 cab을 구별하여 발음하기 어려워한다고 한다. 한국어 화자의 경우에도 어말 불파 현상으로 인해 이 두 단어를 구별하여 발음하기 어려워한다.

우리는 한국어와 독일어를 통해 종성의 위치는 초성과는 달리 자음 실현에 있어 많은 제약이 있음을 보았다. 많은 언어에서 종성에 올 수 있는 자음의 수와 종류가 초성에 비해 적은 이유가 여기에 있다. 종성에 비음 [n]과 [ŋ]만이 올 수 있는 중국어의 경우도 이러한 제약으로 설명할 수 있다.

4. 자음동화

자음동화(consonant assimilation)란 두 자음이 나란히 있을 때 이웃하는 소리를 닮는 현상을 말한다. 자연언어에는 자음과 자음이 만날 때 소리의 변화가 일어나는 언어가 있고 그렇지 않은 언어가 있다. 다시 말해, 인접해 있는 자음 간에 어떠한 관계를 맺는 언어가 있고, 그렇지 않은 언어가 있다. 앞에서 언급한 바와 같이 베트남어와 중국어 등은 인접한 자음이 무슨 자음인지에 관계없이 음절 하나하나를 독립적으로 발음한다. 그러나 대부분의 언어는 앞뒤에 인접해 있는 자음의 영향을 받아 소리의 변화를 입게 된다. 인접한 자음 간에 일어나는 변화는 다시 조음 위치만 영향을 주는 경우와 조음 방법만 영향을 주는 경우, 두 가지 모두 영향을 주는 경우로 나누어 볼 수 있다.

4.1 조음 위치 동화

조음 위치 동화(place assimilation)란 조음 위치가 서로 다른 자음연쇄에서 하나의 자음이 다른 자음의 조음 위치를 닮아 소리 나는 것을 말한다. 한국어를 예로 들면, '안개'를 [앙개]로, '밥그릇'을 [박끄른]으로, '신문'을 [심문]으로 발음하는 경우가 이에 해당된다. 이와 같은 현상은 많은 언어에서 쉽게 발견되는 매우 자연스러운 현상이지만 한국어에서는 이를 표준발음으로 인정하지 않고 있다. 이제 일본어와 영어에 나타나는 조음 위치 동화에 대해 살펴보도록 한다.

일본어에서 자음동화는 두 경우에 나타나는데, 하나는 ん으로 표기하는 비음 N(발음, 撥音)과 후행하는 자음에서 나타나며, 다른 하나는 っ로 표기하는 장애음 Q(촉음, 促音)과 후행하는 자음 사이에서 나타난다. 음절 말에

서만 나타나는 특징을 갖는 이 두 자음은 특정한 조음 위치가 없이 후행하는 자음의 조음 위치에 동화되어 발음된다(Vance, 2008).

먼저 다음의 예를 통해 발음 /N/의 경우를 살펴보자.

三 [さん]		
さんぶ(三部)	さんど(三度)	さんごう(三号)
[sambu]	[sando]	[saŋgo:]

〈그림 1〉 三 [さん]의 발음

한국어에서는 후행 자음이 무엇인지에 상관없이 삼(三)은 늘 [sam]으로 발음되지만, 일본어의 경우에는 뒤에 오는 자음에 따라 [sam], [san], [saŋ]으로 발음된다. 다시 말해, /N/이 뒤에 오는 자음에 따라 변이음 [m, n, ŋ] 중 하나로 실현되는 것이다. 선행하는 음절의 종성은 발음 /N/으로 동일한데 뒤에 오는 자음이 양순음이면 [m]으로, 치조음이면 [n]으로, 연구개음이면 [ŋ]으로 소리 난다. 이를 좀 더 구체적으로 설명하면 다음과 같다.

첫째, /N/은 양순음 [m], [b], [p] 앞에서 양순음 [m]으로 실현된다.

文明	販売	散歩
[bummei]	[hambai]	[sampo]

위 단어에서 첫째 음절의 종성은 발음 /N/인데 뒤에 오는 자음이 m, b, p와 같이 양순음이므로 같은 양순음인 [m]으로 실현된다.

둘째, /N/은 치조음 [n], [d], [dz], [s], [z], [t] 앞에서 치조음 [n]으로 실현된다.

先生	温度	軍人
[sense:]	[ondo]	[gunzin]

앞 단어에서 첫째 음절의 종성은 발음 /N/인데 뒤에 오는 자음이 s, d, ch 와 같이 치조음이므로 같은 치조음인 [n]으로 실현된다.

셋째, /N/은 연구개음 [k], [g] 앞에서 연구개음 [ŋ]으로 실현된다.

위 단어에서 첫째 음절의 종성은 발음 /N/인데 뒤에 오는 자음이 k, g와 같이 연구개음이므로 같은 연구개음인 [ŋ]으로 실현된다. 이러한 이유로 인해 일본어 화자들은 한국어의 '안개, 남자, 성냥, 감사' 등과 같이 서로 다른 위치에서 발음되는 자음의 연쇄를 발음하는 데 어려움을 갖는다.

다음으로 촉음 /Q/의 경우를 살펴보자. 아래의 예에서 いっ은 뒤에 오는 자음에 따라 [ip], [it], [ik] 중 하나로 소리 난다. 다시 말해, /Q/이 뒤에 오는 자음에 따라 변이음 p, t, k 중 하나로 실현되는 것이다. 선행하는 음절의 종성은 촉음 /Q/으로 동일한데 뒤에 오는 자음이 양순음이면 [p]로, 치조음이면 [t]로, 연구개음이면 [k]로 소리 난다. 이를 좀 더 구체적으로 설명하면 다음과 같다.

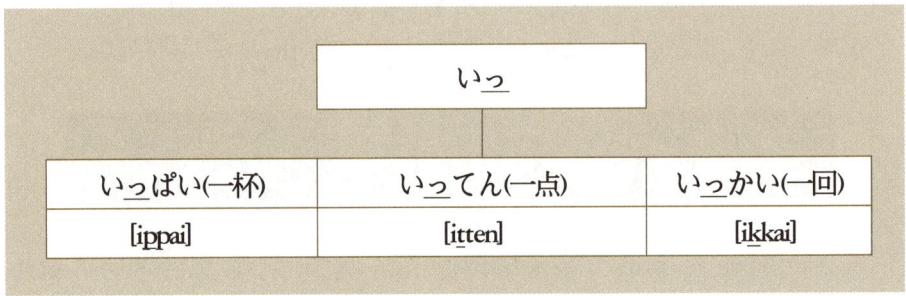

〈그림 2〉 ― [いっ]의 발음

이러한 결과로 일본어에서 장애음이 연속하는 경우는 /-pp-, -tt-, -kk-/와 같이 두 자음이 동일한 중복자음(germinate)으로 실현된다. 예를 들어 좀 더 구체적으로 설명하면 다음과 같다.

첫째, /Q/는 [p] 앞에서 [p]로 실현된다.

위 단어에서 첫째 음절의 종성은 촉음 /Q/인데 뒤에 오는 자음이 p이므로 같은 위치인 [p]로 실현된다.

둘째, /Q/는 [t] 앞에서 [t]로 실현된다.

위 단어에서 첫째 음절의 종성은 촉음 /Q/인데 뒤에 오는 자음이 t이므로 같은 위치인 [t]로 실현된다.

셋째, /Q/는 [k] 앞에서 [k]로 실현된다.

위 단어에서 첫째 음절의 종성은 촉음 /Q/인데 뒤에 오는 자음이 k이므로 같은 위치인 [k]로 실현된다.

지금까지 일본어에 관해 살펴보았다. 다음은 영어의 경우를 알아보도록 하자. 영어에서 나타나는 조음 위치 동화는 부정접두사(negation prefix) in-과 어근의 결합에서 찾아볼 수 있다. in-은 다음과 같이 음운 환경에 따라 달리 발음된다.

음의 변동	단어	
/n/ → [n]	in + direct	in + tolerable
/n/ → [ŋ]	in + credible	in + capable
/n/ → [m]	in + possible	in + moral

〈표 3〉 부정 접두사 + 어근의 발음

이와 같이 부정접두사 in-은 후행하는 자음의 조음 위치에 따라 [n], [ŋ], [m]으로 소리 나는데, 특별히 양순음의 경우에는 impossible, immoral처럼 철자까지 바뀐다. 부정접두사 in-의 /n/은 치조음 앞에서는 [n], 연구개음 앞에서는 [ŋ], 양순음 앞에서는 [m]으로 각각 동화되어 발음된다.

여기서 잠깐

영어의 비음+장애음

영어의 경우 단일어에서는 아래와 같이 비음과 장애음이 모두 같은 조음 위치를 갖는다. 단, 비음이 치조음일 경우(/n/)에는 후속하는 장애음으로는 치조음 또는 경구개음이 올 수 있다.

a. [mp], [mb]: ca<u>mp</u>, e<u>mp</u>ty, co<u>mb</u>ine, nu<u>mb</u>er
b. [ŋk], [ŋg]: i<u>nk</u>, ta<u>nk</u>, pi<u>nk</u>, fi<u>ng</u>er, ju<u>ng</u>le
c. [nt], [nd], [ns], [ntʃ], [ndʒ]: te<u>nt</u>, ha<u>nd</u>, se<u>ns</u>e, be<u>nch</u>, cha<u>ng</u>e

우리는 지금까지 인접한 자음 간에 조음 위치로 인해 맺어지는 관계에 대해 살펴보았다. 그럼 이제는 인접한 자음 간에 일어나는 조음 방법의 영향에 대해 알아보도록 하자.

4.2 조음 방법 동화

조음 방법 동화(manner assimilation)는 조음 방법이 서로 다른 자음연쇄에서 하나의 자음이 다른 자음의 조음 방법을 닮아서 소리 나는 것을 말한다. 이와 같은 조음 방법 동화는 다른 언어에서는 쉽게 찾아볼 수 없는 현상으로 한국어와 소수의 언어에만 나타난다. 한국어의 경우에는 '국민[궁민], 심리[심니], 종로[종노], 입력[임녁]' 등과 같은 비음화와, '진리[질리], 설날[설랄]'과 같은 유음화의 두 종류가 있다. 먼저 비음화에 대해 살펴보도록 한다.

첫째, 종성 'ㄱ(ㄲ, ㅋ, ㄳ, ㄺ), ㄷ(ㅅ, ㅆ, ㅈ, ㅊ, ㅌ, ㅎ), ㅂ(ㅍ, ㄼ, ㄿ, ㅄ)'은 'ㄴ, ㅁ' 앞에서 각각 [ㅇ, ㄴ, ㅁ]으로 발음된다.

막내 [망내]	국물 [궁물]	꽃망울 [꼰망울]
닫는 [단는]	있는 [인는]	옷맵시 [온맵씨]
잡는 [잠는]	없는 [엄는]	맞는 [만는]

재미있는 점은 '막내, 국물' 등과 같이 장애음이 앞에 오고 비음이 뒤에 오는 경우에는 앞 자음이 뒤 자음의 영향으로 비음으로 소리 나지만 반대의 경우에는 장애음이 비음으로 발음되지 않는다. 다시 말해, '안개, 연기, 한국, 임금, 잔디, 쌈밥, 짱구'의 경우처럼 비음과 장애음이 인접하는 경우에는 각각이 제 음가를 유지한다.

둘째, 받침 'ㅁ, ㅇ' 뒤에 연결되는 'ㄹ'은 [ㄴ]으로 발음한다.

심리 [심니]	담력 [담:녁]	침략 [침냑]	대통령 [대:통녕]
정리 [정니]	궁리 [궁니]	강릉 [강능]	종로 [종노]

이 경우 역시도 '설마, 얼마, 설명' 등처럼 유음이 비음을 선행하는 경우에는 아무런 음운 변화가 없다. 다시 말해, 유음은 유음으로, 비음은 비음으로 그대로 소리 난다.

여기서 잠깐

한국어의 'ㄹ+ㄴ'

'설날[설랄], 오늘날[오늘랄]'과 같이 'ㄹ+ㄴ'의 경우도 유음이 비음을 선행하는 경우인데 '설마, 얼마, 설명' 등과 달리 발음의 변화가 있다. 이러한 현상이 생기는 이유는 한국어에서 'ㄹ+ㄴ'은 문자적으로는 가능한 결합이지만, 발음에서는 불가능한 결합이기 때문이다. 즉, 한국어에서는 그 어떤 경우에도 [ㄹ]과 [ㄴ]이 연속되어 발음되지 못한다. 따라서 'ㄹ+ㄴ'의 경우는 항상 발음의 변화를 가져오는데, 크게 보아 품사에 따라 두 가지 다른 모습으로 나타난다.

첫째, 동사의 경우 어간과 어미의 결합에서 어간 말음 'ㄹ'은 'ㄴ'으로 시작하는 어미 앞에서 탈락한다.(예 놀+는[노는], 울+니[우니])

이 현상은 필수적이어서 '하늘을 날으는 양탄자'와 같은 것은 잘못된 것이다.

둘째, 명사의 경우 복합어에서 대체로 [ㄹㄹ]로 발음된다.(예 설날[설랄], 오늘날[오늘랄])

단, 다음의 몇 가지 경우는 동사에서와 같이 'ㄹ'이 탈락한다.(예 솔+나무[소나무], 딸+님[따님])

이 두 가지 현상은 모두 'ㄹ+ㄴ'을 회피하기 위한 것이다. 그런데 다른 언어의 경우도 '-ln-' 연속체는 대체로 잘 나타나지 않는다. 소위 말하는 범언어적 이화(異化) 현상이다.

셋째, 받침 'ㄱ, ㅂ' 뒤에 'ㄹ'이 연결되는 경우에는 장애음은 같은 위치에서 나는 비음으로 발음하고, 유음은 [ㄴ]로 발음한다.

국립 [궁닙]	막론 [망논]	국력 [궁녁]
입력 [임녁]	협력 [협녁]	십 리 [심니]

    그러나 유음 'ㄹ'이 먼저 오고 'ㄱ, ㅂ'가 연결되는 경우에는 아무런 음운 변화가 없다. 이러한 것은 '딸기, 얼굴, 슬기, 날개, 알밤, 울보' 등을 통해서 알 수 있다.

    앞에서 언급한 대로 비음화와 같은 조음 방법 동화 현상은 다른 언어에서는 쉽게 발견되지 않는다. 예를 들어, 영어에서는 good_news와 pop_music, nickname, pork_ribs에서 확인할 수 있는 바와 같이 d-n, p-m, k-n, k-r 등의 자음 연쇄를 글자 그대로 발음한다. 이에 반해 한국어에서는 '닫는, 밥물, 독립, 막내'를 글자대로 발음할 수 없고 반드시 각각 [단는], [밤물], [동닙], [망내]로 발음해야 한다. 이를 통해 '장애음+비음'과 '장애음+유음'의 경우 영어에서는 서로 다른 방법으로 소리가 나는 자음연쇄가 가능한 반면, 한국어에서는 같은 방법으로 소리가 나야함을 알 수 있다. 좀 더 구체적으로 말하면, 영어에서는 장애음과 비음(예 good news), 장애음과 유음(예 pork ribs)의 연쇄가 가능하지만 한국어에서는 이 경우에 장애음은 같은 위치에서 나는 비음으로 발음하고, 유음은 [ㄴ]로 발음한다(예 국민[궁민], 협력[협녁]). 한국어에서 이러한 현상은 예외가 없는 필수적인 현상인데, 이러한 이유로 많은 한국어 화자들이 위의 영어 단어들을 [군뉴스], [팜뮤직], [닝네임], [퐁닙]처럼 한국어의 음운현상을 적용하여 발음하는 것을 들을 수 있다. 우리는 지금까지 한국어에서 일어나는 조음 방법 동화 현상을 영어와 대조하여 살펴보았다.

    한 가지 흥미로운 사실은 한국어에서 나타나는 위와 같은 자음 간의 조음 방법 동화 현상이 힌디어에서도 발견된다는 사실이다. 이 언어에서 발견되는 자음 산디(Sandhi)는 한국어와 매우 비슷한 음운현상으로 알려져 있다. 몇 가지 예를 보이면 다음과 같다.

음의 변동	형태소 결합	발음
km → [ŋm]	vāk(말)+maya(접사)	vākmaya [vāŋmaya] 문학
tn → [nn]	ut(위로)+nati(굽히는)	utnati [unnati] 발전
tm → [nm]	ut(위로)+mūla(뿌리)+na(-ing)	utmūlana [unmūlana] 근절

〈표 4〉 힌디어의 자음 산디

위의 예를 통해 힌디어에서도 한국어에서와 마찬가지로 k-m, t-n, t-m의 자음 연쇄를 글자대로 발음하지 않고, 위치는 고정한 채 방법만을 조정하여 [ŋm], [nn], [nm]으로 발음함을 알 수 있다. 이는 한국어의 '국물', '닫는', '곁눈'에서 일어나는 동일한 음운 변화이다. 이러한 자음 간의 조음 방법 동화는 조음 위치 동화와는 달리 한국어와 힌디어 등의 소수의 언어에만 나타나는 상당히 유표적인 것이라고 할 수 있다.

다음으로 유음화에 대해 살펴보도록 한다. 'ㄴ'은 'ㄹ'의 앞이나 뒤에서 [ㄹ]로 발음된다.

진리 [질리]	난로 [날:로]	신라 [실라]	천 리 [철리]
설날 [설랄]	물난리 [물랄리]	줄넘기 [줄럼끼]	오늘날 [오늘랄]

이러한 유음화 현상은 위에서 살펴본 비음화와는 달리 'ㄴ'과 'ㄹ'의 순서를 바꾸어도 일어나는 점이 특이하다. 다시 말해, 'ㄴ'이 'ㄹ'의 앞에 있든 또는 뒤에 있든 위치에 상관없이 'ㄴ'이 [ㄹ]로 발음된다.

영어의 경우에는 비음화나 유음화와 같은 조음 방법 동화는 일어나지 않으나 복수 표지의 -s와 과거 표지의 -ed의 발음에서 조음 방법 동화가 일어난다. 다시 말해, 어간이나 앞의 단어가 유성음으로 끝나면 유성음으로 발음되고, 무성음으로 끝나면 무성음으로 발음된다. 다음의 예를 보자.

무성음의 경우		유성음의 경우	
belt+s[s]	cup+s[s]	cub+s[z]	dog+s[z]
book+s[s]	chip+s[s]	egg+s[z]	ball+s[z]
stop(p)+ed[t]	look+ed[t]	receive+d[d]	plan(n)+ed[d]
talk+ed[t]	pass+ed[t]	save+d[d]	bag(g)+ed[d]

⟨표 5⟩ 영어 복수형 접미사 -s의 발음

위에서 복수형 접미사 -s는 무성음인 /p, t, k/로 끝나는 단어 뒤에서는 같은 무성음인 [s]로 발음되고, 유성음인 /b, d, g/로 끝나는 단어 뒤에서는 같은 유성음인 [z]로 발음된다. 과거형 접미사 -ed 역시 무성음인 /p, t, k/로 끝나는 단어 뒤에서는 무성음 [t]로 발음되는 데 반해 유성음인 /b, d, g/로 끝나는 단어 뒤에서는 유성음 [d]로 발음된다. 영어의 이러한 현상은 유성과 무성의 조음 방법 동화인 것이다.

5. 구개음화

구개음화 역시 동화의 한 종류이나 자음 간에 일어나는 동화가 아니라 모음이 자음에 영향을 주는 동화이다. 한국어에서는 구개음화의 영향으로 종성 자음 'ㄷ, ㅌ(ㄾ)'이 조사나 접미사의 'ㅣ' 모음과 결합되는 경우에 자음 /ㄷ, ㅌ/가 [ㅈ, ㅊ]로 바뀌어 발음된다. 예를 들면 다음과 같다.

굳이 [구지]	맏이 [마지]	해돋이 [해도지]
같이 [가치]	밭이 [바치]	피붙이 [피부치]

또한 '굳히다[구치다], 닫히다[다치다], 묻히다[무치다]'와 같이 종성자음 'ㄷ' 뒤에 접미사 '히'가 결합되어 '티'를 이루는 것도 [치]로 발음한다.

그런데 한국어에는 위와 같은 구개음화만 있는 것이 아니다. 사실 한국어의 모든 자음은 /ㅣ/ 모음이나 /ㅣ/ 계 이중모음(ㅑ, ㅕ, ㅛ, ㅠ)을 만나면 구개음화되어 발음된다. /ㄴ, ㅅ, ㄹ/ 다음에 /ㅣ/ 모음이나 /ㅣ/ 계 이중모음이 오는 '언니, 수녀, 다시, 시옷, 훌륭하다'와 같은 경우가 대표적인 예가 되는데, 이들은 [n, s, l]로 발음되기보다는 [ɲ, ʃ, ʎ]로 발음된다고 할 수 있다. [n, s, l]은 혀끝이 윗니 뒤에 붙어 발음되는 치조음인데, 뒤에 오는 /ㅣ/ 모음으로 인해 경구개음인 /ㅈ, ㅊ/을 발음할 때와 같은 위치에서 발음된다. 그러나 이렇게 구개음화된 소리는 위에서 말한 /ㄷ, ㅌ/의 구개음화와는 달리 변화된 발음을 한글로 표기할 수 없는 관계로 한국어를 모국어로 하는 사람도 인식하기가 쉽지 않다.

구개음화 중에는 표준어로 인정을 받지 못하는 것도 있는데, '끝을, 팥은, 밭을' 등의 경우에도 [끄츨, 파츤, 바츨] 등으로 구개음화시켜 발음하는 것이 그 예가 된다. 이 경우에는 /ㅡ/ 모음 앞에서도 구개음화를 일으키는 것이다. 그리고 일부 지역어에서 '힘'과 '형'을 [심]과 [성]으로, '기름'과 '키'를 [지름]과 [치]로 발음하는 것도 일종의 구개음화이나 표준어로 인정을 받지 못한다.

구개음화는 많은 언어에서 나타나는 언어 보편적인 음운현상 중의 하나이다. <표 6>에 있는 일본어의 50음도(五十音図)를 보자.

	あ행	か행	さ행	た행	な행	は행	ま행	や행	ら행	わ행
あ단	あ a	か ka	さ sa	た ta	な na	は ha	ま ma	や ya	ら ra	わ wa	ん ŋ
い단	い i	き ki	し si	ち chi	に ni	ひ hi	み mi		り ri	
う단	う u	く ku	す su	つ tsu	ぬ nu	ふ hu	む mu	ゆ yu	る ru	
え단	え e	け ke	せ se	て te	ね ne	へ he	め me		れ re	
お단	お o	こ ko	そ so	と to	の no	ほ ho	も mo	よ yo	ろ ro	を wo

〈표 6〉 일본어의 50음도(五十音図)

    다른 행들은 해당하는 자음에 모음 [a, i, u, e, o]를 차례로 붙여 발음하는데, た[ta] 행만 일관성을 깨고 た[ta], ち[chi], つ[tsu], て[te], と[to]로 발음한다. 여기서 [i] 모음 앞에 쓰인 [ch]와 [u] 앞에 쓰인 [ts]는 [t]가 구개음화된 것인데, 이를 통해 일본어에서도 구개음화가 일어남을 알 수 있다. 다만, 한국어와 다른 점은 일본에서는 /i/뿐만 아니라 /u/ 앞에서도 구개음화가 일어난다는 점이다. 즉, 일본어에서는 고모음 앞에서 구개음화가 일어나는 것이다.

    다음은 영어의 경우를 살펴보자. <표 7>와 같은 예를 통해 영어에 나타나는 구개음화의 모습을 볼 수 있다.

발음	예			
[s] → [ʃ]	race	– racial	office	– official
[z] → [ʒ]	please	– pleasure	confuse	– confusion
[t] → [tʃ]	quest	– question	act	– actual
[d] → [dʒ]	decide	– decision	conclude	– conclusion

〈표 7〉 영어의 구개음화

위의 단어들은 영어의 구개음화를 보여주는 예인데, 활음 /j/나 모음 /u/ 앞에서 일어남을 알 수 있다. 특히, quest - question, decide - decision과 같은 경우는 한국어에서 일어나는 'ㄷ→ㅈ', 'ㅌ→ㅊ'와 비슷하여 한국어 화자들이 인지하기 쉽다. 또한 영어의 구개음화는 'did you, want you, get you'와 같이 통사 단위를 넘어서도 일어난다. 그러나 특이한 점은 영어에서는 모음 /i/ 앞에서는 구개음화가 일어나지 않는다는 점이다. 다음의 예를 보자.

I see *[ʃi]   I miss it *[miʃit]   I did it *[diʤit]

영어의 구개음화에서 또 한 가지 특이한 점은 구개음화가 강세의 영향을 받는다는 점이다. 다시 말해, 구개음화의 환경이 갖추어졌다고 하더라도 해당 음절이 강세를 받으면 구개음화가 일어나지 않는다. 다음의 예를 보자.

구개음화가 일어나는 예	구개음화가 일어나지 않는 예
fórtune	tune
percéptual	opportúnity
artifícial	substitútion

〈표 8〉 영어 강세와 구개음화

영어에서 일어나는 구개음화는 활음 /j/ 외에 /u/ 등 고모음에 의해서도 구개음화가 일어난다는 점에서 일본어와 공통적이라고 하겠다. 이러한 구개음화 현상은 한국어와 영어, 일본어 외에도 많은 언어에서 널리 발견된다. 중국어의 경우에는 다음 예에서 알 수 있는 바와 같이 치조 마찰음과 파찰음이 전설고모음 앞에서 경구개음이 된다(Lin, 2007).

金(tsin) [tɕin]　　　侵(tsʰin)[tɕʰin]　　　新(sin) [ɕin]

이를 통해 한국어에서는 치조 파열음이 구개음화 되는 데 반해 중국어에서는 마찰음(s)과 파찰음(ts, tsʰ)이 경구개음(ɕ, tɕ, tɕʰ)으로 발음됨을 알 수 있다. 이러한 구개음화는 중국어에서 영어 단어를 차용할 때에도 나타난다. 예를 들어, 연구개 파열음 /k/와 치조 마찰음 /s/를 전설 고모음 앞에서 경구개음으로 바꾸어 사용한다(Lin, 2007). 다음의 예를 보자.

Kentucky [tɕi] 肯德基　　　　　Wisconsin [ɕin] 威斯康星

다음은 러시아어에서 발견되는 구개음화의 예이다. 전설모음인 /i/나 /e/ 앞에서 구개음화가 일어남을 알 수 있다.

러시아어 단어		뜻	
stól	– stolyé	테이블	– 테이블에
vkús	– vkúsyen	맛	– 맛있는
dár	– dáryít	선물	– 주다
dóm	– domyísko	집	– 작은 집
bómba	– bombyít	폭탄	– 폭탄을 터뜨리다

〈표 9〉 러시아어의 구개음화

6. 자음 약화 현상

자음 약화 현상(consonant lenition)이란 자음이 모음과 모음 사이에 올 경우 인접한 모음으로부터 모음성을 얻게 되어 약한 소리(즉, 공명도가 높은 소리)로 바뀌게 되는 현상을 일컫는다. 이러한 자음 약화 현상은 많은 언어에서 발견된다. 한국어의 경우에도 동사 어간 '걷-' (to walk)에 어미 '어'를 결합하면 '걷어'가 아닌 '걸어'가 되어 [거러]로 발음된다. 또한 '덥-' (to be hot)에 어미 '어'를 결합하면 '덥어'가 아닌 '더워'가 되어 [더워]로 발음된다.

여기서 잠깐

자음성과 모음성

사람들은 대체로 말소리를 자음과 모음의 이분법으로 나눈다. 다시 말해, 남자와 여자, 음과 양과 같이 중간 단계가 없는 양 극단의 소리로 나눈다. 그러나 인간의 말소리는 그렇지가 않다. 제5장 '음절'에서 부분적으로 언급한 바와 같이 단계를 가진다고 보는 것이 옳다.

장애음은 순수자음으로 모음성이 없는 소리이며, 모음은 자음성이 없는 소리이다. 비음과 유음은 자음에 속하기는 하지만 어느 정도의 모음성을 갖는 소리이며, 활음은 반자음, 반모음이라고 불릴 정도로 모음성이 많은 소리이다.

따라서 '걷(다)'의 'ㄷ'이 '걸어'와 같이 유음인 'ㄹ'로 발음되는 것과 '덥(다)'의 'ㅂ'이 '워[wə]'의 활음 '우[w]'로 발음되는 것은 자음성이 약화되는 것이고, 모음성이 강해지는 것이다. 공명도(sonority)는 소리가 멀리까지 울려 퍼져 나

> 가는 성질로 모음이 갖는 대표적인 특성 중의 하나이다. 모음성이 강할수록 공명도가 높아진다.

이러한 자음 약화 현상은 다음과 같이 소위 말하는 불규칙 용언의 활용에서 나타난다.

(선생님께) 묻다	물어	물었다
(발로) 걷다	걸어	걸었다
(라디오를) 듣다	들어	들었다
(짐을) 싣다	실어	실었다

이와 같은 'ㄷ'의 'ㄹ'로의 약화 현상은 영어에서도 찾아볼 수 있다. 아래에서와 같이 영국 영어에서는 /t/를 그대로 발음하지만, 미국 영어에서는 /t/를 [ɾ](정확히는 탄설음 [ɾ])로 발음한다. 한국어의 관점으로 말하면, 영국 영어는 규칙 활용을 하는 것이고, 미국 영어는 불규칙 활용을 하는 것이다.

언어 \ 단어	water	city	cotton
영국 영어	wa[t]er	ci[t]y	co[t]on
미국 영어	wa[r]er	ci[r]y	co[r]on

〈표 10〉 영국 영어와 미국 영어에서의 /t/ 발음

이러한 'ㄷ'와 'ㄹ'의 교체 현상은 다음에 있는 한국어와 베트남어의 비교를 통해서도 확인할 수 있다.

한국어	베트남어	한국어	베트남어
결과	kết quả	불안	bất an
결국	kết cục	발견	phát hiện
결혼	kết hôn	발생	phát sinh
발음	phát âm	발언	phát ngôn
발행	phát hành	발전	phát triển
물가	vật giá	불변	bất biến

〈표 11〉 한국어와 베트남어의 한자어 종성 비교

<표 11>에 주어진 단어는 양 언어에서 같은 뜻으로 사용되는 한자어이다. 이는 같은 한자가 한국어의 종성에서는 'ㄹ'로 실현되고, 베트남어에서는 t로 실현된다는 말이다. 이를 통해 자음 /r, l/과 /t/가 관련이 있음을 알 수 있다.

여기서 잠깐

자음의 내적 구성

언어학이 밝혀낸 놀랄 만한 업적들 중 하나는 '구조주의' 이론의 기본이 되는 구조(또는 구성)의 개념을 제시했다는 것이다. 각각의 분절음이 더 작은 단위인 변별적 자질의 합으로 이루어졌다는 것이 그 핵심이다. 말소리의 내적 구성(internal structure of segments)에 대한 이론은 많은 발전과 변화를 거쳐 지금은 변별적 자질 이론의 모습에서 많이 달라졌지만, 모든 말소리는 그것을 이루는 더 작은 성분으로 구성된다는 주된 내용은 그대로이다. 소리의 변동은 앞에서 본 자음동화와 같이 이웃한 말소리들의 영향에 의한 것도 있지만, 이웃한 말소리와 관계없이 자체적인 변화를 보이는 것도 있다. 이 자체적인 변화는 바로 그 말소리가 갖는 내적 구성에 의한 것이다.

한 마디로 말해, 'ㄷ/t/'를 포함한 치조음은 기본적으로 'ㄹ[r]'을 내적 구성 요소로 가지고 있다. 이 두 말소리는 매우 가까운 소리이며 변화를 겪게 되면 'ㄷ/t/' → 'ㄹ[r]' 또는 그 반대의 모습을 보인다. 한글맞춤법에서 "'ㄷ' 소리로 나는 받침 중에서 'ㄷ'으로 적을 근거가 없는 것은 'ㅅ'으로 적는다." (제7항)는 조항이 말하는 것은 'ㄹ'에서 온 소리는 'ㄷ'으로 적고, 그렇지 않은 것은 'ㅅ'으로 적는다는 의미이다. 이 조항에 따라 '숟가락(술+가락)'과 '젓가락(저+ㅅ+가락)'이 구별되며, '섣달(설+달)', '반짇고리(바느질+고리)'의 경우 'ㄷ' 받침을 사용한다.

중세국어에서 '戍슗, 佛뿛, 日싏'에서와 같이 'ㄹ' 받침의 한자어 다음에 'ㆆ'을 붙여 입성으로 발음하게 한 '以影補來(이ᅙᅧᆼ보래)'도 우리말로는 'ㄹ' 받침으로 발음되는 한자의 중국 중고음 발음이 /t/ 소리와 같은 것이었기 때문이다. 유명한 영화배우 주윤발(周潤發)의 영어 이름은 Chow Yun Fat으로 마지막 '發'의 받침이 영어로는 t로 되어 있는 것도 이런 이유 때문이다(허용, 2008b). 〈표 11〉에서 보이는 베트남어의 종성 발음도 이와 맥락을 같이하며, 더 나아가 한국어에서 'ㄹ'로 발음되는 한자어(예: 一, 別 등)가 일본어에서는 거의 예외 없이 'ㅊ/ʧ/'으로 발음되는 것은 중국어의 /t/ 소리가 구개음화되었기 때문이다. 그리고 아래에서 볼 양순음의 자음 약화 현상도 자음의 내적 구성에 의한 것이다.

이러한 자음 약화 현상은 양순음에서도 발견된다. 영어의 bow-wow, piggy-wiggy에 나타나는 자음 /p/ 또는 /b/와 /w/의 교체 현상이나 한국어의 'ㅂ' 불규칙 활용에서 나타나는 'ㅂ'가 'ㅜ'로 실현되는 현상이 이에 해당된다. 다음은 한국어 'ㅂ' 불규칙 활용의 예이다.

덥-	+	어	→	더워
춥-	+	어	→	추워
고맙-	+	어	→	고마워
반갑-	+	어	→	반가워

'ㅂ'으로 끝나는 동사나 형용사의 어간에 어미 '어/아'를 결합하였을 때 'ㅂ'이 약화되어 'ㅜ'로 소리 난다. 이렇게 약화된 'ㅜ'는 뒤에 오는 어미

'어'와 결합하여 '워'로 발음된다. 이러한 양순음과 'ㅜ' 모음의 교체 현상은 한국어와 중국어의 한자어 발음에서도 나타난다. 한자 망(䒠), 만(萬) 등이 한국어에서는 [망]과 [만]으로 발음되는 반면에 중국어에서는 각각 [uang]과 [uan]으로 발음된다.

3장에서부터 지금까지 우리는 자연언어에 나타나는 음운 관련 사항들, 즉 모음(3장)과 자음(4장), 음절과 초분절음(5장), 음운현상(6장)에 대해 대조언어학적 관점에서 살펴보았다. 이에 대한 논의를 통해 우리는 말소리의 구조에 있어 언어들 간에 유사성이 매우 많다는 사실을 알게 되었다. 이러한 사실은 결코 우연이 아닌, 인간의 언어로서 본래부터 가지고 있었던 생득적(innate)인 것이다. 우리가 알게 된 또 하나의 사실은 유사성이 많음에도 불구하고 언어에 따라 적지 않은 차이를 보인다는 점이다. 언어에 따라 다르게 나타나는 이러한 차이는 같은 것에 대한 다른 모습이다. 이를 달리 말하면, 보편성에 대한 특수성의 차이이며 원리(principles)에 대한 매개변항(parameters)의 차이이다.

대조언어학은 이러한 매개변항적 차이를 원리적 관점에서 접근하여 자연언어의 보다 근본적인 모습을 파악하는 한편, 제2외국어 또는 제2언어를 보다 쉽게 습득 또는 학습하게 하는 학문인 것이다.

제7장 어휘범주별 특성

1. 들어가기

    사람은 모두 저마다 다른 모습과 성격을 가지고 있고 하는 일도 다르다. 이와 마찬가지로 단어도 저마다 고유한 모습을 가지고 있는데, 이렇게 단어를 그것들이 가진 고유한 성격에 따라 집합적으로 분류한 것을 어휘범주(word classes)라 한다.

여기서 잠깐

주요 어휘범주

① 명사(noun)　　　　② 대명사(pronoun)　　　　③ 수사(numeral)
④ 동사(verb)　　　　⑤ 형용사(adjective)　　　　⑥ 부사(adverb)
⑦ 감탄사(interjection)　⑧ 부치사(adposition)　　　⑨ 관형사(prenoun)
⑩ 접속사(conjunction)　⑪ 계사(copula)　　　　　⑫ 분류사(classifier)
⑬ 관사(article)　　　　⑭ 조동사(auxiliary verb)　　⑮ 격표지(case marker)
⑯ 흉내말(ideophones)　⑰ 존재사(existential marker)　⑱ 서법표지(mood marker)

이러한 어휘범주들을 그것이 갖는 문법적 성질과 해당 언어의 문법적 특성에 따라 분류한 것이 품사이다. 이를 달리 말하면, 어휘범주라 하여 모두 품사가 되는 것은 아니라는 것이다. 예를 들어, 단위성 의존명사라 불리는 분류사(classifier)는 한국어를 비롯한 많은 언어에 나타나는 어휘범주이지만, 한국어에서는 독립된 품사로 인정하지 않고 있는 반면 중국어에서는 양사(量詞)라 하여 독립된 품사가 된다. 일본어에서는 대명사와 수사가 별도의 품사로 존재하지 않고 명사에 포함되는 반면, 한국어에서는 이들이 독립적인 품사로 설정된다.

그러면 품사 분류 기준은 무엇일까? 앞에서 말한 난어의 고유한 성격이란 해당 단어가 갖는 형태적 특성, 기능적 특성, 의미적 특성을 말하는 것으로, 이 세 가지 요소가 품사 분류의 기준이 된다. 예를 들어, 아래의 표와 같이 명사는 의미적으로는 대상의 이름을 지칭하는 것이고, 형태적으로는 복수의 표지와 특정한 접미사 또는 격 표지를 가질 수 있으며, 기능적으로는 문장 안에서 주어나 목적어가 되는 말이다. 한편 동사는 의미적으로는 대상의 움직임을 기술하는 것이고, 형태적으로는 언어에 따라 주어의 문법적 특성에 의한 일치 현상을 보이거나, 시제 또는 서법 등과 관련된 접사나 어미를 가지며, 기능적으로는 문장 안에서 서술어가 되는 말이다.

단어의 의미	명사	대상의 이름을 지칭한다.(예 산/mountain)
	동사	대상의 움직임을 기술한다.(예 먹다/eat)
단어의 형태/형식	명사	① 복수의 표지를 가질 수 있다.(예 산-들/mountain-s) ② 특정한 접사를 가질 수 있다.(예 부모-님/parent-hood) ③ 격표지를 가질 수 있다.(예 산-이, 산-을, 산-에)
	동사	① 주어의 문법적 특성에 의한 일치 현상이 있을 수 있다. (예 You go. : He goes.) ② 어미의 활용이 있을 수 있다.(예 가-고, 가-니, 가-서)
단어의 기능	명사	문장 안에서 주어나 목적어의 기능을 한다. (예 나는 산을 좋아한다. I like mountains.)
	동사	문장 안에서 서술어의 기능을 한다.(예 철수가 간다. He goes.)

〈표 1〉 명사와 동사의 어휘범주 차이

그러나 이러한 세 가지 특징이 모든 어휘부류에 다 적용되는 것은 아니다. 예를 들어, 한국어의 관형사와 부사는 수식의 기능은 있지만 그 두 품사가 갖는 의미는 특별하게 찾기가 어려우며, 영어의 접속사도 마찬가지이다. 그럼에도 불구하고 이들을 품사로 설정하는 것은 해당 언어의 문법을 보다 쉽게 설명하기 위해서이다.

품사가 해당 언어의 문법을 쉽게 설명하기 위한 단어 집합이라 한다면 언어에 따라 품사는 다르게 설정될 수 있음은 자명한 것이다. 예를 들어, 한국어는 학교문법에서 '명사, 대명사, 수사, 동사, 형용사, 관형사, 부사, 감탄사, 조사'의 9개로 분류하고, 영어의 전통문법에서는 '명사, 대명사, 동사, 형용사, 부사, 전치사, 접속사, 감탄사'의 8개로 분류하여 서로 다른 품사체계를 갖는다. 그리고 중국어는 12개 정도의 품사를 설정하여 앞에서 언급한 양사(量詞)와 의성어·의태어에 해당하는 상성사(象聲詞) 등도 독립된 품사로 설정하고 있다. 그리고 학자에 따라 같은 언어라도 품사체계를 다르게 설정하기도 하여 한국어와 영어 모두 10여 개의 품사를 두는 경우도 있다. 이와 같이 품사체계가 언어에 따라 그리고 학자에 따라 다르게 나타나는 것은 언어에 나타나는 어휘범주들이 해당 언어의 문법적 특성에 따라 다르게 나타나고 그것을 설명하는 방법이 다르기 때문이다.

위에서 언급한 어휘범주와 관련하여 대조언어학의 관점에서 살펴볼 것은 각 어휘범주의 존재 여부와 각 어휘범주들이 갖는 특성들의 실현 양상이다. 이를 좀 더 구체적으로 말하면 첫째, 어휘범주의 존재 여부의 관점에서 보면 위의 어휘범주들 중에는 언어에 따라 존재하지 않는 것이 있을 수 있다. 예를 들어, 한국어, 일본어, 중국어에는 영어의 관사에 해당하는 말이 없고, 반대로 영어에는 이 세 언어에 존재하는 분류사에 해당하는 말이 없다. 그리고 드물지만 형용사가 없는 언어도 존재한다. 이것은 특정 어휘부류가 존재하는데 그것을 독립된 하나의 품사로 설정할 것인지의 문제와는 다르다.

둘째, 각각의 어휘범주들은 다른 어휘범주들과 다른 특성을 보일 수 있는데 언어에 따라 그런 것들이 잘 나타나는 경우도 있는가 하면 그렇지 않은 언어도 있어 그에 따른 유형적 차이를 보이기도 한다. 예를 들어 명사는 문법성, 수, 격에 따른 굴절을 보이는 경우가 많지만 한국어와 일본어에서는 그런 것을 찾아볼 수 없다. 그리고 형용사의 경우 직접적으로, 또는 계사(copula)라는 연결동사를 이용한 간접적인 방법으로 서술 기능을 갖는 것이 일반적이지만 언어에 따라 전혀 서술 기능을 갖지 못하는 언어도 있다.

이러한 언어 간의 차이는 외국어 학습에 간섭현상으로 작용을 하기도 하는데 다음 절에서는 한국어 학습자들이 일으키는 어휘범주와 관련된 몇 가지 오류를 살펴보도록 한다.

여기서 잠깐

일본어와 중국어의 품사

1) 일본어의 품사
일본어 학교문법에서는 단독으로 쓰이는가의 여부, 활용 여부, 문장 안에서의 기능에 따라 아래와 같이 10개의 품사를 설정한다(안병곤, 2009: 24).

자립어	활용 有	단독으로 술어 가능	용언	① 동사
				② 형용사
				③ 형용동사
	활용 無	주어	체언	④ 명사
		수식어 가능 (주어 불가)	용언 수식	⑤ 부사
			체언 수식	⑥ 연체사
		수식어 불가 (주어 불가)	접속	⑦ 접속사
			독립어	⑧ 감동사
부속어	활용 有			⑨ 조동사
	활용 無			⑩ 조사

2) 중국어의 품사
중국어의 품사는 실사와 허사로 나누는데 대체로 12~15개의 품사를 설정한다.

실사	명사, 동사, 형용사, 수사, 양사, 부사, 대사, 탄사, 상성사
허사	연사, 개사, 조사, 어기사

① 양사(量词): 단위명사(분류사)
② 대사(代词): 대용사(대명사, 대동사, 대형용사, 대부사를 아우르는 품사)
③ 탄사(叹词): 감탄사
④ 상성사(象声词): 의성어, 의태어(형용사의 하위부류로 보기도 한다.)
⑤ 연사(连词): 접속사, 연결사
⑥ 개사(介词): 전치사
⑦ 조사(助词): 특수기능어로 한국어의 조사와는 다르다.
⑧ 어기사(语气词): 일반적으로 구문의 끝에서 어기나 말의 느낌을 표시

이 외에도 추가적으로 한정어의 기능을 하는 구별사(区别词) 등을 두기도 한다. 중국어 품사의 특징은 품사가 고정적이지 않고 단어가 사용되는 환경에 따라 품사가 결정된다는 것이다. 예를 들어, 贈物[zèngwù]은 '선물(膳物)'이라는 명사도 되고 '선물하다'라는 동사도 된다. 그리고 直[zhí]는 '곧다'라는 형용사도 되고 문맥에 따라 '곧게'라는 부사가 될 수도 있다.

2. 학습자 오류

다음은 어휘범주와 관련된 영어권 학습자의 오류이다.

○ 이 가방은 <u>예쁜이다</u>.
○ 우리 선생님은 아주 <u>친절한입니다</u>.
○ 나는 한국말 공부 <u>열심하고</u> 싶어요.
○ 장미 한 <u>꽃</u> 있어요.

영어권 학습자들은 위의 예문에서와 같이 형용사가 서술어로 사용될 때 형용사 다음에 '-이다'와 같은 말을 넣는 오류를 일으키는 경우가 있다. 부사 파생 접미사 '-이/히'가 붙는 말은 모두 '-하다'를 기본형으로 한다고(예 명백히 → 명백하다, 깨끗이 → 깨끗하다 등) 생각하기 쉬우나 그렇지 않은

것들이 있다. 그리고 분류사를 잘못 사용하기도 한다.
다음은 어휘범주와 관련된 일본어권 학습자의 오류이다.

> ○ 이번 강의는 어려웠지만 중요하는 내용이 많았다고 생각합니다.
> ○ 일본과 한국의 풍습은 많이 다른다.
> ○ 저 일은 어떻게 되었습니까?

일본어권 학습자들은 한국어의 몇몇 형용사를 동사저럼 사용하는 경우가 있다. 한국어와 일본어의 '이, 그, 저'의 용법이 서로 달라 '그'를 사용하여야 할 곳에 '저(あの)'를 사용하기도 한다.
다음은 어휘범주와 관련된 중국어권 학습자의 오류이다.

> ○ 나는 지금 한국 남자와 사귀해요.
> ○ 모든 사람은 다른 사람의 도움을 필요한다.
> ○ 우리는 기숙사에서 공부도 하고 놀도 합니다.
> ○ 원래 저는 자기 꿈을 성공하고 싶어 한국에 공부하러 왔습니다.

중국어권 학습자들은 종종 동사와 명사를 구별하지 않고 사용한다. '사귀해요, 싸우해요'와 같이 '동사 어간+하다'의 형태가 그 예이다. 그리고 중국어권 학습자들도 한국어 형용사의 활용에서 오류를 보이기도 한다. 그리고 학습 경험이 부족한 사람일수록 모국어인 중국어의 간섭으로 동사와 형용사의 활용에 있어 어미를 사용하지 않는 경우가 많다. 아울러 재귀대명사 '자기(自己)'를 오용하는 사례가 많다.
다음 절부터는 명사, 대명사, 동사, 형용사 등의 주요 어휘범주가 언어에 따라 어떤 차이를 보이는지에 대해 살펴보도록 한다.

3. 명사

명사는 대상의 이름을 지시하며 문장 내에서 주어나 목적어 등의 기능을 하는 말로, 동사와 함께 모든 언어에 존재하는 매우 보편적인 어휘범주이다. 명사와 관련된 문법범주로는 문법성(grammatical gender), 수(number), 격(case) 등이 있어 언어에 따라서는 이러한 문법범주에 따라 곡용(declension)을 하는 언어가 있다.

3.1 일반적 특징

3.1.1 문법성

문법성은 대부분의 인도·유럽어족과 아랍어를 비롯하여 아프리카·아시아어족, 드라비다어족, 나이저·콩고어족 등 많은 언어에 나타나는 문법요소이다. 영어의 경우 지금은 문법성이 없으나 고대 영어에서는 존재하였다.

어군	게르만 어군	로망스 어군	슬라브 어군	인도·이란 어군
언어	독일어 네덜란드어 스웨덴어 등	프랑스어 스페인어 이탈리아어 포르투갈어 루마니아어	러시아어 폴란드어 체코어 등	힌디어

〈표 2〉 문법성이 나타나는 인도·유럽어족

문법성의 구분에 있어서는 아랍어의 남성 대 여성, 또는 네덜란드어의 통성(남성과 여성) 대 중성과 같이 이분법을 사용하는 언어도 있고, 독일어와 같이 남성, 여성, 중성의 삼분법을 사용하는 언어도 있다. 성의 구분에 있어서는 대부분 자연성과 일치하는 것이 일반적이지만 독일어와 같이 그렇지 않은 경우도 있다.

명사에 문법성의 구분을 갖는 언어는 대체로 형용사나 관사의 성도 지배하여 명사가 여성이면 그것을 수식하는 관사나 형용사도 명사의 성에 따라 여성이 되는 일치현상(agreement)이 있다.

(1)　스페인어의 문법성 일치현상
　　a. Él es un buen actor.　　'He is a good actor.'
　　b. Ella es una buena actriz.　'She is a good actress.'

(1a)에 나타난 문법성은 남성이다. 이것을 여성으로 바꾸면 (1b)와 같다. (1a)에서 (1b)로의 문법성 변화는 다음과 같이 일어난다. 먼저, 3인칭 단수 남성의 인칭대명사 él이 여성인 ella로 바뀌었고, (1a)의 actor의 남성 접사 -or이 (1b)에서는 여성 접사 -riz로 바뀌었다. 그리고 관사와 형용사의 경우 여성 접사 -a가 붙어 un → una, buen → buena로의 형태 변화가 일어났다. 여기서 더 나아가 프랑스어와 같이 술어에도 영향을 미치는 경우도 있다.

한편, 한국어와 일본어, 그리고 터키어나 몽골어와 같은 알타이어족, 헝가리어나 핀란드어와 같은 우랄어족, 그리고 중국어와 베트남어, 태국어에는 문법성이 존재하지 않는다. 따라서 이들 언어에는 명사의 문법성과 다른 요소의 일치현상이 없다.

3.1.2 수

대부분의 다른 언어들과는 달리 중국어, 베트남어, 태국어 등의 고립어와 말레이어 등의 몇몇 언어는 복수 표지가 없다. 따라서 이들 언어에서는 같은 문장이 단수와 복수의 해석이 모두 가능하다. 이들 언어에서 복수를 나타낼 경우에는 복수를 나타내는 어휘(분류사 포함)를 사용하거나 같은 단어를 반복하여 사용하기도 한다.[1]

> (2) 말레이어의 단수와 복수
>
> 단수: orang   사람(person)
>
> 복수: orang-orang   사람들(people)

그러나 많은 언어에서는 복수 표지가 존재한다. 대부분의 유럽 언어들과 같이 가산 명사(countable noun)와 불가산 명사(uncountable noun)가 엄격하게 구별되는 언어에서는 단수와 복수의 구별이 엄격하고 그에 따른 관사와 형용사, 서술어의 일치현상이 나타나지만, 한국어와 일본어는 복수를 나타내는 접미사가 있으나 엄격하게 적용되지는 않는다. 즉, '사람들, 나무들'과 같이 사용될 수는 있으나, 숫자와 함께 쓰일 때에는 '다섯 사람'에서와 같이 복수 접미사를 사용하지 않는 것이 일반적이고, 단수와 복수에 따른 서술어의 일치 현상이 나타나지 않는다. 그리하여 (3a)와 같이 단수 '나무'를 사용한 한국어는 맞는 표현이 되지만, tree를 쓴 영어는 비문이 된다.

---

[1] 같은 단어를 반복하여 사용하여 복수를 나타내는 것은 한국어나 일본어에서도 나타난다. '집집'이나 'ひとびと[hitobito](←hito+hito; 사람+사람)'와 같은 것이 그 예가 된다.

(3) a. 산에는 나무가 많다.
b. *There are lots of tree in the mountain.

복수 표지로 접두사를 사용하는 언어도 있지만 대부분은 복수 접미사(또는 어미)를 사용한다. 복수 접미사의 종류를 볼 때 한국어와 같이 '-들' 하나만 있는 경우에서부터 몽골어나 아프리카의 하우사어와 같이 10여 개의 접미사를 갖는 경우까지 있다. 그리고 영어의 man/men과 같이 단어 내부에서 굴절을 하는 경우도 있다.

3.1.3 격

격에 따라 명사의 형태가 변하는 현상은 러시아어를 비롯한 대부분의 슬라브 어파와 힌디어, 루마니아어 등에서 나타난다. 게르만 어군의 경우, 고대에서는 격이 분명히 존재하였으나 지금은 거의 사라지고 부분적으로만 남아있다. 영어에서는 인칭대명사(I, my, me 등)에서는 격변화가 일어나지만 일반명사에서는 격변화가 없으며, 독일어에서는 <표 3>에서와 같이 명사 자체의 어형 변화는 부분적으로만 나타나고, 선행하는 관사와 형용사의 격변화를 통해 격을 알 수 있다.

문법성 격	남성	여성	중성
주격	der gute Mann	die gute Frau	das gute Haus
속격	des guten Mannes	der guten Frau	des guten Hauses
여격	dem guten Mann(e)	der guten Frau	dem guten Haus
대격	den guten Mann	die gute Frau	das gute Haus

<표 3> 독일어의 격변화(단수): 정관사 + 좋은('good') + 남자/여자/집

격에 따른 굴절이 없는 언어들은 대체로 어순이나 부치사 그리고 다른 어휘적 또는 문법적 요소에 의해 격이 표시된다. 영어와 중국어는 어순으로 격을 알 수 있으며, 한국어와 일본어는 어순과 후치사로 격을 알 수 있다.

3.2 한국어 명사의 특징

한국어의 명사는 위의 세 가지 면, 즉 문법성, 수, 격에서는 뚜렷한 특징을 보이지 않는다. 다만, 한국어는 다음과 같이 유정명사와 무정명사의 차이에 따라 조사의 사용이 달라진다.

(4) a. 아기가 <u>엄마에게</u> 안겼다.
     b. 아기가 엄마 <u>품에</u> 안겼다.

한국어가 다른 언어와 뚜렷이 구별되는 특징 중의 하나는 의존명사의 존재이다. 단수와 복수의 개념이 중요한 언어에서는 가산명사와 불가산명사가 중요한 역할을 하고, 대문자와 소문자를 구별하는 언어에서는 보통명사와 고유명사의 구별이 중요하다. 그러나 한국어에서는 그러한 것보다는 의존명사가 존재한다는 것이 특징이다. 명사의 가장 큰 특징 중의 하나가 모든 어휘 중 자립성이 가장 강하다는 것인데 명사가 스스로 자립하지 못하고 선행하는 요소에 의존성을 갖는다는 것은 매우 특이한 성질이다. 그리고 이러한 의존명사는 분포에 따라 종류가 다양하다.

한국어에서 분류사(classifier)는 의존명사의 하나로 취급된다. 분류사는 개별 명사에 의해 결정된다기보다는 지시 대상물의 특성에 따라 어떤 분류사를 사용할 것인지가 결정된다. 즉, 사람인지, 동물인지, 사물인지에 따라 그에 해당하는 분류사를 사용하는 것이다.

(5) a. 차 한 대
    b. 강아지 두 마리
    c. 나무 세 그루
    d. 책 네 권
    e. 어른 다섯 명

분류사의 발달 여부도 언어 유형을 나누는 데 중요한 역할을 하는데, 한국어와 일본어, 중국어, 태국어, 페르시아어, 동남아시아 언어와 중앙아메리카 북부지역의 마야 어군(Maya languages) 등이 분류사가 발달한 언어들이다.

한국어에서는 (5)와 같이 의존명사로 사용되는 분류사가 있는가 하면 (6)과 같이 보통명사가 분류사로 사용되는 경우도 있다.

(6) a. 과일 두 상자
    b. 주스 한 잔
    c. 다섯 사람

한국어 명사가 갖는 또 하나의 특징은 '위, 아래, 옆, 앞, 뒤' 등과 같은 위치명사가 있다는 것이다. 이러한 말들은 인도·유럽 언어에서는 주로 전치사로 나타나지만, 한국어에서는 '명사+위치명사+조사'의 구조로 나타난다. 그리고 한국어는 (7)과 같이 위치명사 다음에 조사가 붙어 명사와 동일한 기능, 즉 주어나 목적어가 될 수 있으므로 명사로 취급한다.

(7) 그 사람 (앞, 뒤, 옆, 위, 아래)에

한국어의 명사는 기능 면에서 주어, 목적어, 보어 등이 될 수 있으며, 이때 격조사를 동반하는 것이 일반적이다. 한편, 명사는 스스로 서술어가 될 수 없고 '이다'와 함께 사용됨으로써 서술어가 될 수 있다. 다음 예문에 제시된 '꽃'을 통하여 이와 같은 사실을 확인할 수 있다.

(8) a. 꽃이 피었다. (주어)
    b. 나는 꽃을 좋아한다. (목적어)
    c. 이것은 꽃이 아니다. (보어)
    d. 이것은 꽃이다. (서술어)

3.3 다른 언어의 경우

3.3.1 영어

영어의 명사는 다른 언어에서와 마찬가지로 주어, 목적어, 보어 등으로 사용된다.

(9) a. Birds sing. (주어)
    b. I like birds. (목적어)
    c. They became birds. (보어)

영어의 명사는 성이나 격에 따른 형태의 변화는 없고, 수에 따른 형태의 변화는 있어 단수 형태는 무표, 복수 형태는 -(e)s를 붙인다.

(10) a. *There are lots of tree in the mountain.
b. There are lots of trees in the mountain.

영어의 명사는 단독으로 서술어가 될 수 없고 be 동사와 같은 계사에 의해 서술어가 될 수 있다.

(11) a. *He a student.
b. He is a student.

영어의 명사는 관사를 동반한다. 다음 (12)의 예문들이 비문인 이유는 명사구는 관사 또는 지시사, 수량사 등에 의해 선행되어야 한다는 영어의 규칙을 위반하였기 때문이다(안상철·최인철, 2006: 96).

(12) a. *There is *sandwich* in the refrigerator.
b. *There is a sandwich in *refrigerator*.
c. *I am *teacher*.

제9장(어순)에서 보다 깊이 논의하겠지만 영어의 명사는 형용사가 수식하는 경우를 제외하고는 아래와 같이 뒤에서 수식을 받는다.

(13) a. I met a *boy* who is very tall.
b. *The house* of her dreams is in this town.

3.3.2 일본어

일본어에서는 자립어 중에서 활용이 없고 주어(체언)의 기능을 할 수 있는 말을 명사라고 하기 때문에 대명사와 수사가 명사에 포함된다. '단어의 의미'적 관점에서 대명사와 수사를 독립적인 품사로 설정한 한국어와는 차이가 난다. 일본어의 명사에는 실질명사와 형식명사가 있는데, 이들은 한국어의 자립명사와 의존명사와 거의 같다.

일본어의 명사는 한국어와 마찬가지로 수에 따른 구별은 없고 조사라는 격표지를 갖는다. 한편, 한국어와 유사하게 유정명사와 무정명사의 구분이 있어 유정명사의 경우는 동사 いる([iru], 있다)를 사용하고, 무정명사의 경우는 ある([aru], 있다)를 사용한다.

(14) いる[iru] vs. ある[aru]
    a. 友達が[tomodachiga]　　いる[iru]。　　친구가 있다.
       친구가　　　　　　　　　있다

    b. 家が[iega]　　　　　　　ある[aru]。　　집이 있다.
       집이　　　　　　　　　　있다

일본어 명사 역시 스스로 서술어가 될 수 없고, 한국어의 '-이다'에 해당하는 -だ[da], -である[dearu], -です[desu]와 결합함으로써 서술어가 될 수 있다.

일본어는 한국어와 같이 분류사가 발달하였는데 다음과 같은 특징을 갖는다(안수정, 2006).

첫째, [인간성] 분류사의 경우, 名[mei], 人[nin], 方[kata]의 세 가지를 사용한다. 이 중 人[nin]이 가장 보편적으로 사용되며, 名[mei]는 공식 문서, 신문, 숫자 통계 등에 사용된다. 일본어 고유어인 方[kata]는 한국어의 '분'에 해당하는 높임말이다.

둘째, [동물성] 분류사의 경우, 대체로 소와 같이 큰 동물에는 頭[tou], 개나 고양이 등의 작은 동물과 물고기에는 匹[hiki], 조류에는 羽[wa]를 사용한다.

셋째, [-생물, +형상성] 분류사의 경우 모양에 따라 분류사가 달라지는데, 가늘고 긴 모양의 1차원 형상성 분류사로는 本[hon]을 가장 대표적으로 사용한다. 일본어에서 이 本의 사용범위는 매우 넓어 '넥타이, 벨트, 담배'와 같은 사물에는 물론, 강이나 도로, 오이, 파, 바나나 등의 과일, 그리고 팔과 다리 등의 신체에도 사용한다. 한편, '서류, 지폐, 우표, 엽서, 카드, 담요' 등과 같이 평평하고 넓은 속성을 가지는 2차원 형상성 분류사로는 枚[mai], 面[men] 등을 사용한다.

3.3.3 중국어

고립어인 중국어에서는 명사의 성이나 수, 격에 따른 형태의 변화가 없다. 영어의 계사 be에 해당하는 것으로 중국어에는 是[shì]가 있다. 즉, 명사가 서술어로 사용될 경우에는 是를 사용하는 것이 원칙이다. 단, (15)와 같이 날짜나 요일, 날씨 등과 같은 경우에는 생략이 가능하다.

(15)	他[tā]	是[shì]	韩国人[hánguórén].	그는 한국인이다.
	그	이다	한국인	

중국어는 한국어와 같이 분류사가 발달하였는데 다음과 같은 특징을 갖는다(안수정, 2006; 리란, 2007; 근보강, 2010).

첫째, 중국어에서 [인간성] 분류사로 名[míng], 個(个)[gè], 位[wèi] 등을 사용한다. 名[míng]은 '학생, 군인, 회사원' 등 특정 신분을 가진 경우에 사용할 수 있지만, 대부분의 경우는 個(个)[gè]를 사용한다. 位[wèi]는 한국어의 '분'과 같이 존경의 의미를 갖는다.

둘째, [동물성] 분류사의 경우, 한국어의 '마리'와 같은 동물에 대한 보편적 분류사는 없고, 동물의 종류, 크기에 따라 다르게 사용한다. 고양이, 개, 그리고 조류 등 비교적 작은 동물에는 只[zhī], 머리가 큰 동물에는 头[tóu], 말과 같이 짐을 지울 수 있는 동물에는 匹[pī]를 쓰고, 어류에는 条[tiáo], 尾[wěi]를 사용한다.

셋째, 한국어에는 자동차, 기차, 비행기 등과 같이 운송·교통수단의 사물에 대한 분류사 '대'가 있으나 중국어에는 이와 같은 통칭의 분류사가 없다. 중국어는 자동차에는 台[tái] 혹은 辆[liàng], 비행기에는 架[jià], 기차에는 列[liè]를 각기 다르게 사용한다.

4. 인칭대명사

대명사는 대동사를 비롯한 여러 대용어(pro-form) 중 가장 기본이 되는 것이다. 대명사 중에서 대조언어학적 관점에서 관심의 대상이 되는 것은 거의 모든 언어에 존재하는 인칭대명사이다. 지금부터 자연언어 인칭대명사의 일반적 특징과 한국어를 비롯한 몇몇 언어의 인칭대명사의 특징에 대해 살펴보도록 한다.

4.1 일반적 특징

인칭대명사는 일반적으로 인칭과 수에 따른 변화가 있다. 인칭은 거의 모든 언어에서 1, 2, 3인칭의 3개로 구분한다. 수는 기본적으로 단수와 복수로 구분하지만, 아래 미얀마의 팔라웅어(Palaung)와 같이 양수(dual)가 더해지는 언어도 있으며 심지어는 4가지 수를 두는 언어도 있다.

수 \ 인칭	1인칭	2인칭	3인칭
단수	ɔ(나)	ni(너)	ʌ(그)
양수	ar(나와 너) yar(나와 그; 청자 제외)	par(너와 그)	gar(그들 두 사람)
복수	ɛɜ(나, 너, 그들) yɜ(나와 그들; 청자 제외)	pɛɜ(너와 그들)	gɛ(세 명 이상의 그들)

〈표 4〉 미얀마의 팔라웅어(Palaung)의 인칭대명사

    대부분의 언어에서는 3인칭에 성의 구분이 있다. 이 경우에도 중국어와 스페인어와 같이 단수와 복수 모두 성의 구분이 있는 언어도 있지만, 대개는 영어와 같이 단수에서만 성의 구분이 있고 복수에서는 단일형을 취한다. 그리고 자연성과 문법성이 서로 대치되는 경우는 두 성 모두 사용이 가능하지만 독일어와 같이 문법성이 우선하는 언어가 있는가 하면, 네덜란드어와 같이 자연성이 우선하는 언어도 있다.

    인칭대명사는 겸양이나 높임과도 관련이 있다. 한국어, 일본어, 중국어와 같은 언어에서는 1인칭에 겸양의 인칭대명사가 있다. 2인칭 높임의 인칭대명사는 많은 언어에서 나타나지만, 동양의 언어에서는 대화 참여자 사이의 상하의 개념으로 사용되는 것이 일반적인 반면, 위아래와 관계없는 존대법이 존재하는 언어도 있다. 예를 들어, 독일어에서는 서로 예의를 지키기 위해 한쪽이 존대를 하면 상대방도 반드시 존대를 하여야 한다(황종인, 2003).

    인칭대명사의 높임과 관련하여 한 가지 흥미로운 것은 존대어가 복수를 나타내는 말에서 유래된 경우가 많다는 것이다. 독일어를 비롯한 유럽의 많은 언어들이 그러하다. 독일어의 Kommen Sie?('당신이 오십니까?')에 사용된 Sie는 대문자로 표기되었을 뿐 Kommen sie?('그들이 오니?')의 sie와 형태와 발음이 같다. 몽골어의 ta도 원래는 2인칭 복수대명사였는데 지금은 복수의 의미를 상실하고 '존속, 스승, 노인' 등 높임의 대상이 되는 단수 2인

칭에게 사용한다(유원수, 2003).

영어에서의 I, we와 me, us와 같이 인칭대명사의 격변화가 일어나는 경우가 있는데 이러한 굴절은 게르만 어군, 로망스 어군, 슬라브 어군 등의 대부분의 인도·유럽어족의 언어에서 찾아볼 수 있다.

한편, 팔라웅어에서와 같이 청자 포함인지 불포함인지에 따라 용법이 복잡한 언어도 있다. 이와 같은 구분이 있는 언어는 남미의 케추아(Quechua)족 언어와 호주 북동쪽의 솔로몬 군도와 파푸아 뉴기니, 피지 등의 멜라네시아 언어들이다.

4.2 한국어 인칭대명사의 특징

한국어의 인칭대명사도 원칙적으로는 인칭과 수에 따른 구분이 있어 3개의 인칭이 존재하며, 수에서는 단수와 복수가 있다. 그러나 한국어는 일본어와 함께 인칭대명사가 발달하지 않은 언어 중의 하나이다. 실제 생활에서는 1인칭의 '나, 우리'와 같은 평칭과 '저희'와 같은 겸양칭, 2인칭의 '너, 너희들' 정도의 평칭만 사용되고, 2인칭의 높임말인 '당신'은 특수한 경우에만 사용되며, 요즘은 노인들에 대해 '어르신'이라는 말을 자주 사용한다.

한국어에는 단일어로서의 3인칭대명사가 없다고 할 수 있다. '그'라는 단일어가 존재하지만, 아직까지는 문어에서만 사용된다. 합성어인 '그녀' 역시 최근에 들어 문어에 자주 등장하지만 (16a)에서와 같이 덜 자연스러운 경우도 있다. 구어에서 이 두 말은 (16d)에서와 같이 '그 사람, 그 남자, 그 여자' 등과 같이 '지시관형사+명사'의 형태로 사용된다.

(16) a. ?여고 동창회에서는 그녀들만의 이야기로 꽃을 피운다.
b. 여고 동창회에서는 그들만의 이야기로 꽃을 피운다.
c. ?그/그녀 웃기지 않아? ?나는 그/그녀 별로 안 좋아해.
d. 그 남자/여자 웃기지 않아? 나는 그 남자/여자 별로 안 좋아해.

구어에서는 3인칭대명사로 '얘, 걔, 쟤, 이분, 그분, 저분'을 많이 사용하나, 이들은 모두 합성어의 성격을 띠고 있으며, 특히 '이분, 그분, 저분'은 가족 사이나 친분이 있는 사이에서는 잘 사용되지 않고, 오히려 가족의 호칭과 지칭에 해당하는 명칭을 사용한다.

> (17) 우리 아버지는 시골에서 태어나셨습니다. 가난한 시골 농부의 아들 태어난 (?그/?그분/우리 아버지)는 어렸을 때부터 효자였습니다.

한편, '저희'는 1인칭 복수인 '우리'의 겸양칭이기는 하지만, 포함의 정도가 서로 달라, '우리'는 청자를 포함할 수 있지만 '저희'는 청자를 포함하지 않는다.

4.3 다른 언어의 경우

4.3.1 영어

영어의 인칭대명사(사물 제외)와 그 특징은 다음과 같다.

수 격 인칭	단수				복수			
	주격	소유격	목적격	소유대명사	주격	소유격	목적격	소유대명사
1	I	my	me	mine	we	our	us	ours
2	you	your	you	yours	you	your	you	yours
3	he	his	him	his	they	their	them	theirs
	she	her	her	hers				

<표 5> 영어의 인칭대명사

첫째, 영어의 인칭대명사는 격에 따라 굴절을 한다.
둘째, 양수 없이 단수와 복수로만 이루어져 있다.

셋째, 3인칭 단수의 경우 성에 따른 구분이 있다.
넷째, 1인칭 복수의 경우 청자 포함 또는 불포함의 구분이 없다.
다섯째, 여러 언어에서 볼 수 있는 겸양어나 높임말은 없다.

영어의 인칭대명사는 단수와 복수의 구별이 있어 (18)과 같이 명사와의 일치현상을 갖는다.

(18) a. He lost *his* shoes.
b. He enjoys reading mystery novels, but I don't like *them*.

4.3.2 일본어

일본어의 인칭대명사와 그 특징은 다음과 같다.

인칭	수	단수		복수	
1	평칭	わたし ぼく 自分 おれ	[watasi] [boku] [jibun] [ore]	おれたち	[oretachi]
	겸양칭	わたし わたくし	[watasi] [watakusi]	われわれ わたしたち わたくしたち ぼくたち	[wareware] [watasitachi] [watakusitachi] [bokutachi]
2	평칭	きみ おまえ	[kimi] [omae]	きみたち おまえたち	[kimitachi] [omaetachi]
	존칭	あなた	[anata]	あなたたち	[anatatachi]
3	남	彼	[kare]	彼ら	[karera]
	여	彼女	[kanozyo]	彼女ら	[kanozyora]

〈표 6〉 일본어의 인칭대명사

첫째, 양수 없이 단수와 복수로만 이루어져 있다.

둘째, 3인칭 단수는 물론 복수에도 성에 따른 구분이 있다.

셋째, 1인칭 복수의 경우 청자 포함 또는 불포함의 구분이 없다.

넷째, 1인칭의 경우 한국어와 같이 평칭과 겸양칭이 있으며, 2인칭의 경우 존칭이 있다.

다섯째, 한국어와 달리 彼(kare, 그), 彼女(kanozyo, 그녀)를 잘 사용한다.

여기서 잠깐

일본어 인칭대명사 용법

일본어의 인칭대명사 중에서 1인칭에 해당하는 말은 매우 많다. 실제 대화에서 1인칭 단수인 わたし[watasi], ぼく[boku], 1인칭 복수형인 わたしたち[watasitachi], ぼくたち[bokutachi]는 비교적 사용빈도가 높다. 그런데 영어나 한국어와 같은 언어에서 자칭인 1인칭은 성과 나이에 관계없이 각각 'I, 나(저)'를 사용하는 데 반해, 일본어는 성과 나이, 화자와 청자의 관계, 청자의 지위에 따라 달라진다. 예를 들어, 가장 많이 사용하는 わたし[watasi]의 경우 여성은 나이에 관계없이 사용하지만, 남성의 경우는 주로 성인들이 많이 사용한다. 그리고 ぼく[boku], おれ[ore]와 같은 말은 주로 나이에 관계없이 남성들이 많이 사용하지만 윗사람에게는 삼가야 하는 말이다.

2인칭 단수 존칭인 あなた[anata]는 아내가 남편을 부르는 호칭으로 사용되거나 윗사람이 아랫사람에게 또 초면인 사람에게 사용하는 경우를 제외하고는 실제 대화에서는 거의 사용하지 않는다. 아랫사람이 윗사람을 부를 때는 이 말을 사용하지 않고, 아래와 같이 청자의 직위나 청자의 성(性)에 사회적 직위에 해당하는 명칭을 붙여 부르는 것이 일반적이다. 다만, 한국어의 '-님'과 같은 접미사는 붙이지 않는다.

あなた(?)/松尾	社長,	ここに	サイン	お願いします。
anata(?)/Matsuo	shacho:	kokoni	sain	onegaisimasu
당신(?)/마츠오	사장(님),	여기에	사인	부탁합니다.

일본어에서는 3인칭대명사 彼(kare, 그)와 彼女(kanozyo, 그녀) 둘 다 구어로 많이 사용한다. 또 윗사람이 아랫사람에게, 그리고 제3자를 표현할 때도 사용한다.

彼とは	いつごろ	結婚するつもり？
karetowa	itsugoro	kekkonsurutsumori
그와는	언제쯤	결혼할 거야?

또한 한국어의 '지시관형사+명사'의 형태로 この人(konohito, 이 사람), その人(sonohito, 그 사람), あの人(anohito, 저 사람), この方(konokata, 이분), その方(sonokata, 그분), あの方(anokata, 저분) 등이 자주 사용된다.

4.3.3 중국어

중국어의 인칭대명사와 그 특징은 아래와 같다.

인칭	수		단수	복수
1			我 [wǒ]	我们 [wǒmen] 咱们 [zán men]
2	평칭		你 [nǐ]	你们 [nǐmen]
	존칭		您 [nín]	
3	남		他 [tā]	他们 [tāmen]
	여		她 [tā]	她们 [tāmen]

〈표 7〉 중국어의 인칭대명사

첫째, 양수 없이 단수와 복수로만 이루어져 있다.
둘째, 3인칭 단수는 물론 복수에도 성에 따른 구분이 있다.

셋째, 1인칭 복수의 경우 청자 포함 또는 불포함의 구분이 없다.

넷째, 2인칭 단수의 경우 부모나 가까운 친척 어른에게는 你[nǐ]를 쓸 수 있다. 그러나 2인칭 존칭 您[nín]이 있어 모르는 사람이나 나이가 많은 사람, 그리고 지위가 높은 사람에게 사용한다.

> 大爷[dàyé], 您[nín] 去哪儿[qù nǎr]? 어르신, (당신) 어디에 가십니까?

다섯째, 한국어와 달리 他(tā, 그), 她(tā, 그녀)를 잘 사용한다.

중국어에서는 재귀대명사로 1인칭에 '자기'를 쓰는데, 이로 인해 중국인 학습자들은 (19)와 같이 오류를 빈번하게 일으킨다(고석주, 2004). 한국어에서 1인칭 재귀대명사는 '나'이며, '자기'는 3인칭에 사용한다.

> (19) a. 제가 회사에 입사하려는 동기는 *자기(제가) 좋아하는 일이라서 하는 겁니다.
> b. 나는 재학동안(학교 다니는 동안) *자기(저의) 대학 잡지의 영어판 편집장이었다.
> c. 나는 다시 한 번 *자기(자신)에게 스스로 물어봤다.

5. 동사

동사는 대상의 움직임을 나타내며 문장 내에서 서술어의 기능을 하는 것으로, 명사와 함께 모든 언어에 존재하는 매우 보편적인 어휘범주이다.

5.1 일반적 특징

동사가 갖는 어휘적 특징은 주어의 인칭과 수(數), 그리고 시제와 상(aspect 완결상, 미완결상), 서법(mood 직설법, 가정법, 명령법, 의문법 등), 태(voice 능동, 수동), 극성(polarity 긍정, 부정) 등에 따른 형태의 변화이다. 앞에서 살펴본, 인칭과 수에 따른 명사 또는 대명사의 형태적 변화를 보이는 언어의 대부분은 동사의 경우에도 형태적 변화를 보인다.

첫째, 언어에 따라서는 인칭이 동사에 표시되는 것들이 있다. 터키어, 아랍어, 스페인어, 독일어, 프랑스어 등이 그에 해당하여 이들 언어에서는 인칭에 따른 동사 형태의 변화를 볼 수 있다. 영어에서도 부분적으로 그런 현상이 나타나는데 동사에 -(e)s가 붙으면 주어가 3인칭임을 알 수 있다.

수 \ 인칭	1인칭	2인칭	3인칭
단수	geldim (내가 왔다)	geldin (네가 왔다)	geldi (그가 왔다)
복수	geldik (우리가 왔다)	geldiniz (너희들이 왔다)	geldiler (그들이 왔다)

〈표 8〉 터키어의 인칭에 따른 동사의 변화: gel(오다)+di(과거)

둘째, 수에 따른 동사의 일치현상을 보이는 언어가 있다. 대부분의 유럽 언어와 아랍어를 비롯한 셈 어군에 많이 나타난다.

수 \ 인칭	1인칭	2인칭	3인칭
단수	hablo	hablas	habla
복수	hablamos	habláis	hablan

<표 9> 스페인어의 인칭과 수에 따른 동사의 변화: hablar(말하다)[2]

셋째, 시제가 동사에 문법적으로 표현되는 언어가 있다. 한국어와 영어, 일본어를 비롯한 많은 언어들은 시제(특히, 과거시제)를 표현하는 문법요소들이 있어 이들로 인해 동사의 형태가 변화한다. 반면, 중국어, 태국어, 베트남어, 말레이·인도네시아어, 버마어 등은 시제를 표현하는 문법요소들이 없어 그에 따른 동사의 형태 변화가 없다.[3]

넷째, 상은 시제와 밀접한 관련을 갖는 것으로, 일반적으로 행위의 시작, 진행, 완료 등을 나타내는 개념이다. 따라서 하나의 시제에서도 완료와 진행이 모두 나타날 수 있다. 한국어에서 본다면 '먹어 버렸어'와 '먹고 있었어'는 모두 과거시제이지만 전자는 행위의 완료를 나타내고, 후자는 진행을 나타낸다.

상이 발달한 언어로는 러시아어와 폴란드어 등의 슬라브 어파와 아랍어 등이 대표적이다. 중국어는 시제를 나타내는 문법요소가 없는 대신 상을 나타내는 문법요소는 있어, 了[le], 着[zhe] 등과 같은 조사를 사용하여 각각 완료와 계속·진행을 표현한다(오미영 역, 2007). 상은 일반적으로 완결상(perfective)과 미완결상(또는 비완결상, imperfective)으로 구분된다. 진행상은 선택적이어서 영어에서는 진행상이 있지만 독일어와 대부분의 슬라브

---

[2] 스페인어에서 /h/는 묵음으로 발음하지 않는다.
[3] 시제와 상에 대해 보다 자세한 설명은 10장에서 다루기로 한다.

어파에는 진행상이 없다. 대부분의 언어에서는 시제와 상이 모두 나타나지만 문법요소의 세분화 정도와 문장에서의 필수적 출현 여부를 바탕으로 시제 중심 언어와 상 중심 언어로 구분하는데, 슬라브 어파와 아랍어 등은 후자에 속하며 앞에서 언급한 나머지 언어들(한국어, 영어, 일본어 등)은 전자에 속한다.

다섯째, 언어 중에는 동사의 하위부류로 조동사를 두는 경우가 있는데 인도·유럽어족이 그 대표적인 예가 된다.

5.2 한국어 동사의 특징

한국어 동사는 기본형으로 '-다'를 갖는다. 그리고 한국어 동사는 '먹었다, 먹고 (있다), 먹어라, 먹히었다' 등과 같이 시제와 상, 서법, 태에 따른 동사 형태의 변화는 있지만, 인칭과 수에 따른 동사 형태의 변화는 없다. 따라서 인칭과 수에 관계없이 '먹다'라는 하나의 형태로 나타난다. 이는 <표 9>의 스페인어와 다른 점이다.

한편, 한국어에도 영어의 조동사(예 can, may, will 등)와 같은 보조동사(예 먹어 보다)가 있다. 보조동사의 의미로 본다면, 진행(예 먹고 있다), 종결(예 먹어 버리다), 시혜(예 보여 주다), 시행(예 먹어 보다), 사동(예 먹게 하다), 피동(예 없어지다), 부정(예 먹지 않다), 당위(예 먹어야 하다) 등 매우 다양하다. 어순은 영어와 반대로 본동사 다음에 보조동사가 온다.

한국어 동사는 어간과 어미로 구성되며, 음운론적 환경에 의한 탈락(예 가+아 → 가, 서+어 → 서)을 제외하고는 반드시 두 성분 모두 존재하여야 한다. 어미는 한국어에서 매우 중요한 기능을 하는데, 화자와 청자의 관계에 따른 높임법이나 화자의 의지나 추측 등의 양태표현, 사동표현(-게 하다)과 피동표현(-어지다), 그리고 부정표현(-지 않다/못하다/말다) 등 많은 문법 표현들과 밀접한 관련을 맺는다. 어미와 관련하여 볼 때, 한국어에 종결어미가 있다는 것은 인도·유럽어족과는 물론 한국어와 친족관계에 있다는 알타이 언어에서도 발견되지 않는 매우 두드러진 특징이다(송재목, 1999a&b).

한국어 동사에 나타나는 또 하나의 특징으로는 '잡아먹다, 삶아먹다, 구워먹다' 등과 같은 연쇄동사(serial verb) 구문을 들 수 있다. 연쇄동사는 태국어나 서부 아프리카의 이보어(Igbo)에도 나타난다.

5.3 다른 언어의 경우

5.3.1 영어

앞에서 언급한 대로 동사는 인칭과 수, 그리고 시제와 상, 서법, 태 등에 따른 형태의 변화를 가질 수 있는데, 이것은 언어에 따라 차이를 보인다. 영어에서 be 동사는 주어의 수에 따라, 그리고 시제에 따라 그 형태가 변한다(20a 참조). 일반동사는 시제에서만 형태의 변화가 나타나며(20b 참조), 3인칭 단수 현재형에 한해서 주어의 인칭에 따른 동사의 변화가 있다(20c 참조). 시제는 기본형 자체가 현재형으로 사용되며, 과거형은 동사의 형태 변화를 통해 이루어지는 데 반해, 미래형은 조동사(will, shall 등) 또는 be going to와 같은 구 동사(phrasal verb)를 통해 이루어진다(20d 참조). 나머지 상이나, 법, 태는 조동사를 이용하여 나타내고, 부정의 극성도 마찬가지이다(20e~h 참조).

(20) a. I am a teacher.   They were teachers.
    b. I want a book.   I wanted a book.
    c. She reads a book.
    d. I am going to read a book.
    e. Spring has come.   (상: 완료)
    f. If you should find it, please let me know. (법: 가정)
    g. The city was destroyed by the war.   (태: 수동)
    h. I don't like it.   (극성: 부정)

그 외 영어 동사의 특징으로 현재분사나 과거분사와 같은 분사형을 갖는다는 것과 연결사의 역할을 하는 to를 이용하여 부정사 문장을 이룬다는 것을 들 수 있다.

(21) 현재분사 문장: The dog came smiling wide.
    과거분사 문장: She remains unmarried.
    부정사 문장: I want to see him.

5.3.2 일본어

일본어 동사는 한국어 동사와 같거나 비슷한 특징을 갖는 것도 있고 다른 것도 있다. 일본어 동사는 스페인어에서와 같은 인칭과 수 등에 따른 형태의 변화는 없는 반면, 교착적 성격이 있어 어간과 어미가 존재하며 어미가 활용한다. 이러한 점들은 한국어 동사와 같으며, 그 외에도 다음과 같은 공통점을 들 수 있다.

● 한국어와 일본어 동사의 공통점

① 자립어이다. 따라서 문장에서 홀로 쓰일 수 있다.
② 기본형을 갖는다.(일본어의 경우는 −う[u]음, 한국어의 경우는 '−다')
③ 용언의 일종으로, 단독으로 서술어가 될 수 있다.

반면 일본어 동사와 한국어 동사의 다른 점은 다음과 같다(안병곤, 2009).

첫째, 한국어는 '어간+어미'로 구성되지만, 일본어는 '어간+어미+조동사(또는 조사)'의 구성을 갖는다. 단, 명령형과 한국어의 관형형과 유사한 연체형(連体形)은 조동사나 조사와 결합하지 않는다.

둘째, 한국어의 어미는 그 자체가 다양한 의미와 문법적 기능을 가지고 활용을 하지만, 일본어의 어미 활용은 의미에 의한 것이 아니라, 뒤에 오는 조동사나 조사에 따라 6가지 활용형(未然形, 連用形, 終止形, 連体形, 仮定形, 命令形)으로 나타나고, 한국어의 어미와 같은 기능은 조동사나 조사가 한다. (22)는 한국어 '읽다'에 해당하는 일본어 동사 読む[yomu]의 몇 가지 활용을 보여 주고 있다.

(22) 일본어 동사 '読む'의 활용
 a. 読[yo] +ま(ma, 어미)   +ない(nai, 부정 조동사)   읽지 않는다.
 b. 読[yo] +み(mi, 어미)   +ます(masu, 정중 조동사)   읽습니다.
 c. 読[yo] +める(meru, 어미) +が(ga, 역접 조사)、意味は[imiwa] わからない[wakaranai]。
    읽을 수 있지만, 의미는 알지 못한다.

일본어 어미는 한국어와 같이 시제와 상, 태(수동, 사역), 상, 서법(서술, 권유, 단정, 추측 등), 긍정, 부정, 정중함 등에 의한 형태의 변화가 있지만 그 세부적인 모습은 한국어와 다르다. 아래는 시제에 대한 일본어 어미의 활용으로, 보는 바와 같이 현재형과 미래형은 기본형을 그대로 사용한다.

(23) 일본어 동사의 현재형과 미래형
  a. 현재: 今日[kyo:]   .....   行く[iku]/読む[yomu].
            오늘   .....   간다/읽는다.
  b. 미래: 明日[asita] .....   行く[iku]/読む[yomu].
            내일   .....   갈 것이다/읽을 것이다.

그리고 일본어 동사는 특별히 화자와 청자의 관계, 또는 거기에 더하여 제3자와의 관계까지 더하여 경어법을 나타내는 것이 매우 특징적이라 할 수 있다. (24)에서 한국어는 청자가 누구이든 대부분 '운동하다'에 주체높임의 '-시-'를 넣어 표현하지만, 일본어는 청자가 가족인 경우에는 -します(simasu, 합니다)의 주체높임 표현인 -なさいます(nasaimasu, 하십니다)를 사용하지 않는다. 즉, (24a)는 맞는 문장이지만, (24b)는 잘못된 문장이다.

(24) a. 父は   毎   朝   運動-します。
        [chichiwa   mai   asa   undo:-simasu]
        아버지는   매(일)   아침   운동합니다.

    b. *父は   毎   朝   運動-なさい-ます。
        [chichiwa   mai   asa   undo:-nasai-masu]
        아버지는   매(일)   아침   운동하십니다.

이러한 현상은 (25)와 같은 수수표현(授受表現)에서도 마찬가지다. 보조동사 -てくれ-[tekure] (← -てくれる[tekureru]) 대신 주체높임의 의미를 갖는 보조동사인 -てください-[tekudasai] (←-てくださる[tekudasaru])를 쓴 (25b)는 비문이다.

(25) a. この   本は   父が   買って-くれ-ました。
         [kono   honwa   chichiga   katte-kure-masita]
         이   책은   아버지가   사 주었습니다.

    b. *この   本は   父が   買って-ください-ました。
         [kono   honwa   chichiga   katte-kudasai-masita]
         이   책은   아버지가   사 주시었습니다

여기서 잠깐

절대경어와 상대경어

한국어와 일본어는 둘 다 경어법을 가지고 있지만 그 구체적인 면에서는 차이가 나서 한국어에서는 절대경어법을 사용하고, 일본어에서는 상대경어법을 사용한다. 예를 들어, 한국어에서는 회사에 전화를 걸어 '사장님 계십니까?'하고 물으면 전화를 받는 사람은 '사장님 안 계시는데요.'라고 높임으로 응대를 한다. 즉, 전화를 건 사람과의 관계보다는 사장님과 나와의 관계를 우선하여 판단하는 절대경어법을 사용한다. 반면, 일본어에서는 같은 그룹에 속하는 사람에게는 높임말을 사용하지 않는다. 반대로 다른 그룹에 속하는 사람에게는 높임말을 사용한다. 즉, 상대경어법이다. 예를 들어, 위의 경우 '안 계십니다'가 아닌 '없습니다(おりません[orimasen])'를 사용한다(임영철, 2008).

한국어의 보조동사에 해당하는 것이 일본어에도 존재한다. 일본어의 보조동사는 한국어보다 종류는 적지만, 진행(-ている[teiru], -ていらっしゃる[teirassyaru]), 보유(-ておく[teoku]), 종결(-てしまう[tesimau]), 시혜(-てやる[teyaru], -てくださる[tekudasaru]), 시행(-てみる[temiru]) 등 비슷한 의미들이 있다.

한편, 일본어에는 보조동사와는 다른 조동사가 있다. 일본어 조동사는 영어에서처럼 본동사의 의미를 돕는 기능을 하는 것이 아니라, 용언 뒤에 붙어 그 용언에 여러 의미를 더하거나 서술을 도우며 활용하는 말이다. 다시 말해, '조(助)+동사(動詞)'가 아니라 '동(動)+조사(助詞)'로 동사처럼 활용

하는 조사, 또는 동사를 돕는 어미 성격의 조사이다. 이와 같은 일본어 조동사는 한국어에 없는 개념으로, 단독으로 쓰이지 못하고 활용을 하며 문장을 끝낼 수 있다는 문법적 특성과 의미적 특성을 고려하면 한국어의 접미사(사동, 피동), 어미, 보조용언, 서술격조사 등과 부분적으로 같은 기능을 한다(안병곤, 2009). 학자들 중에는 조동사를 품사로 인정하지 않기도 한다.

일본어 조동사를 의미 관점에서 분류하면 사역(せる[seru], させる[saseru]), 피동(れる[reru], される[sareru]), 가능(れる[reru], される[sareru]), 자발(自発, れる[reru], される[sareru]), 존경(れる[reru], される[sareru]), 부정(ない[nai], め[me]), 추정(らしい[rasii]), 과거(た[ta]), 완료(た[ta]), 희망(たい[tai]), 단정(だ[da], です[desu]), 비유(ようだ[youda]) 등 그 종류가 매우 많다. 그리고 이들 중 어떤 것은 용언이나 조동사에 붙는 것이 있는가 하면 다른 것은 체언 또는 조사에 붙는 것도 있다. 이들은 또 동사활용형, 형용사활용형, 형용동사활용형, 특별한 활용형 등 활용형으로도 분류된다. 일본어 조동사는 이렇듯 매우 복잡한 모습을 보이는데, 이 외에도 다음과 같은 특징을 갖는다(안병곤, 2009: 193).

첫째, 부속어로 단독으로 문절을 만들 수 없으나 활용이 있다.
둘째, 주로 용언에 접속하여 뜻을 첨가하거나, 화자의 판단을 분명히 한다.
셋째, 자립어와 접속하여 그 뜻을 첨가한다.

5.3.3 중국어

고립어인 중국어는 단어의 형태만으로 품사를 분류하기가 매우 어려우며, 동일한 형태로 주어, 술어, 목적어, 보어, 관형어, 부사어 등 모든 문장 성분으로 사용될 수 있다. 중국어의 동사는 형태의 변화가 없으며, 더욱이 굴절을 하지 않아 어미나 접사도 존재하지 않는다. 따라서 다음과 같이 '어제(昨天, zuótiān), 오늘(今天, jīntiān), 내일(明天, míngtiān)'과 같이 시제는 달라도 동사 学习(xuéxí, 공부하다)의 형태는 항상 동일하다.

(26) 중국어 시제와 동사

　a.　昨天[zuótiān]　　我[wǒ]　　在[zài]　　学校[xuéxiào]　　学习[xuéxí]。
　　　어제　　　　　　나　　　　에서　　　학교　　　　　　공부하다
　　　어제 나는 학교에서 공부했다.

　b.　今天[jīntiān]　　我[wǒ]　　在[zài]　　学校[xuéxiào]　　学习[xuéxí]。
　　　오늘　　　　　　나　　　　에서　　　학교　　　　　　공부하다
　　　오늘 나는 학교에서 공부한다.

　c.　明天[míngtiān]　我[wǒ]　　在[zài]　　学校[xuéxiào]　　学习[xuéxí]。
　　　내일　　　　　　나　　　　에서　　　학교　　　　　　공부하다
　　　내일 나는 학교에서 공부할 것이다.

그리고 중국어에는 영어의 조동사에 해당하는 동사, 즉 능원동사(能願動詞)가 존재한다. 이 능원동사는 '가능, 허가, 소망, 의지, 필요, 당위' 등의 의미를 갖는다(송경안·이기갑 외, 2008a: 85).

(27)　我[wǒ]　　想[xiǎng]　　买[mǎi]　　一些[yixiē]　　绿茶[lǜchá]。
　　　나　　　　원하다　　　사다　　　약간　　　　　녹차
　　　나는 약간의 녹차를 사기를 원한다.

6. 형용사

사람과 사물의 속성이나 상태를 나타내는 형용사는 모든 언어는 아니지만 많은 언어에 존재한다. 형용사는 문장 내에서 수식 또는 서술의 기능을 한다.

6.1 일반적 특징

형용사는 다음과 같은 특징을 갖는다.

첫째, 형용사는 전형적으로 속성의 개념을 표시하는 말이다. 따라서 그 속성의 정도에 따른 형태의 변화(예 bigger, biggest)가 있거나 정도성을 나타내는 말의 수식을 받을 수 있다(예 really big, too big).

둘째, 형용사는 서두에서 말한 품사 분류 기준의 하나인 의미적 관점에서 볼 때 명사적 속성과 동사적 속성을 공유한다. '집, 산, 돌' 등과 같은 명사들은 시간의 흐름 속에서도 그 모습이 잘 변하지 않고 안정적인 반면, '뛰다, 먹다, 던지다' 등과 같은 동사들은 시간의 흐름에 따른 변화가 일어난다. 형용사는 이와 같은 시간 안정성의 관점에서 볼 때 명사와 동사의 중간쯤에 해당한다(Givón, 1979). 형용사의 이러한 성격 때문에 형용사는 언어에 따라 명사적 특성을 갖기도 하고 동사적 특성을 갖기도 한다. 전자와 같은 유형을 형용사·명사 언어(adjective-noun language)라고 할 수 있는데, 라틴어나 프랑스어, 그리고 몽골어와 터키어가 그 대표적인 예이다. 후자와 같은 유형을 형용사·동사 언어(adjective-verb language)라 하는데, 태국어나 인도네시아어 등이 이에 속한다.

셋째, 형용사는 언어에 따라 열린 부류일 수도 있고 닫힌 부류일 수도 있다. 앞에서 언급한 대로 명사와 동사는 모든 언어에서 열린 부류이다. 반면 형용사와 부사는 선택적이다. 영어의 경우는 형용사가 열린 부류이지만, 12개의 형용사를 가진 하우사어와 같이 닫힌 부류인 언어도 있다.

여기서 잠깐

열린 부류와 닫힌 부류
① 열린 부류(open class) : 명사나 동사와 같이 새로운 어휘들이 지속적으로 더해질 수 있어 어휘 첨가에 제한이 없는 품사
② 닫힌 부류(closed class) : 한국어의 조사나 영어의 접속사와 같이 새로운 어휘의 첨가가 쉽지 않은 품사

6.2 한국어 형용사의 특징

한국어의 형용사 역시 속성의 개념을 표시하는 말이지만, 영어에서의 bigger, biggest와 같이 속성의 정도에 따른 형태의 변화는 없다. 다만, '더 맛있다, 제일 크다' 등과 같이 정도성을 나타내기 위해 정도부사의 수식을 받을 수 있다. 그리고 한국어 형용사는 열린 부류로 아프리카의 하우사어 등과는 달리 목록이 개방되어 있다.

앞에서 본 대로 라틴어나 프랑스어 등의 인도·유럽어족, 그리고 몽골어나 터키어 등의 알타이어족 언어들에서는 형용사 범주가 명사 범주와 유사한 속성을 지녀 명확히 구분되지 않는 경향을 보이는 데 반해, 한국어에서는 형용사 범주가 동사 범주와 그러한 관계를 보인다.

(28) 한국어 형용사의 동사성 동사구문

	한국어	영어
a. 동사 구문:	그들은 <u>달린다</u>.	They <u>run</u>.
	↑	↑
형용사 구문:	착하다(O)	kind(X)
b. 명사 구문:	그들은 <u>학생</u>이다.	They are <u>students</u>.
	↑	↑
형용사 구문:	착하다(X)	kind(O)

(28a)를 보면 한국어의 경우 동사 '달린다'의 위치에 '착하다'라는 형용사를 넣으면 '그는 착하다.'라고 하여 문법적으로 완전한 문장이 되지만, 영어의 경우 run 위치에 kind라는 형용사를 넣으면 *They kind.라고 하여 비문(非文)이 된다. 한편, (28b)에서는 이와는 반대로 한국어에서는 명사 '학생'의 위치에 '착하다'라는 형용사를 넣으면 '그는 착하이다.'라고 하여 비문이 되지만, 영어에서는 students 위치에 kind라는 형용사를 넣으면 'They are kind.'라고 하여 문법적으로 완전한 문장이 된다. 따라서 한국어는 형용사가 동사적 성격을 갖는 형용사·동사 언어인 반면, 영어는 명사적 성격을 갖는 형용사·명사 언어이다. 한국어의 형용사가 영어와는 달리 그 자체로 서술 기능을 갖는 이유도 여기에 있다. 이를 달리 말하면, 한국어에서는 형용사가 동사와 같이 용언에 속한다는 것이다. 이와 같은 이유로 학자에 따라서는 한국어에서 형용사의 존재를 부정하고 상태동사(state verb)로 분류하기도 한다. (참고로, 한국어에서 수식언에 속하는 품사는 부사와 관형사이다.)

따라서 한국어는 '계사+형용사' 구문이 존재하지 않고, 동사와 마찬가지로 형용사 자체가 다양한 활용을 통해서 술어를 구성하여 (29, 30)에서 보듯이 형용사는 동사와 동일한 활용체계 및 동일한 양상의 어미연쇄를 통해 문장에 구현된다. 다만, 형용사의 경우 (31)에서와 같이 명령형과 청유형이 존재하지 않으며, 현재형 어미 '-는다'가 붙는 것이 불가능하다는 점이 동사와 다른 점이다(홍재성, 1999a&b).

(29) a. 재미있고 b. 재미있어서 c. 재미있게 d. 재미있는

(30) a. 재미있-으-시-겠-습-니-다   d. 재미있어요?
      b. 재미있습니까?   e. 재미있느냐?
      c. 재미있니?

(31) a. *재미있거라   b. *재미있자   c. *재미있는다

그리고 한국어 형용사의 동사적 특징은 다음과 같은 데에서도 찾을 수 있다(홍재성, 1999).

● **한국어 형용사의 동사적 특징**

① 형용사 어휘와 동사 어휘가 동형어 관계에 놓이기도 한다.
　예) 쓰다, 달다, 차다, 되다
② 하나의 어휘가 정태적 속성을 나타내는 형용사적 의미와 함께 동사적 의미를 지니는 다의어로 존재할 수 있다.
　예) 밝다/밝는다, 늦다/늦는다, 늙다/늙는다
③ 불완전동사가 존재하는 것과 평행하게 불완전형용사들도 존재한다.
　예) '얄아 빠지다'에서 '빠지다'는 과거형으로만 쓰인다.
④ 의미적으로 동일한 내용을 동사 범주 어휘를 통해서도 나타낼 수 있고 형용사 범주 어휘를 통해서도 나타낼 수 있다.
　예) 모자라다(동사) = 부족하다(형용사)

6.3 다른 언어의 경우

6.3.1 영어

영어의 형용사는 동사와는 달리 주어의 수나 시제에 따른 형태의 변화가 없으나, 정도의 차이를 나타내는 비교급 -er, 최상급 -est의 형태 변화가 있다. 영어에서 형용사를 뜻하는 adjective는 '-을 보태다, 덧붙이다'의 의미를 가진 동사 adject에서 나온 말이다. 이 말은 영어 형용사의 기능을 잘 설명해 주는데, 영어의 형용사는 명사에 대해 무엇인가를 더해준다는 말이다. 이와 관련하여 언급되는 두 가지 용법이 있다. 하나는 소위 말하는 한정 용법으로 명사에 대한 수식 기능이고, 다른 하나는 서술 용법으로 명사에 대한 서술 기능이다.

(32) a. There is a <u>pretty</u> house. (수식)
     b. This house is <u>pretty</u>. (주어에 대한 서술)
     c. I found the house <u>pretty</u>. (목적어에 대한 서술)

그러나 영어의 형용사는 (32a)와 같은 수식 기능은 기본적으로 가지고 있으나, 그 자체로 서술어가 될 수 없다. 그 자체로 서술어가 될 수 없다는 점은 동사와는 다른 점이며 명사와는 같은 점이다. 따라서 형용사가 서술 용법으로 사용될 때는 명사와 마찬가지로 주어와 연결시켜주는 말이 필요하다. 그것이 영어에서는 (32b)에서와 같은 be 동사이다. 앞에서 언급한 대로 이것이 계사(copula)이다. 다시 말하면, 영어에서 동사의 위치는 주어 다음이고, 동사가 아닌 형용사나 명사는 동사의 자리에 올 수 없고 동사 다음에 위치한다. be는 동사로 주어 다음의 빈자리에 위치하여 연결동사의 기능을 한다. (32c)는 그 변형인 것이다.

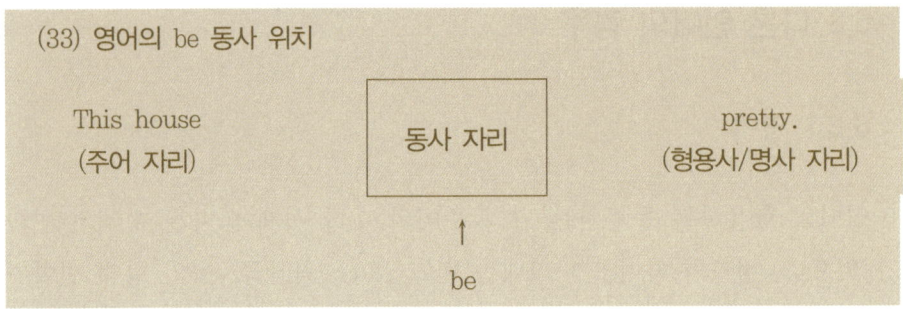

(33) 영어의 be 동사 위치

끝으로, 영어의 형용사는 열린 부류에 속하여 새로운 어휘에 대하여 개방되어 있다.

6.3.2 일본어

일본어에는 한국어의 형용사에 해당하는 범주가 두 가지 있다. 후행하는 명사를 수식할 경우의 형태에 따라 하나는 -い[i]로 끝나는 형용사이고, 다른 하나는 -だ[da]로 끝나는 형용동사이다. 이 둘은 앞 절에서 설명한 한국어 형용사의 특징과 많은 점에서 같다. 즉, 일본어의 형용사와 형용동사는 (34)와 같이 형용사·동사 언어의 성격을 가져 독자적으로 서술 기능을 가지며, 활용을 한다는 점에서 한국어의 형용사와 유사하다. 단, 형용동사는 동사와 닮은 활용을 한다.

(34) 일본어의 형용사와 형용동사

a. 동사 구문:　　　　彼は[karewa]　走る[hasiru]。(그는 달린다.)
　　　　　　　　　　　　　　　　　　↑
　　형용사 구문:　　　　　　　　　悲しい(kanasi:, 슬프다) (O)
　　형용동사 구문:　　　　　　　　静かだ(sizukada, 조용하다) (O)

b. 명사 구문:　　　　彼は[karewa]　学生だ[gakseida]。(그는 학생이다.)
　　　　　　　　　　　　　　　　　　↑
　　형용사 구문:　　　　　　　　　悲しい(kanasi:, 슬프다) (X)
　　형용동사 구문:　　　　　　　　静かだ(sizukada, 조용하다) (X)

한국어와 다른 점은 명사를 수식할 경우 한국어의 형용사는 관형사형 전성어미를 갖지만 일본어의 형용사는 기본형의 어미 -い[i] 형태를 그대로 유지한다는 점이다. 형용동사의 경우는 기본형인 -だ[da]가 한국어의 관형사형 전성어미의 기능처럼 체언과 연결되는 연체형 -な[na]로 바뀐다.

(35) 형용사와 형용동사의 체언 수식

a. 형용사　バナナは　おいしい。　　→　　おいしい　バナナ
　　　　　[bananawa　oisi:]　　　　　　　[oisi:　　banana]
　　　　　바나나는 맛있다.　　　　　　　　맛있는 바나나

b. 형용동사　教室が　　　きれいだ。　→　きれいな　教室
　　　　　　[kyo:sitsuga　kireida]　　　　[kireina　　kyo:sitsu]
　　　　　　교실이 깨끗하다.　　　　　　　깨끗한 교실

일본어 형용사 역시 열린 부류로 새로운 어휘에 대하여 개방되어 있으며, もっと おいしい(motto oisi:, 더 맛있다), 一番 おいしい(ichiban oisi:, 제일 맛있다)와 같이 정도부사의 수식을 받는다. 그러나 영어와는 달리 정도에 따른 형태의 변화는 없다.

6.3.3 중국어

중국어 형용사는 한정 용법의 명사 수식 기능과 서술 용법으로 명사에 대한 서술 기능을 갖고 있으며, 한국어과 같이 열린 부류로 목록이 개방되어 있다. 그리고 한국어와 유사하게 형용사 범주와 동사 범주가 명확히 구분되지 않는 경향을 보인다. 따라서 한국어와 같이 형용사가 동사적 성격을 갖는다.

```
(36) 중국어
형용사의 동사적 성격
    동사 구문    : 他[tā]      跑[pǎo]。    그는 달린다.
                              ↑
    형용사 구문  :             好[hǎo]      그는 착하다.
```

중국어 형용사도 명사 앞에 놓여 명사를 수식하는 역할을 하며 주로 정도부사의 수식을 받는다.

```
(37) 好[hǎo]     东西[dōngxi]     좋은 물건
     新[xīn]     房子[fángzi]     새로운 집
```

앞에서 간단히 언급한 대로 중국어는 한국어, 일본어와 달리 활용이 없는 고립어적 특성 때문에 형태 변화 없이 명사, 동사 또는 부사의 역할을 할 수 있다. 다시 말해, 형용사가 문장에서 접사화에 의한 형태 변화 없이 다른 품사의 역할을 할 수 있다. 형용사의 이러한 현상을 품사의 겸용현상(兼用現象)이라고 하며, 이때 품사는 어순과 문장구조에 따라 결정된다.

(38) 겸용현상

a. 형용사와 명사의 겸용

| 형용사: | 痛苦[tòngkǔ] | | 고통스러운 |
| 명사: | 好多[hǎoduō] | 痛苦[tòngkǔ] | 많은 고통 |

b. 형용사와 동사의 겸용

| 형용사: | 训练[xùnliàn] | 严格[yángé] | 훈련이 엄격하다. |
| 동사: | 严格[yángé] | 训练[xùnliàn] | 훈련을 엄격하게 하다. |

c. 형용사와 부사의 겸용

| 형용사: | 他[tā] | 快[kuài]。 | | 그는 빠르다. |
| 부사: | 他[tā] | 快[kuài] | 回来了[huíláile]。 | 그는 속히 돌아올 것이다. |

겸용현상에서 보듯이 중국어의 형용사도 문장에서 서술어로 사용된다. 그리고 형용사가 서술어로 사용될 때는 영어와는 달리 계사의 도움을 필요로 하지 않는다. 그러나 1음절 형용사는 2음절 형용사와 달리 술어로 사용될 때는 정도부사 更[gèng], 真[zhēn], 很[hěn] 등과 함께 쓰이는 경우가 많다. 이때 정도부사는 그 기능이 약화된 의미로 사용된다.

(39) 술어로 사용된 형용사

a. 2음절 형용사

| 那个人[nàgerén] | 诚实[chéngshí]。 | 저 사람은 성실하다. |
| 这个人[zhègerén] | 老实[lǎoshí]。 | 이 사람은 정직하다. |

b. 1음절 형용사

| 花儿[huār] | 真美[zhēnměi]。 | 꽃이 (정말) 아름답다. |
| 天气[tiānqi] | 很冷[hěnlěng]。 | 날씨가 (매우) 춥다. |

중국어는 다른 언어와 달리 다음절 형용사가 관형어나 부사어로 사용될 때 구조조사(構造助詞)를 사용한다. 명사 앞에서 2음절 이상의 형용사가 관형어로 쓰일 경우에는 형용사 뒤에 的[de]를 사용하고, 2음절 이상의 형용사나 동사가 형용사 앞에서 부사어로 쓰일 때는 地[de]를 형용사 뒤에 사용한다. 단, 1음절 형용사는 구조조사를 사용하지 않는다.

(40) 형용사와 구조조사

 a. 관형어로 사용된 2음절 형용사
   예) 漂亮(piàoliang)

   我[wǒ]   买了[mǎile]   很漂亮的[hěnpiàoliàngde]   房子[fángzi]。
   나   사다(과거)   아주 아름답다-的   집
   나는 아주 아름다운 집을 샀다.

 b. 부사어로 사용된 2음절 형용사
   예) 辛辛苦苦(xīnxīnkǔkǔ)

   他[tā]   辛辛苦苦地[xīnxīnkǔkǔde]   完成[wánchéng]   了[le]。
   그   고생스럽다-地   완성하다   과거
   그는 고생스럽게 완성했다.

제8장 단어형성법

1. 들어가기

자음과 모음이 모여 단어가 이루어지고, 단어들이 모여 문장이 형성된다. 의사소통은 문장이나 담화 차원에서 이루어지지만 그 근간이 되는 것은 단어이다. 단어는 그것이 갖는 어휘적 의미만을 전달하는 것이 아니라 다양한 다른 정보도 전달하기 때문이다.

(1) 쓰신 책

두 단어로 이루어진 위의 표현에서 우리는 다음과 같은 사실들을 알 수 있다.

① 쓴 것은 편지가 아니라 책이다.
② 책을 읽은 것이 아니라 쓴 것이다.

③ 책을 쓴 사람은 내가 아니며, 그 사람은 나보다 윗사람이다.
④ 책을 쓴 시점은 과거이다.

①과 ②는 각각 '쓰(다)'와 '책'이라는 어휘를 통해서 알 수 있고, ③과 ④는 각각 '-시-'와 '-(으)ㄴ'과 같은 문법요소를 통해 알 수 있다. 이와 같은 어휘와 문법적 표현들은 각각 의미를 가진 최소 단위(minimal units of meaning)인 형태소(morpheme)가 된다. (형태소라는 개념은 원래 ③'-시-'와 ④의 '-(으)ㄴ'과 같은 문법적 표현들에 공통적으로 사용할 수 있는 용어로 도입된 것이다.)

(1) '쓰신'에는 세 개의 형태소가 있다. 동사 어간인 '쓰-'와 선어말어미 '-시-', 그리고 어말어미의 한 종류인 관형사형 전성어미인 '-(으)ㄴ'이 그것이다. 이러한 부분들이 모여 전체 단어의 의미를 형성한다. 어간으로서의 '쓰-'는 '자신의 머릿속에 있는 생각을 글로 나타낸다.'는 의미를 갖는 말로 '쓰신'이라는 표현의 중심 개념이 된다. 선어말어미 '-시-'는 높임을 나타내는 말로, 이를 통해 우리는 ③과 같은 정보, 즉 책을 쓴 행위의 주체가 친구나 동생이 아닌 나보다 윗사람이라는 사실을 알 수 있다. 어말어미 '-(으)ㄴ'은 시제와 관련된 형태소로 책을 쓴 시점이 현재나 미래가 아니라 과거라는 사실과 함께, 그 뒤에는 '먹다, 가다, 착하다, 좁다' 등의 용언이나 다른 말이 아닌 '책, 편지'와 같은 명사가 와야 함을 알려준다. 형태소는 이와 같이 낱말을 구성하는 데 들어가 낱낱의 의미를 형성하는 언어적 요소이다.

형태소의 종류와 기능은 매우 다양하다. 어떤 형태소들은 '쓰-'와 '책'과 같이 단어의 바탕 또는 중심 개념을 이루고, 어떤 형태소들은 '-시-'나 '-(으)ㄴ'과 같이 단어의 바탕이 되는 말에 붙어 부가적 정보나 문법적 정보를 제시한다. 예를 들어, '불만족스럽다'는 '불(不)+만족+스럽다'로 구성된 말인데, '불(不)'은 '아니다'의 의미를 가진 것으로 다른 명사 앞에 붙어 그 명사가 갖는 의미를 반대로 만드는 기능을 하고, '-스럽(다)'는 앞에 오는 명사를 형용사로 바꾸는 기능을 한다. 이 경우 '불(不)'은 어근 '만족' 앞에 붙는 접두사이고 '-스럽(다)'는 어근 뒤에 붙는 접미사로 둘 다 접사이다.

이 장에서는 형태소와 단어에 나타나는 보편적인 규칙성과 형태소들이 결합하는 방식, 그리고 이러한 것들에 대한 언어적 차이에 대해 살펴보도록 한다.

2. 학습자 오류

다음은 단어형성과 관련된 영어권 학습자의 오류이다.

> ○ 그는 물건을 <u>도둑하였다</u>.
> ○ 저는 어제 늦게 <u>잠하였습니다</u>.
> ○ 친구들 내가 한국어 <u>배우기</u>를 몰라요.
> ○ 우리는 <u>다음</u> 아침에 떠났다.

한국어에는 명사에 파생접미사 '-하다'를 붙여 동사를 만드는 파생법이 있다. 위 첫 두 문장은 그러한 파생법에 대한 과잉일반화의 오류이다. 세 번째 문장은 역시 파생접미사 '-기'에 대한 과잉일반화의 오류이고, 마지막 문장은 '다음날'과 같은 합성어에 대한 오류이다.

다음은 단어형성과 관련된 일본어권 학습자의 오류이다.

> ○ 일본에도 유명한 <u>스포츠</u> 선수가 있지만 국내 <u>유명일</u> 뿐이에요.
> ○ 대체로 한국 사람들은 <u>친절이다</u>.
> ○ <u>남자학생들</u>은 운동을 좋아해요.
> ○ 나는 <u>국어의 교사</u>가 되고 싶어요.

먼저 '유명일, 친절이다'는 모국어 간섭현상으로 '-하다' 등과 같은 접미사를 사용하지 못한 경우의 오류이다. '간단이다, 편리이다, 불편이다, 위험이다, 중요이다'와 같은 오류도 같은 이유에서 일어난 것이다. '남자학생, 국어의 교사' 두 경우 모두 모국어 간섭으로, 한국어의 '남학생, 국어교사'와는 합성법이 다른 데서 오는 오류이다.

다음은 단어형성과 관련된 중국어권 학습자의 오류이다.

> ○ 나는 이런 아름답고 작은 도(島)를 정말 좋아한다.
> ○ 우리 선생님이 우리 한국어학당에서 최(最)훌륭해요.
> ○ 방의 문이 닫았습니다.

'도(島), 최(最)훌륭해요'는 모두 한국어 한자의 용법을 제대로 알지 못해 일어나는 오류이다. 중국어에서는 한자를 형태 변화 없이 한 글자만으로도 자립적으로 사용할 수 있으나 한국어에서는 그렇지 않다. 그리고 마지막 문장과 같이 사동과 피동을 바르게 사용하지 못하는 오류도 종종 나타난다.

3. 형태소의 분류

형태소에 대한 기본 개념으로서 먼저 형태소의 분류에 대해 살펴보도록 한다.

3.1 실질적 의미 유무에 따른 분류

먼저 (1)의 '쓰신 책'에서 '쓰-'와 '책'은 각각 '書(또는 著)'와 '書籍'의 어휘적 의미를 갖는 형태소인 반면, '-시-'와 '-(으)ㄴ'은 어휘적 의미가 아닌 문법적 기능을 하는 형태소이다. 보다 쉽게 말하면, 다른 언어로 번역할 때 전자는 그 언어에 해당하는 말로 바꿀 수 있지만, 후자는 다른 언어로 바꿀 수 없거나 바꾸기 쉽지 않은 말들이다. 우리는 전자와 같은 형태소를 어휘형태소(lexical morpheme, 또는 실질형태소 full morpheme)라 하고, 후자와 같은 형태소를 문법형태소(grammatical morpheme, 또는 형식형태소 empty morpheme)라 한다. 명사나 동사처럼 우리가 소위 단어라고 명명하는 것들은 대체로 어휘형태소에 속하고, 접사나 어미 같은 것들은 문법형태소에 속한다. 그러나 한국어에서 단어로 분류되는 조사는 문법형태소에 속한다. 참고로, 한국어의 조사를 단어의 관점에서 본다면 영어의 전치사, 접속사, 관사, 대명사와 마찬가지로 내용어(content words)에 대립하는 기능어(function words)에 속한다. 전자는 명사, 동사, 형용사, 부사 등과 같이 사물이나 행동, 속성 등을 나타내는 말로 대개 어휘형태소와 일치한다. 반면, 후자는 어휘적 의미나 개념보다는 문법적 기능을 담당하는 말로 대개 문법형태소와 일치한다.[1]

---

[1] 이런 점에서 볼 때 명사의 기능을 대신하는 대명사를 실질형태소로 분류하는 것이 옳은 것인지는 생각해 볼 일이다. 그리고 대체로 어휘형태소 또는 내용어는 열린 부

3.2 자립성 유무에 따른 분류

형태소는 그것이 단독으로 나타날 수 있는지, 즉 문법적 자립성 여부에 따라 자립형태소(free morpheme)와 의존형태소(bound morpheme)로도 나뉜다. 이 분류는 단어 구성의 관점에서 볼 때 의미 있는 분류이다. 그것은 접사나 어미 등 의존형태소가 갖는 자체적 성격과 함께, 파생어와 같이 단어를 형성하는 데 있어 의존형태소가 중요한 역할을 하기 때문이다. 한국어에서 '책, 가방, 어머니, 집, 종이, 매우, 갑자기, 온갖' 등과 같은 말은 자립형태소에 속하고, '먹-고, 착하-지' 등과 같은 용언의 어간과 어미나, '이/가, 을/를, 은/는, 도'와 같은 조사, 그리고 '풋-, -쟁이'와 같은 접사는 독립적으로 문장에 나타날 수 없고 다른 형태소에 기대서 사용되기 때문에 의존형태소에 속한다. 다시 말해, 자립형태소인지 의존형태소인지는 문법적 자립성에 의해 결정된다.

여기서 잠깐

문법적 자립성과 단어

모든 단어는 문법적 자립성을 가질까? 그렇지 않다. 앞에서 언급한 대로 한국어의 조사를 볼 때 모든 단어가 문법적 자립성을 갖는다고 할 수는 없다. 명사는 대부분의 언어에서 자립형태소이지만 언어에 따라 의존형태소인 경우도 있다. 아래와 같이 고전 그리스어의 명사는 반드시 격을 나타내는 접사와 함께 실현된다 (Whaley, 1997).

log-os 'word(주격)'   log-oi 'words(주격)'

류에 속하여 새로운 어휘들의 첨가에 대해 보다 개방적인 데 비해 문법형태소 또는 기능어는 닫힌 부류에 속하여 새로운 어휘들이 쉽게 증가하지 않는다. 이런 점에서도 대명사는 닫힌 부류에 속할 가능성이 높다.

> log-ou 'word(소유격)'   log-ōn 'words(소유격)'
> log-on 'word(목적격)'   log-ois 'words(목적격)'
> log-ō 'word(여격)'   log-ous 'words(여격)'
>
> 위의 경우 공통적으로 log을 추출하여 '말(word)'이란 뜻임을 확인할 수는 있지만, log 홀로 사용되는 경우는 없다. 이러한 것은 한국어의 용언과 비슷하여 '먹+(-다, -고, -게, -지, -으니, -어서)'이 '식(食)'의 의미임을 알 수 있지만 '먹-'만 사용하는 경우가 없는 것과 같은 이치이다. 한국어 용언의 어간이 의존형태소이듯이, 고전 그리스어의 명사 또한 의존형태소이다.
> 반대로, 복수를 나타내는 표지는 영어의 -s나 한국어의 '-들'처럼 대부분의 언어에서 의존형태소이지만 언어에 따라서는 자립형태소인 경우도 있다.

3.3 기능에 따른 분류

한국어에서 '먹고, 먹으면, 먹어서' 등의 말과 '먹이'라는 말은 '먹(다)'에 의존형태소가 붙은 말들이지만 그 성격이 다르다. 전자의 경우는 '음식물을 입에 넣다'라는 뜻은 그대로 있고 동사로서 어미 활용에 의해 형태만 변한 것인 반면, 후자는 '동물들의 사료' 등과 같이 원래의 의미가 확장 또는 변화되었으며 품사도 동사에서 명사로 바뀌었다. 영어의 worked와 worker도 마찬가지다. 둘 다 동사 work에서 나온 말이지만 전자는 시제만 과거로 바뀌었을 뿐 work가 가지고 있는 모든 성질을 그대로 유지하고 있는 반면, 후자는 그 의미가 다른 데로 확대되면서 품사도 명사로 바뀌었다.[2] 이런 경우 전자를 굴절(inflection)이라 하고, 해당하는 형태소를 굴절형태소

---

2) work가 '일'을 뜻하는 명사로도 쓰이나 -er은 동사에 붙어 동작의 주체를 나타내는 명사로 만드는 접사이므로 worker는 동사에서 명사로 파생된 말이다.

(inflectional morpheme, 또는 굴절접사)라 한다. 그리고 후자를 파생(derivation)이라 하고, 해당하는 형태소를 파생형태소(derivational morpheme, 또는 파생접사)라고 한다.3)

구체적으로 말해, 굴절형태소는 문장의 각 성분들의 문법적 관계를 나타내는 형태소이다. 즉, 문장과 관련된 문법 정보를 알려준다. 예를 들어, 어미 '-었/았-'은 시제가 과거임을 알려주고, 조사 '을/를'은 선행하는 명사가 목적어임을 알려준다. 영어의 -(e)s는 주어가 3인칭 단수이며 시제는 현재임을 알려준다. 반면, 파생형태소는 단어의 의미 변화는 물론 경우에 따라서는 품사의 변화, 발음의 변화도 가져오는 형태소로, 이 형태소가 붙으면 새로운 말이 된다. 따라서 파생형태소가 결합된 단어는 굴절형태소의 경우와는 달리 사전(辭典)에 새로운 항목으로 포함된다. 큰 틀에서 말하면 굴절형태소는 문장과 관련된 것이고, 파생형태소는 단어와 관련된 것이다. 굴절형태소와 파생형태소는 의존형태소라는 점에서는 같지만 이와 같은 차이가 난다.

굴절형태소	파생형태소
문법 기능	어휘 기능
품사변화 없음	품사변화 가능
의미변화 거의 없음	어느 정도의 의미 변화
문법규칙과 관련	문법규칙과 무관
파생형태소 뒤에 위치	굴절형태소 앞에 위치
생산적	비생산적

〈표 1〉 굴절형태소와 파생형태소의 차이(Fromkin 외, 2011)

<표 1>과 관련하여 몇 가지 설명을 덧붙이면 다음과 같다.
첫째, 파생형태소가 항상 품사를 변화시키는 것은 아니다. 예를 들어,

---

3) 일반적으로 굴절형태소와 파생형태소 둘 다를 '접사'라 하는데, 한국어의 경우는 파생형태소만을 '접사'라 한다.

'치-(솟다), (선생)-님, re-(turn), (child)-hood'와 같은 파생형태소는 품사를 바꾸지 못한다.

둘째, 굴절형태소는 'The boy is coming. vs. The boys are coming.'과 같이 문법규칙의 적용을 받는 반면, 파생형태소는 'The waiter/waitress is coming.'에서처럼 문법규칙과는 관계가 없다.

셋째, '사랑-하-고, 지혜-롭-은(지혜로운), work-er-s, moral-ize-s'에서와 같이 '어근+파생형태소+굴절형태소'의 순으로 결합한다. 다시 말해, 어근에 가깝게 위치하는 것은 굴절형태소가 아닌 파생형태소이다.

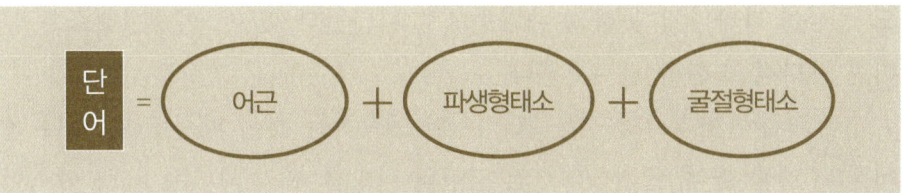

〈그림 1〉 형태소의 결합 순서

넷째, 한국어의 조사와 어미는 각각 모든 체언과 용언의 어간에 결합할 수 있으며, 영어에서 복수를 나타내는 -(e)s는 거의 모든 명사에 붙을 수 있다는 점에서 굴절형태소는 매우 생산적이라 할 수 있다. 반면, 한국어의 '-답다, -롭다' 등이나 영어의 -ize와 같은 파생형태소는 특정 어휘에 제한적으로 결합한다는 점에서 비생산적이다. 다시 말해, 굴절형태소는 파생형태소와 달리 분포 상태에 규칙성을 보인다. 가령 영어의 복수 어미 -(e)s는 환경에 따라 [-s], [-z], [-əz]의 세 음성으로 실현되는데 매우 규칙적이다. 그러나 파생형태소는 분포가 불규칙적이다. -ly를 예로 들면 이것은 형용사에 첨가되어 부사를 만들지만 모든 형용사에 적용되는 것은 아니다. 즉, *small-ly, *big-ly, *young-ly는 성립하지 않는다. unhappy, unfair는 가능하지만, *unsad, unbrave는 존재하지 않는다(이익환·안승신 2001). 그러나 한국어를 볼 때 파생형태소가 항상 비생산적인 것만은 아니다. 높임과 복수를 나타내는 접미사 '-님, -들'은 매우 생산적이다. 동사를 명사로 바꾸는 '-(으)ㅁ, -기' 역시 생산성이 높지만, 이것들은 원래 일차적으로 동사구나 문장을 명사화하는 굴절의 기능을 가진 것이 이차적으로 파생의 기능을 가져 명사화 접사로 쓰이는 것이다.

이 외에도 굴절형태소의 경우는 대립어 범례(paradigm of opposites)를 자주 보이지만, 파생형태소에서는 이러한 것을 찾기 어렵다(Whaley, 1997). 대립어 범례란 모순되는 의미나 기능을 가진 상호배타적인 형태소들의 집합을 의미하는데, 시제표지 같은 것이 이에 해당한다. 시제의 경우 서로 다른 두 시제가 한 동사에 동시에 나타날 수 없기 때문에 이에 해당하는 형태소도 동시에 나타나지 못하고 배타적으로 나타난다. 반면, 파생형태소는 이러한 배타적 출현을 볼 수 없다.

그리고 굴절형태소의 경우 그 의미를 예측하는 것이 파생형태소보다 용이하다. 예를 들어, 굴절형태소인 영어의 비교급 -er의 의미는 100% 예측이 가능하지만, 파생형태소 -er은 어떤 단어에 붙느냐에 따라 의미가 달라져 다음과 같이 다양한 의미를 만들어낸다. (2b)의 -age도 마찬가지다(이익환·안승신, 2001).

(2) a. teach-er   (직업인으로서의 교사)
    New York-er   (New York 거주민)
    toast-er   (빵 굽는 기계)
    draw-er   (서랍)
  b. orphan-age   (고아원)
    post-age   (우편요금)
    marri-age   (결혼행위)

이와 같은 굴절형태소와 파생형태소의 함의관계에 대해 Greenberg(1963)는 굴절이 있는 언어는 반드시 파생이 존재한다(언어보편성 29)고 하였다.

한국어와 일본어는 조사와 어미가 매우 발달한 관계로 영어나 중국어보다 굴절형태소가 많고, 영어는 굴절형태소의 수가 스페인어 등의 로망스어나 러시아어 등 다른 유럽어에 비해서도 적은 편이다.

4. 접사

파생형태소인 접사(affix)는 크게 접두사(prefix)와 접미사(suffix)로 나뉜다. 그리고 상대적으로 드물지만 접요사(infix, 또는 삽입사)와 접환사(circumfix, 또는 외접사)도 존재한다.

접사 중에서 가장 흔한 것이 접두사와 접미사이다. 접두사는 어근 앞에 붙는 접사이고, 접미사는 어근 뒤에 붙는 접사이다.

접두사	한국어	군-소리, 짓-밟다, 드-높다, 풋-사랑
	영어	in-correct, re-play, pre-fix, de-composition, en-large
접미사	한국어	사랑-하(다), 선생-님, 우리-들, 열심-히
	영어	parent-hood, journal-ism, social-ize, beauty-ful

〈표 2〉 접두사와 접미사

여기서 잠깐

어근과 어간

일반언어학적인 관점에서 어근(root)이란 접사와 결합하는 실질형태소를 말하고, 어근이 접사와 결합하면 어간(stem)이 된다. 예를 들어, system은 어근이며, systematic, unsystematic, unsystematical 등은 어간이 된다. 어근과 어간을 구별 없이 사용할 때 어기(語基)라는 말을 사용하기도 한다.

한편, 한국어에서 어근의 개념은 위와 같으나, 어간은 일반적으로 용언에서 어미와 구별되는 어휘형태소를 지칭한다. 그리하여 '사랑하다'는 어근 '사랑'(명사)에 접미사 '하-'가 붙어 동사로 파생한 말로 '사랑하-'가 어간이 되며, '-다'는 어미가 된다.

의미나 기능에 따라 접미사와 접두사가 결정되는 범언어적 규칙은 없다. 다시 말해, 어떤 언어에서는 접미사로 기능하는 것(예 복수 표지)이 다른 언어에서는 접두사일 수 있다. 접두사와 접미사 중에서 더 보편적인 것은 접미사이다. 학자들에 의하면 접미사와 접두사의 비율은 동사의 위치에 따른 언어 유형에 따라 다음과 같이 나타난다고 한다(Whaley, 1997).

(3) 접미사와 접두사의 비율
  ① V 문말형(SOV/OSV) 언어   － 접미사 5 : 접두사 1
  ② V 중간형(SVO/OVS) 언어   － 접미사 2 : 접두사 1
  ③ V 문두형(VSO/VOS) 언어   － 접미사 1 : 접두사 1

접요사는 어근의 앞이나 뒤에 위치하는 것이 아니라 어근 내부에 위치하는 접사로, 접두사나 접미사보다는 드물게 나타난다. 접환사는 동시에 어근의 앞과 뒤에 접사가 붙는 경우로 역시 드물게 나타난다. 접환사의 예로는 ge-lieb-t('loved, beloved')와 같은 독일어 규칙동사의 과거분사 형태를 들 수 있다. 이들이 드물게 나타나는 이유 중 하나는 단어가 분리되지 않으려는 응집성 때문이다. 접요사는 어근의 응집성을 깨뜨리며, 접환사는 접사의 응집성을 깨뜨리는 것이다. 접사는 그 종류에 따라 대체로 다음과 같은 함의를 갖는다.

(4) 접미사 〉 접두사 〉 접요사 〉 접환사

즉, 접환사가 있는 언어 중 많은 언어는 선행하는 모든 접사를 가지며, 접요사를 갖는 언어는 선행하는 두 접사를 모두 갖는다. 그리고 접두사가 있는 언어는 대체로 접미사를 갖는다. 한국어와 영어를 비롯한 많은 언어들은 접미사와 접두사만 존재한다.

5. 단어의 형성

5.1 단어의 분류

단어는 그 구조에 따라 다음과 같이 분류된다.

(5) 단어의 구조에 따른 분류

```
       ┌ 단순구조(단일형태소어): 단일어
단어 ─┤                              ┌ 합성구조: 합성어
       └ 복합구조(복수형태소어) ─┤
                                      └ 파생구조: 파생어
```

① 단일어

'집, 나무, 바다, house, tree, sea' 등과 같이 단일형태소로 이루어진 단어와, '먹-다, 가-고' 등과 같이 단일형태소에 어미와 같은 굴절형태소가 결합한 단순구조의 단어를 단일어(simple word)라 한다. 앞에서 본 것과 같이 굴절형태소는 새로운 단어를 형성하는 데 사용되는 형태소가 아니므로 단어를 형성하는 구조에 포함되지 않는다.

② 합성어

'시계탑, 돌다리, 돌아가다, housewife, highlight' 등과 같이 둘 이상의 어근(어휘형태소)이 결합하여 만들어진 합성구조의 단어를 합성어(compound word)라고 한다.

③ 파생어

'드높다, 개살구, singer, moralize' 등과 같이 어근에 접사가 결합하여 만들어진 파생구조의 단어를 파생어(derived word)라고 한다.

단어는 기본적으로 단일어, 합성어, 파생어의 세 가지로 나누는바, 단어 형성의 가장 중요한 과정은 바로 합성과 파생이다. 다음에서는 굴절과 함께 이 두 가지에 대해 살펴보도록 한다.

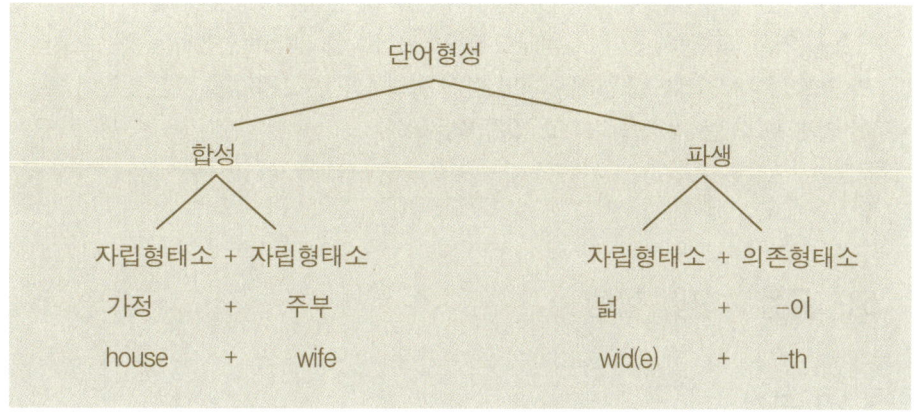

〈그림 2〉 단어형성의 두 유형: 복합구조

여기서 잠깐

단어의 정의: 최소자립성

단어에 대해 정확히 정의하기는 매우 어렵지만 일반적으로 최소자립형식(minimal free form)으로 정의된다. 따라서 '집, 얼굴, 나, 너, 하나, 둘' 등과 같은 체언, '매우, 다른'과 같은 수식언 등은 그 자체로 자립성을 가지므로 단어가 된다.

한편, '좁다, 웃다' 등과 같은 용언은 어간과 어미가 합쳐져야 자립성을 가지므로 전체가 하나의 단어가 된다. 최소자립형식이라는 정의는 단어가 되기 위해서는 두 가지 성질 즉, 최소성과 자립성을 갖추어야 한다는 의미이다.

최소성의 관점에서 볼 때 문제가 되는 것이 '시계탑, 안팎'과 같은 합성어이다. 이들은 어떤 면에서 보면 최소성을 위반하고 있다. 이를 극복하기 위한 방안이 휴지(pause)와 분리성이다. 즉, 이들이 하나의 단어가 될 수 있는 이유는 단어 내부에 휴지를 둘 수 없고 다른 말에 의해 분리될 수 없기 때문이다. 한편, 자립성의 관점에서 문제가 되는 것이 영어의 a, the와 같은 관사와 한국어의 '새 (집), 온갖 (소리)' 등과 같은 관형사, 그리고 한국어의 조사이다. 영어의 관사와 한국어의 관형사는 문장에서 단독으로 나타날 수 없고 반드시 명사와 같이 나타나야 하기 때문이다. 그러나 분리성에 의해 두 성분 사이에 다른 말을 넣을 수 있으며(the old boy, 온갖 나쁜 소리 등), 두 성분 사이에 자연스러운 휴지를 둘 수 있어(a # boy, 새 # 집), 이들은 단어로 인정된다(Whaley, 1997).

> 조사 역시 자립성이 없다. 그럼에도 불구하고 조사를 단어로 인정하는 것은 조사와 결합하는 체언의 자립성 때문이다. 다시 말해, 조사는 자립성을 가진 낱말에 붙어 쉽게 분리되는 성질을 가지고 있기 때문이다.

5.2 굴절, 파생, 합성

5.2.1 굴절

굴절은 앞에서 본 것과 같이 어근에 의존형태소가 붙어 격 또는 시제, 복수, 진행, 완료 등 문법적 정보만 제공하는 것을 말한다. 이 경우 새로운 의미의 생성이나 품사 변화는 없다. 따라서 엄격하게 말하면 형성법에 포함되지 않는다. 굴절의 예를 보면 (6)과 같다.

(6) 가. 한국어
　　　먹+는: 관형형　　　먹+고: 연결형

　　나. 러시아어의 격
　　　koška　　'cat' (고양이)
　　　koški　　'of a cat' (고양이의)
　　　koške　　'to/for a cat' (고양이에게/고양이를 위해)
　　　košku　　'cat (direct obj.)' (고양이를)

　　다. 영어
　　　a. 명사: 수(數)에 따른 굴절
　　　　baker vs. bakers　　　man vs. men
　　　b. 명사: 격에 따른 굴절
　　　　baker vs. baker's
　　　c. 동사: 시제에 따른 굴절

>   pass vs. passed   go vs. went
>   d. 동사: 인칭에 따른 굴절
>   I like her. vs. He likes her.
>   e. 형용사: 비교급에 따른 굴절
>   pretty vs. prettier vs. prettiest
>   f. 조동사: 상에 따른 굴절
>   She is working. vs. She has worked.

앞에서 언급한 대로 굴절은 원래 가진 의미나 품사를 바꾸지 않는다. (6가)에서 '먹는'과 '먹고'는 뒤에 어떤 말이 오느냐에 따라 어미가 달리 선택된 것일 뿐, '먹다'라는 동사가 갖는 의미와 품사는 그대로 유지하고 있다. (6나) 러시아어의 경우도 마찬가지여서, 격만 다를 뿐 명사 '고양이'의 의미와 품사는 그대로 유지된다. (6다) 영어의 경우도 동일하다.

굴절의 과정은 다양하다. 한국어와 영어와 같이 접미사의 성격으로 어근 뒤에 결합하기도 하고, 앞에서 본 독일어의 ge-lieb-t와 같이 어근의 앞뒤에 접환사를 더하여 만들기도 하고, 언어에 따라서는 접두사로 결합하는 경우도 있다. 아랍어는 자음 사이에 모음을 삽입하여 만들고(예 /ktb/ '쓰다(書)의 어근' → [katab] '그가 썼다.'), 말레이어는 앞장에서 본 것과 같이 복수를 나타내기 위해 중첩의 방법을 사용한다(예 orang '사람' → orang orang '사람들').

굴절에는 곡용(declension)과 활용(inflection, conjugation)의 두 가지 종류가 있다. 곡용이란 7장에서 본 것과 같이 명사, 대명사, 형용사 등이 성(性), 수(數), 격(格)에 따라 형태가 변하는 것으로, (6) 러시아어의 격변화가 그 예가 된다. 한국어에서 '책이, 책을, 책에서' 등과 같이 격조사가 붙는 것을 곡용으로 보기도 하지만, 격이 명사 내부에 표시되지 않고 별개의 것으로 쉽게 분리된다는 점에서 인도·유럽어의 경우와는 그 성격이 다르다. 다만, 중세 국어에는 'ㄱ 곡용어'(예 나모(木)-남기, 남굴 등), 'ㅎ 곡용어'(예 돌(石)-돌히, 돌콰 등)에 해당하는 단어들이 존재하였다.

활용은 동사가 인칭, 수, 성, 시제, 태, 서법 등의 요인에 따라 형태가 변하는 것으로, 시베리아 지역의 원시 부족 언어인 Chukchee에서는 동사의 접사만으로 주어와 목적어의 단·복수와 인칭을 알 수 있다. 중세 한국어에도 부분적으로 이와 유사한 것을 볼 수 있다.

여기서 잠깐

중세국어의 활용

a. 청초 우거진 골에 자ᄂᆞ다 누엇ᄂᆞ다
   (푸른 풀 우거진 골짜기에 (너는) 자고 있느냐 누워 있느냐?)
b. 내 이ᄅᆞᆯ 윙(爲)ᄒᆞ야 어엿비 너겨 새로 스믈 여듧쭝ᄅᆞᆯ 밍ᄀᆞ노니
   (내가 이것을 위하여 불쌍히 여겨 새로 28자를 만드니)

(a)의 '-ᄂᆞ다'는 현대국어 '-니/느냐?'에 해당하는 의문형 어미이다. 그런데 현대국어의 이 어미들과 달리 중세국어의 '-ᄂᆞ다'는 대상이 2인칭인 경우에만 사용된다. 따라서 문장 안에서 대상이 누구인지 명시되지 않아도 그 어미를 통해 대상이 청자라는 것을 알 수 있다. (b)의 경우도 이와 비슷한데, 현대국어의 '만드니'에 해당하는 '밍ᄀᆞ노니'는 주체가 1인칭임을 표시하는 형태소('-노-'의 '오': ᄂᆞ+오)가 들어 있다. 따라서 우리는 동사만 보고서도 이 글을 쓴 사람이 훈민정음을 만들었다는 사실을 알 수 있다.

5.2.2 파생

1) 파생의 종류

파생은 접사가 붙어 새로운 의미적 정보를 제공하는 것을 말한다. 파생은 어근이 의존형태소인지 자립형태소인지에 따라 1차 파생과 2차 파생으로 나눈다(이철수·김준기, 2000).

(7) 어근이 의존형태소인가 자립형태소인가에 따라
　가. 1차 파생: 어근이 의존형태소인 경우

영어	con-ceive	de-ceive	re-ceive
	anim-al	anim-ate	anim-ism
한국어	맞-웅(마중)	깨끗-하다	아름-답다

　나. 2차 파생: 어근이 자립형태소인 경우

영어	en-able	en-close	en-list
	act-ive	act-or	act-ress
한국어	집-웅(지붕)	청소-하다	꽃-답다

그리고 어근의 품사를 유지하는 경우도 있고 그렇지 않은 경우도 있다. 한국어에서 동사 '먹(다)'에 파생접사 '-이'를 붙이면 명사 '먹이'가 되어 품사가 바뀌지만, '밟다'에 파생 접두사 '짓-'을 붙여 '짓밟다'로 하면 새로운 의미를 창출하게 되지만 품사는 그대로 유지된다.

품사유지파생	영어		dis-continue boy-hood	dis-count man-hood	dis-trust neighbor-hood
	한국어		짓-밟다 부채-질	애-쓰다 선생-님	휘-감다 녹-이다
품사변화파생	영어	명사 → 동사	en-courage, n-danger, en-slave		
		동사 → 명사	love-er, run-er, teach-er		
		명사 → 형용사	care-ful, girl-ish, child-less		
		형용사 → 명사	warm-th, good-ness, similar-ity		
		형용사 → 동사	real-ize, sharp-en, simple-ify		
		동사 → 형용사	read-able, sleep-y, forget-ful		
	한국어	명사 → 동사	사랑-하다, 청소-하다, 공부-하다		
		동사 → 명사	먹-이, 맞-웅(→마중), 죽-음		
		명사 → 형용사	꽃-답다, 지혜-롭다, 가난-하다		
		형용사 → 명사	넓-이, 크-기, 검-둥이		

| 형용사 → 동사 | 높-이다, 좁-히다, 낮-추다 |
| 동사 → 형용사 | 믿-업다(→미덥다), 깃-브다(→기쁘다), 반기-압다(→반갑다) |

〈표 3〉 품사유지파생과 품사변화파생

파생접사 중에서는 생산성이 높은 것이 있는가 하면 그렇지 않은 것이 있다. 전자를 활성접사(living affix)라 하고, 후자를 비활성접사(dead affix)라 한다(이익환·안승신, 2001). 영어의 경우, -ness, -able, -ly 등은 전자에 속하고, -hood, -dom과 같은 접사는 childhood, kingdom과 같이 기존의 어휘에는 사용되지만 현대 영어에서 새로운 단어를 파생시키는 데에는 큰 기능을 하지 못하여 후자에 속한다. 한국어에서도 마찬가지여서 '무덤(묻+엄), 주검(죽+엄), 기둥(긷+웅)' 등에 사용된 '엄, 웅'은 더 이상 파생 접미사의 기능을 하지 못하는 비활성 접사이다.

2) 언어별 특징

여기에서는 한국어, 영어, 일본어의 파생에 대해 살펴보도록 한다. 중국어는 고립어여서 이에 대한 특별한 특징이 없으므로 다루지 않도록 한다.

1 한국어의 파생

한국어의 파생은 다음과 같은 특징을 갖는다(이관규, 2012).

첫째, 접두파생은 상당히 제한적이어서 명사, 동사, 형용사에만 존재한다.

군-소리(명사),   치-솟다(동사),   드-높다(형용사)

둘째, 접두사는 품사를 바꾸지 못하는 어휘적 접사(lexical affix)이므로 접두파생의 경우 특별한 경우(예 마르다(동사) → 메마르다(형용사))를 제외하고는 품사를 바꾸지 못한다.

셋째, 접두사가 그 형태를 바꾸는 경우가 있다.

> 올-벼 vs. 오-조, 애-호박 vs. 앳-되다,
> 멥-쌀 vs. 메-벼, 찹-쌀 vs. 찰-벼

넷째, 접미파생은 생산성이 높아 명사, 대명사, 수사, 동사, 형용사, 관형사, 부사, 조사 등 매우 광범위하게 일어난다.

다섯째, 접미파생의 경우 품사를 바꾸지 못하는 어휘적 접사가 붙는 경우도 있고, 품사를 바꾸는 통사적 접사(syntactic affix)가 붙는 경우도 있다.

> 어휘적 접사: 멋-쟁이, 깨-뜨리(다)
> 통사적 접사: 넓-이, 사랑-하(다), 없-이, 밖-에(조사),
>   믿-업(다)(→미덥다)

여기서 잠깐

명사화 접미사와 명사형 전성어미 '-음'

얼음①이 얼음②은 날씨가 추워졌기 때문이다.
그의 죽음①은 우리를 슬프게 한다.
그가 죽음②으로 우리는 전쟁에서 이길 수 있었다.

위에서 '얼음'과 '죽음'의 '-음'은 명사화 접미사 또는 명사형 전성어미이다. 얼음①과 죽음①과 같이 명사화 접미사가 붙은 말은 명사이고, 얼음②와 죽음②와 같이 명사형 전성어미가 붙은 것은 동사이다. 이 둘을 구별하는 방법은 무엇일까? 다음과 같은 몇 가지 방법을 생각해 볼 수 있다.

1) 명사는 과거로 만들 수 없지만 동사는 과거로 만들 수 있다. 위에서 얼음②와 죽음②는 각각 '얼었음'과 '죽었음'이 가능하지만 얼음①과 죽음①은 불가능하다.
2) 수식하는 말에 관형사형 어미 '-(으)ㄴ'을 붙여야 하는 말은 명사이고, 부사형 어미 '-게'를 붙여야 하는 말은 동사이다.
(단단한) 얼음①이 (단단하게) 얼음②은 날씨가 추워졌기 때문이다.
그의 (거룩한) 죽음①은 우리를 슬프게 한다.
그가 (거룩하게) 죽음②으로 우리는 전쟁에서 이길 수 있었다.

2 영어의 파생

영어의 파생은 다음과 같은 특징을 갖는다(이익환·안승신, 2001).
첫째, 접두파생에서도 품사를 바꾸는 경우가 있다.

en-courage, en-danger, a-bed, be-cloud

둘째, 파생접미사가 매우 많으며 대부분 품사를 바꾼다.

여기서 잠깐

영어 파생법

1) 파생어

   a. 명사 → 형용사

boy + *ish*	virtue + *ous*	Elizabeth + *an*
picture + *esque*	affection + *ate*	health + *ful*
alcohol + *ic*	father + *ly*	idea + *al*
child + *like*	cloud + *y*	

   b. 동사 → 명사

acquit + *al*	clear + *ance*	accuse + *ation*
confer + *ence*	sing + *e*	conform + *ist*
predict + *ion*	free + *dom*	post + *age*
inhabit + *ant*	drive + *ing*	arrange + *ment*

   c. 형용사 → 부사

exact + *ly*	easy + *like*

   d. 명사 → 동사

category + *ize*	vaccine + *ate*	brand + *ish*
beauty + *fy*		

   e. 명사 → 부사

north + *ward(s)*	clock + *wise*

   f. 형용사 → 동사

national + *ize*	black + *en*	simple + *ify*

   g. 동사 → 형용사

read + *able*	creat + *ive*

   h. 형용사 → 명사

happy + *ness*	sane + *ity*	free + *dom*
ideal + *ism*	radical + *ist*	

2) 파생어 규칙
위의 파생어에 대해 우리는 다음과 같은 규칙을 세울 수 있다. 다음의 예는 위 (g)의 '-able' 관련 규칙이다. 즉, 타동사에 '-able'을 더하면 '- 될 수 있는'의 의미를 갖는 형용사가 된다는 것이다.

$$[_{vt} X] \rightarrow [_{adj} [_{vt} X] -able]$$
의미: X 될 수 있는

셋째, 한국어에서는 거의 볼 수 없는 현상으로, 영어에는 접사 없이 품사가 바뀌는 경우가 있다.

명사	→	동사:	water(물 주다),	fish(고기 잡다)
형용사	→	동사:	free(풀어 주다),	clean(청소하다)
동사	→	명사:	permit(면허증),	import(수입)
형용사	→	명사:	(the) rich(부자),	(the) old(노인)

넷째, 접사의 순서는 모든 파생접사들이 결합된 후에 맨 마지막에 굴절접사가 결합한다. 그리고 굴절접사는 단 한 번만 결합한다. 따라서 *playinged나 *palyeding와 같은 말은 가능하지 않다.

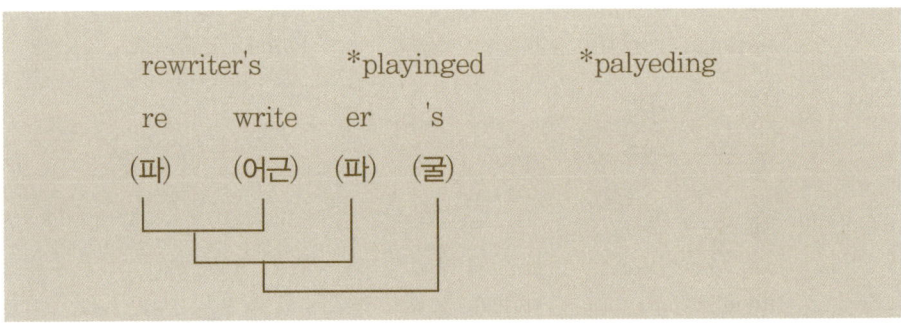

여기서 잠깐

> **Greenberg의 보편문법 39: 접사의 순서**
>
> 수(数)와 격(格)을 나타내는 형태소가 명사 어기에 선행하거나 후행하면 '명사+수+격'의 순서로 구성된다. 물론 Greenberg는 수와 격을 나타내는 형태소를 굴절형태소로 한정하고 있지만 한국어나 일본어의 경우에도 이 규칙은 적용되어, '학생+들(복수)+이(격조사)', '学生+たち(tachi, 복수)+が(ga, 격조사)'로 실현된다.

③ 일본어의 파생

일본어의 파생은 다음과 같은 특징을 갖는다(양경모, 1990; 안병곤·최태욱, 2000).

첫째, 순수 일본어 접두사에 의한 파생은 많지 않고 대부분이 한자어 접두사에 의한 파생이다. 참고로 일본어에서 한자어 접두사의 종류는 약 250종 정도이다. 순수 일본어 접두사 중 생산성이 높은 것은 존경이나 겸손을 뜻하는 お(御[o])를 비롯하여 크고(大[oː]) 작음(小[ko]), 처음(初[hatsu]) 등의 의미를 갖는 것들이다.

```
お(御)  :  お顔(ogao, 존안),        お話(ohanasi, 말씀)
おお(大):  大波(oːnami, 큰 파도),   大通り(oːdoːri, 큰길)
こ(小)  :  小島(kozima, 작은 섬),   小雨(kosame, 가랑비)
はつ(初):  初霜(hatsusimo, 첫서리), 初雪(hatsuyuki, 첫눈)
```

둘째, 접미사 파생의 경우는 어휘적 파생과 통사적 파생 두 가지가 있다. 통사적 파생 중 동사에서 유래한 파생명사는 별도의 파생접미사 없이 활용형 중의 하나인 연용형의 형태가 그대로 파생명사가 된다는 점이 특이하다. 이 점은 형용사나 형용동사 등에서 파생된 명사와 다르다.

> 遊び(asobi, 놀이), 集まり(atsumari, 모임), 歩み(ayumi, 발걸음), 入り(iri, 들어감), 動き(ugoki, 움직임), 思い(omoi, 생각), 終り(owari, 종료)

5.2.3 합성

1) 합성의 특징

합성은 'school-bus, 빔-낫' 등과 같이 둘 이상의 기존 어휘형태소(어근)를 결합하여 하나의 새로운 단어를 만드는 것을 말한다. 합성어를 이룰 수 있는 말은 언어에 따라 차이를 보이지만 언어보편적 관점에서 볼 때 주로 명사, 동사, 형용사로 구성된다. 합성어의 품사는 중심어(head)에 의해 결정되는데, 이 또한 주로 명사, 동사, 형용사 중 하나이다. 한국어의 경우는 관형사, 부사, 감탄사도 합성어를 이루며 품사도 매우 다양하다.

언어 합성어 구성	영어	한국어
명사+명사	housewife	돌다리
명사+동사	window-shop	힘들다
명사+형용사	snow-white	맛있다
동사+명사	pickpocket	디딤돌
동사+동사	sleepwalk	돌아가다
형용사+명사	greenhouse	큰형
형용사+동사	whitewash	게을러빠지다
형용사+형용사	bittersweet	머나멀다

〈표 4〉 합성어의 예

대부분의 언어는 '명사+명사' 즉, 두 개 이상의 명사로 이루어지는 합성법을 갖는다. 이 경우 단어의 위치는 언어에 따라 차이가 나는데, 영어나 독일어 등의 게르만어는 왼쪽으로 가지를 치는 언어(즉, 주변어가 중심어 앞에 와서 수식하는 구성)이며, 프랑스어 등의 로망스어는 이와 반대 구성을 갖는다. 그리하여 영어의 railway가 프랑스어에서는 chemin[road]-de[of]-fer[iron]이 된다. 한국어와 일본어는 영어와 같은 구성으로 '철로, 鉄路[tetsuro]'가 된다.

합성명사를 이루는 또 하나의 구성은 '동사+명사'의 구성이다. 이 구성은 동사와 목적어의 결합 즉, VP(동사구)가 하나의 명사로 바뀐 것이 많다. 영어나 프랑스어와 같이 VO 어순에서는 '동사+명사' 구성의 합성어가 매우 자연스러운 반면, OV 어순인 한국어는 '볼일, 디딤돌'과 같이 동사를 관형사형이나 명사형으로 바꾼 후에 결합한다. 형용사도 마찬가지다. 유럽어 중에는 영어의 pickpocket, breakfast, spoil-sport 등과 같이 동사 원형에 단수 명사를 쓰는 언어가 있는가 하면, 언어에 따라서는 동사를 3인칭 현재형으로 활용하거나(예 프랑스어 grille-pain 'toaster' (lit. 'toasts bread')), 중심어가 되는 명사도 복수로 하는 경우(예 스페인어 rascacielos 'skyscraper' (lit. 'scratches skies'))도 있다.

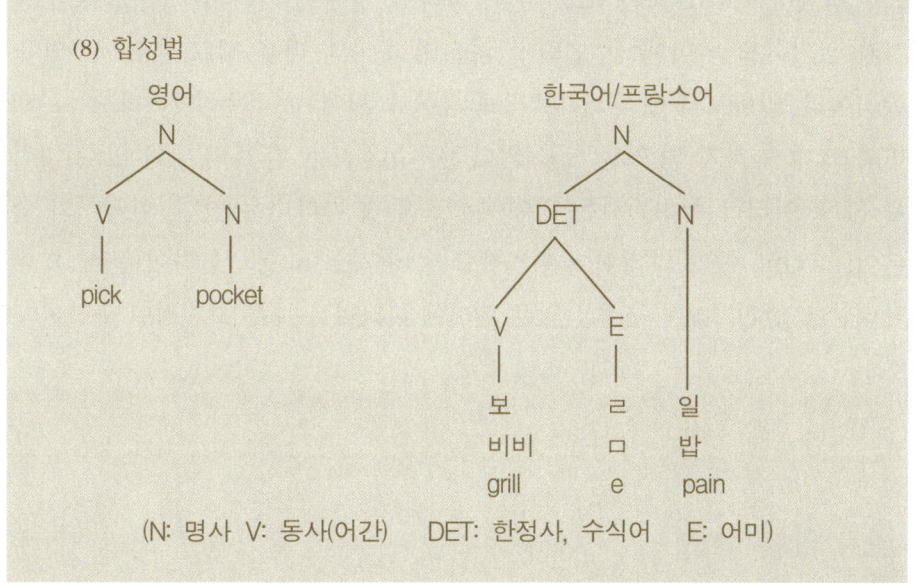

(8) 합성법

흥미로운 사실 하나는 언어 중에는 모든 동사가 V+N으로 구성되는 언어(예 호주 부족어인 Jingulu어)도 있다는 사실이다. 이 언어에는 기본동사가 do, make, run 세 가지밖에 없어서 '자다'와 같은 말은 do a sleep과 같이 해당하는 명사와 기본동사를 합하여 필요한 동사를 만드는 것이다(*Wikipedia*, Compound). 합성동사 중 가장 일반적인 두 가지 구성은 '동사(V)+동사(V)'의 구성(예 알아보다, sleepwalk)과 '명사(N)+동사(V)'의 구성(예 힘들다, manhandle)이다. 전자의 형식을 갖는 것 중에는 연쇄동사(serial verb)와 '본동사+조동사' 구성도 있어 V+V라 하여 모두 합성동사인 것은 아니다.

연쇄동사와 합성동사의 차이는 전자는 둘 이상의 동작을 표현하기 위해 둘 이상의 동사를 사용하는 것인 반면, 후자는 하나의 동작을 표현하기 위해 둘 이상의 동사를 사용하는 것이다. 따라서 영어의 come and see나 한국어의 '오르내리다, 삶아먹다'와 같은 말은 엄밀히 말해 합성동사라 하기 어렵다(한국어에서는 합성어로 다룬다). 이들은 두 동작의 의미적·문법적 무게가 대동소이할 뿐만 아니라 경우에 따라서는 두 동작이 연속성을 갖는다. 합성동사는 대체로 두 동사 중 하나가 더 중요하고 다른 하나는 덜 중요한 동사(light verb 또는 vector)로 구성되어, 경우에 따라서는 덜 중요한 동사가 없더라도 의미에 큰 변화가 없으며 하나의 다른 말로 바꿀 수 있다. 한국어의 '알아보다'에서 '알다'가 중심어가 되어 '보다'는 없더라도 그 의미가 크게 변하지 않으며, '돌아가다'는 '죽다'라는 단일 행위의 말로 바꿀 수 있다. 이러한 합성동사는 영어에는 드물게 나타나는 반면, 한국어와 일본어, 그리고 여러 알타이어(우즈베크어, 카자흐어 등), 힌디어 등에 많이 나타난다. 한편, N+V 구성은 많은 언어에 나타나는 매우 보편적인 구성이다.

2) 언어별 특징

① 한국어의 합성

한국어의 합성은 다음과 같은 특징을 갖는다(이관규, 2012).

첫째, 다양한 구성 방법으로 다양한 품사의 합성어가 생성된다.

가) 합성명사

> 앞뒤(명사+명사), 새해(관형사+명사), 어린이(용언의 관형사형+명사)
> 볶음밥(용언의 명사형+명사) 등

나) 합성대명사

> 여러분(관형사+명사), 여기저기(대명사+대명사)

다) 합성수사

> 열하나, 하나하나(수사+수사)

라) 합성동사

> 갈아입다(동사+동사), 좋아하다(형용사+동사), 힘들다(명사+동사),
> 잘되다(부사+동사)

마) 합성형용사

> 희디희다(형용사+형용사), 깎아지르다(동사+동사), 맛있다(명사+형용사),
> 힘차다(명사+동사), 가만있다(부사+형용사), 못나다(부사+동사), 쓸데없다
> (용언의 관형사형+명사+형용사)

바) 합성관형사

> 한두(관형사+관형사), 온갖(관형사+명사), 스무남은(수사+동사), 기나긴(형용사+형용사), 몹쓸(부사+동사)

사) 합성부사

> 곧잘(부사+부사), 하루빨리(명사+부사), 제각각(대명사+부사), 한바탕(관형사+명사), 밤낮(명사+명사), 이른바(동사+명사), 가끔가다(부사+동사), 더듬더듬(동사 어간의 반복), 느릿느릿(형용사 어간의 반복) 아슬아슬(부사의 반복)

아) 합성감탄사

> 얼씨구절씨구(감탄사+감탄사), 아이참(감탄사+명사), 웬걸(관형사+명사), 자장자장(동사+동사), 여보(대명사+동사)[4]

둘째, 합성어의 형태와 관련하여 볼 때 한국어의 통사적 합성어(syntactic compound)는 다음의 두 가지로 나타난다. 하나는 용언과 체언의 합성으로 '작은집, 큰형, 쥘손'에서와 같이 용언의 관형사형 '-(으)ㄴ, (으)ㄹ'과 체언이 결합하는 것이고, 다른 하나는 용언과 용언의 합성으로, '들고나다, 돌아가다'와 같이 '-고, -어/아'와 같은 연결어미로 연결된다. 그러나 모든 합성어가 통사적 구성인 것은 아니다. '꺾쇠, 덮밥' 등의 용언과 체언의 합성이나, '여닫다, 우짖다, 검푸르다, 뛰놀다, 흩날리다' 등의 용언과 용언의 합성과 같은 비통사적 합성어(asyntactic compound)도 존재한다. 또한 '보슬비, 산들바람'과 같이 부사가 체언을 꾸미는 비통사적 합성어도 있다.

---

[4] '자장자장'은 '자다'가 두 개 이어진 것, '여보'는 '여기 보오'의 축약형으로 파악한다(이관규, 2012).

여기서 잠깐

합성어의 의미 결합 방식

대등 합성어: '앞뒤, 춘추(봄가을)' 등과 같이 두 어근이 대등적으로 결합한 합성어.
종속 합성어: '돌다리, 시계탑'과 같이 앞 어근이 뒤 어근에 종속적으로 결합한 합성어.
융합 합성어: '춘추(나이), 내외(부부)'와 같이 두 어근의 의미와는 다른 제3의 의미를 갖는 합성어.

2 영어의 합성

영어의 합성은 다음과 같은 특징을 갖는다(이철수·이준기, 2000; 이익환·안승신, 2001).

첫째, 다양한 품사의 합성어가 있으나 대부분 합성명사, 합성동사, 합성형용사가 주를 이룬다.

> bath-room(합성명사), him-self(합성대명사), snow-white(합성형용사), window-shop(합성동사), some-where (합성부사), al-though(합성감탄사)

이때 합성어의 품사는 항상 그런 것은 아니지만 대체로 우측핵 규칙(right-hand head rule)을 따라 오른쪽 단어의 품사에 의해 결정된다.

둘째, 합성어의 제1강세는 첫음절에 놓인다.

> géntleman, ráilroad, bláckbird, dárkroom(암실), bríefcase, hótrod(개조된 자동차)

따라서 dàrk róom, brìef cáse, hòt ród와 같은 '형용사+명사'의 구 구성의 경

우 제1강세가 명사에 오는 것이 합성어와 다르다. 그리고 한 단어에는 제1강세가 하나만 있으므로 íce créam과 같은 경우도 합성어가 아니다.

셋째, 합성어의 경우 본래 발음과 달라지는 것이 원칙이다.

> break[breik]+fast[faːst/fæst] → breakfast[brékfəst]
> two[tuː]+pence[pens] → twopence[tʌ́pəns](2펜스짜리 돈)

넷째, 다른 언어에서와 마찬가지로 합성어의 구성요소는 자유롭지 못하고 고정되어 있다.

> bread-and-butter(cf. I want some butter and bread.)

그리고 합성어는 중간에 다른 요소를 넣을 수 없다. 만약 다른 요소가 들어갈 수 있다면 그것은 합성어가 아니다.

> She has a sweetheart(연인).(cf. She has a sweet, kind heart.)
> I like sweet potatoes(고구마).(cf. I like sweet, fresh potatoes.)

다섯째, 영어 합성어의 문법적 관계는 다음과 같다.

가) 주어+동사

> earthquake, sunrise, sunset

나) 동사+목적어

breakfast, killjoy(흥을 깨는 사람), password

다) 명사+전치사구

treetop(= top of tree), Sunday(= the day of the Sun)

라) 현재분사+명사

falling star(= star that falls), magnifying glass (glass that magnifies)

마) 동사+부사(어)

swimming pool(= X swims in the pool), hard- working(=X works hard)

바) 동사가 생략된 복합어

girl-friend(= the friend (is) a girl), doorknob(= the door (has) a knob)

여기서 잠깐

영어의 합성어 표시 방법

영어 합성어를 보면, bathroom, income과 같이 두 단어를 완전히 결합하여 쓰는 단어와, above-mentioned, hit-man과 같이 하이픈(hyphen)으로 연결한 단어, 그리고 high chair, sweet potato와 같이 띄어 쓰는 단어 등을 볼 수 있는데, 이들은 두 단어의 결합강도를 나타낸 것이다.

③ 일본어의 합성

일본어의 합성은 다음과 같은 특징을 갖는다(양경모, 1990).

첫째, 일본어 합성법에 의하면 합성어 중에서 동사와 형용사가 다른 성분보다 앞에 위치할 때 동사는 飛び[tobi], 焼き[yaki], 食べ[tabe] 등과 같이 조동사 -ます[masu]가 붙는 연용형으로만 나타난다.

飛ぶ(tobu, 기본형)+箱[hako]	→	飛び(연용형)ます, +箱 飛び箱(tobibako, 뜀틀)5)
焼く(yaku, 기본형)+飯[mesi]	→	焼き(연용형)ます, +飯 焼き飯(yakimesi, 볶음밥)
食べる(taberu, 기본형)+物[mono]	→	食べ(연용형)ます, +物 食べ物(tabemono, 먹을 것, 먹거리)

위에서 보는 것과 같이 먼저 기본형을 -ます[masu]가 붙는 연용형으로 바꾼 다음 -ます를 삭제하고 뒤에 오는 명사와 결합시킨다.

한편, 형용사의 경우는 기본형 끝의 -い[i]를 떼어낸 형, 즉 어간이 뒤에

---

5) 이때 /h/ → /b/로의 음운변동이 일어난다.

오는 명사와 결합한다.

```
寒い(samui, 기본형)+風(kaze, 바람)  →  寒い+風
                                     寒風(samukaze, 찬바람, 한풍)
浅い(asai, 기본형)+瀬(se, 여울 뢰)  →  浅い+瀬
                                     浅瀬(asase, 바다, 강가의 얕은 곳, 여울)
```

둘째, 합성어의 품사는 우측핵 규칙에 따라 가장 오른쪽에 있는 성분에 의해 정해진다. 다만, 다음과 같이 뒤 성분이 동사의 연용형인 합성어는 주로 명사이고, 뒤 성분이 형용사 어간인 합성어는 주로 형용동사이다.

```
草(kusa, 풀)+とる(toru, 取하다)      →  草+とり(tori, 연용형)
                                        草とり(kusatori, 김매기)
平(hira, 평평함)+およぐ(oyogu, 헤엄치다) →  平+およぎ(oyogi, 연용형)
                                        平およぎ(hiraoyogi, 평형)
気[ki]+短い(mizikai, 짧다)           →  気短(kimizika, 성급함)
```

셋째, 합성어의 뒤 성분이 '연탁(連濁)' 현상에 의해 탁음화(濁音化)하는 경우가 있다.

```
つり(tsuri, 釣, 매닮)+かね(kane, 鐘)  →  つりがね(tsurigane, 조종(釣鐘))
雨(ame, 비)+雲(kumo, 구름)           →  雨雲(amagumo, 비구름)
```

넷째, 연탁과 달리 '전음(轉音)' 현상에 의해 합성어의 앞 성분 어말 모음이 달라지기도 한다.

```
酒(sake, 술)+屋(ya, 집)      → 酒屋(sakaya, 술집)
雨(ame, 비)+雲(kumo, 구름)   → 雨雲(amagumo, 비구름)
```

이 외에도 다양한 소리의 변동이 있다.

다섯째, 동일 성분의 반복에 의한 첩어(疊語) 구성이 있다. 이에는 명사 반복, 형용사 반복, 동사 반복 등이 있는데, 동사 반복의 경우는 연용형을 반복하고, 형용사 반복의 경우는 어간을 반복한다. 한편, 첩어 중에는 기능상 수량의 많음을 표현하기 위한 것도 있고, 단지 그 의미를 강하게 하기 위한 것도 있다.

가) 명사 반복

ひと-びと	(人人, hitobito, 많은 사람들)
すみ-ずみ	(隅隅, sumizumi, 구석구석)
ところ-どころ	(所所, tokorodokoro, 여기저기)
くに-ぐに	(国国, kuniguni, 여러 나라)

나) 형용사 반복

なが-なが	(長長, naganaga, 길고길게)
はや-ばや	(早早, hayabaya, 빨리빨리)
くろ-ぐろ	(黒黒, kuroguro, 매우 검다)

다) 동사 반복

とび-とび	(飛び飛び, tobitobi, 드문드문)
なき-なき	(泣き泣き, nakinaki, 울고불고)
おもい-おもい	(思い思い, omoiomoi, 제 나름대로)

라) 많은 수량 표현

たび-たび	(度度, tabitabi, 여러 번)
やま-やま	(山山, yamayama, 많은 산)
くに-ぐに	(国国, kuniguni, 여러 나라)
ひと-びと	(人人, hitobito, 많은 사람들)

마) 의미 강조 표현

そろ-そろ	(sorosoro, 슬슬)
めちゃ-めちゃ	(mechamecha, 엉망진창)
いよ-いよ	(iyoiyo, 더욱더)

6. 단어 구조의 대조

6.1 통합성에 따른 분류

형태론의 관점에서 볼 때 명사는 복수나 소유격 등으로, 동사는 시제와 상, 서법, 주어와의 일치현상 등으로 여러 형태소와 결합할 수 있는 단어들이다. 간단히 말해, 명사와 동사는 다양한 접사화가 가능한 품사이다. 언어 중에는 이와 같이 해당하는 요소가 접사로 존재하는 언어도 있지만, 해당 요소들이 접사가 아닌 별개의 단어로만 존재하는 언어도 있다. 따라서 전자에 속하는 언어는 어근에 여러 요소를 접사화하여 나타낼 수 있지만, 후자에 속하는 언어는 접사가 아닌 단어로 나타내야 할 것이다. 다음 (9)가 그 예로, 한국어에서는 과거시제를 나타내는 말이 동사의 내부 구성요소로 들어가 '샀다'와 같이 한 단어로 사용되는 데 반해, 중국어에서는 그러한 접사화가 불가능하여 '사다(买[mǎi])'라는 말과 과거(了[le])를 나타내는 말이 별개의 단어로 존재하게 된다.

(9)	한국어	나 과일 샀어.			
	중국어	我[wǒ]	买[mǎi]	了[le]	水果[shuǐguǒ]。
		나	사다	완료	과일

한편, 북미의 많은 토착어에서는 접사가 매우 발달하여 다른 언어에서는 여러 단어를 이용하여 할 표현들이 한 단어로 표현되기도 한다. 예를 들어, '너희 둘은 모자를 샀다.'와 같은 말이 Mohawk어에서는 Men-mukhin-tu-wi-ban과 같이 한 단어로 실현된다.

이와 같이 언어는 형태소에 따른 단어 구성에서 차이를 보인다. 통합성(synthesis)이란 단어에서의 형태소의 접사화를 말하는 것으로, 형태론적 관점에서 볼 때 자연언어는 통합의 정도(degrees of synthesis) 또는 통합의 지표(index of synthesis)에 따라 차이가 나서 아주 고립적인(isolating) 또는 분석적인(analytic) 것에서부터 포합적인 것까지 존재한다(*Wikipedia*, Synthetic language; Whaley, 1997)[6]

---

[6] 물론 극단적으로 고립적인 경우나 극단적으로 포합적인 경우는 존재하지 않는다. 전자의 경우는 파생이나 합성도 없으며, 후자의 경우는 그 언어의 모든 말들이 각각 한 단어로만 표현되어야 한다. 자연언어 중 이와 같은 언어는 존재하지 않는다.

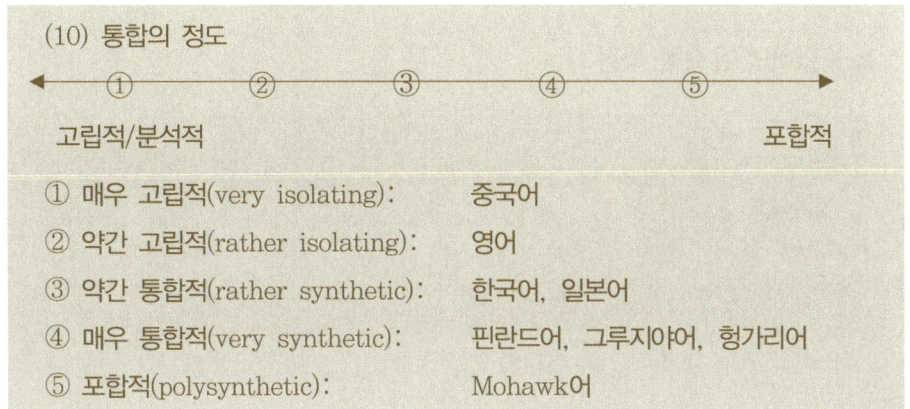

(10)에서 보는 바와 같이 통합의 정도에 따라 몇 단계로 나눌 수 있는데, 중국어와 같이 한 단어 안에 형태소의 수가 적어(low morpheme-per-word ratio) 형태소와 단어들 간에 1:1 대응의 가능성이 높은 언어를 고립어(isolating language) 또는 분석어(analytic language)라 하고, 한 단어 내에 여러 형태소들이 많은(high morpheme-per-word ratio) 언어를 통합어(synthetic language)라 한다. 포합어란, 위에서 본 것과 같이 극도로 통합적인 언어를 일컫는다.

고립어와 포합어의 특징을 살펴보면 다음과 같다.

● **고립어의 유형적 특징**

① 완벽한 고립어는 존재하지 않는다. 즉, 중국어의 경우에도 굴절(예 朋友们[péngyoǔmen](친구들))과 파생(예 可靠[kě-kào](믿을 수 있는))은 존재한다.
② 어순이 고정되어 있다.(명사의 경우 격표지가 없고, 동사와 부속어 사이의 관계를 나타내는 표지가 없기 때문에 문법적 관계를 나타내기 위해서는 어순의 고정이 필요하다.)
③ 성조와 같은 복잡한 음조 체계를 갖는다.
④ 연결소 없이 연속동사 구성이 가능하다.[7]

● 포합어의 유형적 특징

① 완벽한 포합어는 없다. 즉, 모든 문장들이 한 단어로 되어 있는 언어는 존재하지 않는다.
② 다양한 종류의 접사가 있다.
③ 문법적으로 복잡한 일치 체계를 갖는다.

6.2 융합성에 따른 분류

통합어는 앞에서 언급한 바와 같이 한 단어 내에 여러 형태소들이 포함되는 언어인데, 그 형태소들을 쉽게 분리할 수 있느냐, 즉 융합성에 따라 교착적인 통합어(agglutinative synthetic language)와 융합적인 통합어(fusional synthetic language)로 나뉜다.

한국어의 '가시겠습니까?'는 '가+시+겠+습니까'로 형태소의 경계가 쉽게 나뉘고 각각의 문법형태소들의 의미는 항상 일정하여 어간이나 어근만 바꾸어 다른 단어를 만들 수 있다. 한편, 스페인어의 hablo, hablan, hable는 각각 I speak, they speak, I spoke의 의미를 갖는다. 이때 각각의 접사 -o, -an, -e는 '1인칭 단수 현재, 3인칭 단수 현재, 1인칭 단수 과거'를 의미하는바, 하나의 형태소에 '인칭, 수, 시제'가 융합되어 있다. 이것은 마치 영어의 is 가 'be+3인칭+단수+현재'의 동사이지만 역시 형태소 구분이 되지 않는 것과 같다. 한국어와 같은 경우가 교착적인 통합어(또는 교착어)이고, 스페인어와 같은 경우가 융합적인 통합어(또는 융합어) 또는 굴절어(inflecting lan-

---

7) 연결소란 한국어의 '삶아먹다'에서의 '-아/어-'나 영어에서의 'I want to sleep.'에서의 to 와 같이 두 동사를 연결하는 말을 일컫는다.

guage)이다.

이상의 내용을 바탕으로 단어 구성의 유형을 종합하여 보면 다음과 같다.

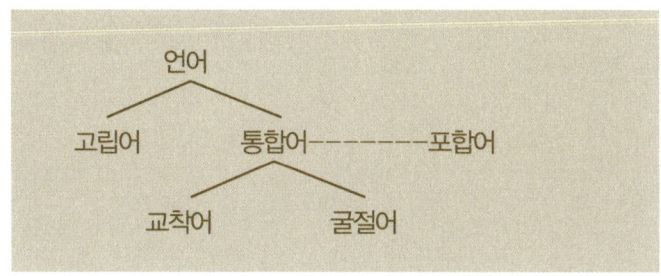

〈그림 3〉 단어 구성의 유형

제9장 어 순

1. 들어가기

우리는 언어학에서 문장의 구성에 대해 다음과 같은 기호를 사용하는 것을 보게 된다.

(1) S → NP + VP
(2) VP → V+ NP (또는 NP +V)

위의 (1)은 문장(S; sentence)이 명사구(NP; noun phrase)와 동사구(VP; verb phrase)로 구성된다는 것을 말하며, (2)는 동사구가 동사와 명사구로 구성된다는 것을 의미한다. 예를 들어, '철수가 한국어를 가르친다.'라는 문장은 명사구인 '철수(가)'와 동사구인 '한국어를 가르친다.'로 구성된 것이고, 동사구는 다시 '한국어(를)'이라는 명사(구)와 '가르친다'는 동사로 구성된 것이다. 이것을 수형도로 나타내면 다음 <그림 1>과 같다.

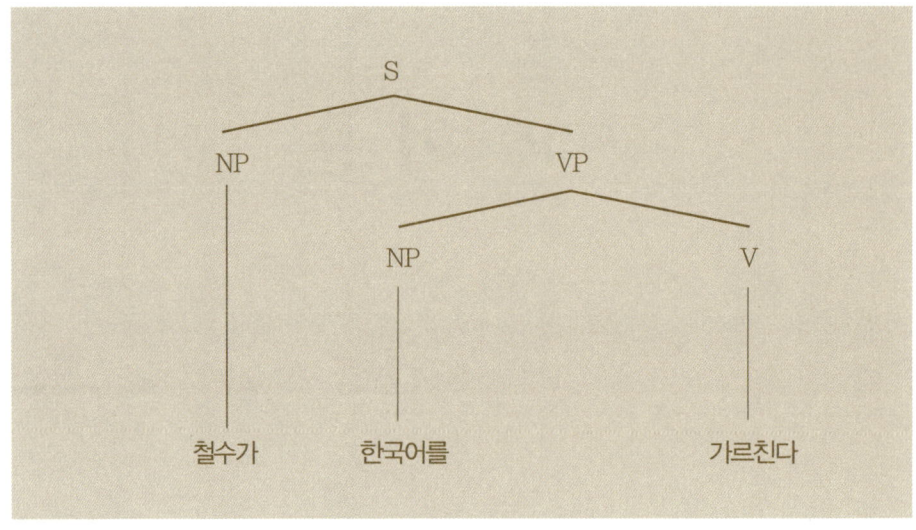

〈그림 1〉 수형도

(1), (2)의 기호와 <그림 1>의 수형도를 보면 문장을 구성하는 기본성분이 세 가지임을 알 수 있다. 즉, '철수가'라는 주어, '한국어를'이라는 목적어, 그리고 '가르친다'라는 동사가 그것이다. 그리하여 어순에서 가장 먼저 언급되는 것이 이 세 가지 기본성분의 순서이다. 그런데 어순이라 하면 기본성분의 순서만 있는 것이 아니라 다음과 같이 매우 다양하다.

(3) 어순의 종류
   a. 기본성분의 어순
   ① 주어, 목적어, 동사의 어순
   ② 주어와 동사의 어순
   ③ 목적어와 동사의 어순

b. 명사구 내부의 어순
   ④ 명사와 지시사/한정사의 어순
   ⑤ 명사와 형용사의 어순
   ⑥ 명사와 관계절의 어순
   ⑦ 명사와 부치사의 어순
   ⑧ 명사와 소유격의 어순
   ⑨ 명사와 수사의 어순

c. 동사구 내부의 어순
   ⑩ 본동사와 조동사의 어순
   ⑪ 동사와 부사어의 어순
   ⑫ 형용사와 정도어의 어순
   ⑬ 동사와 부정소의 어순
   ⑭ 비교급의 어순

이와 같은 어순은 서로 독립적인 경우도 있지만 서로 상관관계나 함의 관계를 맺는 경우도 많다. 이 장에서는 이와 같은 어순에 대해 살펴보도록 한다.

여기서 잠깐

어순의 용어
일반적으로 단어의 순서인 어순(word order)이라는 용어를 많이 사용하지만, 엄격히 말하면 '성분 순서(constituent order)'라는 말이 더 정확하다. 그것은 주어나 목적어를 구성하는 말이 단어 외에 구와 절도 가능하기 때문이다.

2. 학습자 오류

다음은 어순과 관련된 영어권 학습자의 오류이다.

- ○ 나는 친구가 없어요. <u>John밖에는</u>.
- ○ <u>중앙</u> 서울의 남대문 시장은 재미있어요.
- ○ <u>많이</u> 한국 영화 보고 싶어요.
- ○ <u>두 개 책상</u> 있어요.

첫 번째 문장은 'I have no friends except John.'을 번역한 문장이다. 강조를 위한 도치법으로 보면 문제가 없으나 한국어의 어순을 바로 알지 못하고 사용한다면 문제가 된다. 이와 같이 영어를 그대로 번역하여 한국어의 어순에 어긋나는 경우가 많다. 영어권 학습자가 일으키는 또 하나의 오류는 분류사와 관련된 어순이다.

영어권 학습자와 비슷한 오류가 중국어권 학습자에게서도 발견된다.

- ○ 나는 먹었다. <u>맛있는 밥</u>.
- ○ 기숙사에서 <u>나간 두 학생</u> 있어요.
- ○ 나의 <u>두 권 사전</u>이 없어졌어요.
- ○ 저는 <u>많이</u> 사진을 찍어서 부모님께 보내 드릴게요.

첫 번째 문장은 '나는 맛있는 밥을 먹었다.'라는 문장에 대한 오류이며, 두 번째 문장은 '기숙사에서 학생 두 명이 나갔다'라는 문장에 대한 오류이다. 그리고 분류사 관련 어순과 동사구 내부의 어순에서도 오류가 발견된다.

다음은 어순과 관련된 일본어권 화자의 오류이다.

- 저는 열심히 공부하고 많이 술을 마셔요.
- 더 한 잔 주세요.
- 잘 이야기를 할 수 있을 때도 있어!

일본어권 학습자들은 어순에 있어서는 오류가 거의 없지만 일본어 부사의 특성상 한국어에서는 잘못된 문장을 생성할 수도 있다. 위의 문장들이 그 예가 된다.

3. 기본성분의 순서

3.1 고정어순과 자유어순

대부분의 언어는 문장을 구성하는 요소들의 순서가 정해져 있다. 그러나 어순이 완벽하게 고정되어 있는 언어는 존재하지 않는다. 그것은 문장 안에서의 다양한 환경에 따라 어순이 달라지는 언어도 있으며(3.2 참조), 또 화용적 환경에 의해 어순이 달라지는 언어도 있기 때문이다. 예를 들어, 영어에서 화용적으로 중립적인 경우에는 (4a)와 같은 문장을 사용하지 않으나, 특정 상황에서 어떤 요소를 특별히 강조하고자 할 때에는 (4b)와 같이 어순을 바꿔 사용할 수 있다. (이때 문두에 온 John에 강한 강세가 주어진다.)

(4) a. *John, I don't like.
     b. Do like John?   John(O), I(S) don't like(V).

언어 중에는 아주 특별한 경우를 제외하고는 거의 고정된 어순(rigid order)을 가진 언어가 있고, 상대적으로 어순이 자유롭거나 유연한 언어도 있다. 전자에 속하는 언어는 주어진 어순이 아닌 다른 어순을 사용하면 비문이 되기 때문에 특별한 상황이 아니면 다른 어순을 사용하지 않는다. 한편, 한국어나 일본어와 같이 어순을 바꾸어도 문법적으로 가능한 경우도 있는데, 이를 유연한 어순(flexible order)이라고 하며, 흔히 말하는 자유어순(free order)이 여기에 속한다.

언어에 따라서는 한국어보다 훨씬 자유로운 어순을 가진 언어들도 존재한다. 이와 같이 상대적으로 유연한 어순을 가진 언어의 경우에도 빈도 면에서나 화용적 중립성의 면에서 하나의 두드러진 어순(dominant order)이 있으며, 우리는 이것을 두고 흔히 'A 언어의 어순은 SOV이다, B 언어의 어순은 SVO이다.'라고 말한다. 한편, 그런 두드러진 어순이 없는(lacking a dominant word order) 언어도 있다(<표 1> 참조). 이런 경우에도 거의 완벽하게 자유로운 어순을 가진 언어도 있으며, 두드러진 어순 없이 문법적 상황에 따라 서로 다른 어순을 사용하는 언어도 있다.

여기서 잠깐

어순 결정의 문제점과 기준

자연언어에 나타나는 다양한 현상을 볼 때 문장 차원의 어순을 유형화하는 데에는 여러 가지 어려움이 따른다. 그 몇 가지를 보면 다음과 같다.
첫째, 문장의 종류에 따라 어순이 달라지는 언어가 있다. ㉠ 영어
둘째, 문법적 환경 또는 문장에서의 환경에 따라 어순이 달라지는 언어가 있다.

① 주절과 종속절의 어순이 다른 경우 예 독일어
② 자동사, 타동사에 따라 어순이 달라질 수 있는 경우 예 러시아어
③ 동사의 위치만 고정되고 나머지는 자유로운 경우 예 네덜란드어
④ 목적어가 명사인지 대명사인지에 따라 어순이 다른 경우 예 프랑스어
⑤ 신정보인지 구정보인지에 따라 어순이 다른 경우 예 사모아어

셋째, 어순의 변천과정상 두 개의 어순이 모두 가능한 언어도 있다. 원래 VSO인 표준아랍어가 지금은 다수의 아랍어 방언이 SVO를 따라 변해가는 과정에 있으며, 핀란드어는 현재는 SVO이지만 많은 경우 과거의 SOV 어순이 그대로 실현되고 있다.

이 외에도 타동사 구문이 존재하지 않아 SVO, SOV 등을 따질 수 없는 언어도 있으며, 더 나아가 주어나 목적어 등의 용어를 사용하기에 부적합한 언어도 존재한다. 이와 같은 점들을 고려하여 학자들은 다음과 같은 사항들을 어순 결정의 기준으로 삼고 있다.

① 화용적으로 중립적인 문장을 중심으로 한다.
② 가장 무표적인 평서문을 중심으로 한다.
③ 주절을 중심으로 한다.
④ 주어와 목적어 모두 명사인 경우를 중심으로 한다.
⑤ 주어는 행위자인 인간을, 동사는 동작동사를 중심으로 한다.

문장성분인 S(주어)와 O(목적어)와 달리 품사인 V(동사)를 어순의 요건으로 하는 이유는 바로 ⑤번 때문이다.

3.2 자연언어에서의 기본성분의 순서

3.2.1 어순의 유형

기본성분의 순서란 앞에서 말한 대로 주어(S), 동사(V), 목적어(O)의 순서를 말한다. 기본성분에 대한 순서는 논리적으로 볼 때 다음의 6가지가 가능하며, 앞에서 언급한 대로 어순이 뚜렷하게 나타나지 않는 언어도 있다.

(5) 어순의 유형
① SOV ② SVO ③ VSO ④ VOS ⑤ OVS ⑥ OSV

그런데 자연언어에서 (5)의 6가지 유형이 고르게 나타나는 것이 아니라, ① 유형과 ② 유형이 가장 많아 이 2가지 유형을 더하면 전체의 75%가 넘는다. *WALS*에 의하면, (5)의 6가지 유형 언어의 비율은 다음 <표 1>과 같다.

유형	언어 수	비율(%)
① 주어+목적어+동사(SOV)	565	41.0
② 주어+동사+목적어(SVO)	488	35.4
③ 동사+주어+목적어(VSO)	95	7.0
④ 동사+목적어+주어(VOS)	25	1.8
⑤ 목적어+주어+동사(OSV)	11	0.8
⑥ 목적어+동사+주어(OVS)	4	0.3
⑦ 특정 어순 결여	189	13.7
	1377	100

<표 1> 자연언어의 어순(*WALS*, 81)

<표 1>을 바탕으로 자연언어의 특징을 몇 가지 열거하면 아래와 같다. 첫째, SO 유형이 OS 유형보다 우선한다. <표 1>에서 보듯이 주어가 목적어보다 앞에 오는 SO 유형(①, ②, ③)이 그 반대인 OS 유형보다 압도적으로 많아, 자연언어 중 많은 언어가 이 3가지 유형에 속한다.

SO 유형: ① ② ③ (1148개 언어)   OS 유형: ④ ⑤ ⑥ (40개 언어)

둘째, SV 유형이 VS 유형보다 우선한다. 즉, 대부분의 언어에서 주어가 동사 앞에 온다.

SV 유형: ① ② ⑤ (1064개 언어)   VS 유형: ③ ④ ⑥ (124개 언어)

셋째, 동사는 주어보다는 목적어와 가깝다. <표 1>에서 동사가 목적어와 분리되어 나타나는 유형은 ③ 유형과 ⑤ 유형인데 이들은 전체의 9% 미만이며 나머지 모든 유형은 동사와 목적어가 이웃해 있다.

VO 밀접형: ① ② ④ ⑥ (1082개 언어)   VO 분리형: ③ ⑤ (106개 언어)

동사가 주어보다는 목적어와 가까운 것은 앞에서 본 구절구조 규칙이나 수형도를 통해서도 확인된다. 이들에 의하면 문장(S)이 명사구(NP)와 동사구(VP)로 나뉘고, 동사구는 다시 명사구(NP)와 동사(V)로 나뉘는데, 동사구에 포함되어 있는 명사구(NP)가 바로 목적어로 동사(V)와 하나의 묶음으로 제시된다. 서두에서 본 <그림 1>의 수형도에서는 이를 보다 분명히 확인할 수 있다.

넷째, 목적어가 문두에 오는 유형(O-initial type)은 매우 적다. 앞의 <표 1>에 의하면 이러한 유형을 가진 언어(⑤, ⑥)는 전체 1%에 불과하다.

여기서 잠깐

어순과 인지

학자들에 의하면 어순은 인간의 인지와 관련이 깊다고 한다. 주어가 목적어보다 앞에 오는 주어 우선성(subject-before-object)은 주어를 더 중요시하려는 인간의 인지적인 면과 관련이 있다는 것이다. 심리언어학자인 Bock(1982)는 이러한 주어 우선성에 대해, 새로운 정보는 대체로 주어보다는 목적어에 담기는데 구정보인 주어를 먼저 두고 신정보인 목적어를 뒤에 두는 순서가 청자의 해석에 부담이 덜 된다 하였다. 이를 의사소통에서의 청자 중심 원칙(addressee-oriented principle)이라 하여, 의사소통에서의 화자 중심 전략(speaker-oriented strategy), 즉 화자가 새로운 정보를 먼저 전달하려는 어순인 OS와 구별하였다(Asher 외(eds.), 1994: 4995). 이러한 주어 우선성과, 동사는 주어보다는 목적어와 붙어 있기를 선

> 호하는 성질을 모두 만족시키는 유형이 SOV와 SVO이다. 이것이 왜 자연언어에서 이 두 유형이 가장 많이 나타나는지에 대한 이유이다. 그리고 한 가지 덧붙이면, 주어가 동사보다 앞에 오는 것에 대해서는 대부분의 언어에서 주제 또는 화제(topic)를 문장의 앞에 두려는 인지적 경향이 있는데 주어가 그런 역할을 많이 하기 때문이라고 한다.

3.2.2 지역적 분포

6가지 어순의 유형은 대체로 지역에 따라 다르게 나타나는데, 그 중 주요 세 유형에 속하는 언어의 지역적 분포를 보면 아래와 같다.

① SOV 어순

자연언어에서 가장 많은 비율을 보이는 이 어순은 세계 여러 지역에 넓게 분포되어 있다. 그 중에서도 가장 많은 곳은 아시아 지역으로, 동남아시아와 중동을 제외한 전 아시아권 언어에서 볼 수 있다. 한국어와 일본어, 몽골어, 터키어, 만주어, 힌디어, 네팔어, 우르두어 등이 여기에 속한다. 그리고 뉴기니(New Guinea) 언어들의 대부분이 이 어순을 가지며, 태평양 북서부를 제외한 대부분의 북아메리카 지역의 언어들도 이 어순을 가지고 있다. 학자들에 따라 독일어를 이 유형에 포함시키기도 한다.

② SVO 어순

이 유형은 전 세계에서 세 지역에 집중되어 나타난다. 사하라 사막 이하의 아프리카 지역과, 중국과 동남아시아에서부터 인도네시아 및 서태평양 일대, 그리고 유럽과 지중해 연안 지역으로, 이 세 지역 외에서는 잘 나타나지 않는다. 크게 보면 유럽의 언어들과 아프리카 언어들, 아랍어, 그리고 아시아권에서는 중국어, 태국어, 베트남어, 말레이·인도네시아어 등이 여기에 속한다.

③ VSO 어순

이 유형은 여기저기 흩어져 있는 분포를 보이는데, 동아프리카와 북아프리카, 필리핀 주변 지역 등에 나타난다. 아일랜드어와 웨일즈어도 여기에 속한다.

이러한 어순의 유형은 역사적으로도 변화를 보여, 지금은 유럽과 지중해 지역에 SVO 유형이 흔하지만, 1000~4500년 전만 하더라도 이 지역에 오히려 라틴어와 같은 SOV 유형의 언어들이 많이 있었고, 중동지역에는 VSO 언어들이 많이 있었다(*WALS*, 81).

여기서 잠깐

OV vs. VO

자연언어의 어순이 갖는 몇 가지 특징 중 언어적으로 가장 의미 있는 것은 목적어(O)와 동사(V)의 순서이다. 그것은 이들의 순서가 다음에서 다룰 다른 몇몇의 어순과 서로 상관관계 또는 함의관계를 갖기 때문이다. 핵어의 위치를 중심으로 볼 때 핵어인 동사가 목적어보다 뒤에 오는 OV 언어는 핵어 후행 언어이고, 그 반대의 어순인 VO 언어는 핵어 선행 언어이다.

그러나 학자들에 따라서는 OV와 VO 어순보다는 동사 문두형 언어(verb-initial language), 동사 문말형 언어(verb-final language), 동사 중간형 언어(verb-medial language)의 분류가 다른 어순과의 함의관계를 나타내는 데 더 적합하다고 주장하기도 한다.

4. 다른 어순

어순은 문장 차원에서의 주어, 목적어, 동사의 어순만 있는 것이 아니라, 보다 작은 단위인 구에서도 나타난다. 주요 언어의 구 내부 어순을 구의 종류에 따라 살펴보면 아래와 같다.

4.1 명사구 내부의 어순

명사구란 '빨간 차'와 같이 명사를 핵어(head)로 하고 그것을 수식하는 말을 의존어(dependant)로 하여 구성된 것을 말한다. 명사구의 어순으로 다루어지는 것들로는 아래와 같은 것들이 있다.

① 명사와 지시사/한정사의 어순
② 명사와 형용사의 어순
③ 명사와 관계절의 어순
④ 명사와 부치사의 어순
⑤ 명사와 속격의 어순
⑥ 명사와 수사의 어순

4.1.1 명사와 지시사/한정사의 어순

지시사(demonstrative)란, 한국어의 '이것, 저것' 또는 '이, 저', 영어의 this, that과 같이 근접성이나 직·간접성과 관련된 표현으로 대부분의 언어에 존재한다. 지시사가 접사로 존재하는 언어도 있지만 대부분의 언어에서는 단어로 나타난다. 지시사는 명사의 앞이나 뒤에 오는데 지시사가 명사 앞에 오는 언어와 명사 뒤에 오는 언어는 다음 <표 2>에서 보는 것과 같이 약

1:1의 비율로 나타난다.

① 지시사+명사 (DN)	542
② 명사+지시사 (ND)	560
③ 지시 접두사	9
④ 지시 접미사	28
⑤ 양쪽 모두	17
⑥ 혼합	67
합	1,223

〈표 2〉 명사와 지시사의 어순(*WALS*, 88)

명사와 지시사의 어순을 지역적으로 볼 때 지시사가 명사 앞에 오는 언어는 아시아권(동남아시아 제외) 언어와 대부분의 인도·유럽어족 등이다. 지시사가 명사 뒤에 오는 언어는 주로 아프리카 언어들과, 태국어와 베트남어 등의 동남아시아 언어들이다.

명사 + 지시사	지시사 + 명사
동남아시아 언어(태국어, 베트남어 등), 아프리카 언어	나머지 지역 언어(한국어, 일본어, 중국어, 몽골어, 인도·유럽어족 등)

〈표 3〉 명사와 지시사의 어순별 언어

한편, 관사를 포함하는 한정사(determiner)의 경우는 다르다. 관사는 인도·유럽어족과, 아랍어와 히브리어를 포함한 셈 어군에서만 나타나는 품사인데, 인도·유럽어족 중에도 슬라브 어파는 관사가 발달되어 있지 않다. 관사의 개념을 한정사로까지 확대하여 볼 때 거의 모든 언어에서 관사나 한정사는 명사 앞에 위치한다(송경안·이기갑 외, 2008a). 한편, 스웨덴어를 비롯한 대부분의 스칸디나비아 어군 혹은 북게르만 어군에서는 정관사가 접미사의 형태로 명사 뒤에 붙는다.

4.1.2 명사와 수식 형용사의 어순

형용사가 명사를 수식할 때 수식 형용사가 명사 앞에 오는 언어도 있지만 명사 뒤에 오는 언어도 있다. 아래의 예에서와 같이 한국어와 일본어, 그리고 영어와 중국어는 형용사가 명사 앞에 와서 뒤에 오는 명사를 수식한다. 그러나 프랑스어, 태국어, 베트남어 같은 경우는 대부분의 형용사가 명사 뒤에 위치한다. 아래 예문은 '빨간 차'에 대한 해당 언어의 어순으로, 프랑스어만 제외하고 모두 '빨간+차'의 순서이다.

(6) 한국어   빨간 차
    일본어   赤い[akai] 車[kuruma]
    중국어   红[hóng] 车[chē]
    영어   red cars
    프랑스어 voiture[vwatyːʀ] rouge[ʀuːʒ](자동차+빨간)

명사와 수식 형용사 어순에 대한 *WALS*의 통계를 보면 아래와 같다.

① 수식 형용사+명사 (AdjN)	373
② 명사+수식 형용사 (NAdj)	878
③ 둘 다 가능	110
④ 기타	5
합	1,366

〈표 4〉 명사와 수식 형용사의 어순(*WALS*, 87)

<표 4>에서 볼 수 있듯이 프랑스어처럼 형용사가 명사 뒤에 오는 언어

(878개 언어)가 한국어처럼 형용사가 명사 앞에 오는 언어(373개 언어)보다 두 배 이상 많다. 그리고 양쪽 모두 사용이 가능한 언어(110개 언어)도 상당수 있다.

이들을 지리적인 위치로 살펴보면, 아프리카 지역에서는 '명사+수식 형용사'가 많다. 인도·유럽어족은 크게 둘로 나뉘는데 영어나 독일어와 같은 게르만 어군과 러시아어와 같은 슬라브 어군은 '수식 형용사+명사'의 어순인 반면, 프랑스어와 스페인어 등의 로망스 어파는 그 반대의 어순을 갖는다. 그리고 아시아 지역에서도 베트남어나 태국어와 같은 동남아시아 언어들은 '명사+수식 형용사'의 어순이지만 나머지 지역의 언어(한국어, 일본어, 중국어, 힌디어 등)은 '수식 형용사+명사'의 어순이다.

수식 형용사 + 명사	명사 + 수식 형용사
한국어, 일본어, 힌디어(OV), 중국어, 영어, 독일어, 러시아어(VO) 등	프랑스어, 스페인어, 태국어, 베트남어, 아랍어, 아프리카 제어(VO) 등

〈표 5〉 명사와 수식 형용사의 어순별 언어

여기서 잠깐

목적어와 동사 어순과 수식 형용사와 명사 어순의 함의관계

Greenberg(1963) 이후 지금까지 OV 언어는 수식 형용사가 명사 앞에 오는 것이 보편적이며, VO 언어는 그 반대인 것으로 알려졌다. 그러나 *WALS*(97장)에는 그 내용이 다르게 제시되어 있다.

첫째는 아래 표에서 볼 수 있는 것과 같이 OV/VO 어순에 관계 없이 '명사+수식 형용사' 어순(②, ④)이 그 반대인 '수식 형용사+명사' 어순(①, ③)보다 많다 (788개 언어 : 330개 언어).

① OV & AdjN	216
② OV & NAdj	332
③ VO & AdjN	114
④ VO & NAdj	456
⑤ 기타	198
합	1,316

둘째는 "VO 언어는 '명사+수식 형용사'의 어순을 갖는다."는 Greenberg의 주장에 대한 것으로, 위의 표에서 보면 ④에 속하는 언어가 ③에 속하는 언어의 4배 정도 되어 그의 주장이 맞는 것처럼 보인다. 그러나 이것은 나이저·콩고어족과 오스트로네시아어족에 속하는 언어들의 숫자가 너무 많기 때문이다. 이들은 전 세계 언어의 약 20% 정도를 차지하는데, 이들 모두가 VO 언어이면서 형용사가 명사 뒤에 오는 어순을 갖는다. 만약 단순 수치가 아닌 어군(語群)이나 그보다 더 상위 개념인 어족(語族)의 관점에서 보면 그 비율은 각각 2:1과 1.2:1이 되어 위의 4:1보다 훨씬 줄어든다.

결론적으로 말해, 목적어와 동사의 어순에 관계없이 수식 형용사가 명사보다 뒤에 오는 경우(②, ④)가 더 많으며, VO 언어의 경우 이전의 주장과는 달리 수식 형용사가 명사 앞에 오는 경우(③)도 상당히 많아서 이 유형에서는 '명사+수식 형용사' 어순이 지배적이라는 함의관계는 잘못된 것이 된다. 즉, *WALS*를 통해 목적어와 동사 어순과, 수식 형용사와 명사 어순 사이에는 함의관계가 성립하지 않는다는 사실이 밝혀졌다. 그리고 동사 우선 언어(verb-initial language)에서는 형용사가 명사 앞에 오는 경우가 거의 없다는 Greenberg의 주장도 잘못된 것으로 판명되었다. 실제 결과를 보면 이들 언어에서 어군과 어족의 비율로 보면 오히려 형용사가 명사 앞에 오는 경우가 조금 더 많다.

4.1.3 명사와 관계절의 어순

명사와 관계절의 어순에 있어서 한국어와 일본어, 중국어는 앞에서 본 명사와 수식 형용사의 어순과 마찬가지로 관계절이 명사 앞에 온다. 반면 영어나 프랑스어에서는 그 반대로 관계절이 명사 뒤에 온다. 다음 예문은 '내가 만난 아이'에 대한 해당 언어의 어순이다.

(7) 한국어	내가 만난 아이			
일본어	私が[watasiga] 내가	会った[atta] 만난	子ども[kodomo] 아이	
중국어	我[wǒ] 나	(昨天[zúotiān]) (어제)	认识的[rènside] 만난	孩子[háizi] 아이
영어	the boy who I met			
프랑스어	l'enfant[lãfã] 정관사+아이	que[k(ə)] 관계대명사	j'ai[ʒe] 나+조동사	rencontré[Rãkɔ̃tRe] 만나다(과거분사)

통계적으로 보면 다음 <표 6>에서와 같이 관계절이 명사 뒤에 오는 것이 훨씬 많다. 그것은 일반적으로 구성이 복잡해지면 가능한 한 문장의 뒷부분에 둔다는 복잡 구성 원리(heavy construction principle)에 의한 것이라 할 수 있다. 영어에서 주어가 길어지면 문두에 가주어를 두고 진주어를 뒤로 가게 하는 이른바 종말 무게 원리(end weight)도 같은 이치이다.

① 명사+관계절 (NRel)	580
② 관계절+명사 (RelN)	141
③ 둘 다 가능	64
④ 기타	40
합	825

<표 6> 명사와 관계절의 어순(*WALS*, 90)[1]

한 가지 특이한 것은 '관계절+명사'의 어순은 아시아권 외에서는 거의 나타나지 않는다는 것이다. 이러한 사실은 이들 언어의 경우 거의 모든 명사 수식어들이 명사 앞에 위치한다는 특징과도 관련이 있다. VO 언어인 중국어가 한국어나 일본어와 같이 형용사나 관계절이 명사 앞에 위치하는 것

---

[1] 여기서는 본 내용과 관련된 세 경우를 제외한 나머지는 기타로 처리했지만 실제 자료에는 보다 세부적으로 분류되어 있다.

도 이 때문이라 할 수 있다.

관계절 + 명사	명사 + 관계절
한국어, 일본어, 중국어 등 아시아권 언어	나머지 언어

〈표 7〉 명사와 관계절의 어순별 언어

명사와 관계절의 어순은 목적어와 동사의 어순과 관계가 있다. 그것은 <표 8>을 통해서도 확인된다.

① OV & RelN	132
② OV & NRel	113
③ VO & RelN	5
④ VO & NRel	416
⑤ 기타(위 네 유형에 속하지 않음)	213
합	879

〈표 8〉 목적어와 동사의 어순과 명사와 관계절 어순의 함의관계(WALS, 96)

<표 8>을 보면 두 가지 사실을 알 수 있는데, 첫째는 VO 언어(③, ④)는 거의 모든 경우에 '명사+관계절'의 어순을 갖는다는 것이고, 둘째는 '관계절+명사'의 어순(①, ③)은 거의 OV 언어에서만 나타난다는 것이다. 그런데 이 함의관계는 일방향적(unidirectional)이다. 즉, 그 역은 성립하지 않으므로 '명사+관계절'의 어순(②, ④)이라고 모두 VO 언어가 아니며, OV 언어(①, ②)가 모두 '관계절+명사'의 어순을 갖지는 않는다.

4.1.4 명사와 부치사의 어순

명사는 문장 내에서 주어나 목적어 표지, 장소 표지, 시간 표지 등과 같은 통사적·의미적 관계를 나타내는 문법적 요소와 결합할 수 있다. 이러한 문법적 요소를 부치사(adposition)라 하는데 이러한 부치사가 명사 앞에 놓이면 전치사(preposition)라 하고, 명사 뒤에 놓이면 후치사(postposition)라 한다. 영어나 독일어, 프랑스어, 중국어는 전치사 언어이고 한국어나 일본어는 후치사 언어이다.

(8) 한국어   나는 집-에서 공부한다.

    일본어   私は[watasiwa]   家-で[ie-de]   勉強する[benkyo:suru]。
           나는   집-에서   공부한다

    중국어   我[wǒ]   在[zai]家[jiā]   学习[xuéxí]。
           나   에서-집   공부한다

    영어   I study at home.

통계에 의하면 후치사를 갖는 언어(577개)가 전치사를 갖는 언어(512개)보다 조금 더 많지만 그 차이가 갖는 의미는 그리 크지 않다. 즉, 대체적으로 반반 정도가 된다고 할 수 있다.[2] 후치사와 전치사의 차이는 목적어와 동사의 어순과 매우 밀접한 함의관계를 가지고 있다.

① OV & 후치사	472
② OV & 전치사	14
③ VO & 후치사	42
④ VO & 전치사	456
⑤ 기타(위 네 유형에 속하지 않음)	158
합	1,142

〈표 9〉 목적어와 동사의 어순과 명사와 부치사 어순의 함의관계(*WALS*, 95)

---

[2] 언어 중에는 부치사가 없는 언어도 있으며(30개 언어), 전치사와 후치사가 모두 가능한 언어도 있고(58개 언어) 심지어는 소수에 불과하지만 명사구 내부에 나타나는 내치사(inposition) 언어도 있다.

<표 9>를 보면 한국어와 일본어 같은 OV 언어는 후치사를 갖는 것이 보편적이며, 영어나 중국어와 같은 VO 언어는 전치사를 갖는 것이 보편적이라는 사실을 알 수 있다. 그리고 이것은 양방향적(bidirectional) 함의관계여서 그 역도 성립한다. 즉, 후치사이면 보편적으로 OV 언어이고 전치사이면 보편적으로 VO 언어이다. 이에 대해 학자들은 여러 가지로 설명하는데, 그 중 하나는 VO 언어는 핵어 선행 언어, 즉 핵어-의존어 어순이어서 부치사구의 핵어인 부치사가 앞에 오고, OV 언어는 핵어 후행 언어이기 때문에 핵어인 부치사가 뒤에 온다는 것이다.

전치사 + 명사	명사 + 후치사
영어, 프랑스어, 중국어, 태국어, 베트남어, 타갈로그어, 아랍어, 러시아어 등 VO 언어	한국어, 일본어, 터키어, 몽골어 등 OV 언어

〈표 10〉 명사와 부치사 어순별 언어

4.1.5 명사와 속격의 어순

속격이란 '친구의 집'과 같이 소유격뿐만 아니라 '5월의 신부'나 '민주주의의 건설' 등과 같이 명사가 다른 명사를 수식하는 구성을 말한다. 명사와 속격의 결합에서 나타나는 어순도 문장 차원에서의 어순 유형에 따라 언어마다 차이가 난다. 다음은 '(내) 친구의 집'에 대한 예문이다.

```
(9)  한국어    친구의 집
     일본어    友達の[tomodachino]    家[ie]
              친구의                 집
     중국어    朋友[péngyoude]        家[jiā]
              친구의                 집
     프랑스어  la[la]      maison[mɛzɔ̃]   de[d(ə)]   mon[mɔ̃]   ami[ami]
              정관사      집              의          내         친구
     영어      My friend's house, the house of my friend
```

빈도수로 보면 한국어와 같이 '속격+명사'의 어순을 갖는 언어(685개)가 그 반대의 어순을 가진 언어(467개)보다 약 1.5배 많다. 그리고 영어와 같이 두 가지 모두를 사용하는 언어(96개)도 적지 않다(WALS, 86).

명사와 속격의 어순은 목적어와 동사의 어순과 무관하지 않은데, 일반적으로 OV 언어들은 '속격+명사'의 어순을 갖고, VSO나 VOS와 같은 동사 우선 언어를 포함하여 VO 언어들은 그 반대의 어순을 갖지만, 유독 SVO 언어들은 OV 언어와 동사 우선 언어의 경향을 모두 따라 영어처럼 두 어순이 모두 가능한 경우가 많다. 앞에서 언급한 대로 두 유형이 1.5배의 차이가 나는 것도 이런 이유 때문이라 할 수 있다.

속격 + 명사	명사 + 속격
한국어, 일본어, 중국어, 영어 등	영어, 프랑스어, 독일어, 스페인어, 러시아어, 아랍어 등

〈표 11〉 명사와 속격의 어순별 언어

지금까지 명사구 내부의 어순에 대해 몇 가지 경우를 살펴보았다. 이 밖에도 '명사, 수사, 분류사'의 어순이 있는바, 크게 보아 '(수사+분류사)+명사' 어순과 '명사+(수사+분류사)'의 어순 두 가지가 있다.3) 전자의 유형으로는 중국어(예 一个人[yí gè rén])를 비롯하여 말레이·인도네시아어, 베트남어 등이 있고, 후자의 유형으로는 한국어와 일본어(예 車一台[kuruma ichi dai]), 태국어, 버마어 등이 있다. 영어나 프랑스어에는 분류사가 발달되지 않았지만, 분류사를 사용하는 경우에는 전자의 유형을 따른다(예 ten stem of roses).

명사구 내부의 어순을 볼 때, 한국어나 일본어와 같은 OV 유형의 언어들

---

3) 한국어의 관점에서 보면 '수사'가 아닌 '수 관형사'가 정확한 용어라 할 수 있지만, 여기에서는 '수사(numbers)'로 통일하도록 한다.

은 대체로 핵어 후행인 '의존어+핵어'의 어순을 지키지만, VO 유형은 핵어 선행인 '핵어+의존어'의 어순이 언어에 따른 차이를 보여, 다음 (10)에서 보는 것과 같이 전형적인 VO 언어에 속하는 아랍어에서부터 VO 유형에서 가장 멀어진 중국어까지 다양하게 나타난다(송경안·이기갑 외, 2008a).

(10) 아랍어 〉 프랑스어/스페인어 〉 러시아어 〉 영어 〉 독일어 〉 중국어

4.2 동사구 내부의 어순

문장에서 동사구는 서술부에 해당하는 것으로, 동사를 핵어로 하고 나머지 성분들을 의존어로 하는 구성이다. 동사구에는 동사와 직접 관련을 맺는 성분들도 있으나, 부사구끼리의 어순, 여격과 대격의 어순 등 동사를 포함하지 않는 어순도 있다. 동사구의 어순과 관련된 어순은 다음과 같다.

① 동사와 목적어의 어순
② 본동사와 조동사의 어순
③ 동사와 부사어의 어순
④ 형용사와 정도어의 어순
⑤ 동사와 부정소의 어순
⑥ 비교급의 어순

4.2.1 동사와 목적어의 어순

동사와 목적어의 어순에 따라 OV와 VO로 구분되는 이 두 유형은 자연언어에서 각각 50%의 비율을 갖는다. 언어 중에는 둘 다 가능하여 어느 것

이 더 두드러지는지 판단하기 어려운 언어도 존재한다.

 이들은 지역적인 분포도 뚜렷하여 OV 언어들은 주로 아시아 전 지역(동남아시아 제외)과 뉴기니, 그리고 아메리카 전역(중남미와 북서 태평양 지역 제외)에 분포되어 있다. 반면, VO 언어들은 유럽과 북아프리카, 중동 등에서 많이 나타나며, 아울러 중국과 동남아시아, 인도네시아를 아우르는 넓은 지역에 분포되어 있다. 그리고 두 어순 중 두드러지는 유형이 없는 언어는 주로 오스트레일리아 지역에 많이 분포되어 있다(*WALS*, 83).

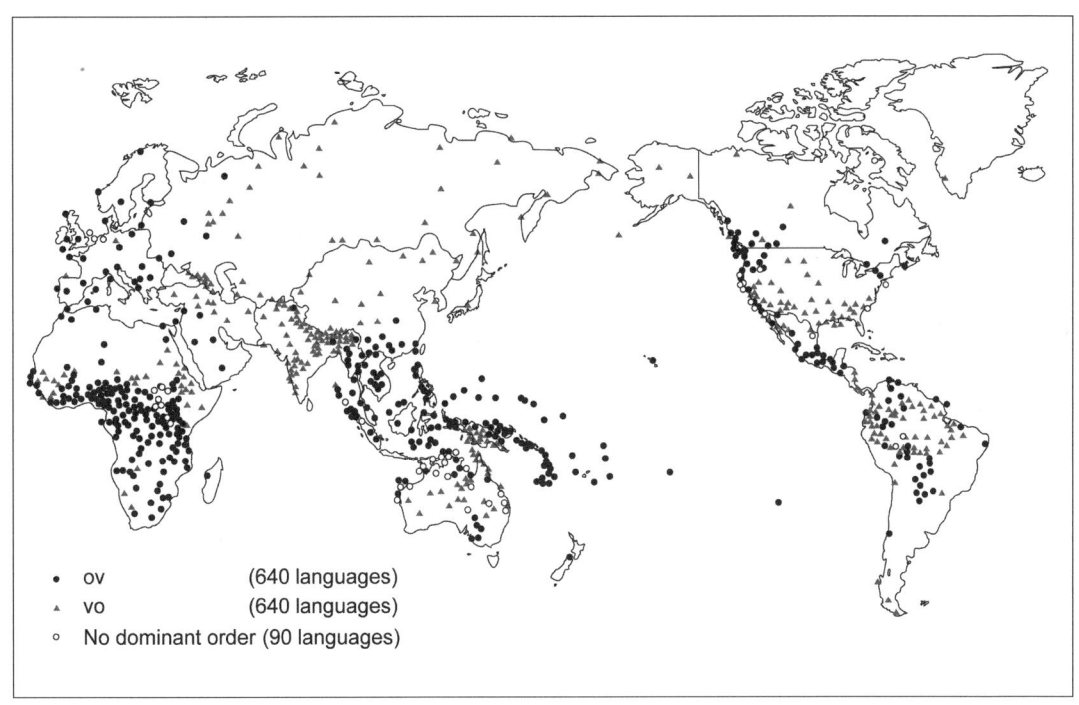

〈그림 2〉 동사와 목적어의 어순 분포도(Crystal, 2010: 88)

 주어를 제외한 이 두 기본성분의 순서는 앞에서 본 것처럼 명사와 부치사의 어순 등 다른 말들의 어순과 상당히 깊은 관련이 있다. 이는 동사구 내에서도 마찬가지이며 다음에서 살펴볼 본동사와 조동사의 어순 등과도 관련을 맺는다.

4.2.2 본동사와 조동사의 어순

조동사 구문에서 핵어는 조동사이고 본동사는 의존어이다. 이러한 관계에 있는 본동사와 조동사의 어순은 문장 차원에서의 동사와 목적어의 어순과 일치한다. 따라서 한국어와 일본어, 몽골어, 힌디어 등과 같은 OV 유형, 즉 핵어 후행 언어에서는 핵어인 조동사가 본동사 뒤에 오고, 영어, 프랑스어 등과 같은 VO 유형, 즉 해어 선행 언어에서는 핵어인 본동사 앞에 조동사가 온다.

(11)	한국어	먹어 보다		
	일본어	食べ[tabe] 먹다(연용형)	-てみる[temiru] -어 보다(보조동사)	먹어 보다
	중국어	想[xiǎng] 싶다	吃[chī] 먹다	먹고 싶다
	영어	I can eat it.		

다만, 독일어와 네덜란드어와 같이 V2 어순의 경우 조동사는 V2 위치에 놓이고, 본동사는 문말에 오는 점이 영어를 비롯한 다른 유럽어들과 다르다. 또한 동사 선행 유형(VSO)인 아랍어는 영어와 같이 조동사가 본동사 앞에 위치한다. 다만, 문두에는 조동사가 오며 본동사는 주어 다음에 온다.

여기서 잠깐

V2 어순

V2 어순이란 게르만 어파에 나타나는 매우 특징적인 어순으로 정형동사 (finite verb, 또는 정동사로 시제에 맞춰 활용하는 동사)는 항상 평서문 주절의 두 번째 자리에 위치해야 하는 어순을 말한다. 독일어와 네덜란드어가 대표적이며, 영어에서도 부분적으로 나타난다. 독일어의 다음과 같은 문장을 예로 들 수 있다. 영어로 The kids play soccer in the park before school.의 뜻을 가진 아래 문장 (a~d)에서 play의 의미를 가진 동사 spielen은 항상 두 번째 자리에 위치하고 있다. 만약 (e, f)처럼 동사가 세 번째에 위치하면 비문이 된다.

a. [Die Kinder] [spielen] [Fussball] [vor der Schule] [im Park].
   the kids   play   soccer   before school in the park.
b. [Fussball] [spielen] [die Kinder] [vor der Schule] [im Park].
c. [Vor der Schule] [spielen] [die Kinder] [Fussball] [im Park].
d. [Im Park] [spielen] [die Kinder] [vor der Schule] [Fussball].
e. *[Vor der Schule] [Fussball] [spielen] [die Kinder] [im Park].
f. *[Fussball] [die Kinder] [spielen] [vor der Schule] [im Park].

그렇다면, 만약 조동사와 본동사가 같이 있는 경우라면 어떻게 될까? V2 어순은 정동사에만 적용되고 나머지 비정형동사(non-finite verb, 또는 비정동사로 시제에 대해 활용하지 않는 동사로 부정사, 동명사, 분사 등이 이에 속한다)는 언어에 따라 다르다. 앞에서 언급한 대로 독일어와 네덜란드어의 비정형동사는 주절의 목적어 다음, 즉 문장의 맨 뒤에 온다. 아래의 예문에서 영어의 조동사 has에 해당하는 hat가 정형동사가 되고 영어의 과거분사 drunk에 해당하는 본동사인 getrunken이 비정형동사가 되어 목적어인 das Wasser 뒤에 오게 된다. 결국, 독일어와 네덜란드어의 조동사와 본동사의 어순은 같은 게르만어인 영어와 다르다는 것을 알 수 있으며, 이때 형성되는 어순은 한국어와 같이 OV가 되는바, 이들 언어의 어순이 SVO인지 SOV인지에 대한 논란이 일어나는 이유가 여기에 있다.

[Det Lehrer]	[hat]	[das Wasser]	[getrunken].
the teacher	has	the water	drunk.
		O	V

본동사 + 조동사	조동사 + 본동사
OV 유형 언어	VO 유형 언어

〈표 12〉 본동사와 조동사의 어순별 언어

4.2.3 동사와 부사어의 어순

 동사와 부사어(부사 포함)의 어순은 문장 차원에서의 어순, 특히 핵어인 동사의 위치와 밀접한 관련을 갖는다. 한국어와 같은 OV 유형, 즉 핵어 후행 언어에서는 핵어인 동사가 부사어 다음에 놓인다. 반면 영어나 프랑스어, 아랍어와 같은 VO 유형, 즉 핵어 선행 언어에서는 핵어인 동사가 부사어 앞에 위치한다.

(12) 한국어	그는 빨리 달린다.		
일본어	彼は[karewa] 그는	速く[hayaku] 빨리	走る[hasiru]。 달린다
영어	He runs fast.		

 다시 말해 SOV 유형에서는 문장이 항상 동사를 포함한 서술어로 끝나므로 그 뒤에 다른 것이 올 수 없다. 따라서 부사어는 동사 앞에 놓인다. 반면 동사가 문두에 오는 아랍어와 같은 VSO 유형에서는 동사 앞에 다른 말이 올 수 없으므로 부사어는 동사 다음에 위치한다. SVO 유형 중 고정어순의 성격을 가진 언어들은 동사가 문장에서 항상 두 번째 자리에 위치하거나(V2

언어의 경우) 주어 다음에 위치하므로(영어의 경우) 부사는 동사 다음에 올 수밖에 없다. 여기에 예외적인 언어가 러시아어와 중국어이다. 이 두 언어는 VO 유형이지만, '부사+동사'의 순서로 나타나는 것이 특징적이다.

여기서 잠깐

영어 부사의 위치

영어 부사의 위치를 보면 동사의 성격, 즉 자동사와 타동사인지에 따라 다르게 나타난다.

a. 자동사 수식   He runs slowly.
b. 타동사 수식   I closed the door slowly.
c. 타동사 수식   I slowly closed the door.

위에서 보는 것과 같이 자동사를 수식할 때는 자동사 뒤에 위치하고, 타동사를 수식할 경우에는 (b)와 같이 목적어 뒤 또는 (c)와 같이 타동사 앞에 위치한다. 이것을 보면 영어에서는 부사가 동사 뒤에 온다는 것을 일반화하기 어려운 것처럼 보인다. 그러나 원칙적으로 말하면 위 (c) 문장은 (b) 문장의 변형이다. 이러한 변형이 가능한 부사는 so, well, slow, hard, thus, right, fast 등의 양태부사로, 이들은 원래 목적어 뒤에 위치하는 것인데 강조를 위해 (c)와 같이 앞으로 이동한 것이다. 단, always, often, usually, sometimes, almost, seldom, hardly, never와 같은 빈도부사와 정도부사는 일반동사의 앞이나 조동사나 be 동사의 뒤에 위치한다.

동사 + 부사어	부사어 + 동사
VO 유형 언어	OV 유형 언어, 중국어, 러시아어

〈표 13〉 동사와 부사어의 어순별 언어

4.2.4 형용사와 정도어의 어순

정도어(degree words)란 '매우, 더' 등과 같이 형용사의 정도 속성을 나타내는 말이다. 대체로 이들은 부사로 인식되지만, 언어 중에는 이들이 부사로 분류되지 않는 경우도 있어 '정도부사'라는 말보다는 '정도어'라는 말이 보다 정확하다. 자연언어에서 보면 '정도어+형용사'의 어순이 227개로 192개인 그 반대의 경우보다 조금 더 많다. 우리가 아는 대부분의 언어, 즉 유럽과 아시아의 대부분의 언어는 전자에 속한다. 우리에게 익숙한 언어 중 아랍어와 태국어 등이 후자에 속한다. 이 어순은 OV 또는 VO 유형과 일치 현상을 보이지 않으며, 둘 다 가능한 언어도 상당수 된다(WALS, 91).[4]

4.2.5 동사와 부정소의 어순

표준 부정의 경우 일반적으로 부정소를 이용하여 하게 되는데 이때 동사와 부정소 사이의 어순 또한 언어마다 조금씩 다르게 나타난다. 대부분의 경우는 동사의 앞이나 뒤, 또는 앞뒤 양쪽의 세 유형 중 하나에 속하지만, 드물게 혼합되어 나타나는 경우도 있다.

① 부정소+동사 (NegV)	686
② 동사+부정소 (VNeg)	374
③ 이중부정 (Double Negation)	195
④ ①유형과 ②유형의 혼합 (Type1/Type2)	31
⑤ 기타	40
합	1,326

〈표 14〉 부정소와 동사의 어순(WALS, 143)[5]

---

4) 영어의 경우 good enough와 같이 정도어가 뒤에 오는 경우도 있지만, 이런 경우는 그리 많지 않으므로 영어는 '정도어+형용사'의 어순으로 취급한다.
5) WALS(143장)에는 매우 자세하게 분류되어 있지만 논의의 편의상 단순화하였다. 즉,

<표 14>에 의하면 부정소가 동사 앞에 오는 언어(686개, 약 52%)가 부정소가 동사 뒤에 오는 언어(374개, 약 28%)와 동시에 동사의 앞뒤에 나타나는 이중부정(double negation)의 언어(195개, 약 15%)보다 훨씬 많다. 큰 범주에서 보면 영어, 중국어, 스페인어, 러시아어, 아랍어 등의 VO 유형 언어들은 대체로 부정소가 동사 앞에 오는 반면, OV 유형 언어들은 부정소가 동사 앞이나 뒤에 선택적으로 나타나는데, 일본어는 아래와 같이 동사 뒤에 나타난다.

(13) 영어　　I don't eat.
　　 중국어　不[bù]　　吃[chī]　　　　먹지 않다
　　 일본어　食べ[tabe]　ない[nai]　　먹지 않다

　그러나 같은 VO 유형이라도 북유럽의 독일어, 네덜란드어, 덴마크어 등은 본동사만 있을 경우와 조동사까지 있을 경우가 달라 전자의 경우는 부정소가 본동사 다음에, 후자의 경우는 영어와 같이 본동사 앞에 위치한다. 그리고 프랑스어는 원칙적으로 부정소 ne~pas가 동사의 앞과 뒤에 동시에 붙는다. 한편, 한국어의 경우는 다음에서와 같이 '안, 못'을 이용해 동사 앞에서 부정할 수도 있고, '-지 않다, -지 못하다'를 사용하여 동사 뒤에서 부정할 수도 있다(부정문의 유형에 대해서는 11장 참고).

(14) 독일어　　Ich gehe nicht in die Schule.　　나는 학교에 가지 않는다.
　　 프랑스어　Je ne va pas à l'école.　　　　　나는 학교에 가지 않는다.
　　 한국어　　나는 학교에 안(아니) 간다.
　　　　　　　나는 학교에 가지 않는다.

　　WALS에는 부정 접두사와 부정 접미사, 그리고 프랑스어와 같이 이중부정이 필수가 아닌 경우들을 별개의 유형으로 제시하고 있으나, 위 표에서는 이들을 각각 ①~③ 유형에 포함시켰다.

동사 + 부정소	부정소 + 동사	둘 다 가능	이중부정
일본어, 터키어, 힌디어 등	영어, 중국어, 스페인어, 러시아어, 아랍어 등	한국어, 독일어, 네덜란드어, 덴마크어	프랑스어, 버마어

〈표 15〉 동사와 부정소의 어순별 언어

4.2.6 비교급의 어순

'민호는 철수보다 크다'에서 '크다'는 두 사람을 비교하는 형용사이고, '철수'는 민호를 비교하는 기준항이 된다. 그리고 '보다'는 비교 표지이다. 비교 형용사와 기준항의 어순은 언어에 따라 다르게 나타난다. 한국어와 일본어의 경우는 '기준항+비교표지+비교 형용사'의 순서이고 영어는 그 반대이다. 다음 (15)는 '나는 엄마보다 (키가) 크다.'의 어순에 대한 예문이다.

(15) 한국어   나는 엄마보다 (키가) 크다.

　　 일본어   私は[watasiwa]　お母さんより[oka:sanyori]　背が[sega]　高い[takai]。
　　　　　　 나는　　　　　 엄마보다　　　　　　　　　 키가　　　　크다

　　 중국어   我[wǒ]　　　　比[bǐ]　　　　妈妈[māma]　　高[gāo]。
　　　　　　 나　　　　　　 보다　　　　　 엄마　　　　　 크다

　　 영어   I am taller than my mom.

일반적으로 OV 언어는 기준항이 비교 형용사보다 먼저 오고 VO 언어는 그 반대이다. 이렇게 볼 때 중국어는 예외에 속한다고 할 수 있다.

여기서 잠깐

> **중국어의 어순**
>
> 중국어의 기본적인 어순 '동사+목적어' 어순을 제외하고 수식어, 즉 관형어와 부사어의 순서는 한국어와 거의 일치한다. 특히 목적어가 없는 자동사 구문의 경우 중국어 술부의 어순은 정확히 한국어와 일치하고 있는데, 이는 부사어가 기본적으로 동사에 앞선다는 중국어의 어순의 원칙과 연관이 있다. 자동사 구문에 관한 한 중국어 술부를 구성하는 기타 성분의 어순은 영어와 반대가 된다(송경안·이기갑 외, 2008a: 368).
>
> | a. | 철수는 | 어제 ① | 서울에서 ② | 왔다 ③ |
> |----|--------|--------|----------|------|
> | b. | 哲秀 | 昨天 ① | 从首尔 ② | 来了 ③ |
> | c. | John | came ③ | from Seoul ② | yesterday ① |

　동사구 내부의 어순으로는 위에서 다룬 것 외에도 부사어들 사이의 어순, 대격과 여격의 어순 등이 있다. 부사어들 사이의 어순은 앞에서 언급한 대로 한국어와 같이 OV 유형은 대체로 '시간(T)+방법(M)+장소(P)'의 순서이고, 영어와 같은 VO 유형은 대체로 그 반대 어순인 '장소+방법+시간'의 순서로 된다. 그리고 한국어, 일본어, 중국어, 러시아어, 아랍어는 '여격+대격'의 순서인 반면, 프랑스어와 스페인어는 '대격+여격'의 순이다. 영어와 독일어는 전치사의 사용 유무에 따라 두 어순이 같이 사용된다.

　그리고 절과 종속 접속어(subordinator)의 어순은 영어에서는 if, because처럼 종속 접속어가 절의 앞에 나타나는 반면, 이에 해당하는 한국어에서는 '-면, -기 때문에'처럼 절의 뒤에 나타난다. 이것은 단순히 앞뒤의 문제라기보다는 그것이 영어에서와 같이 단어로 표현되느냐 한국어에서와 같이 어미나 접사로 표현되느냐와 관련이 있으며, 단어로 표현되는 언어에서는 종속 접속어가 절의 앞에 위치하고, 어미나 접사로 표현되는 경우에는 절의 뒤에 위치한다.

제10장 시제와 상

1. 들어가기

　인간은 시간의 흐름 속에 사는 존재이다. 따라서 인간의 언어에는 시간의 흐름에 대한 인식이 나타난다. 그것이 나타나는 방법은 크게 보아 시제와 상, 서법의 세 가지인데 그 중에서 시제와 상이 가장 직접적이다. 시제는 어떤 사건이 일어난 특정 시점에 대한 문법적 표현, 즉 문법화된 시간적 위치이다. 소위 말하는 과거, 현재, 미래가 시제에 속한다. 반면, 상은 상황(또는 사건) 내부의 시간적 구성을 보는 방법으로 특정한 시점과 관련이 없다. 즉, 어떤 사건이 시제의 관점에서 어느 시점에 일어났다고 할지라도 언어는 그것을 '시작, 중간, 끝'이라는 과정으로 표현할 수 있다. 다음의 예가 이 두 가지의 차이를 잘 보여준다.

(1)　a. 나는 어제 숙제를 했다.
　　　b. 나는 어제 숙제를 하고 있었다.

시제의 관점에서 본다면 (1)의 두 문장은 모두 과거시제이다. 그러나 (1b)의 경우는 과거라는 특정 시점을 현미경처럼 더 확대하여 그 내부를 들여다 본 것이다. 그리하여 '숙제를 하는 일'이 미완결 상태임을 보여주고 있다. (1a)에서는 이러한 과정을 확인할 수 없다. 따라서 (1a)와 (1b)는 시제는 동일하지만, 상은 다르다. 일반적으로 보아, 시제는 하나의 사건이 과거, 현재, 미래 중 하나로 결정되지만, (1b)와 같은 진행 상황은 어떤 시제에서도 나타날 수 있다. 이것이 시제와 상의 가장 큰 차이이다.

시제는 장소나 인칭대명사와 마찬가지로 특정 맥락 없이는 해석할 수 없다는 점에서 지시적(deictic)이다. 여기서 지시(deixis)란 문장의 의미가 주어진 맥락에 의해 결정된다는 것이다. 다음 문장을 보자.

(2) 그가 여기서 그런 나쁜 짓을 했어.

위의 문장은 '그'라는 사람이 '여기'라는 장소에서 나쁜 짓을 했다는 의미이다. 그런데 '그'가 어떤 사람인지에 따라, 그리고 '여기'라는 장소가 어디인지에 따라 문장의 해석에는 많은 차이를 보인다. 즉, 올바른 해석을 위해서는 보다 많고 정확한 맥락이 필요한 것이다. 시제도 마찬가지다. '밥을 먹는' 상황이 있을 때 내가 그 상황과의 관계에서 어느 시점에 있느냐에 따라 그 상황이 과거나 현재, 또는 미래로 달라지게 되고, 맥락이 주어졌을 때는 특정 시점을 가리키게 된다.

여기서 잠깐

시간과 시제

시간(time)은 우주 속에 스스로 존재하며 자연스럽게 흘러가는, 그리하여 결코 분할할 수 없는 것인 반면, 시제(tense)는 인간의 인식 속에서 만들어진 개념이다. 전자가 자연적인 반면 후자는 인위적이고, 전자가 실재적(real)이고 물리적인 반면 후자는 가상적이고 개념적이며, 전자가 객관적(언어 외적)인 반면 후자는 주관적(언어 내적)이다. 즉, 시제의 구분 또는 범주화는 처음부터 자연 세계에 존재하는 것이 아니라, 언어 사용자들이 만들어 놓은 것이다. 시간이란 어떻게 보면 현재만 존재하고, 또 어떻게 보면 현재는 존재하지 않는다. 전자의 경우는 우리가 맞이하는 시간은 오직 현재뿐이고, 후자의 경우는 우리가 현재라고 인식하는 순간 그것은 과거가 될 뿐이다.

    a. 그 사람 지금 떠났어.
    b. 그 사람 지금 떠날 거야.

위에서 '지금'이라는 단어는 '현재'를 표상하는 단어이다. 그런데 위의 문장에서 '떠나다'라는 동사의 시제는 각각 과거와 미래로 제시되어 있다. 이러한 문장이 가능한 것은 인간의 인식은 현재를 어느 정도 확장하여 가까운 과거와 미래까지 포함하여 사용할 수 있기 때문이다.

자연에서의 시간은 객관적으로 존재하는 실체로 두 시점 사이의 선후관계만 있을 뿐 그것이 과거, 현재, 미래로 구분되지는 않는다(윤병달, 2009). 그런데 인간은 그것을 구분하고, 그 구분을 언어적, 문법적 장치로 설정한 것이 시제이다. 나라가 다르다고 해서 우주에 동등하게 존재하는 객관적 시간의 존재의 차이는 없을 텐데, 언어마다 시제 구분의 차이를 보이는 것은 바로 시제가 자연적 시간의 실재를 그대로 반영한 것이 아니기 때문이다.

2. 학습자 오류

다음은 시제와 상에 관련된 영어권 학습자들의 오류이다.

○ 나는 미국에서 커피 <u>만든</u> 일을 했어요.
○ 나는 저기 안경을 <u>쓰는</u> 사람이 좋아요.
○ 여러분, 시작할까요? <u>준비돼요</u>?
○ 나는 우리 엄마를 <u>닮아요</u>.

관형사형에 나타나는 시제는 첫 번째 문장과 두 번째 문장에서 보듯이 외국인 학습자가 오류를 잘 일으키는 부분이다. 과거의 일이라 하여 모두 과거로 표현되는 것도 아니고, '입다, 신다, 쓰다' 등과 같이 착용과 관련된 동사는 그 용법이 결코 쉽지 않다. 그리고 세 번째 문장과 네 번째 문장에서처럼 다른 언어에서 현재형으로 사용되는 표현들이 한국어에서는 과거형으로 표현되는 것들도 상당수 있다.

다음은 시제와 상에 관련된 일본어권 학습자들의 오류이다.

○ 우리 <u>결혼하고 있어요</u>.
○ 한국에 <u>오는</u> 기회가 많지 않았어요.
○ <u>어린 때</u> 오사카에서 살았어요.

두 언어에서 비슷한 표현이라고 해서 모두 바꿔 쓸 수 있는 것은 아니다. 한국어의 '-고 있다'에 해당하는 일본어의 -ている[teiru]는 동작의 진행을 나타내기도 하지만 어떤 상황이 이루어진 결과 상태를 나타내기도 한다 (임헌찬, 2008: 193). 첫 번째 문장은 일본어의 '-ている[teiru]'를 한국어로 그

대로 번역하여 일어난 오류이다. 한국어에는 실제 시제와는 관계없이 항상 고정적으로 미래 관형사형 어미를 사용하는 경우가 있다. 두 번째 문장과 세 번째 문장에 나타난 오류가 그 예이다.

다음은 시제와 상에 관련된 중국어권 학습자들의 오류이다.

- 1학년 때 저는 늘 <u>지각합니다</u>.
- 선생님, 죄송합니다. 숙제를 다 못 <u>합니다</u>.
- 나는 어제 책을 사지 <u>않다</u>.
- 어제 네가 전화할 때 나는 자고 <u>있다</u>.

중국어는 한국어와 달리 동사와 결합하여 시제를 나타내는 '-었/았-'과 같은 문법요소가 없으나, 완료상을 나타내는 了[le]를 이용하여 과거를 나타낼 수 있다. 그러나 한국어의 '-었/았-'과 중국어의 了가 1:1 대응을 이루지는 않는다. 위의 예문들은 한국어에서는 과거로 표현되지만 중국어에서는 了를 사용하지 않는 경우로, 모국어의 간섭에 의한 오류이다(김성란, 2012: 201).

3. 시제

3.1 시제의 구분

3.1.1 과거, 현재, 미래

시제를 구분하는 기준은 시점이다. 시점에는 기본적으로 상황이 발생한 시점인 사건시 또는 상황시(point of event)와 화자가 말을 하는 발화시(point of speech)의 두 가지가 있다. 우리가 흔히 말하는 과거, 현재, 미래는 이 두 가지 시점의 상관관계에 의해 이루어지는 것이다. 과거란 (3a)처럼 상황시가 발화시보다 시간적으로 선행하는 경우이고, 현재란 (3b)처럼 상황시와 발화시가 시간적으로 동일한 경우이며, 미래란 (3c)처럼 상황시가 발화시보다 시간적으로 후행하는 경우이다.

(3) 과거, 현재, 미래

a. 과거: 나는 밥 먹었어.

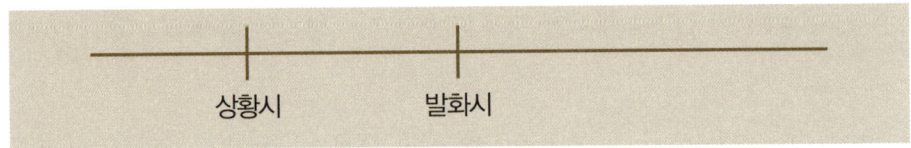

b. 현재: 나는 지금 밥 먹어.

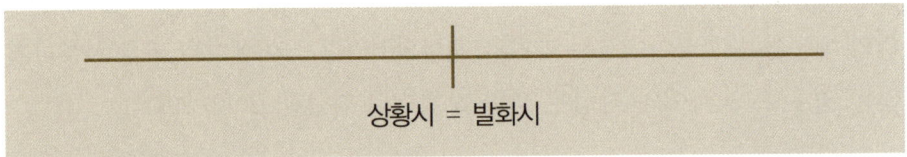

c. 미래: 나는 나중에 밥 먹을게.

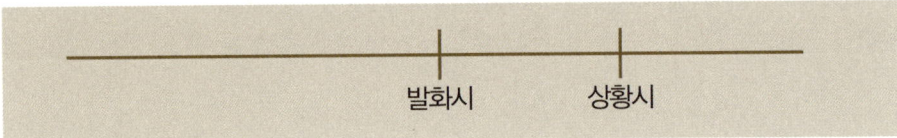

3.1.2 절대시제와 상대시제

앞의 설명에 따르면, 과거, 현재, 미래시제가 발화시를 중심으로 정해지는 것 같지만, 항상 그런 것은 아니다. 다음의 예를 보자.

(4)　　a. 행사 때 연주할 악기가 고장이 났다.
　　　　b. 나는 지하철에서 노래를 부르는 사람을 보았다.

　예문(4)의 두 문장은 '났다, 보았다'라는 서술어를 볼 때 모두 과거이다. 즉, (4a)에서 '악기가 고장이 난 것'도 과거이고, (4b)에서 '노래를 부르는 사람을 본 것'도 과거이다. 그렇다면, '그 악기로 연주를 하였든 못하였든' 그 사실도 과거이고, '그 사람이 노래를 부른' 사실도 과거이다. 그런데 (4a)에서는 '연주할'이라고 하여 미래로 표시하고 있으며, (4b)에서는 '부르는'이라고 하여 현재로 표시하고 있다. 다시 말해, '연주한 악기'와 '노래를 부른 사람'과 같이 과거로 표현하고 있지 않다. 왜 이런 일이 일어날까? 다른 언어도 이와 같을까?

(5)　　a. Mike said, "John is very smart."
　　　　→ Mike said that John was very smart.

　　　　b. 철수는 "영수가 매우 똑똑하다."라고 말했다.
　　　　→ 철수는 영수가 매우 똑똑하다고 말했다.

　(5a)를 보면 영어에서는 직접인용절의 현재시제 is를 간접인용절에서는 주절의 시제를 따라 was라고 쓴다. 그런데 한국어에서는 직접인용절의 '똑똑하다'라는 현재시제는 간접인용절에서도 현재시제를 사용한다. 두 언어에서의 차이점은 무엇일까?
　앞에서 언급한 대로 시제는 시간의 흐름 속에 있는 두 시점 사이의 상관관계에 의해 결정된다. 이때 중요한 것은 기준점이다. 그 기준점은 발화시일 수도 있고 상황시일 수도 있다. 그리고 이에 따라 시제는 달라진다. (5a)의 간접인용절에서 영어는 발화시가 기준이 되어 주절이 과거이면 다른 모든 것이 과거로 나타났다. 즉, 시제 결정에 있어 주절의 영향이 절대적인 것이다. 이를 절대시제(absolute tense)라고 한다. 반면 (5b)의 한국어에서는 기준이 되는 시점이 발화시가 아닌, 상황시로 맞추어져 현재로 나타났다. 즉, 종속절의 시제에 대해 주절은 영향을 미치지 못하고, '철수가 말하는 그 시점에서 볼 때' 똑똑한 것이므로 현재시제를 사용하였다. 이를 상대시제(relative tense)라고 한다. 절대시제의 기준시는 현재이지만, 상대시제의 기준시는 현재가 아니다. 따라서 영어 예문에서는 'Mike가 그렇게 말한 행위'와 'John이 똑똑한 것'이 모두 과거가 되는 반면, 한국어에서는 '철수가 그렇게 말한 행위'는 과거가 되지만, '영수가 똑똑한 것'은 현재시제를 사용한다. 앞의 (4a)와 (4b)의 경우도 이런 방법으로 해석되는 것이다. 그리하여 우리는 '기준시(time of reference)'라는 새로운 시점이 필요하며, 기준의 차이에 따라 절대시제와 상대시제가 구분된다.

3.1.3 시제의 언어적 표현 방법

다음으로 언어에서 시제를 표현하는 방법에 대해 살펴보도록 한다.

(6) a. 경찰이 도둑을 잡는다.   경찰이 도둑을 잡았다.
     b. 나는 오늘 일본에 간다.   나는 내일 일본에 간다.

(6a)의 경우 현재시제와 과거시제가 대립하고 있다. 그리고 그 대립은 시제를 나타내는 문법요소인 '-는-'과 '-았-'을 통해 나타난다. 한편, (6b)의 경우는 현재와 미래가 대립하고 있지만, 시제형태소는 동일하다. 여기에서의 두 문장은 '오늘, 내일'과 같은 어휘를 통해서 시제의 대립이 이루어진다.

시제형태소를 통해서 시제를 문법적으로 나타내는 경우, 대부분 동사에 어미 또는 접사가 첨가되는 형식으로 이루어지지만, 경우에 따라서는 sitsat과 같은 모음변화(ablaut)나 중첩(reduplication)을 통한 어형변화 등으로도 나타난다.

시제를 나타내는 방법은 이와 같이 시제형태소나 어휘를 통해서 나타내는 것이 일반적이지만, 다른 방법도 존재한다. 그것은 실재(實在) 접사와 비실재(非實在) 접사와 같이 접사를 통해서 나타내는 방법이다. 버마어가 이에 해당하는데, 이때의 접사는 시제형태소가 아닌, 그 일이 실제로 일어났느냐의 여부에 따라 붙이는 접사로, 어느 접사를 붙이느냐에 따라 과거와 미래가 구분된다(Whaley, 1997; *Wikipedia*, Grammatical tense).

3.2 시제의 문법적 체계

시제에 대한 현재, 과거, 미래의 삼분법 개념은 모든 언어에 다 존재한다. 인간인 이상 시제의 개념 없이 살 수 없고 대화도 불가능하다. 그렇다고 하여 모든 언어가 시제를 '문법적'으로 표현하는 것은 아니다. 여기서 '문법적 표현'이라는 말은 '어제, 오늘, 내일'과 같은 시간을 나타내는 어휘를 말하는 것이 아니라, 한국어 동사에 사용되는 '-었/았-, -은/는-, -겠-'이나 영어의 과거형에 사용되는 -ed와 같이 문법적으로 나타내는 시제 표지(tense markers), 즉 시제형태소를 말한다. 그리고 시제형태소가 있다 하더라도 그 실현 양상에는 차이가 있다. 따라서 우리는 시제형태소의 유무에 따라 다음과 같이 분류할 수 있다.

(7) a. 영분법 체계(무시제)
 b. 일분법 체계
 c. 이분법 체계(과거 : 비과거 / 미래 : 비미래)
 d. 삼분법 체계(과거 : 현재 : 미래)

먼저 영분법 체계란 과거, 현재, 미래를 문법적으로 나타내지 않는 무시제 언어(無時制言語)의 경우가 이에 해당한다. 이런 언어에서는 시제형태소가 동사에 나타나지 않는 대신 다른 방법, 즉 시간 부사 등의 어휘를 사용하거나 양태나 상의 범주를 이용하여 나타낸다. 중국어나 버마어와 같은 동남아 언어들이 이에 해당한다(3.3.2 참조).

다음으로 일분법 체계는 과거, 현재, 미래를 하나의 문법표지를 이용하여 나타내는 방법인데, 이는 모든 시제를 동일하게 나타낸다는 점에서 영분법 체계와 다를 바 없다. 다시 말해, 일분법 체계는 시제형태소를 사용하긴 하지만 그것이 시제와 관계없이 하나로 통일하여 나타낸다는 것이다. 만약 일분법 체계에서의 시제형태소를 ☻라고 한다면 과거, 현재, 미래 할 것 없이 아래와 같이 동일하게 나타날 것이다. 즉, 세 시제를 나타내는 방법이 동일하여 무시제 언어와 다를 바가 없다.

(8) a. 나는 어제 밥을 먹☻다.
     b. 나는 지금 밥을 먹☻다.
     c. 나는 내일 밥을 먹☻다.

다음으로 이분법 체계를 살펴보도록 한다. 이들 중 '현재 : 비현재'의 분할체계는 존재할 가능성이 거의 없다. 그것은 시간을 지금 이 순간과 그렇지 않은 순간으로 구분한다는 것이 의사소통의 측면에서 비효율적이기 때문이다. 시제라는 문법범주가 존재하는 이유가 어떠한 사건의 시간적 선후를 구분하기 위함이라는 사실을 생각한다면, 과거시제와 미래시제를 하나의 언어형식으로 묶어 그 가운데 있는 현재시제와 대립하게 하는 것은 합리적이지 못한 것이다. 즉, 이러한 체계는 순차적 척도를 나누는 데 있어 연속성이 없어 매우 비효율적이다.

나머지 이분법 체계들은 자연언어에서 흔히 나타나는 것들이다. 그 중에서 '과거 : 비과거'의 분할체계가 가장 보편적인데 영어를 비롯한 유럽어에서 찾아볼 수 있다. 이러한 체계에서는 현재와 미래를 하나로 묶어 비과거로 설정한다. 그리고 이 비과거가 과거와 대립하는데, 이를 전망(prospective) 시제라고도 한다. 따라서 다음과 같이 동사의 현재형이 미래시제에도 사용되지만 과거시제에는 사용할 수 없다.

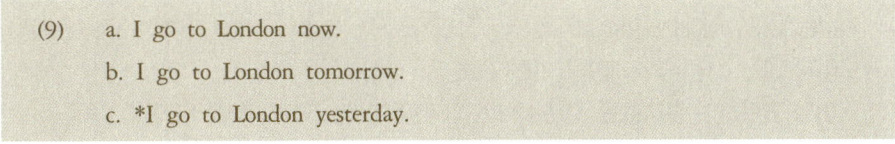

(9)   a. I go to London now.
      b. I go to London tomorrow.
      c. *I go to London yesterday.

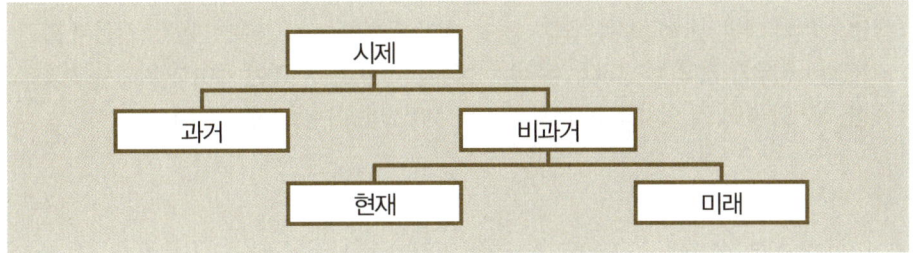

〈그림 1〉 이분법 체계(과거 : 비과거)의 구조

'미래 : 비미래'의 분할체계도 자연언어에서 발견된다. 이를 회상(retrospective) 시제라 하는데 이 분할체계에서는 '현실 : 비현실'의 대립 등 엄격한 의미에서의 시제에 의한 대립이라 볼 수 없는 경우도 많다. 이러한 예는 아메리카와 오세아니아의 토착어에서 발견된다.

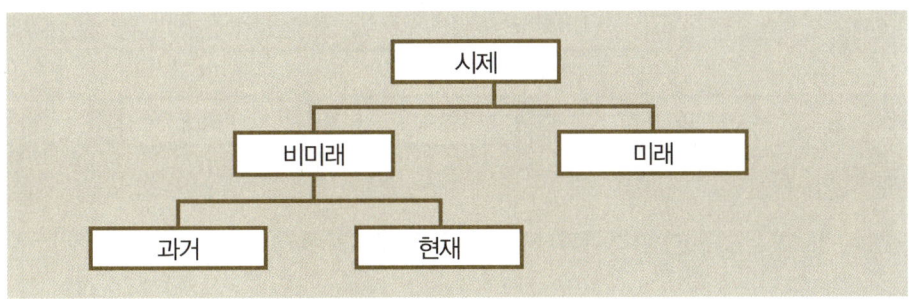

〈그림 2〉 이분법 체계(미래 : 비미래)의 구조

여기서 잠깐

과거시제와 미래시제의 표현 방식

현재를 중심으로 하여 볼 때 과거와 미래는 서로 대칭을 이룬다. 그러나 개념적 시간의 관점에서 이 둘은 단순한 대칭을 넘어 의미적 차이를 형성한다. 과거는 '이미 지나간 것으로 확정된 것, 결정된 것, 고정된 것, 눈에 보이는 것' 등의 의미를 지니는 한편, 미래는 '불확정적인 것, 잠재적인 것, 변화의 가능성이 있는 것, 눈에 보이지 않는 것' 등의 의미를 가진다.

이와 관련하여 흥미로운 것은 대부분의 언어에서는 과거시제를 나타내는 독립된 문법표지가 있는 반면, 미래를 나타내는 문법요소는 원래 시제를 위한 것인지, 아니면 상이나 다른 것(예; 추측, 의지 등)을 위한 문법요소가 시제에 원용된 것인지 불분명한 경우가 많다는 것이다. 우리는 언어에 나타나는 이러한 차이가 위에서 언급한 과거와 미래의 의미적 차이에 기인한 것이 아닌가 생각하게 된다.

논리적으로 볼 때 가장 합리적인 분할체계는 '현재, 과거, 미래'의 삼분법 체계인 것으로 보인다. 그러나 실제에서는 이분법 체계보다 덜 나타난다. 이 외에도 이분법 체계나 삼분법 체계보다 더 자세히 분할한 다중분할 체계도 존재한다.

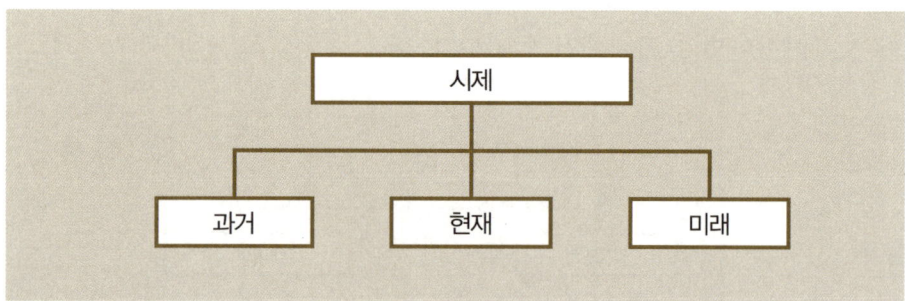

〈그림 3〉 삼분법 체계의 구조

여기서 잠깐

다중 분할 체계

시제의 다중 분할 체계는 이분법 체계나 삼분법 체계보다 더 자세하게 시제를 구분하는 체계이다. 이러한 다중 분할 체계는 대부분 원근법(remoteness)에 의해 구분된다. 시제의 다중 분할 체계로 잘 알려진 벰바어(Bemba)의 경우는 과거와 미래가 4단계로 나누어져 '①3시간 이내 과거, ②오늘 중 과거, ③어제, ④어제 이전(이상 과거), ①3시간 이내 미래, ②오늘 중 미래, ③내일, ④내일 이후(이상 미래)'로 구분되고, 언어에 따라서는 그 이상으로 구분되는 경우도 있다. 이러한 다중 분할 체계에서는 모두 다 시제표현 문법표지에 의해 제시되는 것은 아니다. 그리고 대개의 경우 과거시제의 분할이 미래시제의 분할보다 많다는 것도 또 하나의 특징이라 할 수 있다.

3.3 언어별 시제의 특징

언어란 화자가 세계 지식에 대해 갖는 인식이 말이나 글로 나타난 것이고, 그 인식은 범주화로 나타난다. 앞에서 언급한 대로 이러한 범주화는 처음부터 자연세계에 존재하던 것이 아니라 언어 사용자들이 분절하여 인식하는 것이다. 자연의 시간 구조에 따라 우리는 과거, 현재, 미래라는 인식 체계를 가지고 있다. 그러나 언어는 발달과정에서 문화적 변인에 따라 모습을 달리하기 때문에 앞에서 본 것과 같이 이분법 체계를 갖기도 하고 무시제 언어가 존재하기도 하는 등 시제의 문법범주를 삼분법 구조로 획일화할 수는 없다.

3.3.1 한국어의 시제

그렇다면 한국어의 시제 체계는 어떠한가? 학교문법에서는 한국어가

'과거 : 현재 : 미래'의 삼분법 체계를 갖는다고 한다. 그리고 이러한 견해에 대해 논란이 없지 않으나 많은 학자들이 이에 동의하고 있다. 이 글에서도 삼분법 체계를 바탕으로 기술하도록 한다. 삼분법 체계를 갖는다는 것은 과거와 현재, 미래를 나타내는 각각의 문법 형태가 있다는 것이다. 일반적으로 과거시제에는 선어말어미 '-었/았/였-'을 사용하고, 현재시제에는 선어말어미 '-ㄴ/는-'과 '-∅-(영형태소)'을 사용하고, 미래시제에는 선어말어미 '겠'과 우언적 구성인 '-(으)ㄹ 것이-'를 사용한다. 이들은 다음 (10a~e)에서와 같이 각각의 시제 표지가 의미적으로 대립된다.

(10) a. 나는 어제 그 책을 읽었다/보았다. (과거)
　　　b. 나는 지금 그 책을 읽는다/보ㄴ다. (현재)
　　　c. 저는 지금 그 책을 읽∅습니다/보∅ㅂ니다.[1] (현재)
　　　d. 나는 내일 그 책을 읽겠다/보겠다. (미래)
　　　e. 나는 내일 그 책을 읽을 것이다/보ㄹ 것이다. (미래)

(10)의 예문들이 주로 문장 끝에서 선어말어미를 중심으로 실현된 시제인 반면, 다음 (11)의 경우는 관형절로 안긴문장에 나타난 시제이다. 즉, '-는, -(으)ㄴ, -(으)ㄹ, -던'과 같은 관형사형 전성어미에 의해 시제가 실현된 것들이다.

(11) a. 서울로 가는 버스는 어디에 있습니까? (현재)
　　　b. 우리는 점심을 먹은 후에 산책을 했다. (과거)
　　　c. 나의 살던 고향은 꽃 피는 산골이다. (과거)
　　　d. 점심으로 비빔밥을 먹을 생각이다. (미래)

---

[1] 종결어미의 관점에서 볼 때 현재시제 선어말어미 '-는-'은 '-다, -구나'와 같은 소수의 종결어미 앞에서만 나타난다. 이런 이유로 학자들은 원칙적으로 현재시제 선어말어미는 존재하지 않고 위와 같은 몇 가지 경우에만 특수하게 '-는-'이 결합한다고 분석하거나 '-는다, -는구나' 자체를 종결어미로 해석하기도 한다.

한편, 위와 같은 삼분법 체계의 문제점으로 대두되는 것으로 다음과 같은 것들이 있다.

> (12) a. <u>내일</u> 이맘때쯤에는 철수가 그 책을 <u>읽었을 것이다.</u>
> b. 나는 <u>요즘</u> 학생식당에서 밥을 <u>먹는다.</u>
> c. 나는 <u>내년</u>에 대학원에 <u>간다.</u>

(12a)와 같이 과거와 미래의 문법요소가 같이 나타나는 예가 한국어 시제의 삼분법 체계에 대한 반증으로 제시되는데, 이것은 앞에서 본 것과 같이 상대시제로 해석하면 큰 무리 없이 해결이 된다. 즉, 절대시제의 관점에서 보면 '내일'과 '-었-'은 서로 상충하는 듯하지만, 상대시제의 관점 즉, '내일 그 책을 읽은 시점 이후'를 기준으로 하여 볼 때 '책을 읽은 것'이 과거 표현이 될 수 있고, 이에 따라 '-었-'이 상대시제에서의 과거 표현으로 인정될 수 있는 것이다.[2] 우리가 흔히 쓰는 '너는 내일 죽었어!'와 같은 표현도 이런 방법으로 해석된다. 즉, 화자는 '죽다'라는 사실이 상대시제의 관점에서 이미 정해져 있는 사실임을 알려 청자에게 위협을 주기 위한 용도로 이러한 문장을 사용하는 것이다.

(12a)와 관련하여 문제가 되는 또 하나는 '-(으)ㄹ 것이-'에 대한 해석이다. 즉, 이것을 미래라고 해석하기보다는 추측으로 해석하는 것이 더 타당하다는 주장이다. 이에 대해서는 '-겠-'과 함께 두 가지 다른 주장이 있다.

---

[2] 또 하나의 가능한 해석은 '-(으)ㄹ 것이-'가 문법적 시제를 나타내고, 선행하는 '-었-'은 의미적 완료상을 나타낸다고 보는 것이다. 이러한 해석을 가능하게 하는 것은 시제 표지가 중첩되어 나타날 때 그 중 하나의 형태(한국어에서는 앞의 것)가 의미상으로 상이나 양태의 기능을 할 수 있기 때문이다. 이는 언어 보편적으로 자연스러운 현상이고, 과거시제의 경우 완료상을 의미적으로 함축하기 때문이다. 한국어에서 동사구문을 가진 문장이 시제 없이 사용될 수 없다는 점에서 시제 범주를 한국어의 문법범주로 인정하는 반면, 그 성격이 필수적이지 않은 상에 대해서는 의미 범주로 보는 것이 일반적이다.

하나는 이 표현의 본질적 의미를 '미래'로 보고 나머지 의미를 부수적으로 보는 것이고, 다른 하나는 '예정, 의지, 추측, 가능'을 본 의미로 보고 '미래'를 부수적으로 파악하는 것이다. 삼분법 체계에서는 전자를 바탕으로 해석한다. 만약 후자의 해석을 따른다면 한국어는 삼분법 체계가 아닌 이분법 체계가 된다.

(12b)와 (12c)의 경우는 앞에서 언급한 것과 같이 현재시제가 갖는 확장성이 사용된 문장들이다. 자연의 흐름 속에서 물리적인 현재는 지극히 짧은 시간이다. 우리 인간이 그러한 시간만을 현재시제라고 한다면 언어적으로 현재를 표현할 방법이 없다. 따라서 언어에서의 현재는 현재를 중심으로 앞뒤로 확장하게 된다. 그것은 시간적으로 짧을 수도 있고 길 수도 있다. 다시 말해, 현재를 넘어 그것이 지속될 것이라고 생각할 때 사용되는 것이다. 예를 들어, 발화시를 중심으로 가까운 선후의 시간들을 포함한 '요즘'을 현재로 여긴다면 (12b)와 같이 이야기할 수 있다. '나는 매일 라디오를 들어.'와 같은 습관적인 행위를 현재시제로 표현하는 것도 이 때문이다. 또한 물리적 시간으로 볼 때 1년 후의 먼 미래라 할지라도 발화시의 생각이 변하지 않는다고 확신한다면 현재적 사건으로 말할 수 있다. (12c)의 화자에게 대학원에 가는 것은 현재 상황의 연장 안에 있는 것으로 파악되는 것이다.

3.3.2 다른 언어의 시제

언어마다 시제가 다른 형태로 실현되는 것은 당연한 일이다. 이 절에서는 시제의 체계가 서로 다르게 실현되는 몇몇 언어들을 살펴보도록 한다.

먼저 무시제 언어인 중국어를 살펴보자. 앞에서 설명한 대로 이와 같은 언어에서는 시제가 문법형태소가 아닌 어휘로만 표현된다. 다음 예를 보자.

(13) 중국어의 시제 표현
　a. 昨天我在学校学习。[zuótiān wǒ zài xuéxiào xuéxí]
　　나는 어제 학교에서 공부했다.
　b. 现在我在学校学习。[xiànzài wǒ zài xuéxiào xuéxí]
　　나는 지금 학교에서 공부한다.
　c. 明天我在学校学习。[míngtiān wǒ zài xuéxiào xuéxí]
　　나는 내일 학교에서 공부할 것이다.

(13)의 예문들은 각각 과거, 현재, 미래를 나타내지만, 한국어와 달리 동사와 결합하는 시제 표현 문법표지 없이 오직 '어제, 지금, 내일'이라는 시간 부사어를 사용해서 시제를 나타내고 있다. 그렇다면, 무시제 언어는 일반적이지 않고 특이한 것일까? 다음의 통계(*WALS*, 66)를 보자. 편의상 일단 과거와 비과거의 대립 유무만 살펴보도록 한다.

(14)　a. 과거와 비과거의 대립이 있는 언어: 134개
　　　b. 과거와 비과거의 대립이 없는 언어: 88개

위 통계에 의하면 조사된 222개 언어 중 과거시제 문법표지가 있는 언어가 그렇지 않은 언어보다 많기는 하지만, 그러한 문법표지가 없는 경우가 특이하다고 할 수는 없다. 다시 말해, 거의 모든 언어는 (14a)와 같을 것이라는 생각은 영어를 중심으로 하는 유럽어식 또는 한국어식의 일방적인 사고인 것이다. 그리하여 우리는 (14a)에 속하는 언어와 (14b)에 속하는 언어를 다음과 같이 구분할 수 있다. 참고로, (14b)에 해당하는 중국어와 동남아 언어, 즉 중국·티베트어족, 오스트로·아시아어족, 오스트로네시아어족들은 고립어로서 굴절이 없으므로 문법형태소가 존재하지 않는다.

과거와 비과거의 대립이 있는 언어	과거와 비과거의 대립이 없는 언어
대부분의 인도·유럽어족, 한국어, 일본어, 몽골어 등	태국어, 베트남어, 말레이어, 필리핀어 등의 동남아 언어 및 중국어 등

〈표 1〉 과거 대 비과거의 대립 유무

다음으로 영어와 일본어를 살펴보자.

(15) 영어와 일본어의 미래시제 표현
 a. I will read a book tomorrow.
 b. 私は[watasiwa]　明日[asita]　本を[hono]　読む[yomu].
  　나는　　　　　　내일　　　　　책을　　　　읽다.

(15)의 예문들은 '나는 내일 책을 읽겠다/읽을 것이다.'의 의미로 미래시제를 나타내는 문장들이다. 그런데 미래를 표현하는 방법은 서로 다르다. (15a)의 영어는 will이라는 조동사를 이용하여 나타내고 있는 반면, (15b)의 일본어는 미래를 나타내는 明日[asita]이라는 어휘적 요소 외의 문법적인 요소는 없다. 즉, 일본어에서는 (15b)에서 미래로 해석된 読む[yomu]는 기본형인 동시에 (16)에서와 같이 현재형, 정확히 말하면 비과거형(non-past)이다. (경우에 따라서는 본동사 어간에 어미와 보조동사의 결합형인 -ている(te iru, -고 있다)를 접속시킨 형태가 현재형이 되기도 한다.)

(16) 私は[watasiwa]　今日[kyo:]　本を[hono]　読む[yomu].
 　나는　　　　　　오늘　　　　책을　　　　읽다.

따라서 일본어는 미래를 나타내는 문법표지가 없는 언어 즉, 미래시제 체계가 없는 언어라 할 수 있다. 그러면 영어의 경우는 어떠한지 한국어와 비교해 보자.

> (17) 한국어와 영어의 미래시제 표현
>   a. 나는 내일 책을 읽겠다.
>   b. I will / am going to read a book.

한국어와 영어의 미래를 나타내는 방법의 차이점을 보면, 한국어의 경우는 (17a)와 같이 동사에 문법형태소 '-겠-'을 넣어 사용하는 데 비해, 영어의 경우는 shall/will V나 be going to V와 같은 조동사 구성(auxiliary construction)을 사용하여 나타낸다. 시제 체계 여부를 결정하는 데 있어 형태 중심의 이론에서 가장 중요한 것은 동사와 결합하는 시제 표현의 문법표지가 있느냐의 여부이다. 그런 점에서 볼 때 will은 이 세 가지를 충족시킨다고 보기는 어렵다. 그것은 will이 가지고 있는 성격 때문인데, will은 시제의 관점에서 볼 때 미래형이 아니라 현재형이며(안상철·최인철, 2006; 윤병달, 2009; *Wikipedia*, Grammatical tense), 더 정확히는 시제와 직접 관련된 말이라기보다는 시제와 부수적으로 관련된 양상조동사 또는 서법조동사의 성격이 강하다. 따라서 영어 문법에서는 미래시제에 대한 체계가 없다고 하겠다. 이것은 독일어나 네덜란드어와 같은 게르만어의 공통적인 특징이다(*Wikipedia*, Future tense).

여기서 잠깐

영어의 will

Wikipedia(Grammatical tense)에 의하면 will에 대한 '미래'라는 문법 용어는 잘못된 것으로, 실제는 will의 의미 중 '가능성(probability)'에 기초한 현재시제 양태 동사라고 하면서 아래와 같이 과거, 현재, 미래에 두루 사용된다고 한다.

a. 과거: He will have been angry.
b. 현재: He will already be in Australia by now.
c. 미래: I think I will go next week.

그리고 *The Random House Dictionary of the English Language*에 나타나 있는 will에 대한 해설을 보면 am(is, are, etc)....과 같이 모두 현재형으로 제시되어 있다. 예를 들어, 우리가 will의 미래적 성격으로 들 수 있는 I will be there tomorrow.에서의 will은 be about or going to와 같이 현재로 제시하고 있다. 주지하는 대로 이 will은 '~을/를 하려고 하다'와 같은 표현으로 인해 미래적 의미를 갖기는 하지만 문법적으로는 현재형이다. 윤병달(2009)은 영어에서 미래는 "will의 현재형을 빌려서 의미로서의 미래시간을 표현한다. 이런 이유로 해서 영어 동사의 미래는 시제가 아닌 양상(modality)의 범주라는 주장이 제기된다."라고 언급하고 있다.

한편, 프랑스어에서는 미래의 경우 그에 해당하는 동사의 활용이 따로 있어 삼분법 체계라 할 수 있다. 예를 들어 '내일은 날씨가 덥다'와 같은 경우 (18c)와 같이 '오늘은 날씨가 덥다'에서와 같은 현재형 동사를 쓸 수도 있지만, (18d)에서와 같이 미래형 동사를 사용할 수도 있다(이 경우 한국어의 '덥겠다'에 해당한다고 할 수 있다). 같은 로망스어인 스페인어도 마찬가지다. *WALS*(66장, 67장)에 의하면 이들 언어 외에도 힌디어, 터키어, 타갈로그어 등도 이에 속하는 것으로 나타난다.

(18) 프랑스어 동사의 시제 표현

a. Il   faisait   chaud   hier.
    il   fəzɛ   ʃo   jɛːʀ
    It   V   hot   yesterday (어제는 더웠다.)

b. Il   fait   chaud   aujourd'hui.
    il   fɛ   ʃo   oʒuʀdɥi
    It   V   hot   today   (오늘은 날씨가 덥다.)

c. Il   fait   chaud   demain.
    il   fɛ   ʃo   dəmɛ̃
    It   V   hot   tomorrow (내일은 날씨가 덥다.)

d. Il   fara   chaud   demain.
    il   fəra   ʃo   dəmɛ̃
    It   V   hot   tomorrow (내일은 날씨가 덥겠다.)

이제 미래와 비미래의 대립이 있는 언어와 그렇지 않은 언어에 대한 통계를 살펴보면 다음과 같다(WALS, 67).[3]

(19) a. 미래와 비미래의 대립이 있는 언어: 110개
     b. 미래와 비미래의 대립이 없는 언어: 112개

(19)의 통계에 의하면 조사된 222개 언어 중 미래시제 굴절형태소가 있는 언어와 그렇지 않은 언어의 수가 비슷하다. 우리는 (19a)에 속하는 언어와 (19b)에 속하는 언어를 다음과 같이 구분할 수 있다.

---

[3] (19)의 통계는 엄격히 말하면 '미래 : 비미래'의 대립이 굴절을 통해서 나타나느냐의 유무에 대한 통계이다.

미래와 비미래의 대립에서 굴절형태소를 사용하는 언어	미래와 비미래의 대립에서 굴절형태소를 사용하지 않는 언어
남북 아메리카와 호주의 원주민어, 서부 로망스어(프랑스어, 스페인어), 힌디어, 아랍어, 터키어, 아제르바이잔어	일본어, 중국어, 영어, 독일어, 러시아어, 헝가리어 및 대부분의 동남아어 (타갈로그어 제외)

〈표 2〉 미래 대 비미래의 대립 유무

결국 미래와 비미래에 대한 대립이 있는 언어와 그렇지 않은 언어의 수는 반반이라고 할 수 있어, 과거 대 비과거의 대립이 있는 경우보다 그 수가 적다. 다시 말하면, 시제와 관련해서 볼 때 과거가 미래보다 더 중요하게 나타난다고 할 수 있다.

지금까지 살펴본 시제 체계에 대한 언어적 차이의 논의를 종합하여 표로 나타내면 다음과 같다.

	시제 형태소	시제분할 체계	언어	표현 양상
영분법 체계	무		중국어나 버마어와 같은 동남아 언어	시간 부사 등의 어휘 사용/양태나 상의 범주 이용
이분법 체계	유	과거:비과거	영어를 비롯한 유럽어, 일본어	동사의 현재형이 미래시제에도 사용. 전망 시제
		미래:비미래	아메리카와 오세아니아 토착어	엄격한 의미에서 시제에 의한 대립이라 볼 수 없는 경우가 많음. 회상 시제
삼분법 체계	유	과거:현재:미래	프랑스어, 스페인어, 힌디어, 터키어, 타갈로그어	자연어에서 이분법 체계보다 오히려 덜 나타남.
다중 체계	무	과거 4단계/ 미래 4단계	벰바어	대부분 원근법에 의해 나타남. 과거시제 분할〉미래시제 분할

〈표 3〉 시제의 체계

4. 상

4.1 상의 분류

상(aspect)은 크게 두 가지로 분류되는데, 하나는 동사 자체에 상적인 의미가 포함되어 있는 어휘상(lexical aspect)이고, 다른 하나는 문법형태소를 통해 상적인 의미가 나타나는 문법상(grammatical aspect)이다.

4.1.1 어휘상

동사 중에는 시간적으로 지속이 가능한 동사와 그렇지 않은 동사가 있다. 예를 들어 '자라다'와 같은 동사는 전자에 속하는 반면, '떠나다'와 같은 동사는 후자에 속한다. 그것은 다음 예문을 통해서 알 수 있다.

(20) a. 그 아이는 3년째 계속 자라고 있다.
      b. *그 아이는 5분째 계속 떠나고 있다.

(20) 예문에서 '떠나다'는 '자라다'와 달리 특별한 경우가 아니면 '떠나고 있다'와 같은 말을 사용하지 않는다. 그것은 두 동사가 상적 의미인 [지속성](duration)에서 차이가 나서 '자라다'가 [+지속성]을 가진 반면, '떠나다'는 [-지속성]을 가진 동사이기 때문이다. 동사의 시간성과 관련된 또 하나의 성질은 [종결성](telicity)이다. [종결성]이란 동적 상황이 지속의 전개과정을 거쳐서 종결점 또는 목표점에 이르는 상적 의미를 나타낸다(송경안·이기갑 외, 2008c).

(21) a. 그 사람이 오랜만에 웃었다. 그런데 뭐가 재미있는지 계속해서 웃었다.
b. *그 사람이 집을 지었다. 그런데 계속해서 (그) 집을 지었다.

'(집을) 짓는 것'이 '웃는 것'과 다른 것은 후자와 달리 전자는 "50% 완성되었다."와 같이 '과정을 거쳐 종결점에 이르다' 또는 '단계적으로 목표점을 향해 간다.'라는 의미를 가지고 있는 것이라고 할 수 있다. 즉, '짓다'는 [+종결성]이지만, '웃다'는 [-종결성]이다. 그리하여 집짓기가 종결된 집을 다시 또는 계속해서 '그 집'을 지을 수 없지만, 종결성을 갖지 않는 웃음은 다시 또는 계속해서 웃을 수 있는 것이다.

동사는 이와 같이 [지속성]이나 [종결성] 등의 시간과 관련된 내적인 의미자질에 의해 상을 가지게 되는데, 이를 어휘상이라 한다. 이런 점에서 볼 때 어휘상은 언어보편적이라 할 수 있다.

동사는 [지속성]과 [종결성]의 어휘상에 따라 상태동사(state verb), 행위동사(activity verb, 또는 동작동사), 달성동사(accomplishment verb, 또는 완성동사), 성취동사(achievement verb)의 네 가지 동사로 나뉜다(Vendler, 1967).

먼저 달성동사와 성취동사의 차이는 [지속성] 여부에 있다. 즉, (20)에서와 같이 그 행위를 이룸에 있어 순간적으로 일어나느냐, 과정을 거쳐 목표점에 나아가느냐에 차이가 있는 것이다.

다음으로, 행위동사와 달성동사의 차이는 [종결성]이 있느냐의 여부에 따른 차이다. 앞에서 본 것과 같이 달성동사는 이루고자 하는 [종결성]이 있어 목표점을 향하여 점진적 또는 단계적으로 진행되어 가는 동사인 반면, 행위동사는 그런 목표점 없이 행위 자체가 목표인 동사이다. 예를 들어 '(하늘을) 보다'는 어느 단계에 완성이 되는 것이 아니라, 보는 행위 자체가 목표인 행위동사인 것이다. 따라서 이 세 동사는 지속성과 종결성에서 다음과 같은 차이를 보인다.

	달성동사	성취동사	행위동사
지속성	+	−	+
종결성	+	+	−

〈표 4〉 어휘상에 따른 동사의 구분

이와 같은 차이는 문장 생성에 있어 다른 결과를 가져오는데, 그 첫째는 (22)와 같이 달성동사와 행위동사는 진행형이 가능하지만, 성취동사는 진행형이 어렵다.

(22) 달성동사 : 그는 집을 짓고 있다.
행위동사 : 그는 하늘을 보고 있다.
성취동사 : *그는 보물을 발견하고 있다.

두 번째로는 (23)과 같이 행위동사와 성취동사는 단계성을 갖는 문장에서 문맥적으로 맞지 않거나, 특정 환경이 아니면 어색한 문장을 생성한다.

(23) 달성동사 : 그는 집을 50% 정도 지었다.
행위동사 : *?그는 하늘을 50% 정도 보았다.
성취동사 : *?그는 새로운 땅을 50% 정도 발견하였다.

한편, 상태동사는 소위 말하는 형용사와 특정의 동사를 포함하는데 이들 동사의 특징은 지속성은 있지만, 전개과정이 없는 동사들이라는 것이다. 따라서 진행형 문장을 생성하기가 어렵다. 또한 상태동사는 종결성도 없다. 영어의 know, love, live 등과 같은 동사들이 이에 해당하는데, 예를 들어 '*I am knowing English language.'라는 말은 사용하지 않는다. 한국어에서 '*

그는 자기 엄마를 닮고 있어.'와 같은 경우도 마찬가지다.

이들은 모두 동사 자체에 포함되어 있는 내재적인 의미에 의해 차이가 난다. 이런 이유로 어휘상을 문법상과 구별하여 Aktionsart이라 하고 '동작상'(김기혁 역, 2008) 또는 '행위의 양상'(송경안·이기갑 외, 2008c)이라 번역한다.

이와 같은 논리로 본다면 어휘상은 거의 고정되어 있다고 할 수 있다. 그러나 실제 문맥에서는 그렇지 않을 수 있다.

(24) a. 그는 아름다운 봄 풍경을 그렸다.
b. 그는 동그라미 한 개를 그렸다.

(24)의 두 문장은 '그리다'라는 동사를 공유하여 사용하고 있지만, [종결성]의 관점에서 보면 차이가 난다. (24a)의 경우는 봄 풍경을 그리는 지속의 전개과정을 거쳐 마침내 종결점에 이르게 되는 [+종결성]의 의미를 갖지만, (24b)는 특별한 경우가 아니라면 순간적으로 이루어지는 행위로 [-종결성]이 된다(Vendler, 1967). 즉, 같은 어휘라도 상황에 따라 내적 의미자질이 달라지고, 결국 어휘상이 달라진다. 이런 모순을 극복하고자 하는 것이 Smith(1991)의 '상황(situation)' 개념이다. 그가 말하는 상황이란, (24)의 예문에서와 같이 동사와 해당 논항으로 구성된 구나 절을 말하는 것으로, 상황에 따라 어휘상이 달라지게 되는데, 그는 고정적 의미를 갖는 '어휘상'이란 용어 대신 '상황유형(situation type)'이라는 용어를 사용하였다. 다시 말해, 동일한 동사라도 논항에 따라 상황유형이 다르게 해석되는 것이다. 그는 상태, 행위, 달성, 성취, 순간(semelfactive)의 다섯 가지 상황유형을 제시하였다.

	동성(Dynamic)	지속성(Durative)	종결성(Telic)
상태(States)	−	+	(해당 없음)
행위(Activities)	+	+	−
달성(Accomplishments)	+	+	+
순간(Semelfactives)	+	−	−
성취(Achievements)	+	−	+

〈표 5〉 Smith의 상황유형의 자질구조(송경안·이기갑 외, 2008c)

4.1.2 문법상

우리가 흔히 말하는 완료상이니 진행상이니 하는 것들은 문법상을 말한다. 이 문법상은 어휘상과 달리 문법적인 요소를 통해 나타난다. 따라서 언어에 따라 차이를 보인다. 예를 들어, '러시아어는 상이 발달하였고, 독일어는 상이 발달하지 않았다.'와 같은 말은 해당하는 문법요소의 발달과 관련이 있다.

상은 앞에서 언급한 대로 상황(사건) 내부의 시간적 구성(internal temporal constituency of a situation)을 보는 방법으로, 시제가 하나의 시점(예 발화시)에 대한 다른 시점(예 상황시)의 선후 관계를 나타낸다면, 상은 사건이나 상황이 주어진 시간 속에서 진행 중인지, 완료된 것인지 등을 나타낸다. 이를 달리 말하면, 시제와 상의 차이는 전자는 '시간적으로 언제(temporally when)'와 관련이 있고, 후자는 '시간적으로 어떻게(temporally how)'와 관련이 되어 있다는 데 있다. 따라서 시제는 상황이 일어난 시간의 위치가 중요하며, 상은 상황이 어떤 식으로 전개되는지와 같은 시간의 구성이 중요하다. 앞에서 보았던 다음 문장을 보자.

(25) a. 나는 어제 숙제를 했다.
   b. 나는 어제 숙제를 하고 있었다.

(25) 두 문장을 '시간적으로 언제'의 관점에서 본다면 '어제'로 동일하다. 즉, 시제는 동일하다. 그러나 '시간적으로 어떻게'의 관점에서 본다면 (25a)는 '숙제'가 마무리된 반면, (25b)는 '숙제'를 진행하고 있는 상태이다. 즉, 상의 관점에서는 동일하지 않다.

상의 구분에 있어 가장 기초적인 것이 완결상(또는 완료상; perfective)과 미완결상(또는 미완료상; imperfective)의 구분이다. 이는 화자가 상황을 바라보는 시간적 관점의 차이다. (25a)는 상황을 외부에서 바라보아 상황의 시간적 진행단계를 구별하지 않고 시작에서부터 끝까지를 하나의 덩어리로 인식하는 것이고, (25b)는 상황의 내부에서 어떤 한 지점을 들여다보는 것이다. 다시 말해, 화자가 상황의 흐름(flow of time)을 고려하지 않고 행위를 하나의 덩어리 또는 묶음(situation as bounded and unitary)으로 보아 말하는 것을 완결상이라 하고, 화자가 상황 내부의 시간의 흐름을 보여주면서 말하는 것을 미완결상이라 한다. 위에서 언급한 대로 문법상은 언어에 따라 해당하는 문법이 있을 수도 있고 없을 수도 있는데, 완결상과 미완결상을 그것을 나타내는 문법요소의 유무에 의해 구분한 통계는 다음과 같다(*WALS*, 65).

(26) a. 완결상과 미완결상이 문법적으로 구분되는 언어: 101개
　　　b. 완결상과 미완결상이 문법적으로 구분되지 않는 언어: 121개

이 통계를 통해 러시아어처럼 접사 등의 문법요소를 통하여 완결상과 미완결상을 구분하는 언어와 독일어와 같이 그렇지 않은 언어(두 상을 문법요소가 아닌 다른 것을 이용하여 구분하는 언어)가 비슷하게 배분되거나 전자가 오히려 더 적다는 사실을 알 수 있다.

여기서 잠깐

완결상과 미완결상

경찰①: A씨는 그 날 밤 8시에 무엇을 하였습니까?
  A①: 공원에서 운동을 하였습니다.
경찰②: 그리고는 무엇을 하였습니까?
  A②: 공원 한쪽 구석에 있는 학생들한테로 갔습니다.
경찰③: 학생들은 그때 무엇을 하고 있었습니까?
  A③: 학생들은 서로 말다툼을 하고 있었습니다.
경찰④: 학생들, 그 날 밤 8시 경에 공원에서 말다툼했나?
학생들①: 네. 그랬습니다.
경찰⑤: 학생들, A씨는 언제 학생들한테로 왔나?
학생들②: 저희들이 말다툼할 때 보니 이 분이 저희한테로 오고 있었습니다.

  위에 제시된 질문과 대답은 크게 '-고 있(다)'를 사용한 경우와 그렇지 않은 경우의 두 가지로 나눌 수 있다. 그리고 동일한 상황이라도 화자에 따라 다르게 표현하기도 한다. 학생들의 말다툼에 대한 A씨(A③)와 경찰의 말(경찰④)이 다르고, A씨가 학생들에게 다가가는 모습에 대한 기술(A② vs. 학생들②)이 다르다. 이들의 차이는 화자가 상황을 바라보는 시간적 관점의 차이이다.

  학자들은 이 두 가지 상을 바탕으로 더 분류해 나가는데, 많게는 수십 개의 하위범주를 제시하기도 하지만, 대체로 4~5개 정도에서 10개 내외의 문법상을 설정하고 있다. 그 중 몇 가지 중요한 상범주와 대표적인 상의 분류를 보면 다음과 같다.

(27) a. 기타 주요 상범주
① 습관상(habitual): 어떤 행동을 습관적으로 하게 되는 경우를 상으로 개념화한 범주로, 주로 미완결상의 하위범주로 나타난다. 영어의 used to 구문은 습관상이 문법화된 경우이다.
   예) He used to walk home from school.
② 지속상(continuous): 특정 시간에 미완결된 행위가 지속되고 있음을 나타내는 것으로, 주로 미완결상의 하위범주로 나타난다. 따라서 '미완결(incompletion)'과 '일정 기간(duration)'의 두 가지 개념이 성립되어야 한다. 언어에 따라 진행상(progressive)의 상위 범주 또는 같은 의미로 사용된다.
   예) He is eating.
③ 진행상(progressive): 지속상과 동일하지 않을 경우, 비진행상과 함께 지속상의 하위범주를 형성한다. 이때의 진행상은 위의 지속상과 같은 개념이지만, 동적(dynamic) 의미를 갖는다. 따라서 지속상의 비진행상인 I know English.와는 다르다.
   예) He is walking.
④ 완료상(perfect): 완료는 엄격한 상의 개념으로는 상범주에 포함하기 어려우나, 전통적으로 상 범주에 포함되어 왔다. 영어의 경우, 결과상, 경험상, 종결상, 지속상이 완료상의 하위범주로 나타난다(송경안·이기갑, 2008c).
   예) He has lost all his money.   (결과)
       I have never been to Mexico.   (경험)
       He has just finished eating.   (종결)
       He has lived here for a year.   (지속)

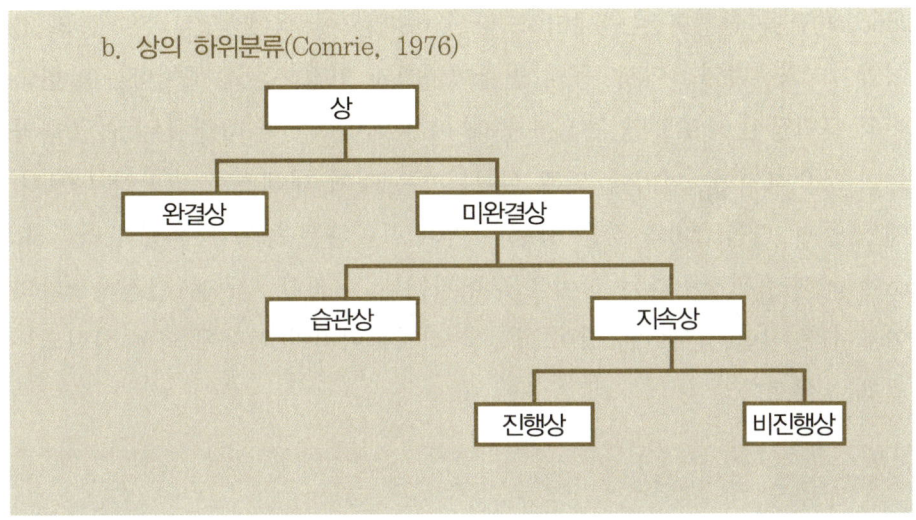

b. 상의 하위분류(Comrie, 1976)

4.2 언어별 상의 특징

앞에서 언급한 대로 상에는 어휘상과 문법상의 두 가지가 있으나, 어휘상은 동사가 갖는 내적 의미에 따른 것이어서 언어 보편적 성격이 강한 반면, 문법상은 그것이 문법적 기제를 통해 나타나느냐의 문제이므로 언어에 따라 차이가 크다. 여기에서는 한국어와 다른 언어 사이에 나타나는 문법상의 차이에 대해서 살펴보도록 한다.

4.2.1 한국어의 상

한국어의 상과 관련하여 관심의 대상이 되는 것은 세 가지로, 하나는 한국어에는 어떤 상들이 있는지 하는 것이고, 둘째는 그러한 상이 어떤 문법요소로 표현되느냐 하는 것이며, 셋째는 상범주의 문법적 위계이다.

먼저 문법요소에 대한 학자들의 의견은 크게 두 가지이다. 하나는 '-고 있(다), -어 있(다)'와 같은 보조용언을 통한 우언적 구성(periphrastic construction)만을 인정하는 견해이고, 다른 하나는 이 외에 '-었-, -는-' 등의 선어말어미와 '-다가, -어서' 등의 연결어미까지 인정하는 견해이다. 즉, 한국어의 문법상이 보조용언 구성을 통해 이루어지는 것에 대해서는 모든 학자들이 동의하지만, 어미에 의해 실현된다는 것에 대해서는 의견이 다르다. 예를 들어, 다음 (28)과 같은 경우 어미와 결합하는 동사나 문장의 다른 요소에 의해 습관상이라는 상이 이루어지는데, 이러한 것들을 인정하느냐의 여부이다. 어떤 경우이든 상이 발달한 러시아어처럼 접사에 의해 실현되는 것과는 다르다.

(28) 그는 요사이 아침마다 책을 읽는다.

다음으로 어떠한 상들이 있는지에 대해서는 학자들마다 견해를 달리하지만, 다음과 같이 완료상(또는 완결상)과 미완료상(또는 미완결상)을 가장 우선적으로 설정하는 것은 거의 공통적이라 할 수 있다.

상	상적 의미	보조용언	예
완료상	결과상태	-고 있다 -어 있다	철수는 노란색 신을 신고 있어. 그는 부산에 가 있다.
	종결	-어 버리다/치우다	그걸 다 먹어버렸어/먹어치웠어?
		-어 내다/나다	그는 마침내 그 일을 다 해 냈다. 심청이가 연꽃으로 피어 났다.
		-어 두다/놓다	너 숙제 다 해 두었니/놓았니?
		-고 말다	네가 그 일을 저지르고 말았구나.
미완료상	진행상	-고 있다	그는 지금 밥을 먹고 있다.
		-어 가다/오다	그는 일평생 그 일에만 몰두해 왔다. 나도 이제 나이를 먹어 가는구나.
	반복상	-곤 하다	그는 아침마다 책을 읽곤 했다.
		-어 대다/쌓다	철수는 쉬지 않고 먹어 댄다/쌓는다.
	예정상	-려고 하다	우리는 내일 떠나려고 한다.
		-게 되다	그는 내일 떠나게 되었다.

〈표 6〉 한국어의 문법상 체계[4]

---

4) 〈표 6〉은 박덕유(1998)를 참고하고 예문을 추가하여 구성하였다.

이 외에도 '-었었다'(나는 미국에 갔었어.)를 통한 경험상이나 '-기 시작하다'(비가 내리기 시작한다.)를 통한 기동상을 설정하기도 한다.

마지막으로, 대조언어학적 관점에서 살펴볼 것은 상범주의 문법적 위계이다. 상은 시제와 함께 시간과 관련된 주요 문법범주의 하나이다. 특별한 경우를 제외하고는 두 범주 모두 실현되는 것이 언어적 현실이다. 따라서 상과 시제 중 어느 것이 해당 언어의 중심이 되느냐 하는 것이 언어 간 차이의 관심이 된다. 한 언어가 시제 중심 언어인지 상 중심 언어인지를 결정하는 기준으로 해당 범주의 문법화의 정도, 의무적 실현 정도, 체계성의 정도, 출현빈도 등을 들 수 있다. 문법화의 정도란 해당 범주가 형태소 차원에서 실현되느냐 아니면 어휘나 구절 차원에서 실현되느냐를 말하며, 의무적 실현 정도란 그 범주가 모든 문장에서 의무적으로 나타나느냐의 여부와 그 정도를 말하며, 체계성이란 주어의 인칭이나 수에 따른 변화체계의 성립 같은 것을 말한다.

한국어에서 시제와 상은 모두 어느 정도 이상으로 발달된 문법범주이다. 그러나 상은 보조용언을 통한 구성으로 표현되는 반면, 시제는 형태소를 통해 나타나므로 시제가 더 문법화되었다고 할 수 있으며, 시제는 문장에서 필수적이지만 상은 그렇지 않다는 점 등에서 볼 때 한국어는 상 중심 언어라기보다는 시제 중심 언어라 할 수 있다(송경안·이기갑 외, 2008c).

4.2.2 다른 언어의 상

시제 중심 언어와 상 중심 언어의 관점에서 볼 때 영어, 독일어, 프랑스어, 일본어 등은 대체로 시제의 실현이 필수적인 시제 중심 언어이고, 러시아어와 아랍어는 상 중심 언어이다. 그런데 여기서 중요한 점은 언어 구분에 있어 두 유형 중 하나를 배타적으로 선택하는 것이 아니라, 어느 것이 더 발달해 있는지 하는 것이다. 그리하여 시제 중심 언어인 프랑스어와 스페인어에서는 상이 시제 속에서 실현된다. 즉, 완결상이나 미완결상이 시제별로 나타난다. 반면, 상 중심 언어인 러시아어에서는 상 속에서 시제가 실현된다. 즉, 상이 시제보다 우선하여 완결상과 미완결상에 따라 시제의 실현이 달라진다. 중국어와 같은 경우는 상이 시제보다 더 발달한 모습을 보이고 있지만, 상의 실현이 필수적이지 않아 두 유형 중 어디에도 속하지 않는다.

상 표지와 관련해서 보면 상 중심 언어인 러시아어와 아랍어는 접사에 의해 실현되는 경우가 많으며, 일본어는 한국어와 유사하게 '동사+-て[te]+いる[iru]/ある[aru]'와 같이 보조동사를 통하여 실현하는 것이 일반적이고, 중국어의 경우는 了[le], 过[guo], 着[zhe]와 같은 보조사의 형태소를 이용하여 실현한다. 진행상과 완료상이 상의 대표가 되는 영어에서는 'be+현재분사', 'have+과거분사'의 문법화된 모습을 통하여 상이 실현된다. 한편, 독일어에서는 상을 나타내는 문법 표지가 존재하지 않는다.

제11장 문장의 종류

1. 들어가기

　인간은 자신이 말하고자 하는 바를 문장을 통해서 나타내는데, 이때 어떤 유형의 문장을 사용할 것인지에 대한 것은 화자의 발화 목적과 관련이 되어 있다. 한국어의 경우를 예로 들어보면, 어떤 사실을 전달하기 위해서는 평서문을 사용하고, 묻고자 할 때는 의문문을 사용하고, 명령이나 지시를 위해서는 명령문을 사용하며, 같이 무엇인가를 하기를 원할 때는 청유문을 사용한다.

　발화 목적에 의해 이렇게 분류된 것을 문장의 종류라고 하는데 모든 언어가 동일한 문장의 종류를 가지고 있는 것은 아니다. 뒤에서 보다 자세히 언급하겠지만, 영어에는 한국어의 청유문에 해당하는 문장이 따로 존재하지 않는다. 물론 'Let's go.'와 같이 Let us의 형태를 빌어 한국어의 청유문과 같은 의미의 문장을 만들 수 있지만, 이 표현은 한국어의 '-자'와는 달리 1인칭 복수가 아닌 경우에도 얼마든지 사용할 수 있다.

　그리고 한국어에서 약속을 하기 위해서는 독자적인 어미 '-(으)마, (으)ㄹ

게, -(으)ㅁ세'를 사용하는데, 학교문법에서는 약속문을 하나의 독립된 문장의 종류로 인정하지 않는다. 반면, 학교문법에서 독립된 하나의 문장으로 인정하는 감탄문을 평서문의 한 종류로 간주하는 학자들도 많다.

이 장에서는 자연언어에서의 문장의 종류에 대해 살펴보도록 한다. 그리고 독립된 문장은 아니지만, 모든 언어에 존재하는 부정문에 대해서도 살펴보도록 한다.

2. 학습자 오류

문장의 종류와 관련된 오류는 '이것은 책입니다까?'와 같이 초급 일본어권 학습자가 일으키는 것들도 있지만, 대개의 경우 한국어에 대한 지식의 부족으로 인한 것들이 많다. 그 중 하나가 문장의 종류에 따른 서로 다른 종결어미의 용법에 의한 것이다. 다음의 경우가 그 예가 된다.

○ (당신이) 비빔밥 먹을까요?
○ 너는 중국에 갔니?
○ 그가 내일 올래요.

의문형 어미라 하여 모든 의문문에 쓸 수 있는 것이 아니며, 평서형 어미라 하여 모든 평서문에 쓸 수 있는 것이 아니다. 위의 예문은 어미가 갖는 제약을 바르게 알지 못해 일으키는 오류이다.

다음과 같이 부정소의 위치에 관한 오류도 적지 않게 일어난다.

○ 나는 밥을 먹고 싶다.
○ 다리가 아파서 안 축구해요.

명령문의 경우 시혜의 의미를 갖는 보조용언 '-어 주다'를 사용하지 않아 무례를 범하는 오류도 종종 나타난다.

○ 잘 안 들려서 크게 <u>말하세요</u>.
○ 선생님, 칠판에 <u>쓰세요</u>.

이제부터 자연언어에 나타나는 문장의 특성과 언어에 따른 차이에 대해 살펴보도록 한다.

3. 문장의 분류와 기준

발화의 목적은 문장의 기능(sentence function)과 밀접한 관련을 맺는다. 문장의 기능은 '진술, 정보 문의, 명령, 감정 표현'의 네 가지로 분류되는데, 이들이 문장으로 실현되면 각각 '평서문, 의문문, 명령문, 감탄문'이 된다.

문장의 기능은 일반적으로 두 가지 관점에서 분류된다. 하나는 화자의 요구 여부이다. 평서문과 감탄문은 화자가 청자에게 무언가를 요구하지 않는 반면, 의문문은 청자의 대답을 요구하고 명령문은 행동을 요구한다는 점에서 차이가 난다.

구분 기준	문장의 종류	내용
요구 없음	평서문	자신의 생각이나 어떤 사실을 전달
	감탄문	자신의 느낌이나 놀람을 전달
요구 있음	의문문	상대방의 대답을 요구
	명령문	상대방의 행동을 요구

〈표 1〉 요구의 유무에 따른 문장의 분류

또 다른 관점은 화자의 일방적 통보인지 상호 간의 정보 교환인지에 따라 통보 문장(communicative sentence)과 정보 문장(informative sentence)으로 나누는 것이다. 명령문과 감탄문은 전자에 속하여, 후자에 속하는 평서문이나 의문문과는 달리 청자에 대한 고려가 적다.

구분 기준	문장의 종류	내용
통보 문장	감탄문	화자 중심, 시간과 공간의 이동의 제약
	명령문	
정보 문장	의문문	정보의 교환, 시간과 공간의 이동의 자유
	평서문	

〈표 2〉 통보·정보에 따른 문장의 분류

예를 들어, 아래의 감탄문과 명령문의 대화를 보면 화자의 발화에 대해 청자는 동의나 부정, 그리고 그에 따른 행위의 유무 등 단순하게 대응하게 된다.

(1) 감탄문 A: 날씨가 좋구나!
           B: 맞아요! (오늘 날씨가 참 좋아요.)

    명령문 A: 창문 좀 열어라.
           B: 싫어! (안 열어.)

반면, 다음 (2)의 평서문과 의문문의 대화는 단순한 대화의 차원이 아니라 우산을 준비하게 하는 것과 같이 정보를 담는 경우가 많다. 이러한 문장들은 앞의 문장들보다 청자들에게 더 관련 깊은 정보를 제공한다.

(2) 의문문   A: 오늘 날씨가 어때?
           B: 오늘 오후에 비가 온대.
    평서문   A: 그럼, 우산 가져가야겠네.

이러한 두 부류의 문장의 차이는 발화 내용의 시간과 공간의 이동(displacement) 가능 여부와도 관련이 있다. 통보 문장은 주로 발화 그 시점, 그 장소에 국한되는 성격이 강한 반면, 정보 문장은 시간적으로 현재는 물론이고, 과거와 미래, 그리고 공간적으로 그 장소에서의 일이 아닌 것까지 자유롭게 포함할 수 있다. 이 두 차이는 동물 언어와 인간 언어의 구별이 되기도 하는데 동물 언어에서는 시공을 초월하는 문장은 불가능하다.

그런데 문장의 기능상 분류된 위 네 가지의 문장이 모두 독자적인 문법적 장치에 의해 실현되는 것은 아니다. 예를 들어, '감탄'의 경우는 다음과 같이 다른 문장들로 얼마든지 표현될 수 있다.

(3) a. 웬일이야?   What on earth is it?
     b. 여기서 나가란 말이야!   Get the hell out of here!
     c. 이거 진짜 맛있어!   It's really delicious!

(3a)는 의문문 형식의 감탄이고, (3b)는 명령문 형식의 감탄이며, (3c)는 '진짜(really)'와 같은 강조어(intensifier)를 이용한 평서문 형식의 감탄이다.

더 나아가서 모든 언어가 발화 목적에 따른 문법적 장치를 다 가지고 있는 것은 아니다. 앞에서 예를 든 것과 같이 한국어의 청유문에 해당하는 영어 문장은 let을 이용하여 나타내지만, let이 (4a)에서와 같이 1인칭 복수는 물론이고 (4b, c)에서와 같이 1인칭 단수와 3인칭에도 사용될 수 있어 청유문에 해당하는 독자적인 문법적 장치가 없다. 즉, 한국어에는 독자적인 청유문 형식이 존재하지만, 영어에서는 청유문이 따로 존재하지 않고 let 명령문의 하위 부류로 존재한다.

(4) a. Let's go home.
     b. Let me go.
     c. Let them go.

따라서 인간이 표현할 수 있는 문장의 종류와 문법적 장치를 가진 문장의 유형은 언어에 따라 다르다. 학자들에 의하면 대부분의 언어는 '평서문, 의문문, 명령문'의 세 가지 문장 유형을 공통적으로 가지고 있으며 언어에 따라 추가적인 문장의 유형을 갖는다고 한다. 이들이 갖는 문법적 장치는 대체로 다음과 같다.

첫째, 형태의 차이이다. 이것은 명령문(경우에 따라서는 의문문 포함)을 평서문과 구별하게 하는 문법 장치로, 많은 언어에서 명령문은 평서문과 존재사의 형태를 다르게 사용한다. 한국어는 평서문에서 '이다'를 사용하고 명령문에서는 '되다'를 사용하며, 영어는 평서문에서는 be 동사의 활용형을 사용하는 반면, 명령문에서는 원형을 사용한다. 그리고 일본어는 평서문에서는 -だ[da]나 -である[dearu]를 사용하는 반면, 명령형에서는 -なる[naru]를 사용한다. 그리고 중국어는 평서문에서는 是[shi]를 사용하는 반면, 명령문에서는 当[dāng]을 사용한다.

	한국어	영어	일본어	중국어
평서문	너는 군인이다.	You <u>are</u> a soldier.	お前は軍人<u>だ</u>。[omaewa gunzin da]	你<u>是</u>军人。[nǐ shì jūnrén]
명령문	군인이 되<u>어라</u>.	<u>Be</u> a soldier.	軍人に<u>なれ</u>。[gunzinni nare]	你<u>当</u>军人吧。[nǐ dāng jūnrén ba]

〈표 3〉 존재사의 형태 차이

그리고 한국어와 일본어에서는 의문문도 다른 문법형태소를 사용하는데, 한국어는 의문형 종결어미를, 일본어는 의문첨사를 사용하여 의문문을 나타낸다.

둘째, 어순의 차이이다. 이것은 의문문을 평서문(경우에 따라서는 명령문 포함)과 구별하게 하는 문법 장치로, 영어 등의 언어에서는 의문문은 평서문과 어순이 다르게 실현된다.

(5) 어순의 차이
　평서문: This is a pen.
　의문문: Is this a pen?

WALS(93장)에 의하면 800여 개의 언어 중 의문사가 문두에 위치하는 언어는 약 260개 정도가 되는데 이와 같은 언어에서는 어순 도치가 평서문과 의문문을 구별하는 문법 장치가 된다.

셋째, 특정 문장을 나타내는 특별한 어휘 부류의 사용이다. 앞에서 본 의문사가 그 대표적인 경우로 의문사를 사용함으로써 의문문을 평서문이나 명령문과 구별하게 한다.

(6) 특별한 어휘 부류
평서문: 그는 가끔 거기에 간다.　　He often goes there.
의문문: 그는 언제 거기에 가니?　　When does he go there?

넷째, 구성 성분의 생략이다. 이것은 명령문을 평서문이나 의문문과 구별하게 하는 문법 장치로, 명령문에서는 대체로 주어를 생략한다.

(7) 구성 성분의 생략
평서문: 나는 학교에 간다.　　I go to school.
의문문: 너는 학교에 가니?　　Do you go to school?
명령문: 학교에 가라.　　　　　Go to school.

이 외에 억양도 문장을 분류하는 문법 장치나 문법 체계로 고려될 수 있다. 실제로 많은 언어에서 평서문과 의문문은 억양을 달리 한다. 그러나 러시아어와 같이 특별한 경우를 제외하고는 대부분의 언어에서 억양은 위와 같은 문법적 장치의 부수적인 것으로 나타난다.

여기서 잠깐

문장의 종류인가? 절의 종류인가?

우리는 일반적으로 문장의 종류(sentence type)라는 용어를 사용하고 있다. 다음의 문장들을 보자.

a. 밥을 다 먹었다. 학교에 가라.
　→ 밥을 다 먹었으니 학교에 가라.　　　　　(평서문+명령문)

b. 밥을 다 먹었다. 잠 좀 잘까?
   → 밥을 다 먹었으니 잠 좀 잘까?   (평서문+의문문)
c. 방안의 온도를 30°로 해라. 너무 덥나?
   → 방안의 온도를 30°로 하면 너무 덥나?   (명령문+의문문)

위의 문장들은 복문이다. 이러한 경우에는 두 개의 서로 다른 문장들이 결합하여 하나의 문장이 될 수 있다. 이때 위의 문장들을 문장의 종류라는 관점에서 정확하게 말하기는 어렵다. 따라서 문장의 종류는 단문 또는 절로 한정하는 것이 좋다. 이런 면에서 엄격히 말하면 문장의 종류라기보다는 절의 종류(clause type)라고 하는 것이 더 정확하다고 하겠다. 그러나 여기서는 일반적인 용어인 문장의 종류를 사용하도록 한다.

4. 문장의 종류

4.1 평서문

4.1.1 평서문의 특징

서술문이라고도 불리는 평서문은 서술법을 사용한 진술(statement)이 표현된 문장, 즉 명제의 진위와 관련된 문장이다. 다음의 문장들은 명제의 진위 여부를 판단할 수 있는지 없는지에 따라 평서문과 평서문이 아닌 것으로 나뉜다. (8a)와 (8b)는 평서문이지만, (8c)와 (8d)는 평서문이 아니다.

(8) a. 대한민국의 수도는 서울이다.
    b. 대한민국의 수도는 동경이다.
    c. 내일 오시겠습니까?
    d. 빨리 갑시다.

　평서문은 이와 같이 명제의 진위로 국한되는 문장이어서 명제의 내용이나 청자에 대한 화자의 주관적 의도와 같은 심리적 태도가 최소로 개입된 중립적 문장이 되고, 의사소통의 가장 기본이 되고 무표적인 문장이 된다. 신술이 갖는 이러한 무표적인 성격은 문법적으로도 평서문을 가장 무표적인 문장이 되게 한다. 평서문이 갖는 문법적 무표성은 다음과 같다.

① 구조적 무표성
　평서문은 문장구조에 있어 무표적이다. 명령문의 경우 대부분의 언어에서는 평서문의 주어(대개 2인칭)를 삭제하여 나타난다. 그리고 일본어나 프랑스어 등을 비롯한 여러 언어에서는 의문문의 경우 의문첨사를 사용하는데, 이는 평서문에 의문첨사를 더하여 나타내는 것이다(자세한 것은 4.2 참조).

　이런 점에서 볼 때 평서문은 더할 요소도 뺄 요소도 없는 그야말로 중립적인 문장이다. 즉, 의문문이나 명령문은 이 평서문을 변형시켜 만든 것이다. 다시 말해, 평서문에서 주어를 빼서 명령문을 만드는 것이지 그 반대로 명령문에 주어를 더하여 평서문을 만들지는 않는다. 의문문도 마찬가지여서 언어에 따라 첨사를 더하여 만드는 경우는 있어도 그 반대로 의문문에서 무엇을 빼서 평서문을 만드는 경우는 없다. 이를 달리 말하면, 의문문이나 명령문은 그것을 만들어 주는 표지나 장치가 있는 반면 평서문은 대부분의 언어에서 그러한 문법적 표지나 장치가 없다. 이런 점에서 평서문은 무표적인 문장이 된다.

다만, 언어 중에는 평서문을 나타내는 문법 표지나 장치가 있는 경우도 있는데, 한국어와 일본어가 이에 속한다. 한국어의 평서형 종결어미와 일본어의 종지형(終止形) 어미(예 -する[suru], -ます[masu])나 단정(斷定)의 조동사(예 -だ[da], -である[dearu], -です[desu])가 이에 해당하는 것으로, 이런 점에서는 한국어와 일본어의 평서문은 유표적이라 할 수 있으며, 다른 언어와 구별되는 점이다.

(9) 한국어 밥을 먹는다 / 먹어요 / 먹습니다.
         나는 학생이다 / 학생이에요 / 학생입니다.
   일본어 雨が[amega]   ふる[huru] / ふります[hurimasu].
         비가   온다 / 옵니다.

         これは[korewa]   本だ[honda] / 本です[hondesu].
         이것은   책이다 / 책입니다.

② 어순적 무표성

평서문이 갖는 무표성의 또 하나로 어순을 들 수 있다. 즉, 평서문의 어순이 기본 어순이 된다. 우리가 흔히 말하는 SOV나 SVO, VSO 등과 같은 어순은 바로 평서문을 바탕으로 한 것이다. 주지하는 대로 영어, 독일어 등에서의 의문문은 동사가 문두에 나오고 주어가 뒤에 오는 어순을 갖는데 이것은 상응하는 평서문의 어순을 도치하여 만든 것이다.

(10) 영 어 The train is long. → Is the train long?
    독일어 Der Zug ist lang.   → Ist der Zug lang?

③ 제약적 무표성

평서문은 서술어 범주의 사용에 있어 무표적이다. 이것은 특별히 명령문과 구별되는 것으로, 명령문에서는 시제와 용언의 성격에 대한 제약이 있어 과거시제를 사용할 수 없으며 형용사를 사용할 수 없다. 그리고 명령문에서는 주어에 대한 제약도 있어 특별한 경우가 아니면 1, 3인칭은 사용하지 않지만, 평서문에서는 이러한 제약이 없다.

④ 음성적 무표성

평서문이 갖는 문법적 특성의 또 하나로 억양을 들 수 있다. 대부분의 언어에서 평서문은 하강조의 억양을 가지는데, 이것은 의문문이 대체로 상승조의 억양을 갖는 것과 구별이 된다. 물론 많은 언어에서 억양은 문장 분류에 있어 부가적인 요소라는 점이 위의 것들과는 구별되지만, 자유어순을 가진 언어들 중에는 오직 억양에 의해서만 평서문과 의문문이 구별되는 경우도 있다. 러시아어, 아랍어, 스페인어 등이 이에 해당하는데, 이러한 경우에도 평서문은 하강조의 억양을 갖는다.

앞의 내용 중 언어적 차이를 보이는 것은 평서문의 표지와 어순이며, 부수적이지만 억양이 추가적으로 포함된다. 이를 종합하여 보면, 영어나 독일어, 프랑스어, 중국어 등과 같이 어순이 고정된 언어는 어순이 평서문의 성격을 결정한다. 반면, 어순이 비교적 자유로운 언어는 한국어나 일본어와 같이 문법적 장치에 의해 구분되거나 스페인어와 러시아어와 같이 억양에 의해 구분된다.

4.1.2 언어별 평서문의 특징

1) 한국어

한국어 평서문의 특징은 다음과 같다.
첫째, 기본 어순인 SOV를 따르되, 상황에 따라 유연성을 갖는다.

둘째, 원칙적으로 평서형 종결어미로 끝맺는다.
셋째, 서술어는 시제, 상, 상대높임법에 따라 다양한 활용을 한다.

2) 일본어

일본어 평서문의 특징은 다음과 같다.

첫째, 기본 어순인 SOV를 따르되, 상황에 따라 유연성을 갖는다.

둘째, 원칙적으로 종지형이나 단정의 조동사로 끝을 맺지만 표현 의도에 따라 첨사(종조사)가 덧붙기도 한다.

もう[mo:]	十二時[zunizi]	だ[da]	+	なあ[na:]
벌써	12시	이다		종조사(감동)

벌써 12시로구나.

셋째, 서술어는 시제, 상, 높임법에 따라 다양한 활용을 한다. 동사와 형용사의 과거는 어간에 -た[ta]를 접속하여 만들고, 현재와 미래는 동일하게 기본형을 사용한다. 현재진행은 본동사 어간에 어미와 조동사의 결합형인 -ている[-teiru]('-고 있다')를 덧붙인다.

a.	私は[watasiwa]	昨日[kino]	学校へ[gakkoe]	行った[itta]。
	나는	어제	학교에	가(다)-과거

나는 어제 학교에 갔다

b.	私は[watasiwa]	今日[kyou:]	学校へ[gakkoe]	行く[iku]。
	나는	오늘	학교에	가다

나는 오늘 학교에 간다.

c.	私は[watasiwa]	明日[asita]	学校へ[gakkoe]	行く[iku]。
	나는	내일	학교에	가다

> 나는 내일 학교에 간다.
> d. 私は[watasiwa]　今[ima]　　学校へ[gakkoe]　行っている[itteiru]。
> 　　나는　　　　　지금　　　학교에　　　　　가고 있다
> 　　나는 지금 학교에 가고 있다.

3) 중국어

중국어 평서문의 특징은 다음과 같다.

첫째, 진술문(陳述文)이라고 하며, 기본 어순인 SVO를 따른다.

둘째, 한국어에서와 같은 평서문 표지는 없다.

셋째, 서술어의 성분에 따라 다음과 같이 나뉜다. 이것은 의문문에도 동일하다.

> a. 명사 술어문: 서술어가 명사 또는 명사구로 이루어진 문장
>
> 　我[wǒ]　　　是[shì]　　　　韩国人[hánguórén]。
> 　나　　　　　이다　　　　　한국인
> 　나는 한국인이다.
>
> 　我[wǒ]　　　不[bú]　　　是[shì]　　　韩国人[hánguórén]。
> 　나　　　　　아니　　　　이다　　　　한국인
>
> b. 동사 술어문: 서술어가 동사로 이루어진 문장
>
> 　我[wǒ]　　　爱[ài]　　　　她[tā]。
> 　나　　　　　사랑하다　　　그녀
> 　나는 그녀를 사랑한다.
>
> c. 형용사 술어문: 서술어가 형용사로 이루어진 문장
>
> 　花[huā]　　　漂亮[piàoliang]。
> 　꽃　　　　　예쁘다
> 　꽃이 예쁘다.

> d. 주술 술어문: 서술어가 '주어+서술어'로 이루어진 문장
>
> 他[tā]   眼睛[yǎnjing]   大[dà].
> 그   눈   크다
> 그는 눈이 크다.

4) 영어

영어 평서문의 특징은 다음과 같다.

첫째, 기본 어순인 SVO를 따른다.

둘째, 주어가 3인칭 단수인 경우를 제외하면 동사의 현재형은 기본형과 같다.

셋째, 과거시제의 경우 동사는 규칙 또는 불규칙 활용형을 갖는다.

4.2 의문문

의문문은 크게 두 가지로 나뉜다. 하나는 '예-아니오 의문문(yes-no question)'으로도 불리는 판정의문문이고 다른 하나는 의문사를 이용하여 질문하는 '의문사 의문문(wh-question)' 또는 설명의문문이다. 전자는 '예-아니오'의 둘 중 하나의 대답을 요구하는 의문문이라는 점에서 '극성의문문(polar interrogative)' 또는 '닫힌 의문문(closed interrogative)'이라고도 하고, 후자는 질문에 대한 답이 열려 있다는 점에서 '열린 의문문(open interrogative)'이라고도 한다. 이 두 가지 의문문은 의미적으로는 모든 언어에 존재하지만 문법적으로 두 가지 유형이 반드시 존재하는 것은 아니다.

4.2.1 판정의문문

언어학적인 면에서 판정의문문을 볼 때 가장 중요한 것은 해당 언어가

어떤 방법으로 판정의문문을 만드는지에 대한 것이다. 자연언어에 나타나는 판정의문문은 다음 표에서 보듯이 크게 4가지 방법이 있다(WALS, 116).

	언어 수	비율(%)
의문첨사 사용	584	61.2
의문형 동사 형태	164	17.2
어순 도치	13	1.4
억양	173	18.1
기타	20	2.1
합	954	100

〈표 4〉 판정의문문의 유형

1) 의문첨사에 의한 판정의문문

<표 4>에서 보는 것과 같이 판정의문문을 만드는 방법 중에서 가장 많이 사용되는 것(약 61%)이 의문첨사(question particle)에 의한 것이다. 의문첨사에 의한 의문문이란 평서문에 의문문을 형성하는 특정 첨사를 덧붙여서 생성된 판정의문문을 말한다. 우리가 잘 아는 대로 프랑스어와 일본어, 중국어가 그 대표적인 경우로, 이들은 평서문에 각각 Est-ce que[ɛsk(ə)], か[ka], 嗎[ma]와 같은 첨사를 더하여 의문문을 만든다.

(11) 의문첨사

프랑스어 Est-ce que + le président vient?
         대통령이 옵니까?

일본어   山田さんは[Yamadasanwa] 寝ています[neteimasu] + か[ka]?
         야마다 씨는 자고 있습니까?

중국어   你[nǐ] 来[lái] + 嗎[ma]?
         당신은 옵니까?

아시아권 언어에서는 한국어를 제외한 대부분의 언어(베트남어, 태국어, 힌디어, 몽골어, 인도네시아어 포함)가 이에 속하고, 유럽권 언어에서도 영어나 독일어, 스페인어 등을 제외한 러시아어, 헝가리어, 폴란드어 등의 슬라브 언어와 포르투갈어, 불가리아어, 그리스어 등이 여기에 속하며 아랍어도 이 부류에 포함된다.

의문첨사와 관련된 또 하나의 문제는 그 위치이다. 의문첨사를 갖는 언어의 반 이상은 문말에 의문첨사가 나타나며 약 25% 정도가 문두에 나타난다. 그 외에는 문장의 두 번째 위치에 나타나는 언어와 문두 또는 문말 어디에라도 상관이 없는 언어도 있다. 중국어와 일본어를 비롯한 아시아권 언어들은 대개 문말에 나타나며, 유럽권 언어들과 아랍어는 대개 문두에 나타난다.

2) 의문형 동사 형태에 의한 판정의문문

의문형 동사 형태(interrogative verb form)에 의한 방법이란 한국어에서와 같이 동사에 의문문에만 적용되는 어미나 접사를 덧붙여 의문문을 만드는 것으로 약 18% 정도의 언어가 이에 해당한다. 이 유형의 언어로는 한국어 외에 버마어, 우즈베키스탄어, 아일랜드어와 아시아의 소수민족 언어 등이 있다. 한국어의 경우, 종결형에 따른 어미가 있어 의문문에는 (12a)와 같이 의문형 종결어미가 사용된다. 한국어에서는 이 어미가 없으면 (12b)에서와 같이 비문이 된다는 점에서 평서문에 의문첨사를 더하여 의문문을 만드는 경우와 다르다.

(12)　a. 그는 한국어를 공부합니까?
　　　b. *그는 한국어를 공부합니

그리고 매우 특이하지만, 평서형의 형태소를 삭제하여 의문문을 만드는 언어도 있다.

3) 어순 도치에 의한 판정의문문

우리는 영어와 독일어를 통하여 어순 도치에 의한 의문문을 접하여 이 유형에 익숙하지만, 실제로 이 유형에 속하는 언어는 매우 적어(1.4%), 영어와 독일어 외에 체코어, 네덜란드어, 스웨덴어, 노르웨이어 등의 소수의 유럽 언어에만 나타난다. 이 언어들의 공통점은 '동사+주어'의 의문문 어순을 갖는다는 것이다.

여기서 잠깐

영어의 어순 도치

어순 도치의 관점에서 문제가 되는 언어가 영어이다. 영어의 경우 be 동사는 어순 도치가 가능하지만, 다른 대부분의 동사는 어순 도치가 이루어지지 않고 조동사를 사용한다.

가. Are you a teacher?
나. *Like you him?
다. Do you like him?

결국 대부분의 경우에 어순의 도치가 일어나지 않는다는 것이 문제이다. 이 현상에 대해 문법가들은 표면형에는 나타나지 않는 조동사 do를 기저형에 설정하여 주어·조동사 도치(subject-auxiliary inversion)로 설명하기도 하고, 조동사 do와, 도치가 되는 본동사 be 등을 합하여 운용소(operator)라 하여 주어·운용소 도치(subject-operator inversion)로 설명하기도 한다.

4) 억양에 의한 판정의문문

이 유형에 속하는 언어들은 평서문과 의문문이 억양을 제외하고는 문장 구조, 동사 형태, 어순 등이 정확하게 같은 언어들이다. 이 유형에 속하는 언어도 상당수가 되어 이탈리아어, 루마니아어, 그리고 코카서스 3개 국가어(그루지야어, 아제르바이잔어, 아르메니아어), 요루바어(Yoruba)와 이보어(Igbo)를 비롯한 아프리카 언어, 그리고 남미의 원주민어에 많이 나타난다.

여기서 잠깐

선택의문문

'그 사람 키가 크니, 작니?'와 같은 의문문을 선택의문문(alternative interrogative)이라 하여, 판정의문문과 다른 별개의 의문문으로 보기도 한다. 그러나 이 선택의문문은 문법적인 면에서 하나의 독립적인 의문문의 유형으로 보기보다는 판정의문문과 동일한 것으로 본다. 그 근거는 다음과 같다.

첫째, 의문사가 존재하지 않는다.

둘째, 판정의문문과 동일한 형태로 나타난다. 즉, 어순 도치를 통하여 판정의문문을 만드는 언어에서는 선택의문문에서도 어순이 바뀌고, 판정의문문과 동일한 동사 형태를 취한다.

(예) Is he tall?   Is he tall or short?
      그 사람 크니?   그 사람 크니, 작니?

셋째, 종속절을 구성하는 경우에도 판정의문문과 동일한 구조를 갖는다.

(예) Do you know [whether he is tall]?
      너는 [그 사람이 큰지] 아니?
      Do you know [whether he is tall or short]?
      너는 [그 사람이 큰지 작은지] 아니?

넷째, 선택의문문은 두 개의 판정의문문을 합쳐 만든 구조이다. 따라서 대답도 각각에 대해 답을 하지 않고 전체의 질문에 한 번만 답을 한다.

(예) 질문: Is he tall or short? = Is he tall or is he short?

> 대답: He is tall.
> 질문: 그 사람 크니, 작니? = 그 사람 크니 아니면 그 사람 작니?
> 대답: 그 사람 커.

4.2.2 설명의문문

앞에서 말한 것과 같이 설명의문문은 의문사를 이용하여 질문하는 의문문이다. 그러나 언어 중에는 의문사가 없어서 의문사 대신 다음 (13)과 같이 미지칭 대명사라고도 불리는 부정대명사(不定代名詞; indefinite pronoun)를 사용하여 설명의문문을 만드는 언어도 있다. 부정대명사란 영어의 someone, something, somewhere와 같이 특정 사람이나 장소, 시간 등이 정해지지 않은 대명사를 말한다.

> (13) Are you going to somewhere?
> = Where are you going?

한국어에서는 다음 (14)와 같이 부정대명사와 의문대명사가 동일한 형태를 가지며, 그 구분은 억양 또는 강세에 의해 이루어진다.

> (14) a. 누구 왔니? 언제 올 거니? 어디 가니? ↗ (의문대명사)
> b. 누구 왔니? 언제 올 거니? 어디 가니? ↘ (부정대명사)

여기서 잠깐

부정대명사의 유형

자연언어에서의 부정대명사는 4가지 유형으로 나뉘는데 그 중 가장 대표적인 두 가지는 '누구, 어디'와 같은 의문대명사 기반 부정대명사(interrogative-based indefinites)와 (some)body, (some)thing과 같은 총칭 명사 기반 부정대명사(generic-noun-based indefinites)이다. 전자는 한국어와 같이 부정대명사가 의문대명사와 같거나 의문대명사의 파생어로 이루어진 경우이고, 후자는 영어와 같이 부정대명사의 표현이 그것이 속한 부류의 총칭인 '사람(person/body), 사물(thing)' 등의 단어와 관련을 갖는 경우이다. 자연언어에서 볼 때 약 2/3정도가 의문대명사를 기반으로 하고 있고, 총칭을 기반으로 하는 경우는 약 1/4정도이다. 한국어, 일본어, 베트남어, 태국어, 러시아어는 전자에 속하고, 영어, 프랑스어는 후자에 속한다. 독일어는 이 두 부류를 섞은 경우에 해당한다.

설명의문문에서 언어학적 관심을 끄는 것은 의문사의 위치이다. 이에 대해 자연언어는 크게 문두 유형(initial interrogative type)과 비문두(non-initial interrogative type)의 두 유형으로 나뉜다. 문두 유형은 반드시 또는 거의 대개의 경우 의문사가 문두에 와야 하는 언어이고, 비문두 유형은 의문사가 평서문에서의 해당 위치에 오거나 상황에 따라서 다른 위치에 올 수 있는 경우를 말한다.

자연언어에서 보면 약 1/3정도만 문두 유형이며 나머지 2/3정도는 비문두 유형이다. 문두형 언어로는 영어를 비롯하여 프랑스어, 독일어, 스페인어, 러시아어, 아랍어 등이 있고, 비문두형 언어로는 한국어를 비롯하여 일본어, 중국어, 베트남어, 태국어, 힌디어, 몽골어, 헝가리어, 체코어 등이 있다. 문두형 언어의 대부분은 설명의문문에서도 '주어+동사'의 도치가 일어나지만, 아랍어에서는 의문사만 문두에 위치하고 나머지는 기본 어순인 VSO를 따른다. 그리고 프랑스어에서는 의문첨사 est-ce que가 붙지 않는 경우에 어순의 도치가 일어나며 이때의 어순 도치는 선택적이다. 즉 프랑스어에서는 한국어에서처럼 평서문의 어순을 그대로 유지하는 비문두 유형도 가능하다.

4.2.3 언어별 의문문의 특징

1) 한국어

한국어 의문문의 특징은 다음과 같다.

첫째, 한국어 의문문 표지로는 의문형 종결어미, 의문사, 상승조의 억양 등이 있으며, '먹어, 안 먹어?' 등과 같은 이접구조도 활용된다.

둘째, 설명의문문의 어순은 평서문과 동일하다.

셋째, '몇, 얼마, 언제, 어디, 누구, 어느, 무엇, 무슨, 왜, 어떤, 웬, 어떻게, 어째서, 어찌하-, 어떠하-' 등의 다양한 성격의 의문사 관련어가 있다.

넷째, 부가의문문의 경우 특별한 별도의 형식이 존재하지 않고, '그렇지(요)?' 또는 '그렇지 않니(않아요)?'와 같은 구문을 덧붙인다.

> 오늘 날씨가 좋죠, 그렇죠?

다섯째, 특수의문문으로 수사의문문, 확인의문문, 명령의문문, 감탄의문문 등이 있다.

> 수사의문문: 그 때의 고생을 어떻게 다 말로 할 수 있겠니?
> 확인의문문: 김 박사님은 이 분야의 권위자이지 않습니까?
> 명령의문문: 왜 빨리 집에 안 가니?
> 감탄의문문: 그렇게만 된다면 얼마나 좋을까?

여섯째, 부정의 판정의문문에 대한 대답으로는 질문이 맞을 경우(즉, 내용이 부정일 경우)에는 긍정으로 답하고, 상대의 질문이 맞지 않으면(즉, 내용이 긍정일 경우)에는 부정으로 대답한다.

질문: 밥 안 먹었니?
대답: 안 먹었을 경우: 네, 안 먹었어요.
      먹었을 경우: 아니요, 먹었어요.

2) 일본어

일본어 의문문의 특징은 다음과 같다.

첫째, 판정의문문의 표지로 억양, 의문첨사, 이접구조 등이 있다. 억양은 상승조가 일반적이며, 문장의 끝에 か[ka] 또는 の[no] 등의 의문첨사(Q)를 덧붙인다.

의문첨사	韓国人[kangkokuzin] 한국인	です[desu] 입니다	+ か[ka]? Q
	한국인입니까?		
	君[kimi], 너	どこへ[dokoe] 어디	行く[iku] 가다 + の[no] Q
	너, 어디 가니?		
이접구조	行く[iku] 가다	行かない[ikanai]? 가다부정	
	가, 안 가?		

둘째, 설명의문문의 어순은 평서문과 동일하다.

셋째, 설명의문문도 억양과 의문첨사의 표지를 갖는다. 억양은 상승조가 일반적이며, 문장의 끝에 か[ka] 또는 の[no]와 같은 의문첨사를 덧붙인다.

```
今[ima]      何[nan]      時[zi]       です[desu]    + か[ka]
지금         몇           시           입니다              Q
지금 몇 시 입니까?

いつ[itsu]   ご飯[gohan]   食べる[taberu]            + の[no]
언제         밥            먹다                            Q
언제 밥 먹어요?
```

넷째, 의문사에는 なに(nani, 무엇), いつ(itsu, 언제), だれ(dare, 누구), どこ(doko, 어디)의 대명사와, いくつ(ikutsu, 몇)와 いくら(ikura, 얼마)의 수량사, 그리고 なぜ(naze, 왜), どう(do:, 어떻게) 등의 부사, どの(dono, 어느 것), どんな(donna, 어떤) 등이 있다.

다섯째, 판정의문문에 대한 대답으로 긍정과 부정의 첨사가 있다.

```
긍정:    はい[hai]      중립적 표현
         ええ[e:]       회화적 표현
         うん[un]       비격식적 표현
부정:    いいえ[i:e]    중립적 표현
         いいや[i:ya]   회화적, 남성용 표현
         ううん[u:n]    비격식적 표현
```

여섯째, 부정의 판정의문문에 대한 대답으로는 한국어와 마찬가지로, 질문이 맞을 경우(즉, 내용이 부정일 경우)에는 긍정으로 답하고, 상대의 질문이 맞지 않으면(즉, 내용이 긍정일 경우에는 부정으로 대답한다.
 일곱째, 부가의문문은 -だろう[daro:], -でしょう[desyo:], -ね[ne] 등의 첨사를 통해 형성된다.

3) 중국어

중국어 의문문의 특징은 다음과 같다.
첫째, 평서문 끝에 의문첨사인 조사 吗[ma]를 덧붙여 판정의문문을 만든다.

```
他们[tāmēn]      是[shì]        韩国人[hánguórén]    +    吗[ma]
그들            이다           한국인                     Q
그들은 한국인입니까?
```

둘째, 중국어에서는 '정반의문문' 즉, 이접구조의문문을 많이 사용한다.

```
你喜欢他吗?[nǐ xǐhuan tā ma]      +   你不喜欢他吗?[nǐ bù xǐhuan tā ma]
너 걔 좋아하니?                        너 걔 안 좋아하니?
你喜欢不喜欢他?[nǐ xǐhuan bùxǐhuan tā]  너 걔 좋아하니, 안 좋아하니?
```

셋째, 선택의문문의 경우 还是[háishì](또는, 아니면)을 사용하여 표현한다. 이때 吗[ma]는 사용하지 않는다.

你[nǐ]	喜欢[xǐhuan]	音乐[yīnyuè]	还是[hái shì]	电影[diànyǐng]?
너	좋아하다	음악	아니면	영화

너 음악 좋아하니, 아니면 영화 좋아하니?

넷째, 설명의문문의 경우는 의문사가 있기 때문에 吗[ma]를 사용하지 않는다. 한국어나 일본어와 같이 의문사의 문두 이동은 없다. 의문사로는 谁(shuí, 누구), 什么(shénme, 무엇), 几(jǐ, 몇), 多少(duōshǎo, duōshao, 얼마), 为什么(wèishénme, 왜), 哪(nǎ, 어느 것), 哪儿(nǎr, 어디), 怎么(zěnme, 어떻게) 등이 있다.

你[nǐ]	喜欢[xǐhuan]	谁[shuí]?
너	좋아하다	누구

너 누구 좋아하니?

다섯째, 의문문에 대한 대답으로 긍정의 경우에는 是[shì], 是的[shìde], 对[duì]을 사용하고, 부정의 경우에는 不是[búshì], 不是的 [búshìde], 不对[búduì]을 사용한다.

의문문	他们[tāmēn]	是[shì]	韩国人[hánguórén]	+	吗[ma]?
	그들	이다	한국인		Q
	그들은 한국인입니까?				
긍정	是(的)[shì(de)].		对[duì].		네. /맞습니다.
부정	不是(的)[búshì(de)].		不对[búduì].		아니요. /아닙니다.

여섯째, 부정 판정의문문의 경우 대답은 영어와는 다르고 한국어와 일본어와 동일하다.

4) 영어

영어 의문문의 특징은 다음과 같다.

첫째, 영어의 의문문 표지로는 어순 도치, 의문사, 억양, 조동사 do, 이접구조 등이 있다. 억양은 일반적으로 상승조이고, 어순은 주어와 be 동사의 도치가 일어난다. 이접구조는 or not을 이용한다.

```
억양, 어순 도치    : Are they Korean?
의문사, 어순 도치  : What is your job?
억양, 조동사      : Do you like him?
이접구조         : Do you like him or not?
```

둘째, 판정의문문의 경우 조동사 do를 문두에 둔다.

셋째, 판정의문문에 대한 대답으로는 yes, no를 사용한다. 부정의 판정의문문에 대한 대답은 한국어, 일본어, 중국어와는 용법이 다르다. 즉, 질문과 관계 없이 대답의 내용이 긍정적이면 yes, 부정적이면 no를 사용한다.

```
Don't you like it?
Yes, I like it.         No, I don't like it.
```

넷째, 소위 'wh-의문문'이라고 불리는 설명의문문은 의문사, 조동사 do, 어순, 억양으로 실현된다. 이때 의문사가 문두에 오며(의문사가 주어가 아닐 경우엔 어순 도치가 일어난다), 억양은 하강조가 된다. 그리고 조동사 do가 사용되기도 한다.

> When is your birthday? ↘
> What do you want? ↘

    다섯째, 영어는 특별한 형식의 부가의문문을 가져, 주절이 긍정일 경우에는 부정의 형식을 취하고, 주절이 부정일 경우엔 긍정의 형식을 취한다. 이때 억양은 화자가 그 사실을 몰라 알고자 할 때는 상승조, 확인차 묻는 경우에는 하강조로 실현된다.

> You like him, don't you?
> You don't like him, do you?

4.3 명령문

4.3.1 명령문의 특징

    명령은 서법적으로는 청자의 행동을 요구하고 화행의 면에서는 지시(directive)와 관련되어 있으며 경우에 따라서는 청유(hortative)도 이에 포함된다. 따라서 기본적으로 2인칭 화자를 대상으로 하며 시간적으로는 현재 또는 미래에 국한된다. 이러한 서법과 화행이 문장으로 실현된 것이 명령문이고, 명령문에서 언어학적으로 관심의 대상이 되는 것은 해당 언어가 명령문에 따른 특별한 동사의 형태를 갖느냐의 여부이다. 그것은 명령문에만 국한되는 특별한 동사 형태 없이 통사적으로만 실현되는 언어도 많기 때문이다. 그리고 만약 특별한 동사 형태를 사용한다면 2인칭 단수와 복수를 구분하여 사용하느냐 아니면 동일한 형태로 두 가지를 다 표현하느냐 하는 것도 관심의 대상이 된다. 통계적으로 본다면 자연언어의 약 1/4정도가 영어에서와 같이 2인칭 명령에 대한 특별한 동사 형태 없이 통사적으로만 실현된다(*WALS*, 70).

(15) a. Stand up!
      b. Be careful!

이때의 특징은 첫째, 주어는 문장 출현에 있어 선택적(대개의 경우 생략)이라는 것이고, 둘째, 동사는 접사나 어미 없이 기본형 또는 원형을 사용한다는 것이다. 이러한 유형에 속하는 언어로는 영어 외에 고립어인 중국어, 태국어, 베트남어 등 주로 동남아시아 지역의 언어들이다. 고립어의 경우는 형태가 발달되어 있지 않아 문장의 종류에 따른 동사 형태의 변화가 없는 것이 당연하다.

자연언어의 3/4정도가 명령문에서만 사용되는 특별한 동사 형태가 있는데, 이 중 약 20%가 한국어나 일본어에서와 같이 단수와 복수 구별 없이 동일한 형태를 사용하는 반면, 80%는 다음 스페인어와 같이 단수와 복수에 서로 다른 형태가 사용된다. 다시 말하면, 한국어와 일본어와는 달리 많은 언어가 단수와 복수를 구분하여 표현한다.

	단수	복수
한국어	(철수야,) 밥 먹어라!	(얘들아,) 밥 먹어라!
스페인어	Come!	Comed! '먹어라!'

〈표 5〉 단수 명령문과 복수 명령문

4.3.2 언어별 명령문의 특징

1) 한국어

한국어 명령문의 특징은 다음과 같다.

첫째, 2인칭 주어를 생략하는 경우가 많지만 경우에 따라서는 주어를 사용한다.

> 밥 먹어라. 너는 공부를 해라.

둘째, 명령형 종결어미를 사용한다. 명령형 종결어미로는 '-어라/아라/거라/너라. 어, -게, -십시오' 등이 있다. 간접 명령문의 경우에는 '-어라'가 아닌 '-(으)라'를 사용한다. 그리고 부정 명령문의 경우에는 '-지 마라, -지 마십시오' 등을 사용한다.

셋째, 경우에 따라서는 명령문이 아닌 다른 형식을 통해서도 명령을 표현한다.

> "○○시민은 깨끗하다." (표어로서의 이 말은 진술보다는 요청에 속한다.)

넷째, 명령의 의미로는 '지시, 청원, 허락' 등이 있다.

> 약속을 잘 지켜라.   (지시)
> 여기 앉으십시오.   (청원)
> 그렇게 하게나.   (허락)

2) 일본어

일본어 명령문의 특징은 다음과 같다.

첫째, 2인칭 주어를 생략하는 경우가 많지만 경우에 따라서는 주어를 사용한다.

둘째, 명령에 있어 정중함의 단계가 있어, 거친 명령, 부드러운 명령, 정중한 표현이 있다. 아래의 표현을 한국어로 번역하면 순서대로 '먹어!(매우 단호한 명령), 먹어(부드러운 표현), 드세요' 정도가 된다.

> 食べる[taberu]('먹다'의 기본형)　→　食べろ[tabero]
> 　　　　　　　　　　　　　　　　　食べて[tabete]
> 　　　　　　　　　　　　　　　　　食べなさい[tabenasai]

이 외에도 한국어 '-어/아 주십시오'에 해당하는 -てください[tekudasai]가 있다.

3) 중국어

중국어 명령문의 특징은 다음과 같다.

첫째, 2인칭 주어를 생략하는 경우가 많지만 경우에 따라서는 주어를 사용한다.

둘째, 고립어인 중국어는 한국어나 일본어와는 달리 명령문에 따른 형태의 변화는 없다.

셋째, 부드러운 명령을 위해 문장 끝에 吧[ba] 또는 好吗[hǎoma]를 붙이거나 문장 앞에 请[qǐng]을 쓴다.

你[nǐ]	去[qù]	吧[ba]。	가 주세요.
너	가다		
请[qǐng]	进[jìn]。		들어오세요.
	들어오다		

넷째, 부정 명령 문장에는 别[bié] 또는 不要(búyào)을 쓴다.

| 别[bié] | 吃[chī]。 | 먹지 마라. |
| 말다 | 먹다 | |

4) 영어

영어 명령문의 특징은 다음과 같다.

첫째, 2인칭 주어를 생략하는 경우가 많지만 경우에 따라서는 주어를 사용한다. 사역동사 let으로 시작하는 명령문의 경우 1인칭 또는 3인칭의 목적격으로 주어 표시를 할 수 있다.

Let me go.   Let him go.

둘째, 동사는 원형을 사용한다. 강조를 위해서는 동사 앞(주로 문두)에 do를 사용한다. 부정명령은 do not(또는 don't)을 사용하여 표현한다.

Do come in!   Don't be naughty!

셋째, 부드러운 명령을 위해 please를 사용한다.

Please, don't smoke!

4.4. 부정문

4.4.1 부정의 종류

부정문(negative sentence)은 긍정문(affirmative sentence)의 명제를 의미적으로 부정하는 문장으로, 긍정문과 양립 불가능한 관계에 놓인다. 긍정문과 부정문은 언어를 막론하고 긍정문이 무표적이고 부정문이 유표적이다. 물론 '예, 아니요'와 같이 하나의 어휘로 표현할 수도 있지만 대부분의 경우 긍정문에 부정의 요소를 첨가하여 부정문이 만들어지며, 그 반대의 경우 즉, 부정문에 긍정의 요소를 첨가하여 긍정문을 만드는 경우는 없다. 아울러 어순을 바꾸거나 억양에 의해 부정문이 만들어지는 경우도 없다. 부정의 요소가 첨가되어 형성되는 부정문의 이런 성격으로 인해 부정문은 문장 구조의 면에서 항상 긍정문보다 복잡하다. 따라서 부정문은 형태·통사적 조건을 충족시켜야 한다.

부정에는 여러 종류가 있다. 먼저 문장 부정(sentencial negation)과 비문장 부정(non-sentencial negation)이 있다. 문장 부정은 한국어의 '아니, 못', 영어의 not과 같은 부정소를 이용하는 것이고(cf. 16a)이고, 비문장 부정은 한국어의 '비(非), 불(不), 무(無), 미(未), 몰(沒)' 등이나 영어의 un-, non- 등의 부정접두사를 이용하는 방법(cf. 16b, c)이다. 비문장 부정을 달리 성분 부정(constituent negation) 또는 어휘적 부정(lexical negation)이라 한다.

> (16) 문장 부정과 비문장 부정
> a. 그들은 행복하지 않다.   They are **not** happy.
> b. 이것은 **불**공평하다.   It's **un**fair.
> c. 그는 **비**전문가이다.   He is a **non**-specialist.

그리고 문장 부정은 통사적 형태에 따라 표준 부정(standard negation), 양화사 부정(negation of quantifiers), 부사 부정(negation of adverbials)의 세 부류로 나뉘는데, 가장 일반적인 것은 다음 (17a)와 같이 평서문 주절의 동사를 부정(negating declarative verbal main clauses)하는 표준 부정이다(Miestamo, 2005).

(17) 표준 부정, 양화사 부정, 부사 부정
  a. 표준 부정   : They do not like it.
  b. 양화사 부정 : Not everybody like it.
  c. 부사 부정   : They never like it.

4.4.2 표준 부정의 언어별 차이

여기에서는 표준 부정의 통사적 성격에 대한 언어적 차이를 살펴보도록 한다. 표준 부정은 일반적으로 해당하는 긍정문에 부정소를 첨가하여 생성된다. 이때 부정소에 대한 우리의 주된 관심은 부정소의 통사적 성격이다. 보다 구체적으로 말하면, 해당 언어의 부정소가 부정 동사(negative verb), 부정 첨사(negative particle), 부정 접사(negative affix) 중 어디에 속하는지 하는 것이다. 이 절에서는 전형적 표준 부정소, 축약형 부정소, 주변적 부정소의 통사적 성격에 대해 살펴보고자 한다. 그리고 어순 유형과의 상관관계 또한 아울러 살펴보도록 한다.[1]

1) 표준 부정소의 언어별 차이

부정소의 통사적 성격과 관련하여 볼 때, 한국어를 비롯하여 영어, 중국

---

[1] 다음의 내용은 조경숙(2005)과 송경안·이기갑(2008a, c)에 힘입은 바 크다.

어, 프랑스어, 러시아어는 부정 첨사를 갖는 언어인 반면, 일본어는 부정 동사의 한 종류인 부정 조동사를 갖는 언어이다. 부정소의 통사적 성격을 결정하는 요소는 두 가지로 하나는 굴절 여부이고, 다른 하나는 자립성 여부이다. 부정소가 시제나 상, 서법 등의 문법적 환경에 따라 굴절을 하면 동사적 성격을 가지고 그렇지 않으면 첨사나 접사의 성격을 갖는다. 그리고 자립성 여부에 따라 첨사와 접사로 구분된다. 6개의 언어 중 굴절을 하지 않고 비자립적인 부정소는 없어 부정 접미사의 성격을 갖는 것은 없다. 일본어를 제외한 5개의 언어는 문법적 환경에 따른 굴절이 없고 자립어의 성격을 가져 첨사로 분류되는 반면, 일본어의 부정소는 문법 표지에 따라 굴절하기 때문에 동사적 성격을 갖는다. 다음의 예문들을 통해 이와 같은 사실을 확인할 수 있다.

(18) 가. 한국어 나. 영어
　　a. 그는 가지 <u>아니</u> 한다.　　a. John did <u>not</u> go.
　　b. 그는 가지 <u>아니</u> 하였다.　　b. John will <u>not</u> go.
　　c. 그는 가지 <u>아니</u> 할 것이다.　　c. John is <u>not</u> going.
　　d. 너는 가지 <u>아니</u> 할 거지?　　d. Do <u>not</u> go!

다. 일본어
　　a. 彼は[karewa]　　行か[ika]　　*なかろ*-う[nakaro-u]。
　　　 그는　　　　　 가다(미연형)　부정소-추측조동사
　　　 그는 가지 않을 거야.
　　b. 彼は[karewa]　　行か[ika]　　*なかっ*-た[nakat-ta]。
　　　 그는　　　　　 가다(미연형)　부정소-과거
　　　 그는 가지 않았다.

(18)에서 보듯이, 한국어와 영어는 부정소가 문법적 환경의 차이에 관계없이 '아니, not'으로 고정되어 있다. 이러한 사실은 중국어의 不[bù]나 프랑스어의 ne[nə]~pas[pa]도 마찬가지다. 반면 일본어는 부정소 ない[nai]의 い[i]

가 (18 다)의 (a)에서는 かろう로 형태가 변하였고, (b)에서는 かった로 바뀌었다. 이런 점에서 볼 때 일본어의 부정소는 활용을 하는 동사적 성격을 띤다고 할 수 있다. 다만, 부정소 앞에 본동사 行く[iku]가 있어 이 부정소는 조동사가 된다.

2) 축약형 부정소의 언어별 차이

언어들 중에는 부정소의 축약형을 갖는 경우가 있다. 한국어, 영어, 프랑스어가 이에 해당한다. 중국어와 일본어, 러시아어는 축약형이 없다.

(19) 가. 한국어
    a. 그는 가지 않는다.   그 꽃은 예쁘지 않다.
    b. 그는 가지 않았다.   그 꽃은 예쁘지 않았다.
    c. 그는 가지 않았지?   그 꽃은 예쁘지 않구나.
  나. 영어
    a. He doesn't go.
    b. He isn't going.

한국어와 영어 두 언어 모두 축약형 부정소를 가지고 있지만 차이가 있다. 먼저 영어의 축약형 부정소 n't를 보면 굴절하는 조동사의 접미사와 같은 모습을 보이고 있다. 다시 말해 영어의 축약형 부정소는 세 가지 부정소 중에서 부정 접사에 속한다. 프랑스어의 경우도 축약형이 존재하여, ne~pas의 ne가 모음이나 묵음 /h/로 시작하는 술어 앞에서 n'-으로 실현된다.

(20) Il   n'-aime   pas   Marie.
    그   부정소-사랑하다   부정소   Marie.
    '그는 Marie를 사랑하지 않는다.'

물론 프랑스어의 축약형은 음운론적 현상이어서 영어와는 성격이 조금 다르지만 부정 접사로 간주할 수 있다. 그런데 두 언어의 접사 위치가 다르다. 학자들에 따르면 부정 접사를 통한 표준 부정의 경우 영어와 같이 접미사로 실현되는 경우는 매우 드물다고 한다(Payne, 1985).

반면, 한국어에서 축약형 부정소와 결합한 말은 (19)에서 보는 것과 같이 시제나 서법에 대해 활용을 한다. 이것은 축약형 '않-'이 어간이 된다는 것으로 결국 한국어의 축약형 부정소는 본동사에 이어지는 조동사의 기능을 하는 것이다.

그런데 한국어의 축약형 부정소는 항상 서술어에 후행한다. 이것은 한국어의 축약형 부정소가 조동사라는 사실과 관련을 맺는데, 한국어에서 조동사는 본동사에 후행하여야 한다는 것이다. 한국어에서 부정 첨사 '아니'는 서술어에 선행 또는 후행할 수 있으나, 축약형은 조동사이므로 항상 서술어에 후행하여야 한다. 일본어의 경우 표준형이 항상 서술어에 후행하는 이유도 바로 그것이 부정 조동사이기 때문이다.

3) 주변적 부정소의 언어별 차이

언어 중에는 앞에서 본 전형적인 부정소가 아닌 주변적 부정소를 갖는 언어가 있다. 영어나 프랑스어, 러시아어에는 없고, 한국어의 '못'이 여기에 해당한다. '못'은 양태(modality)의 부정이라는 특수성으로 인해 '못 해 주마' 등과 같이 약속문에서 사용되지 못하고, '못 좋다, 못 가늘다' 등과 같이 형용사 앞에 오지 못하는 제약 등으로 '아니(안)'과는 다른 의미적 기능을 하는 주변적 또는 부차적 부정소이다. 이와 같은 주변적 부정소로 중국어에는 沒[méi](또는 沒有[méiyǒu])가 있어, 이 부정소는 존재 동사 有[yǒu]와, 동사 술어문의 완료상이나 경험상을 부정할 때 不[bù] 대신 사용한다.

(21) 주변적 부정소
  한국어 그는 프랑스어를 읽지 못한다.
  중국어 他[tā]   沒有[méiyǒu]   来[lái].   그는 오지 않았다.
         그   부정소(완료)   오다

한국어의 '못'과 중국어의 沒[méi](또는 沒有[méiyǒu])는 모두 자립성을 가지며 굴절이 없는 부정 첨사이다. 아랍어도 시제와 상에 따라 구별하여 사용하는, 부정 첨사로서의 주변적 부정소를 많이 가지고 있는 언어이다.

한편, 일본어의 주변적 부정소는 다르다. 일본어에서는 정중(丁重)에 따라 ない[nai] 대신 주변적 부정소 ません[masen]을 사용하는데 (22)와 같이 활용을 한다. 따라서 이 주변적 부정소는 부정 조동사에 속한다.

(22) a. 彼は[karewa] 寝[ne]   ません[masen].   '그는 자지 않습니다.'
        그   자다   부정소-조동사(정중)
     b. 彼は[karewa] 寝[ne]   ません-が[masen-ga]   '그는 자지 않습니다만'
        그   자다   부정소-조동사(정중)-접속사(역접)

지금까지 논의한 바를 종합하여 정리하면 다음과 같다.

언어	부정소의 종류	축약형	주변적 부정소
한국어	부정 첨사	부정 조동사	부정 첨사
일본어	부정 조동사	없음	부정 조동사
중국어	부정 첨사	없음	부정 첨사
영 어	부정 첨사	부정 형태소	없음
프랑스어	부정 첨사	부정 형태소	없음
러시아어	부정 첨사	없음	없음

〈표 6〉 언어에 따른 표준 부정의 비교

4) 부정소 위치의 언어별 차이

부정소의 위치를 보면 영어의 경우는 서술어 앞에 위치하고, 일본어의 경우는 서술어 뒤에 위치한다. 한국어의 경우는 '가지 않는다'와 같이 서술어 뒤에서 부정할 수도 있고(장형부정), '안 간다'와 같이 서술어 앞에서 부정할 수도 있으나(단형 부정), 단형 부정의 경우 '*안 공부한다, 안 모른다'와 같은 제약이 있다. 이에 따라 한국어의 가장 전형적인 부정을 장형 부정으로 간주한다면 일본어와 같이 서술어 뒤에서 부정하는 것이 된다. 한편, 중국어는 영어와 같이 서술어 앞에서 부정하고, 프랑스어는 ne~pas와 같은 불연속 부정소를 서술어의 앞뒤에 오게 한다.

(23) a. 他[tā]　　　　不爱[búài]　　　　她[tā].
　　　그　　　　부정소-사랑하다　　　그녀
　　그는 그녀를 사랑하지 않는다.

　　b. Il　　ne　　déteste　　pas　　Marie.
　　　그　부정소　싫어하다　부정소　Marie.
　　그는 Marie를 싫어하지 않는다.

한편, 러시아어는 영어나 중국어와 같이 서술어 앞에 부정소가 위치한다. 이렇게 볼 때 부정소와 서술어의 위치는 해당 언어의 동사구 어순과 같다. 즉, VO 어순에서는 핵어 선행(head-initial)에 따라 핵이 되는 부정소가 서술어 앞에 오고, OV 어순에서는 핵어 후행(head-final)에 따라 부정소가 서술어 뒤에 오는 것으로 나타난다.

그러나 범언어적으로 보면, VO 유형에서는 위에 본 순서, 즉 핵어 선행이 일반적이지만, 한국어나 일본어 같은 OV 유형에서는 핵어 선행 또는 핵어 후행 모두 가능하다. 그럼에도 불구하고 일본어의 부정소가 핵어 후행만 가능한 것은 그것이 조동사이기 때문이다. 한국어도 부정 조동사인 장형부정의 경우는 서술어 뒤에서만 가능하고 서술어 앞에서의 부정은 불가능하다.

(24) a. 나는 학교에 <u>아니</u> 간다.
b. 나는 학교에 가지 <u>아니</u> 한다.
c. *나는 학교에 않 간다.

지금까지 문장의 종류에 대해 살펴보았다. 앞에서 살펴본 문장 외에도 언어에 따라 독자적인 문장 유형을 가지고 있는 경우도 있다. 한국어의 경우는 청유문과 감탄문, 약속문이, 일본어의 경우는 감탄문과 기원문이, 중국어의 경우는 감탄문이, 영어의 경우는 감탄문과 기원문이 추가될 수 있다.

제12장 어 휘

1. 들어가기

    사람은 언어를 통해 세계를 인식한다. 언어로 인식하는 세계는 공통점도 있지만 차이점도 있다. 한국어에서는 '참외'를 '오이'와 가까운 것으로 인식을 하지만 영어에서는 melon과 watermelon에서 알 수 있는 바와 같이 참외를 수박과 관계가 있는 것으로 인식한다. 또한 한국어에서는 손과 관련된 신체 부위를 '손, 손목, 손바닥, 손톱' 등과 같이 명명하지만 영어에서는 hand, wrist, palm, nail과 같이 각각 별개의 것으로 인식한다.
    어휘 분야에서 대조 연구가 지향하는 바는 언어 간에 서로 대응하는 어휘 항목에 대하여 각각의 의미와 용법의 차이점 및 공통점을 명시적으로 기술하는 것이다. 그러나 수십만 개에 이르는 어휘 항목을 다른 언어와 하나하나 대조하는 작업은 불가능한 일이다. 따라서 어휘 대조는 부분적인 연구를 수행할 수밖에 없다. 그러나 대조의 대상이 되는 언어가 한국어, 중국어, 일본어, 베트남어처럼 어원이 같은 많은 어휘를 공유하고 있다면 어휘 대조의 의미나 효율성이 확대될 것이다. 하지만 한국어와 영어와 같이 전혀 다른 언어 그룹에 속한 언어 간의 어휘 대조에는 한계가 있다. 따라서 이 장에서는 어휘 대조를 다루되 의미장을 활용한 어휘 대조, 상위어와 하위어를 활용한 어휘 대조, 유표성(markedness)과 저지(blocking)를 활용한 어휘 대조, True Friends와 False Friends 개념을 활용한 어휘 대조 등 방법론을 중심으로 간략히 소개하고자 한다.

2. 학습자 오류

다음은 어휘와 관련된 영어권 학습자의 오류이다.

○ 장갑을 입자.
○ 신발을 빨리 입으세요.
○ 나는 양말을 입었어요.
○ 김 선생님은 안경을 입었어요.
○ 영국에서는 모자를 많이 입습니다.

한국어에서는 선행하는 명사에 따라 착용동사를 구별하여 사용하는데 영어권 학습자는 명사에 관계없이 '입다' 하나만으로 표현한 오류이다. 이는 영어에서는 wear라는 하나의 낱말이 한국어에서는 여러 가지로 분화되어 대응되기 때문이다.

다음은 어휘와 관련된 일본어권 학습자의 오류이다.

○ 서로가 사랑하는 것이 선결입니다.
○ 돈을 많이 벌면 점을 하나 사고 싶다.

이러한 한국어와 일본어에서 한자어의 쓰임이 달라 발생한 것으로 영어나 프랑스어권 화자의 경우에는 생산할 가능성이 적은 오류이다. 앞의 예문에서 '점'은 '가게'이다.

다음은 어휘와 관련된 중국어권 학습자의 오류이다.

> ○ 중국 사람이 국제결혼에 대해서 <u>접수</u>할 수 없다.
> ○ 통상 어른들이 <u>종야</u> 마작을 한다.
> ○ 중국이나 한국이나 직장 경쟁이 너무 <u>격렬합니다</u>.
> ○ 그동안 한국어 선생님을 많이 <u>접촉했습니다</u>.
> ○ 한국의 시내에는 건물이 <u>어지럽습니다</u>.
> ○ 축구를 하다가 다리가 <u>속상했다</u>.
> ○ 런던의 일기 변화는 <u>난측한다</u>.
> ○ 인상이 제일 <u>심각한</u> 일은 외도 여행이다.
> ○ 나의 <u>원망</u>은 세계 여행이다.
> ○ 나는 키가 너무 <u>높아서</u> 걱정이다.

중국인 학습자들이 한국어를 배우면서 생산하는 대부분의 어휘 관련 오류는 위에 제시되어 있는 바와 같이 중국어에서 사용하는 표현을 음만 한국어식으로 바꾸어 그대로 대체하거나 중국어 표현을 그대로 한국어로 번역하는 데서 발생한다. 마지막 오류문의 경우는 한국어와 중국어에서 사용하는 연어의 차이에서 비롯된 것이다. 한국어에서는 '키가 크다'라고 하는 반면에 중국어에서는 '키가 높다'고 한다.

3. 어휘장을 활용한 어휘 대조

앞에서도 언급한 바와 같이 현실 세계를 파악하는 방법은 언어에 따라 매우 다양하다. 따라서 해당 언어를 사용하는 언중의 의미 분절 방법은 어휘에 고스란히 반영되어 나타난다. 아랍어에는 낙타에 대한 다양한 어휘가 있고, 영어에는 개, 에스키모어에는 눈(snow), 한국어에는 쌀에 대한 다양한 어휘가 존재한다. 이와 같이 모든 언어는 서로 다른 방식으로 세계를 인식하고 표현한다. 이것은 색채어에서도 잘 나타난다. 웨일스어의 glas는 영어 화자들이 blue라고 부르는 영역뿐만 아니라 green 및 grey 부분까지 포함한다(오미영 역, 2007).

영어	green	blue	grey
웨일스어	gwyrdd	glas	llwyd

즉, 웨일스어 glas의 의미는 영어의 green, blue, grey에 의해 정의될 수 있다. 한국어에서도 신호등의 색깔을 가리킬 때 '빨간 불, 파란 불, 노란 불'이라고 하는데, 이때 파란색은 초록색을 포괄하는 개념으로 사용된 것이다. 우리에게 잘 알려져 있는 동요인 '파란 마음 하얀 마음'에 의하면, 여름에 보이는 산도 파랗고, 들도 파랗고, 나무도 파랗고, 하늘까지도 파랗다. 이를 통해서도 blue(靑)와 green(綠)의 의미가 분화되어 있지 않음을 알 수 있다.

이렇게 어떠한 대상을 개념적으로 분절해서 지시하는가, 아니면 분절시키지 않고 같은 것으로 간주하여 지시하는가에 따라 그 어휘장(semantic field)에 변별되는 어휘가 많기도 하고, 적기도 하다. 예를 들어, 한국어에서는 '살다' 하나로 표현을 하지만 일본어에서는 生きる[ikiru], 住む[sumu], 生活する[seikatsusuru]/暮らす[kurasu]로 다양하게 표현한다. 이는 어휘의 의미

영역이 언어 간에 다르기 때문이다. 어떤 한 어휘가 어느 언어에서는 잘 구분되어 있으나 다른 언어에서는 그렇지 않을 수 있다.

여기서 잠깐

숫자 세는 법

인식의 차이는 숫자를 세는 다양한 방법에서 확인할 수 있다. 우리 생활에서 가장 널리 사용되고 있는 10진법을 비롯하여, 컴퓨터에서 사용하는 2진법과 연필 한 다스(dozen)가 기준이 되는 12진법이 있다. 또한 마야 문명에서 유래되었다는 20진법(예 담배 1갑(=20개비), 오징어 1축(=20마리), 한약 1재(=20첩))도 있다. 이뿐만 아니라 고대 바빌로니아는 60진법을 발전시켜 지금도 1시간을 60분으로, 1분을 60초로 계산하고 있다.

프랑스의 숫자 세는 법은 아래와 같이 상당히 특징적이다.

70(60+10), 71(60+11)… 79(60+19), 80(4x20), 81(4x20)+1…
89(4x20)+9, 90(4x20)+10, 91(4x20)+11…99(4x20)+19

1부터 59까지는 영어와 비슷하다. 그러나 60부터 79까지는 60이 기준이 되어 61은 '60+1', 62는 '60+2'로 표현하며 70은 '60+10', 71은 '60+11'로 표현한다. 80은 4에 20을 곱하여 나타내며 81은 4에 20을 곱한 후 다시 1을 더하여 표현한다. 90의 경우 4에 20을 곱한 후 10을 더하여 표현하며, 91의 경우는 11을 더하여 표현한다. 즉, 81부터 99까지는 80이 기준이 되어 1부터 19까지를 더하여 표현한다.

또한 어느 어휘는 대조의 대상이 되는 언어에 1:1로 대응되는 어휘가 있다고 하더라도 그 쓰임이 다른 경우가 있다. 예를 들어, 한국어의 '가다'는 영어의 to go에 대응되고, '오다'는 to come에 대응된다. 가장 기본적인 의미는 '가다'는 기준점 이외의 방향으로 이동하는 것이고, '오다'는 기준점의 방향으로 이동하는 것이다. 하지만 언어 간의 기준점의 차이로 인해 실제로는 그 쓰임이 다르기도 하다. 예를 들어, 한국어에서는 '저 지금 가요.'가 영어에서는 'I'm going.'이 아닌 'I'm coming.'으로 표현되고, '저랑 같이 가세요.'가 'Please, go with me.'가 아니라 'Please, come with me.'로 표현된다. 또한 문 밖에 있는 화자가 문을 두드리며 청자에게 출입을 허락 받는 상황에서 한국어에서는 '들어가도 돼요?' 라고 표현하는 데 반해 영어에서는 'May I come in?'이라고 표현한다. 즉, 한국어의 '가다'는 단순히 to go로, '오다'는 to come으로 직역될 수 없다.

3.1 대응되는 어휘가 없는 경우

앞서 살펴본 바와 같이 다른 두 개의 언어에서 모든 어휘가 1:1로 대응되지는 않는다. 대응되는 어휘가 없는 경우도 있고, 또 한 어휘가 다른 언어에서는 여러 개의 어휘로 대응되는 경우도 있다. 영어에서 elope라는 단어는 '남녀가 눈이 맞아 결혼을 위해 함께 도망가다'라는 뜻을 가진 말이다. 예를 들어, Jane Austen의 *Pride and Prejudice*(오만과 편견)에서 Lydia Bennet과 George Wickham이 결혼을 위해 몰래 달아나 버렸던 것과 같은 것이다.[1] 그런데 한국어에는 이런 의미를 지닌 단어가 없다. 또한 영어의 cuddly라는 단어는 cuddly toy와 같이 '껴안고 싶어 하는 마음'을 표현하는 형용사인데, 한국어에는 이런 의미를 한 단어로 표현할 수 있는 단어가 없다. 따라서 '껴안고 싶어 하는'이라는 구(phrase)로밖에 표현이 되지 않는다. 이처럼 어느 두 언어에서 정확히 대응되는 어휘가 없는 경우 두 단어 이상으로 표현

---

1) 성공회가 국교인 영국의 경우 성인이라고 하더라도 부모의 허락이 없이는 교회에서 결혼을 할 수 없었다. 그래서 부모의 허락을 받지 못한 사랑하는 두 남녀가 elope를 하여 다른 곳으로 도망쳐 버리는 일이 잦았다고 한다. 잉글랜드와 인접해 있는 스코틀랜드의 마을인 Gretna Green은 아주 오래 전부터 잉글랜드에서 혼인을 할 수 없었던 남녀가 elope를 하여 결혼식을 올린 곳으로 유명하다. 이런 이유로 Gretna Green에서는 아직도 즉석 결혼(immediate wedding) 등 다양한 유형의 결혼식이 이루어지고 있다.

하거나 상대방의 어휘를 그대로 차용하여 사용하게 된다.
한국어와 영어에 대응되는 어휘가 없는 경우를 정리하면 다음과 같다.2)

한국어	영어
절	deep bow, bow down with politeness to show respect
정(情)	affection, fondness
콧물	runny nose, nasal mucous (medical term)
조촐하다	neat, trim, spruce
허여멀겋다	be white and pale
화병(火病)	hwabyeong, mental or emotional disorder as a result of repressed anger or stress
고소한	sweet, savory
한(恨)	deep sorrow
누룽지	slightly burned rice

〈표 1〉 한국어에는 있는데 영어에는 없는 단어

영어	한국어
elope	(남녀가) 눈이 맞아 결혼을 위해 함께 달아나다
cuddly	껴안고 싶어 하는 마음
fluffy	아주 부드러운 털 같은 촉감이 있는
pudding	푸딩
nutty	견과 맛이 나는, 견과가 들어 있는
surf	밀려드는 파도가 거센

〈표 2〉 영어에는 있는데 한국어에는 없는 단어

---

2) 한국어에 없는 어휘를 영어로 옮기고, 영어에 없는 어휘를 한국어로 옮기기는 하였으나 대응되는 어휘가 없는 관계로 여기에 제시되어 있는 뜻풀이도 상황에 따라서는 100% 적절하지 않을 수 있다.

3.2 하나의 어휘에 대응되는 어휘가 복수로 존재하는 경우

앞에서 이미 언급한 바와 같이 언어 간에는 대응하는 어휘가 있다고 하더라도 꼭 1:1로 대응되는 것은 아니다. 어느 언어에서는 하나뿐인 어휘가 다른 언어에서는 여러 개의 어휘로 대응되는 경우도 있다. 한국어에서는 기온과 체온을 구별하여 표현하는 반면 영어에서는 구별하지 않고 temperature로 표현한다. 한국어에서 환한 빛을 '햇빛'이라 하고 뜨거운 기운을 '햇볕'이라고 하여 구분하여 사용하지만 영어에서는 sunshine, sunlight를 구분 없이 쓴다. 반대로 영어에서는 hat(테 있는 모자)과 cap(테 없는 모자)을 구분하여 사용하지만 한국어에서는 모두 '모자'라는 한 단어로 사용한다. 이와 같은 예는 한국어와 영어뿐만 아니라, 한국어와 일본어, 한국어와 중국어에서도 찾을 수 있다.

3.2.1 한국어와 영어

다음은 한국어에서는 한 단어로 사용하지만 영어에서는 분화하여 사용하는 단어의 예이다.

한국어		영어
모자	cap	앞부분에 챙이 달린 모자
	hat	앞부분에 챙이 없는 모자
축하	congratulation	파티와 상관없이 좋은 일을 축하하는 것
	celebration	파티를 하며 좋은 일을 축하하는 것
시계	clock	탁상시계, 괘종시계
	watch	손목시계
배	boat	작은 배
	ship	큰 배

한국어		영어
점수	score	숫자로 나타난 점수
	mark	P/F처럼 반드시 숫자로 나타나지 않아도 되는 점수
	grade	A, B, C처럼 단계에 따른 점수
나무	tree	살아있는 나무
	wood	목재
약속	promise	어떤 일을 꼭 하겠다고 다짐하는 약속
	appointment	시간과 관련된 약속

〈표 3〉 한국어에서는 단수로 존재하나 영어에서는 분화되어 존재하는 경우

다음은 영어에서는 한 단어로 사용하지만 한국어에서는 분화하여 사용하는 단어의 예이다.

영어	한국어
wear	입다, 쓰다, 신다, 끼다
temperature	기온, 체온
old	나이가 들다, 오래 되다, 낡다
senior	노인, 고등학교/대학교 최고학년, 연장자, 선배, 상관, 장로
study	공부하다, 연구하다
sunshine	햇빛, 햇볕
mend	고치다, 깁다, 수선하다
rice	벼, 모, 쌀, 밥

〈표 4〉 영어에서는 단수로 존재하나 한국어에서는 분화되어 존재하는 경우

3.2.2 한국어와 일본어

다음은 한국어에서는 한 단어로 사용하지만 일본어에서는 분화하여 사용하는 단어의 예이다.

한국어	일본어	
집	いえ [ie]	구체적인 의미의 집, 건물 (house)
	うち [uchi]	추상적인 의미의 집, 우리 집 (home)
있다	ある [aru]	사물, 식물 등 무생물의 존재
	いる [iru]	사람, 동물 등 생물의 존재
없다	ない [nai]	무생물의 부재
	いない [inai]	생물의 부재
입다	着る [kiru]	상의, 원피스 등에 사용
	履く [haku]	하의, 신발, 양말 등에 사용
안녕하세요	おはようございます [ohayo:gozaimasu]	아침 인사, 하루 중 처음 만났을 때
	こんにちは [konnichiwa]	점심 때 인사, 해가 떠 있을 때의 인사
	こんばんは [kombangwa]	밤 인사, 해가 진 후의 인사

〈표 5〉 한국어에서는 단수로 존재하나 일본어에서는 분화되어 존재하는 경우

다음은 일본어에서는 한 단어로 사용하지만 한국어에서는 분화하여 사용하는 단어의 예이다.

일본어		한국어
さかな	[sakana]	생선, 물고기
一杯	[ippai]	한 잔, 가득
兄	[ani]	형, 오빠
生鮮	[seisen]	싱싱하다, 신선하다
是非	[zehi]	시시비비, 반드시

〈표 6〉 일본어에서는 단수로 존재하나 한국어에서는 분화되어 존재하는 경우

3.2.3 한국어와 중국어

다음은 한국어에서는 한 단어로 사용하지만 중국어에서는 분화하여 사

용하는 단어의 예이다.

한국어	중국어		
다니다	上	[shàng]	학교, 회사와 같이 규칙적인 시간에 가는 것에 사용
	去	[qù]	비정기적이고 불규칙적으로 가는 것에 사용. 보통 '최근', '요즘'과 같은 표현과 함께 사용
동생	弟弟	[dìdi]	남동생
	妹妹	[mèimei]	여동생
읽다	读	[dú]	눈으로만 읽는 경우, 작은 소리로 읽는 경우, 큰 소리로 낭독하는 경우에 두루 사용
	念	[niàn]	소리 내어 읽는 경우
맞다(옳다)	是	[shì]	그렇다
	对	[duì]	맞다
있다	有	[yǒu]	있다(신정보)
	在	[zài]	있다(구정보)
꿈	梦	[mèng]	실현 가능성이 적은 꿈, 잘 때 꾸는 꿈
	理想	[lǐxiǎng]	실현 가능성이 높은 꿈

〈표 7〉 한국어에서는 단수로 존재하나 중국어에서는 분화되어 존재하는 경우

다음은 중국어에서는 한 단어로 사용하지만 한국어에서는 분화하여 사용하는 단어의 예이다.

중국어		한국어
学习	[xuéxí]	공부하다, 배우다
读书	[dúshū]	책을 읽다, 공부하다, 학교에 다니다
菜	[cài]	채소, 요리
打	[dǎ]	(공을) 치다, 때리다, 구타하다, (전화를) 걸다
送	[sòng]	보내다, 배웅하다, 선사하다
习惯	[xíguàn]	버릇, 습관

〈표 8〉 중국어에서는 단수로 존재하나 한국어에서는 분화되어 존재하는 경우

4. 상위어와 하위어를 활용한 어휘 대조

한 단어의 의미가 다른 단어의 의미 영역의 부분이 되면 이를 포함 관계에 있다고 하고, 그러한 의미를 가진 단어를 하위어(hyponym)라 한다. 그리고 이때 하위어를 포함하고 있는 상위 단어를 상위어(hypernym)라 한다. 예를 들면, 비행기, 버스, 트럭, 택시, 지하철은 교통수단의 하위어이고, 역으로 교통수단은 비행기, 버스, 트럭, 택시, 지하철의 상위어이다. 그러나 이와 같은 상위어와 하위어에 대한 인식은 언어 사용자 간에 항상 일치하는 것은 아니다. 다시 말해, 대부분의 상위하위 관계 구조는 모든 언어들이 유사하지만 부분적으로는 차이가 있을 수 있다(안상철·최인철, 2006). 잘 알려진 대로 영어를 모국어로 하는 사람들은 토마토를 채소의 하위어로 인식하지만 한국어를 모국어로 하는 사람들은 과일의 하위어로 인식한다. 다음의 그림을 보자.

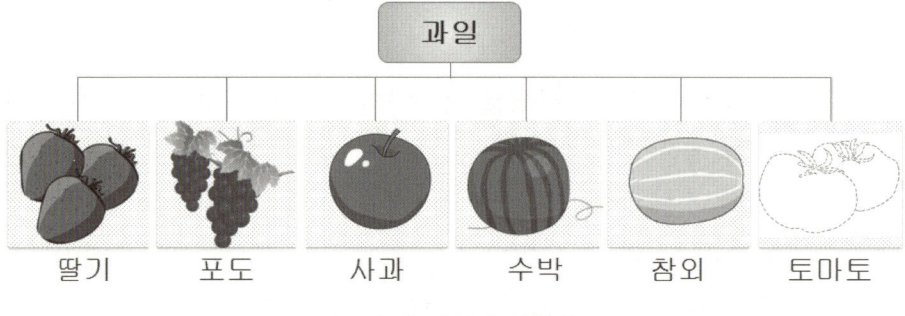

⟨그림 1⟩ 과일의 하위어

또한 영어 화자들에게는 감자와 쌀이 국수나 빵 등과 같이 주식(staple food)인 녹말 음식(starch food)의 하위어로 인식되는데 반해 한국어 및 동양 언어권 화자들에게는 감자는 당근, 오이, 양파 등과 같이 채소의 하위어로 인식된다. 그리고 쌀은 곡류의 하위어, 국수와 빵은 분식의 하위어로 인식된다.

5. 유표성과 저지를 활용한 어휘 대조

유표성(markedness)이란 언어의 어떠한 성질이 다른 언어와 비교할 때 보편적이지 않고, 눈에 띄는 특징을 갖는다거나 특별한 설명을 필요로 하는 것을 일컫는 말이다. 반의어(antonym)를 형성하는 형용사의 경우 '길다, 넓다' 등은 긍정적인 표현으로 분류되고, 이와 반의 관계를 형성하는 '짧다, 좁다' 등은 부정적인 표현으로 분류된다. 이때 긍정적인 표현이 무표적이고, 부정적인 표현이 유표적이다. 어떠한 어휘가 유표적이냐 아니면 무표적이냐 하는 것은 언어 표현에 여러 가지 영향을 미친다. 다음의 예문을 보자.

(1)   a. 연필이 얼마나 길어요?
       b. 방이 얼마나 넓어요?

위와 같은 경우 특별한 경우를 제외하고는 '다리가 얼마나 짧아요?'라든가 '집이 얼마나 좁아요?'라고 말하지 않는다. 즉, 긍정적인 표현이 의문문의 구성에 사용된다(Hofmann, 1993). 이는 영어에서도 마찬가지이다.

(2)   a. How long is the pencil?
       b. How big is the room?

일반적인 상황에서는 'How short is the pencil?'이나 'How narrow is the room?'이라고 묻지 않는다. 즉, 부정적인 의미를 갖는 형용사를 활용하여 의문문을 구성하지 않는다는 것이다. 또한 다음 예문에서 확인할 수 있는 바와 같이 형용사를 명사로 파생시킬 경우에도 유표성이 낮은 긍정적인 표현이 사용된다.

한국어		영어		일본어	
형용사	파생명사	형용사	파생명사	형용사	파생명사
길다 : 짧다	길이	long : short	length	ながい : みじかい [nagai] [mizikai]	ながさ [nagasa]
넓다 : 좁다	넓이	wide : narrow	width	ひろい : せまい [hiroi] [semai]	ひろさ [hirosa]
깊다 : 얕다	깊이	deep : shallow	depth	ふかい : あさい [hukai] [asai]	ふかさ [hukasa]
높다 : 낮다	높이	high : low	highness	たかい : ひくい [takai] [hikui]	たかさ [takasa]

〈표 9〉 형용사와 파생명사

한국어와 영어, 일본어 모두에서 공통적으로 유표성이 낮은 형용사로 파생 명사를 구성함을 알 수 있다.

성별어를 유표성과 관련지어 살펴보면, 일반적으로 남성이 무표적이고 여성이 유표적임을 알 수 있다. 다음의 예를 보자.

한국어		일본어		중국어	
남자	여자	남자	여자	남자	여자
왕	여왕	王(おう) [o:]	女王(じょおう) [zyoo:]	王 [wáng]	女王 [nǔwáng]
경찰	여경	警察(けいさつ) [ke:satsu]	婦警(ふけい) [huke:]	警察 [jǐngchá]	女警 nǔjǐng
의사	여의사	医者(いしゃ) [isya]	女医(じょい) [zyoi]	医生 [yīshēng]	女医生 [nǔyīshēng]
기자	여기자	記者(きしゃ) [kisya]	女性記者 (じょせいきしゃ) [zyose:kisya]	记者 [jìzhě]	女记者 [nǔjìzhě]

〈표 10〉 성별어

한국어와 일본어, 중국어 세 언어 모두에서 공통적으로 남성을 가리키는 무표적인 명사에 여성의 의미를 더하여 여성을 가리키는 명사로 사용함을 알 수 있다. 영어의 경우 '왕'과 '여왕'이 각각 king과 queen이라는 별개의 어휘로 존재하기도 하고, bride(신부)와 bridegroom(신랑)과 같이 여성 명사에서 남성 명사가 파생된 경우도 있다. 하지만 영어에서도 대부분의 성별어는 남성 명사에서 여성 명사가 파생된다(예 lion : lioness, waiter : waitress, actor : actress 등). 하지만 성과 관련된 유표성은 시대와 사회의 변화에 따라 달라진다. 따라서 최근 들어서는 여성 명사를 지칭할 때에도 '여자'를 표시하는 부분을 제하고 사용하는 경향이 나타난다. 심지어는 chairman, salesman, policeman 등과 같이 남성과 무표적인 연관성을 갖는 단어들을 salesperson, chairperson 등으로 바꾸어 부르기도 하고, 경찰관의 경우에는 남자와 여자를 각각 policeman과 policewoman으로 부르기도 한다.

저지(blocking)란 유표적 표현이 더 보편적인 표현의 사용을 막는 현상을 일컫는다(Hofmann, 1993). 영어에서 엄지손가락을 finger라고 하지 않고 thumb이라고 하는 것이나 한국어에서 '모레'를 영어와 같이 '내일 다음 날(the day after tomorrow)'이라고 하지 않는 현상이다. 즉, 더 유표적인 thumb이 덜 유표적인 finger의 사용을 막고, 더 유표적인 '모레'가 덜 유표적인 '내일 다음 날'의 사용을 막는다. 영어에서는 크리스마스 다음 날을 일컫는 유표적인 표현인 Boxing Day가 있으므로 the day after Christmas라고 하지 않지만 한국어에서는 '크리스마스 다음 날'을 가리키는 유표적인 표현이 없으므로 '설날 다음 날, 추석 다음 날'과 같이 '크리스마스 다음 날'이라고 한다.

또한 '소, 개, 닭'이 이미 성장한 동물이라는 의미를 갖는 것도 각각의 어린 동물을 지칭하는 '송아지, 강아지, 병아리' 등이 존재하여 어휘적 저지 현상을 일으키기 때문이다. 다음은 이미 성장한 동물과 어린 동물명을 언어권별로 정리한 것이다.

한국어		영어		일본어	
일반	어린 동물	일반	어린 동물	일반	어린 동물
소	송아지	cow/ox	calf	牛(うし) [usi]	子牛 (こうし) [kousi]
개	강아지	dog	puppy	犬(いぬ) [inu]	子犬 (こいぬ) [koinu]
말	망아지	horse	foal	馬(うま) [uma]	子馬 (こうま) [kouma]
닭	병아리	chicken	chick	鶏(にわとり) [niwatori]	雛(ひよこ) [hiyoko]

〈표 11〉 일반 동물과 어린 동물명

영어의 경우에는 위에 제시한 동물 외에도 eagle : eaglet, sheep : lamb, cat : kitten, duck : duckling처럼 이미 성장한 동물과 어린 동물의 구별이 더 발달되어 있다. 그러나 한국어의 경우에는 어린 '독수리, 양, 고양이, 오리' 등을 지칭하는 어휘가 별도로 존재하지 않고, '새끼 독수리, 새끼 양, 새끼 고양이, 새끼 오리'로 표현한다. 일본어의 경우에는 <표 11>에서 확인할 수 있는 바와 같이 한국어에서 어린 '소, 개, 말, 닭'을 가리키는 별도의 어휘가 존재하는 것과는 달리 모든 동물에 '새끼'라는 의미의 '子(こ[ko])'를 붙여 표현한다. 이 밖에도 양(羊)을 ひつじ[hitsuzi]라고 부르고, 새끼 양(子羊)을 こひつじ[kohitsuzi]로, 고양이(猫)를 ねこ[neko]라고 부르고, 새끼 고양이(子猫)를 こねこ[koneko]로 부른다.

또한 언어에 따라서는 농장에서 자라는 가축의 이름과 식탁에 오르는 고기명을 구별하여 사용하는 언어도 있다. 다음 표를 보자.

한국어		영어		중국어	
동물	고기	동물	고기	동물	고기
소	소고기	cow	beef	牛[niú]	牛肉[niúròu]
돼지	돼지고기	pig	pork	猪[zhū]	猪肉[zhūròu]
양	양고기	sheep	mutton	羊[yáng]	羊肉[yángròu]
사슴	사슴고기	deer	venison	鹿[lù]	鹿肉[lùròu]
닭	닭고기	chicken	chicken	鸡[jī]	鸡肉[jīròu]]

〈표 12〉 동물명과 고기명

한국어에서는 식탁에 오르는 고기명을 모든 동물 이름에 '고기'만을 붙이고, 중국어에서는 肉 [ròu]만을 붙여 표현한다. 일본어의 경우에도 돼지(豚, ぶた, buta), 양(羊, ひつじ, hitsuzi), 닭(鶏, にわとり, niwatori)의 고기가 각각 豚肉(ぶたにく, butaniku), 羊肉(ようにく, yo:niku), 鶏肉(とりにく, toriniku)로 쓰인다. 그러나 영어의 경우에는 목장에서 자라는 동물명과 식탁에 오르는 고기를 일컫는 단어가 별도로 존재한다.3) 소고기의 경우에는 심지어 나이 어린 소, 즉 송아지를 뜻하는 calf의 고기에 해당하는 veal이라는 단어가 별도로 존재한다. 이로 인해 영어에서는 소고기를 cow라고 부르지 않고, 돼지고기를 pig로 부르지 않는다. 이는 고기를 지칭하는 beef와 pork가 저지 현상을 일으키기 때문인 것이다.

---

3) 영어에서 사용하는 동물을 일컫는 말과 고기를 일컫는 말은 계통이 전혀 다르다. 동물을 일컫는 소(cow), 돼지(pig), 양(sheep), 사슴(deer) 등은 게르만어 계통이지만, 식탁에 오르는 소고기(beef), 돼지고기(pork), 양고기(mutton), 사슴고기(venison) 등은 각각 프랑스어 bœuf, porc, mouton, venaison에서 왔다. 앵글로 색슨어(Anglo-Saxon)인 영어는 원래 독일어, 네덜란드어 등과 함께 게르만어(Germanic languages)에서 파생되었다. 따라서 고대 영어라 함은 게르만어에 속하는 앵글로색슨어를 일컫는 말이다. 그러나 1066년 노르만 정복(Norman Conquest) 이후 영국의 공식 언어는 프랑스어가 된다. 그러다가 르네상스 시대인 1500년대 이후부터 많은 양의 라틴어와 그리스어를 받아들이게 되는데 이때부터 사용해 온 영어를 '현대 영어'라 한다. 이에 따라 현재 사용되는 영어 어휘의 절반 이상은 라틴어 및 그리스어, 프랑스어 등에서 온 말이다. 특히 영어에서 사용되는 요리, 음식에 관한 용어는 대부분 프랑스어에서 온 것이다.

6. True Friends와 False Friends를 활용한 어휘 대조

False Friends란 철자나 발음은 비슷하거나 같지만 의미나 용법이 다른 단어를 일컫는 말로 Koessler와 Derocquigny가 *Les faux-amis ou les trahisons du vocabulaire anglais; conseils aux traducteur(1928)*에서 처음 사용하였다.4) 한편 True Friends는 형태도 비슷하고 의미도 비슷한 단어를 일컫는다. False Friends와 True Friends는 영어와 프랑스어 또는 영어와 독일어와 같이 동일 어족이거나 같은 언어 문화권에 속하는 밀접한 언어 간에 많이 나타난다. Helliwell은 *Can I become a beefsteak?(1989)*에서 독일어와 영어의 False Friends를 목록화하였다. 예를 들어, 독일어의 bekommen은 영어 become의 의미가 아니라 get이나 receive의 의미를 갖는다. Tablett 역시 tablet과 같은 의미가 아니라 tray의 의미를 갖는다.5) 그러나 독일어의 Name, Haus, all, helfen, Salz, jung, Wort, Fisch는 각각 영어의 name, house, all, help, salt, young, word, fish로 True Friends에 해당한다.

True Friends와 False Friends를 파악해 보는 일은 어휘 학습에 큰 도움을 줄 것이다. True Friends는 학습하기 아주 용이하고, False Friends는 외국어 학습에서 많은 간섭을 일으켜 잦은 오류를 발생시키기 때문이다.

한국어와 같은 한자 문화권에 속하는 일본어와 중국어, 베트남어의 False Friends와 True Friends를 파악해 봄으로써 이들 언어와의 공통점과 차이점을 살펴볼 수 있을 것이다. 예를 들어, 愛人은 한국어에서는 결혼을 했든 하지

---

4) True Friends는 형태나 발음도 유사하고 의미도 유사한 어휘로 동형동의(同形同意)어에 대응하는 개념이고, False Friends는 형태나 발음은 유사하나 의미는 다른 어휘로 동형이의(同形異意)어에 대응하는 개념이다. 그러나 이 책에서는 동형동의어 또는 동형이의어보다는 True Friends와 False Friends로 부르고자 한다.

5) 독일어는 영어와 달리 모든 명사의 첫 글자를 대문자로 쓴다. 따라서 이를 반영하여 명사는 첫 글자를 대문자로 표기하였다.

않았든 사랑하는 사람을 일컫는 말이지만 중국어에서는 배우자를 의미한다. 그러나 일본어의 경우에는 불륜 관계에 있는 이성 친구를 일컫는 말이다. 따라서 愛人은 서로 간의 False Friend인 것이다. 먼저 한국어와 중국어의 True Friends와 False Friends에 관하여 살펴보자.

6.1 한국어와 중국어의 대조

6.1.1 한국어와 중국어의 True Friends

다음은 한국어와 중국어에서 형태와 발음도 비슷하고 의미도 비슷한 단어들이다.

한국어	중국어	한국어	중국어
광고	广告 [guǎnggào]	고향	故乡 [gùxiāng]
사용	使用 [shǐyòng]	공기	空气 [kōngqì]
가수	歌手 [gēshǒu]	공원	公园 [gōngyuán]
외모	外貌 [wàimào]	관심	关心 [guānxīn]
부모	父母 [fùmǔ]	노력	努力 [nǔlì]
고장	故障 [gùzhàng]	다양	多样 [duōyàng]
관광	观光 [guānguāng]	단풍	丹枫 [dānfēng]
대화	对话 [duìhuà]	도시	都市 [dūshì]
정리	整理 [zhěnglǐ]	동정	同情 [tóngqíng]
만화	漫画 [mànhuà]	모양	模样 [múyàng]
해외	海外 [hǎiwài]	반장	班长 [bānzhǎng]
공개	公开 [gōngkāi]	발전	发展 [fāzhǎn]
도로	道路 [dàolù]	수리	修理 [xiūlǐ]
인상	印象 [yìnxiàng]	심리	心理 [xīnlǐ]
관리	管理 [guǎnlǐ]	이용	利用 [liyòng]
환영	欢迎 [huānyíng]	통과	通过 [tōngguò]
주의	注意 [zhùyì]	화장	化妆 [huàzhuāng]
여행	旅行 [lǚxíng]	회화	会话 [huìhuà]

〈표 13〉 한국어와 중국어의 True Friends

6.1.2 한국어와 중국어의 False Friends

다음은 한국어와 중국어에서 형태와 발음은 비슷하지만 의미가 다른 단어들이다.

한국어	중국어	
	단어	뜻
기차	汽车 [qìchē]	자동차
정보	情报 [qíngbào]	스파이
출세	出世 [chūshì]	출생
곤란(하다)	困难 [kùnnan]	어렵다
공부	功夫 [gōngfu]	무술 방면의 재주
귀하다	贵 [guì]	비싸다
편의	便宜 [piányi]	싸다
작업	作业 [zuòyè]	숙제
신문	新闻 [xīnwén]	뉴스
난처(하다)	难处 [nánchǔ]	사귀기가 어렵다
의견	意见 [yìjiàn]	불만
애인	爱人 [àiren]	배우자
간병	看病 [kànbìng]	진찰, 진료
조심	操心 [cāoxīn]	걱정하다, 마음을 쓰다
서방	书房 [shūfáng]	서재, 책을 읽고 쓰는 방

〈표 14〉 한국어와 중국어의 False Friends

6.2 한국어와 일본어의 대조

일본어에서 한자어의 비율은 고유어(和語, 36.7%)보다 높은 47.5%를 차지한다(国立国語研究所, 1964).[6] 다음은 한국어와 일본어의 True Friends와

---

[6] 또한 金田一 京助他[編](2002)의 『新選国語辞典』 第8版(小学館)에 제시된 총 73,181개 표제항의 어종 비율을 살펴보면, 고유어(和語)가 24,708개(33.8%), 한자어(漢語)가 35,928

False Friends에 관하여 살펴보자.

6.2.1 한국어와 일본어의 True Friends

다음은 한국어와 일본어에서 형태와 발음도 비슷하고 의미도 비슷한 단어들이다.

한국어	일본어		
	한자(かんじ)	히라가나	발음
기분	気分	きぶん	[kibun]
도로	道路	どうろ	[doːro]
간단	簡単	かんたん	[kantan]
준비	準備	じゅんび	[zyumbi]
도시	都市	とし	[tosi]
무리	無理	むり	[muri]
요리	料理	りょうり	[ryoːri]
독서	読書	どくしょ	[doksyo]
수도	首都	しゅと	[syuto]
고속	高速	こうそく	[koːsoku]
주사	注射	ちゅうしゃ	[chuːsya]
의료	医療	いりょう	[iryoː]
의사	医者	いしゃ	[isya]
약속	約束	やくそく	[yaksoku]
안내	案内	あんない	[annai]

〈표 15〉 한국어와 일본어의 True Friends

개(49.1%), 외래어(外來語)가 6,415개(8.8%), 혼종어(混種語)가 6,130개(8.4%)이다.

6.2.2 한국어와 일본어의 False Friends

다음은 한국어와 일본어에서 형태는 비슷하지만 의미가 다른 단어들이다.

한자	한국어	일본어 단어		일본어 뜻
浮氣	부기(몸의 이상으로 부은 상태)	うわき	[uwaki]	변덕/바람기
眞面目	진면목	まじめ	[mazime]	성실함/진지함
工夫	공부	くふう	[kuhu:]	궁리함/고안
生鮮	생선	せいせん	[seisen]	싱싱함/신선함
修士	수도사	しゅうし	[syu:si]	석사
平生	평생	へいぜい	[he:zei]	평소
別別	별의별/가지가지	べつべつ	[betsubetsu]	따로따로/제각기
來日	내일	らいにち	[rainichi]	일본으로 옴
生色	생색	せいしょく	[se:syoku]	생기
閉講	폐강	へいこう	[he:ko:]	종강
丁寧	정녕, 틀림없이	ていねい	[te:ne:]	정중함/주의 깊고 세심함
懇切	'간절하다'의 어근	こんせつ	[konsetsu]	극진하고 자상함
所出	논밭에서 생산되는 곡식	しょしゅつ	[syosyutsu]	출신, 태생/출처
法外	법외	ほうがい	[ho:gai]	터무니없음/과도함
迷惑	미혹(마음이 흐려서 무엇에 홀림)	めいわく	[me:waku]	폐/귀찮음/성가심
無骨	줏대가 없음	ぶこつ	[bukotsu]	버릇없음/무례함
重湯	중탕(끓는 물에 음식 담은 그릇을 넣어, 그 음식을 익히거나 데움)	おもゆ	[omoyu]	미음

〈표 16〉 한국어와 일본어의 False Friends

6.3 한국어와 베트남어의 대조

한자어는 한국어에서와 마찬가지로 베트남어에서도 없어서는 안 될 중요한 부분이다. 한자어는 베트남어의 어휘 중 약 70%를 차지하는 데다가 (Le Tuan Son, 2009) 일상생활에서뿐만 아니라 문학, 행정 등의 전문 분야에서도 널리 사용되고 있기 때문이다.[7]

6.3.1 한국어와 베트남어의 True Friends

다음은 한국어와 베트남어에서 형태와 발음도 비슷하고 의미도 비슷한 단어들이다.

한국어	베트남어	한국어	베트남어
가구	gia cụ	동화	đồng hoá
가족	gia tộc	목표	mục tiêu
계획	kế hoạch	문화	văn hoá
결과	kết quả	민족	dân tộc
결국	kết cục	발견	phát hiện
결혼	kết hôn	발생	phát sinh
변화	biến hoá	발음	phát âm
공기	không khí	보통	phổ thông
공동	cộng đồng	부동산	bất động sản
관계	quan hệ	불안	bất an
관리	quản lý	성공	thành công
교육	giáo dục	음악	âm nhạc
교통	giao thông	이동	di động
국가	quốc ca	이혼	ly hôn

---

[7] 현대 베트남어에서는 17세기경 베트남에 온 유럽 선교사들의 영향으로 한자를 공식적으로 사용하지 않고 있으며, 모든 공식 문자를 로마자, 즉 Chữ Quốc Ngữ로 표기하고 있다.

한국어	베트남어	한국어	베트남어
기간	thời gian	작가	tác giả
기숙사	ký túc xá	재산	tài sản
농촌	nông thôn	준비	chuẩn bị
다양	đa dạng	중간	trung gian
당연	đương nhiên	중국	trung quốc
당황	bàng hoàng	차	trà
대사관	đại sứ quán	학자	học giả
대중	đại chúng	한국	hàn quốc
동료	đồng liêu	효과	hiệu quả

〈표 17〉 한국어와 베트남어의 True Friends

6.3.2 한국어와 베트남어의 False Friends

한국어와 베트남어에서 사용되는 한자어에는 발음도 비슷하고 뜻도 비슷한 어휘들이 많다. 그러나 아래와 같이 발음은 비슷하지만 뜻이 다른 어휘가 있다.

한국어(한자)	베트남어	베트남어 뜻
가감(加減)	gia giảm	요리할 때 추가적으로 사용하는 고추, 파, 마늘, 채소 등과 같은 재료
가관(可觀)	khả quan	어떤 일을 할 때 그 일을 진행하거나 해결할 가능성이 보임.
감독(監督)	giám đốc	회사 사장
계산(計算)	kế toán	회계 경리
고백(告白)	cáo bạch	공시(公示)
공중(公衆)	công chúng	군중
동전(銅錢)	đồng tiền	돈
박사(博士)	bác sĩ	의사(한국어의 박사는 進士 [tiến sĩ])
발달(發達)	phát đạt	사업에 성공하거나 부자가 됨
방문(訪問)	phỏng vấn	인터뷰, 면접
사업(事業)	sự nghiệp	중요한 큰 일

한국어(한자)	베트남어	베트남어 뜻
상해(傷害)	thương hại	동정, 불쌍하다
엄중(嚴重)	nghiêm trọng	심각하다
유행(流行)	lưu hành	유통
이해(利害)	lí giải	잘 함
입구(入口)	nhập khẩu	수입
점심(點心)	điểm tâm	간단한 아침식사나 간식
지적(指摘)	chỉ trích	비난하다
출구(出口)	xuất khẩu	수출
표정(表情)	biểu tình	시위, 데모
학원(學院)	học viện	전문학교

〈표 18〉 한국어와 베트남어의 False Friends

7. 합성어 구성 순서 대조

합성어를 구성할 때 관여하는 명사의 순서 또한 언어 간에 다를 수 있다. 다음은 한국어에서 자주 쓰이는 합성어를 영어, 일본어, 중국어 등과 대조한 것이다.

한국어	영어	일본어	중국어
좌우	right and left	左右 [sayu:]	左右 [zuǒ yòu]
노소	young and old	老少 [ro:syo:]	老少 [lǎo shào]
밤낮	day and night	昼夜 [chu:ya]	日夜 [rì yè]
전후	back and forth	前後 [zenggo]	前后 [qián hòu]
빈부	rich and poor	貧富 [himpu]	贫富 [pín fù]
아래위	up and down	上下 [zyo:ge]	上下 [shàngxià]
중소기업	small-to middle sized enterprises	中小企業 [chu:syo:gigyo:]	中小企业 [zhōngxiǎoqǐyè]

한국어	영어	일본어	중국어
영육	body and soul	霊肉 [reːniku]	灵肉 [língròu]
흑백	black and white	白黒 [sirokuro] 黒白 [kurosiro] [kokubyaku]	黑白 [hēibái]
물불	fire and water	水火 [suika]	水火 [shuǐhuǒ]
사활	life and death	死活 [sikatsu]	死活 [sǐhuó]/ 生死 [shēngsǐ]
신구	old and new	新旧 [singkyuː]	新旧 [xīnjiù]
신사숙녀	ladies and gentleman	紳士淑女 [sinsisyukuzyo]	女士们, 先生们 [nǔshìmen, xiānshēngmen] 先生女士们 [xiānshēngnǔshìmen]
동서남북	North, South, East and West	東西南北 [toːzainamboku]	东西南北 [dōngxīnánběi]
출입	in and out	出入 [syutsunyuː]	出入 [chūrù]
음식	food and drink	飲食 [insyoku] 食べ物 [tabemono]	饮食 [yǐnshí]
피와 살	flesh and blood	血肉 [ketsuniku] [chiniku]	血和肉 [xuèhéròu]
선악	vice and virtue/ good and evil	善悪 [zengaku]	善恶 [shànè]
지필 (종이와 펜)	pen and paper	紙筆 [sihitsu]	纸和笔 [zhǐhébǐ]
손익	profit and loss	損益 [songeki]	损益 [sǔnyì]
수요와 공급	supply and demand	需要と供給 [zyuyoːtokyoːkyuː]	需要和供给 [xūyàohégōngjǐ]
신랑신부	bride and bridegroom	新郎新婦 [sinroːsimpu]	新娘和新郎 [xīnniánghéxīnláng]

〈표 19〉 합성어 구성 순서 대조

  한국어와 영어는 흑백(black and white)을 제외하고는 합성어 결합 순서가 모두 반대이다. 다만 '선악'의 경우에는 반대의 순서인 vice and virtue도 사용되지만 같은 결합 순서를 보이는 good and evil도 사용된다. 이와는 달리

일본어의 경우에는 거의 대부분의 합성어가 한국어와 같은 순서로 결합하지만 '흑백'은 白黒[sirokuro]와 黒白[kurosiro]/[kokubyaku]가 모두 사용되는 특징이 있다. 영어와 같은 순서인 白黒[sirokuro]가 흑백 사진(白黒写真)이나 흑백 TV(白黒テレビ)에서처럼 더 널리 쓰이지만 때로는 黒白[kurosiro]/[kokubyaku]도 사용된다.

제13장 표현 및 담화

1. 들어가기

　언어란 복잡하고 미묘한 것이어서 단어의 의미와 문장 구조를 안다고 해도 한 언어의 표현을 그대로 직역을 해 놓으면 다른 언어에서는 낯설거나 비문이 되고 마는 경우가 있다. 예를 들어, 식당에서 웨이터가 쟁반에 여러 개의 음식을 담아 가지고 오면서 "어느 분이 짬뽕이세요?" 라고 했다고 하자. 이에 한국어 화자들은 아무런 생각 없이 "제가 짬뽕인데요."라고 할 것이다. 이를 영어로 직역해 보자. "Who is Jjamppong?", "I am Jjamppong." 영어 화자들은 이러한 표현을 적절하다고 생각하지 않는다. 또 다른 예를 살펴보자. 필리핀에서 한국으로 시집을 왔다는 한 여성이 텔레비전에 나와 "저는 딸 하나를 가지고 있어요."라고 하는 말을 들은 적이 있다. 이 또한 영어와 한국어의 표현의 차이에서 비롯되었을 것이다.
　이 장에서는 언어 표현에 나타난 언어 간의 차이점에 관하여 간략히 대조해 보고자 한다. 주어를 중심으로 표현하는지, 아니면 주제를 중심으로 표현하는지와 상황을 중심으로 표현하는지, 인간을 중심으로 표현하는지를 다룬다. 또한 화자가 중심인지, 청자가 중심인지를 알아보고, 존재 중심인지, 소유 중심인지를 살펴본다. 이뿐만 아니라 '네 말'이나 '내 기분'처럼 일부를 대상으로 표현하는지, 아니면 한 사람 전체를 대상으로 기술하는지를 대조해 본다.

2. 학습자 오류

다음은 표현 및 담화와 관련된 영어권 학습자의 오류이다.

○ 나는 오빠 한 명과 동생 한 명을 <u>가지고 있습니다</u>.
○ 강아지는 다리를 네 개 <u>가지고 있어요</u>.
○ (전화에서) 미안해요. 나는 <u>당신 못 들어요</u>. 외국 사람이에요.

영어에서는 사물의 존재를 중심으로 기술하기보다는 have 동사를 이용하여 주어의 소유를 중심으로 나타내기 때문이다.

다음은 표현 및 담화와 관련된 중국어권 학습자의 오류이다.

○ (추운 아침에 선생님께 커피 한 잔을 건네며) 선생님, 커피<u>는</u> 따뜻해요.
○ 여기 사과<u>는</u> 있어요. 이 사과는 맛있어요.
○ (자기소개 시) <u>제가</u> 왕빙청입니다. 중국 상해에서 왔습니다.

중국어에서 신정보와 구정보를 나타내는 방법이 한국어와 다르기 때문에 중국인 학습자들은 '은/는'과 '이/가'의 사용에서 잦은 오류를 범한다.

신정보를 나타내는 '이/가'를 '은/는'으로 대치하기도 하고, 자기소개 시에도 초점이 놓이는 위치를 몰라 '저는'이 아니라 '제가'라는 말을 사용하는 오류가 나타난다.

3. 주제 중심 언어와 주어 중심 언어

어떤 사항에 대해 어떻다고 서술하는 방법에는 주제가 문장 구성의 중심이 되는 언어, 즉, 주제 중심 언어(topic prominent language)와 주어가 문장 구성의 중심이 되는 언어, 즉, 주어 중심 언어(subject prominent language)가 있다[1]. 주어 중심의 언어는 주어 생략이 어렵고, 영어의 it과 같은 비인칭 주어가 있다. 아래에 있는 한국어와 영어의 표현을 통해 양 언어의 특징을 대조해 보자.

한국어	영어
마이클입니다.	I am Michael.
10시입니다.	It is 10 o'clock.
봄입니다.	It is spring.

〈표 1〉 한국어와 영어의 표현

독일어나 프랑스어도 다음 예에서와 같이 영어와 거의 비슷하게 사용됨으로 주어 중심의 언어임을 알 수 있다.

---

[1] 3절은 홍재성(1999b)을 참고하여 여러 언어를 살펴보는 방식으로 구성하였다.

독일어	프랑스어
Ich bin Michael.	Je suis Michael.
Es ist 10 Uhr.	Il est 10 heures.
Es ist Frühling.	C'est le printemps.

〈표 2〉 독일어와 프랑스어의 표현

또한 주어는 서술어의 의미적 논항이어야만 한다. 따라서 'I am coffee.'와 같은 문장은 논리적으로 불가능하기 때문에 비문이 된다. 사람인 I는 사물인 '커피'가 될 수 없기 때문이다. 주어 중심의 언어에서는 주어와 서술어 사이의 긴밀한 의미 관계가 형성됨으로 인해 주어가 서술어를 선택할 수 있다. 또한 주어와 서술어 사이에 긴밀한 문법적 관계가 있으므로 주어가 서술어를 통제할 수 있는 힘이 있다. 잘 알려진 바대로 영어의 경우 be 동사의 현재에는 am, are, is가 있는데 is의 선택은 주어의 인칭과 수에 달려 있다. 다시 말해, 영어에 존재하는 be 동사의 선택은 주어에 달려 있는 것이다. 이뿐만 아니라 주어는 때로 서술어에 있는 일반 동사의 형태를 통제하기도 한다. 다음 두 문장을 보자.

(1)   a. I go to school everyday.
        b. She goes to school everyday.

(1a)와 달리 (1b)에서 동사의 형태가 goes로 나타난 것은 그 문장에서의 주어가 3인칭 단수 현재이기 때문이다. 다시 말해, 주어인 she가 동사인 go에 -es가 더해지도록 한 것이다.

다음으로 주제 중심 언어의 특징에 대해 알아보자. 주제 중심 언어는 첫째, 주제를 위한 명시적인 표지를 갖는다. 한국어의 경우는 '은/는', 일본어

의 경우에는 は가 주제 표지가 된다. 또한 주제는 문장 내에서 일정한 위치가 있는데 한국어와 일본어의 경우에는 다음 문장에서와 같이 보통 문장의 맨 앞에 위치한다.

(2) a. 영희는 코가 예뻐.
    a'. ヨンヒは鼻がきれいだ。[Youngheewa hanaga kireida]
    b. 부산은 경치가 아름답다.
    b'. プサンは景色が美しい。[Busanwa kesikiga utsukusi:]

또한 주제 중심 언어는 주어 중심의 언어와는 달리 it과 같은 비인칭 주어가 없고, 주어의 생략이 가능하며, 주어가 없는 무주어문이 가능하다. 다음 문장을 보자.

(3) a. 봄이다.
    b. 5시이다.
    c. 밥 먹었니?
    d. 영국에서 왔어요.
    e. 여섯을 둘로 나누면 셋이다.

이뿐만 아니라 '영주가 머리가 더 좋다.', '철수가 어머니가 오셨어.', '가방이 색깔이 더 예뻐.'와 같은 이중주어문이 가능하고, 주제가 될 수 있는 문장 성분에 제약이 없다. 다시 말해, 주어진 문장에서 주어든, 목적어든, 부사어든 주제어가 될 수 있다. 다음의 예를 보자

(4) 오빠가 동생에게 선물을 주었다.

(5) a. 오빠는 동생에게 선물을 주었다.
    b. 동생은 오빠가 선물을 주었다.
    c. 선물은 오빠가 동생에게 주었다.

(4)를 기준으로 볼 때, (5a)에서는 주어가, (5b)에서는 부사어가, (5c)에서는 목적어가 주제어가 된 것이다.

또 한 가지 중요한 특징은 주제 중심의 언어는 주제어와 서술어 간의 의미 또는 문법적인 관계가 성립하지 않을 수 있다. 이러한 이유로 다음과 같은 문장이 가능하다.

(6) a. 나는 커피(야).
    b. 사과는 대구지.
    c. 물은 셀프입니다.

주어 중심의 언어에서는 사람인 나는 사물인 커피가 될 수 없고, 과일인 사과는 도시인 대구가 될 수 없으므로 (6)과 같은 문장들이 불가능하다. 이는 주어 중심의 언어와 주제 중심 언어의 대조적인 점이라 할 수 있겠다. 일본어의 경우는 한국어와 마찬가지로 주제 중심의 언어이므로 한국어와 유사한 양상을 보이나 중국어는 영어와 같이 주어 중심의 언어이므로 영어와 유사한 양상을 보인다.

4. 상황 중심 언어와 인간 중심 언어

언어에 따라 인간이 표현의 중심에 나타나는 언어가 있고, 반대로 인간을 표면에 드러내지 않고 일어난 상황이 표현의 중심에 나타나는 언어가 있다. 전자를 인간 중심 언어라고 하고, 후자를 상황 중심 언어라고 한다. 인간 중심의 언어는 인간을 중심에 놓고 그 인간이 무슨 행동을 하거나 생각을 하거나 하는 형태를 취하고 있는 데 반해서, 상황 중심의 언어는 인간은 배경으로 후퇴되어 있고 상황을 중심으로 표현한다(오미영 역, 2007).

(7)에 있는 예를 살펴보면 인간 중심 언어의 특징과 상황 중심 언어의 특징을 이해하는 데 도움이 될 것이다.

(7)　a. 단추가 떨어졌다.
　　 b. ボタンが取れてしまった。 [botangga torete shimatta]
　　 c. 扣子掉了。 [kòuzi diào le]
　　 d. I've lost a button.

예문 (7)을 보면, 한국어와 일본어, 중국어에서는 인간을 표현의 표면에 드러내지 않고 상황을 중심으로 기술한 데 반해, 영어에서는 주어인 I가 표면에 나타나 있음을 알 수 있다. 다음 예문은 한국어와 일본어, 중국어가 이러한 면에서 영어와 대조적임을 잘 드러낸다.

(8)　a. 머리가 아프다.
　　 b. 頭が痛いです。 [atamaga itaidesu]
　　 c. (我)头疼。 [(wǒ) tóu téng]
　　 d. I have a headache.

(9) a. 뭔가 이상한 냄새가 난다.
　　b. 何か変な臭いがする。[nangka henna nioiga suru]
　　c. 有什么奇怪的气味。[yǒu shénme qíguài de qìwèi]
　　d. I smell something strange.

(10) a. 작년에 눈이 많이 왔다.
　　b. 去年は雪がたくさん降った。[kyonenwa yukiga taksang hutta]
　　c. 去年下了很多雪。[qùnián xià le hěnduō xuě]
　　d. We had a lot of snow last year.

(11) a. 비명 소리가 났다.
　　b. 叫び声がした。[sakebigoega sita]
　　c. 发出惊叫声。[fāchū jīngjiào shēng]
　　d. I heard shouting.

(12) a. 파티가 아주 즐거웠다.
　　b. パーティーがとても楽しかった。[pa:ti:ga totemo tanosikatta]
　　c. 派对非常开心。[pàiduì fēicháng kāixīn]
　　d. I had a great time at the party.

(13) a. (읽어 보니) 그 책은 재미있었다.
　　b. 読んでみたらその本はおもしろかった。
　　　[yonde mitara sono honwa omosirokatta]
　　c. (读了以后发现) 那本书很有意思。[dúle yǐhòu fāxiàn nà běn shū hěn yǒuyìsi]
　　d. I found the book interesting.

앞의 예문에서도 영어는 표현의 중심에 인간을 놓고, 그 인간이 뭔가를 경험하거나 부딪힌 현실을 표현하고 있는 데 반해, 한국어와 일본어, 중국어에서는 인간을 표면에 내세우지 않고 상황을 중심으로 표현하고 있다. 특히 (13)에 나타난 영어 표현은 한국어 화자들이 쉽게 사용할 수 있는 익숙한 표현이 아니다. 이러한 상황 중심과 인간 중심적인 특징은 다음에 있는 의문문에서도 여실히 드러난다.

(14) a. 무엇이 보이니?
b. 何が見えるの？ [naniga mieruno]
c. 能看见什么？ [néng kànjiàn shénme]
d. What can you see?

예문 (14)를 통해 한국어와 일본어, 중국어에서는 상황이 중심이 되고 영어에서는 인간이 중심이 되고 있음을 알 수 있다. 한국어와 일본어, 중국어에서는 무엇이 보이는지에 관한 상황을 묻는다면, 영어에서는 인간인 청자에게 무엇을 볼 수 있는지를 묻고 있다. 이로써 우리는 한국어와 일본어, 중국어와 달리 영어는 상황보다는 인간이 중심이 되는 언어라고 할 수 있다.

5. 청자 중심 언어와 화자 중심 언어

언어에 따라서는 청자, 즉 듣는 사람을 중심으로 표현을 하는 언어가 있는가 하면 화자, 즉 말하는 사람을 중심으로 표현하는 언어가 있다. 한국어는 '어떻게 오셨습니까?'에서처럼 청자나 대상 중심의 표현을 즐겨 쓰는 반면에 영어는 'May I help you?'에서 확인할 수 있는 바와 같이 화자 중심 표현을 즐겨 쓴다. 다음의 예를 보자.

(15) a. 신분증 좀 보여 주시겠습니까?
b. 身分証明書,ちょっと見せてもらえませんか?
[mibunsyomeisho: chotto misete moraemasengka]
c. 身份证能给我看一下吗？ [shēnfènzhèng néng gěi wǒ kàn yíxià ma]
d. May I have your ID card?

한국어와 일본어에서는 문장에 주어가 나타나지 않고 듣는 대상이 중심이 되어 표현하고 있음을 알 수 있다. 즉, 신분증을 보여 주는 주체는 청자, 즉 듣는 사람인 것이다. 이에 반해, 중국어와 영어에서는 각각 我 [wǒ]와 I가 의문문에 등장하는 것으로 보아 화자가 중심이 되는 언어임을 알 수 있다.

이러한 특징은 본인은 상대방을 알지 못하는데 아는 척을 하는 사람에게 사용하는 표현에서도 나타난다. 이 경우 한국어에서는 '저를 아세요?'라고 묻지만, 영어에서는 반대로 'Do I know you?'라고 묻는다.

이러한 화자 중심적 특징과 청자 중심적 특성은 부정의문문의 대답에서 잘 드러난다. 다음 예문에서 확인할 수 있는 바와 같이 긍정의문문의 경우에는 영어와 한국어가 같은 형태의 답을 취한다.

질 문	대답(먹었을 때)	대답(안 먹었을 때)
점심 먹었어요? Have you had lunch?	네, 먹었어요. Yes, I have.	아니요, 안 먹었어요. No, I haven't.

〈표 3〉 긍정의문문에 대한 대답

<표 3>과 같이 긍정의문문에서는 한국어와 영어가 다를 바가 없다. 그러나 다음에 주어진 부정의문문에서는 두 언어 간에 큰 차이를 보인다.

질 문	대답(먹었을 때)	대답(안 먹었을 때)
점심 안 먹었어요? Haven't you had lunch?	아니요, 먹었어요. Yes, I have.	네, 안 먹었어요. No, I haven't.

〈표 4〉 부정의문문에 대한 대답

부정의문문의 경우 한국어에서는 '아니요'라고 답을 한 다음 '먹었다'고 하는 반면에, 영어에서는 Yes(네)라고 답을 한 다음 'I have.(먹었다)'라고 한다.[2] 이를 통해 한국어의 경우에는 긍정의문문에 대한 답과 부정의문문에 대한 답이 다르지만, 영어의 경우에는 긍정의문문에 대한 답과 부정의문문에 대한 답이 같음을 알 수 있다. 즉, 영어에서는 긍정으로 묻든 부정으로 묻든, 밥을 먹었으면 'Yes, I have.'라고 하고, 먹지 않았으면 'No, I haven't.'라고 답을 한다. 그러나 한국어의 경우에는 상대방의 질문에 따라 답이 달라짐을 알 수 있다. 이로써 한국어와 일본어는 청자 중심의 언어이고, 영어와 중국어는 화자 중심의 언어임을 알 수 있다.

6. 존재 중심 언어와 소유 중심 언어

어느 언어에서는 존재를 중심으로 기술하고, 어느 언어에서는 소유를 중심으로 기술한다. 한국어는 일본어, 중국어와 같이 존재 중심의 언어인데 반해, 영어는 소유 중심의 언어이다. 따라서 영어에서는 소유를 나타내는 have라는 동사가 널리 쓰이고, 한국어와 일본어, 중국어에서는 존재를 나타내는 동사가 사용된다. 즉, 한국어에서는 '있다', 일본어에서는 ある[aru]와 いる[iru], 중국어에서는 有[yǒu]가 사용된다. 다음의 예를 보자.

(16) a. 그 테이블은 다리가 네 개 있다. / 그 테이블의 다리는 네 개다.
      b. そのテーブルには脚がよっつある。 / そのテーブルの脚はよっつである。
         [sono te-buruniwa asiga yottsu aru / sono te-burunoasiwa yottsude aru]
      c. 桌子有四条腿。/ 桌子腿有四条。[zhuōzi yǒu sì tiáo tuǐ/ zhuōzi tuǐ yǒu sì tiáo]
      d. The table has four legs.

---

[2] 독일어와 프랑스어의 경우에도 영어와 같이 부정의문에 대해 "네, 먹었어요.", "아니요. 안 먹었어요."처럼 답을 하지만 부정의문문에 대해 긍정으로 답을 하는 데만 사용하는 '네'가 따로 있다. 이 경우 독일어에서는 Ja 대신 Doch를 쓰고, 프랑스어에서는 Oui 대신 Si를 사용한다.

(17) a. 잔돈 있니?
b. 小銭ある？ [gozeni aru?]
c. 有零钱吗？ [yǒu língqián ma]
d. Do you have change?

(18) a. 자녀는 있으세요?
b. お子さんはいらっしゃいますか？ [okosangwa irassyaimasuka]
c. 您有儿女吗？ [nín yǒu érnǚ ma]
d. Do you have kids?

(19) a. 철수에게는 누나가 한 명 있다.
b. チョルスにはお姉さんが一人いる。 [Chulsuniwa one:sangga hitori iru]
c. 哲修有一个姐姐。 [zhéxiū yǒu yí gè jiějie]
d. Chulsu has an elder sister.

위의 예문을 통해 한국어와 일본어, 중국어는 존재 중심의 언어인 데 반해, 영어는 소유 중심의 언어임을 알 수 있다. 독일어나 프랑스어도 소유 중심의 언어이다. 이는 다음의 예문을 통해 알 수 있다.

(20) 한국어   그 테이블은 다리가 네 개 있다.
     독일어   Der Tisch hat vier Beine.
     프랑스어 La table a quatre pieds

(21) 한국어   아이들이 있으세요?
     독일어   Haben Sie Kinder?
     프랑스어 Est-ce que vous avez des enfants?

여기서 잠깐

	태국어는 존재 중심의 언어일까? 소유 중심의 언어일까?
한국어	**태국어**
잔돈 있니?	มีเศษเงินไหม [miːsed ŋ ənmai] มี 있다, เศษเงิน 잔돈, ไหม 의문첨사
철수에게는 누나가 한 명 있다.	ช่อลซู มี พี่สาว 1 คน [chɔːnsu miː pisaːw ni ŋ kon] ช่อลซู 철수, มี 있다, พี่สาว 누나, 1, คน 명

태국어는 한국어와 일본어와 마찬가지로 존재 중심의 언어이다.

7. 부분 기술 언어와 전체 기술 언어

세상의 언어에는 '당신의 말'이나 '당신의 제안'처럼 해당하는 영역에 한정하여 기술을 하는 언어가 있는가 하면, 일부에 한정하지 않고 말이나 제안을 한 사람 자체를 대상으로 기술하는 언어가 있다. 한국어에서는 '말'이나 '제안' 등으로 대상이 되는 영역을 한정하여 표현을 하는 반면에 영어에서는 그 말이나 제안을 한 사람 자체를 대상으로 삼아 표현한다. 다음의 예를 보자.

(22) (둘이 뭔가를 따지는 상황에서)
 a. 나는 네 말을 이해할 수 없다.
 b. 私はあなたの話が理解できない。 [watasiwa anatano hanasiga rikaidekinai]
 c. 我不能理解你说的话。 [wǒ bùnéng lǐjiě nǐ shuōde huà]
 d. I cannot understand you.

다음은 전화에서 통화 상태가 좋지 않아 상대방에게 '잘 안 들린다.'는 의사를 표현하는 문장이다.

(23) a. 죄송합니다. 말씀이 안 들립니다.
　　 b. すみません。声がよく聞こえません。[sumimasen. koega yoku kikoemasen]
　　 c. 对不起, 听不清楚。[duibuqǐ, tīngbu qīngchu]
　　 d. Sorry. I can't hear you.

한국어와 일본어, 중국어에서는 안 들리는 것이 상대방의 '말'이므로 '말'에 한정하여 표현을 한다. 그러나 영어의 경우에는 '말'을 한 사람 자체를 대상으로 삼아 표현한다.

다음 표현을 비교해 보자.

(24) a. 기분이 안 좋아요
　　 b. 気分が悪いです。[kibungga waruidesu]
　　 c. 心情不好。[xīnqíng bù hǎo]
　　 d. I don't feel well.

한국어에서는 좋지 않은 대상이 '건강'도 아니고, '경제적 형편'도 아니고, '기분'이기 때문에 이에 한정하여 표현을 한다. 일본어와 중국어의 경우도 마찬가지이다. 그러나 영어의 경우에는 '기분'에 한정을 하지 않고, 기분이 좋지 않은 사람 자체를 대상으로 기술하고 있음을 알 수 있다.

8. 신정보와 구정보

언어에서는 화자와 청자의 커뮤니케이션 과정에서 화자가 이미 청자에게 전달한 것과 전달하지 않은 것을 취급하는 데에 차이가 있다. 청자도 이미 알고 있는 정보를 구정보(given information)라고 하고, 모르는 정보를 신정보(new information)라고 한다. 한국어와 일본어에서는 보통 구정보에는 각각 '은/는'과 は를 사용하고 신정보에는 각각 '이/가'와 が를 사용한다. 다음 예문을 통해 한국어의 조사 '은/는'과 '이/가', 일본어 조사 は와 が가 서로 다른 상황에서 사용됨을 알 수 있다.

(25) a. 어, 저기 철수가 와요. 철수는 대학생이에요.
　　 b. あ、あそこチョルスがきます。チョルスは大学学生です。
　　　　[a, asoko Chulsuga kimasu]　[Chulsuwa daigakseidesu]

(26) a. 책상에 사과가 있어요. 이 사과는 맛있어요.
　　 b. 机の上にリンゴがあります。このリンゴはおいしいです。
　　　　[tsukuenoueni ringgoga arimasu]　[kono ringgowa oisi:desu]

신정보와 구정보를 표시하는 방법은 언어마다 다르다. 영어와 프랑스어에서는 각각 부정관사(indefinite article)와 정관사(definite article)로 구별하여 표시한다. 다시 말해, 영어에서는 신정보인 명사에는 부정관사 a 또는 an을 붙이고, 구정보인 명사에는 정관사 the를 붙인다. 프랑스어에는 명사에 성(gender)이 있어 신정보인 남성 명사에는 부정관사 un을 붙이고, 여성 명사에는 une, 복수에는 des를 붙인다. 이에 반해 구정보인 남성 명사에는 정관사인 le를 붙이고, 여성 명사에는 la, 복수 명사에는 les를 붙인다.[3]

(27) a. 사과가 있어요. 이 사과는 맛있어요.
    b. There is an apple. The apple is delicious.
    c. Il y a une pomme. La pomme est délicieuse.

신정보와 구정보의 표현은 명사와 관련된 부분에서뿐만 아니라 동사 등 다른 부분에서도 나타날 수 있다. 예를 들어, 한국어의 '있다'에 해당하는 중국어의 有[yǒu]와 在[zài]는 그 쓰임이 다르다. 有 뒤에는 신정보 명사가 오고, 在 앞에는 구정보 명사가 온다.

(28) a. 桌子上有一个苹果。[zhuōzi shàng yǒu yígè píngguǒ]
    (탁자 위에 사과가 있다.)
    b. 苹果在桌子上。[píngguǒ zài zhuōzi shàng]
    (사과는 탁자 위에 있다.)

위의 예문 (29a)는 탁자 위에 사과가 있다는 사실을 새롭게 알게 된 상황이고, 예문 (29b)는 사과가 있는 사실은 이미 알고 있고, 그 사과가 있는 위치가 탁자 위인 것을 나타내고자 하는 상황이다. 언어별로 신정보와 구정보를 나타내는 방법을 표로 간단히 정리하면 다음과 같다.

---

3) 스페인어의 경우에는 부정관사와 정관사 모두가 성(gender)뿐만 아니라 수(number)에 따라서도 그 형태가 다르다. 부정관사는 단수의 경우 남성에는 un, 여성에는 una를 사용하고, 복수의 경우 남성에는 unos, 여성에는 unas를 사용한다. 정관사는 단수의 경우 남성에는 el, 여성에는 la를 사용하고, 복수의 경우 남성에는 los, 여성에는 las를 사용한다.

언 어	신정보	구정보
한국어	이/가	은/는
일본어	が	は
중국어	有 뒤	在 앞
영 어	a/an	the
프랑스어	un/une/des	le/la/les

〈표 5〉 신정보와 구정보의 표시 방법

9. 지시 표현

 어떠한 대상을 가리킬 때 세 가지로 나누어 지시할 수도 있고 두 가지로 나누어 지시할 수도 있다. 한국어와 일본어, 태국어 등은 삼분법 체계를 갖고, 영어와 중국어는 이분법 체계를 갖는다. 삼분법 체계란 화자와 청자 두 가지의 기준점을 갖는 것이다. 예를 들어, '이것(これ)'은 화자에게서 가까운 것, '그것(それ)'은 청자에게서 가까운 것, '저것(あれ)'은 화자와 청자 모두에게서 먼 것을 가리킨다. 이와는 달리 이분법 체계를 갖는 영어나 중국어에서는 청자가 개입되지 않고, 화자로부터 가까운지 그렇지 않은지에 따라 양분한다. 예를 들어, 영어의 경우 화자 가까이에 있는 것을 this로 나타내고, 화자로부터 떨어져 있는 것을 that으로 나타낸다. 중국어의 경우에도 영어와 마찬가지로 这(zhè, this)와 那(nà, that) 둘로 나눈다. 다시 말해, 두 가지 지시 방법을 가진 영어와 중국어에는 한국어와 일본어의 '그것(それ)'에 대응하는 표현이 없다.

 영국인이 책을 들고 있는 사람에게 '아저씨가 갖고 있는 저 책을 보여 주세요(おじさんが持っている、あの本を見せてください).'라고 말하는 일이 있다. 영어의 that을 '저(あの)'로 대치함으로써 생긴 오류이다. 그러나 한국어나 일본어의 경우에는 책을 청자가 가지고 있는 경우라면 '그 책(その本)'이라고 해야 한다.

한국어와 일본어의 경우 사물을 가리킬 때 '이것(これ), 그것(それ), 저것(あれ)'과 같이 삼분법 체계로 나타내듯이, 장소에 대해서도 '여기(ここ), 거기(そこ), 저기(あそこ)'와 같이 삼분법 체계로 표현한다. 각각 화자와 가까운 장소, 청자와 가까운 장소, 화자와 청자 모두로부터 떨어진 장소를 가리킨다. 영어의 경우에는 사물을 this와 that의 이분법으로 나타내는 것과 마찬가지로 장소를 표현할 때도 here와 there 두 가지로만 구별하여 나타낸다. 또한 중국어에서도 장소를 이분하여 나타낸다.

영국에서 자라고 있는 한국인 초등학생이 쓴 일기에 다음과 같은 표현이 있었다. 「학교에서 축구를 놀았다. 친구가 찬 공이 잔디밭으로 들어갔다. 공을 찾으러 잔디밭에 들어가니까 멀리 있던 선생님이 "저기 들어가면 안 돼."라고 말했다.」 이는 here와 there의 이분법 체계를 가진 영어를 모국어로 하는 학생이 '거기'를 '저기'로 표현함으로써 나타난 오류이다. 다음은 삼분법 체계 언어와 이분법 체계 언어를 표로 정리한 것이다.[4]

한국어	이		그		저	
일본어	こ[ko]		そ[so]		あ[a]	
태국어	นี่[niː]		นั่น[nan]		โน่น[noːn]	

한국어	이것		그것		저것	
일본어	これ[kore]		それ[sore]		あれ[are]	
태국어	อัน[an]	นี่[niː]	อัน[an]	นั่น[nan]	อัน[an]	โน่น[noːn]

---

4) 독일어와 프랑스어도 이분법 체계 언어이다. 영어의 this와 that은 각각 독일어의 dies와 jene, 프랑스어의 ceci와 cela에 대응한다. 영어의 here와 there는 각각 독일어의 hier와 dort, 프랑스어의 ici와 là에 대응한다.

한국어	여기	거기	저기
일본어	ここ[koko]	そこ[soko]	あそこ[asoko]
태국어	ที่[thi] นี้[niː]	ที่[thi] นั้น[nan]	ที่[thi] โน้น[noːn]

한국어	이 사람	그 사람	저 사람
일본어	このひと[konohito]	そのひと[sonohito]	あのひと[anohito]
태국어	คน[khon] นี้[niː]	คน[khon] นั้น[nan]	คน[khon] โน้น[noːn]

〈표 6〉 삼분법 체계 언어: 한국어, 일본어, 태국어 등

영 어	this	that	this one	that one
중국어	这 [zhè]	那 [nà]	这个 [zhège]	那个 [nàge]

영 어	here	there	this person	that person
중국어	这里 [zhèlǐ]/ 这儿 [zhèr]	那里 [nàlǐ]/ 那儿 [nàr]	这个人 [zhègerén]	那个人 [nàgerén]

〈표 7〉 이분법 체계 언어: 영어, 중국어 등

10. Macro to Micro 언어와 Micro to Macro 언어

 언어에 따라서는 큰 단위(set)를 먼저 쓰고, 점차 작은 단위(member)로 적는 언어가 있는가 하면, 이와는 반대로 작은 단위에서부터 시작하여 점차 큰 단위로 확대해 가는 언어도 있다. 전자와 같은 언어를 Macro to Micro 언어라고 하고, 후자를 Micro to Macro 언어라고 한다(Sohn, 2001).

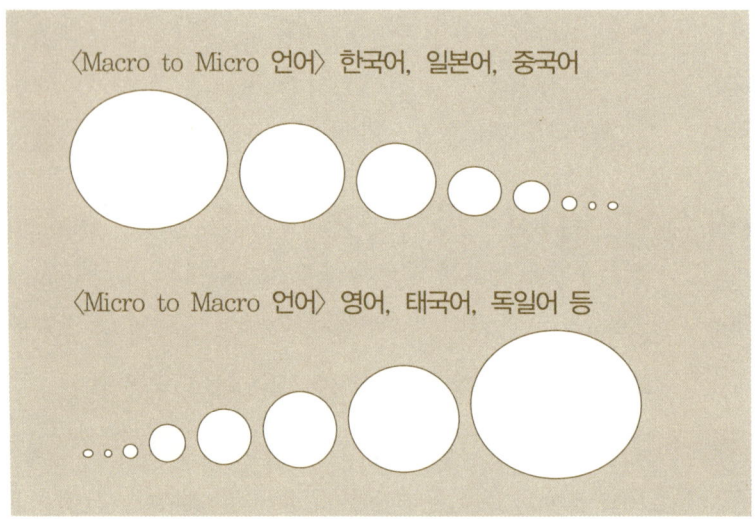

이러한 특징은 주소를 쓰는 법이나 사람 이름을 쓰는 법, 날짜를 쓰는 법 등에서 확인할 수 있다. 다음에 있는 주소 쓰는 법을 비교해 보자.

서울특별시 강서구 금낭화로 154
한국대학교 인문대학 한국학과

일본어와 중국어의 경우에도 같은 순서로 적는다.

일본어   ソウル特別市 江西区 金嚢花路 154
　　　　韓国大学校 人文大学 韓国学科
중국어   首尔特别市 江西区 金嚢花路 154
　　　　韩国大学 人文学院 韩国语系

이와는 달리 영어와 태국어에서는 아래와 같이 작은 것부터 쓴다.

> Department of Korean Studies, College of Humanities
> Hankuk University, 154 Geumnanghwaro
> Gangseo-Gu, Seoul

> ภาควิชาเกาหลีศึกษา 한국학과
> คณะมนุษย์ ศาสตร 인문대학
> มหาวิทยาลัย ฮันกุก 한국대학교
> 154 กึมนังฮวาโล 금낭화로 154
> กังซอก 강서구
> โซล 서울시

날짜를 쓰는 법을 보아도 두 집단의 언어가 서로 다름을 알 수 있다. 한국어와 일본어, 중국어 등은 연월일 순으로 적고, 영어와 태국어는 반대의 순서로 적는다.[5]

언 어	날짜 적는 법
한국어	2013년 3월 1일
일본어/중국어	2013年 3月 1日
영 어	1 March 2013
독일어	4. Oktober 2013
프랑스어	le 1 mars 2013
태국어	1 [[niŋ]] มีนาคม [miːnaːkʰom] 2013 [sɔːŋpansibsam]

〈표 8〉 날짜 적는 법

---

5) 미국 영어의 경우에는 '일, 월, 연도'의 순서가 아닌 '월, 일, 연도'의 순서로 적는다. 예를 들어, 2013년 3월 1일을 March 1, 2013으로 적는다. '일, 월, 연도'의 순으로 적고 싶을 경우에는 of를 넣어 1st of March, 2013으로 적는다.

이름을 쓰는 방법도 해당 언어가 Macro to Micro 언어인지, 아니면 Micro to Macro 언어인지에 따라 다르다. 아래 예에서와 같이 Macro to Micro 언어에서는 큰 단위인 성부터 적고, 그 다음에 작은 단위인 이름을 적는다.

언 어	이름 적는 법
한국어	김철수
일본어	キム チョル ス
중국어	金哲修
영 어	Chulsu Kim
태국어	ชอลซู [cʰɔːnsu] คิม [kim]

〈표 9〉 이름 적는 법

여기서 잠깐

한국인인 UN 사무총장을 Ban Ki Moon이라고 적은 것으로 보고 어느 외국 방송사에서 Mr. Moon이라고 칭했다는 일화가 있다. 이는 영어와 다른 한국어의 특징을 이해하지 못한 데서 비롯된 것이다.

지금까지의 논의를 정리해 보면, 한국어와 일본어, 중국어는 Macro to Micro 언어이고, 영어와 독일어, 프랑스어, 태국어는 Micro to Macro 언어이다.

참고문헌

강낙중(2010)『영어식 사고 영어식 표현』, 동양문고.
강덕수·김원회(2003) 불가리아어, 변광수 편『세계주요언어』, 역락.
강덕수(2003a) 러시아어, 변광수 편『세계주요언어』, 역락.
강덕수(2003b) 슬라브어 개관, 변광수 편『세계주요언어』, 역락.
강덕수(2003c) 폴란드어, 변광수 편『세계주요언어』, 역락.
강옥미(2011)『한국어 음운론』, 태학사.
강현화·신자영·이재성·임효상(2003)『대조분석론』, 역락.
고석주(2004)『한국어 학습자 말뭉치와 오류 분석』, 한국문화사.
고성환(2005a) 한국어의 문장 유형,『외국어로서의 한국어학』, 한국방송통신대학교 출판부.
고성환(2005b) 한국어의 유형적 특성,『외국어로서의 한국어학』, 한국방송통신대학교 출판부.
고영근(2007)『한국어의 시제 서법 동작상』, 태학사.
고영근(2010)『표준중세국어문법론』, 집문당.
구본관(2005) 한국어의 형태론과 어휘론,『외국어로서의 한국어학』, 한국방송통신대학교 출판부.
구희산(2003)『영어 음성학』, 한국문화사.
국립국어원(2005a)『외국인을 위한 한국어문법 1』, 커뮤니케이션북스.
국립국어원(2005b)『외국인을 위한 한국어문법 2』, 커뮤니케이션북스.
권명식(2003a) 스와힐리어, 변광수 편『세계주요언어』, 역락.
권명식(2003b) 아프리카제어 개관, 변광수 편『세계주요언어』, 역락.
권재일(2000)『한국어 통사론』, 민음사.
권현주(2006) 특수음소의 변이음을 활용한 한국어 종성 발음 인지 교육 방안-일본어권 학습자를 중심으로,『일본어문학』제31집, 35-54.
근보강(2010) 한·중 분류사 대조와 한국어 분류사 교육 : 유형론적 의미 대조와 어휘 습득 난이도를 중심으로,『한국언어문화학』, 7-2, 국제한국언어문화학회 1-21.
김건환(1994)『대비언어학』, 청록출판사.
김규진(2003) 체코어와 슬로바키아어, 변광수 편『세계주요언어』, 역락.
김기태(2003) 베트남어, 변광수 편『세계주요언어』, 역락.

김기혁(2008a)『언어 범주와 유형: 이론과 응용』, 소통.
김기혁(2008b)『언어유형론-언어의 통일성과 다양성-』(원저: *Introduction to Typology -The Unity and Diversity of Language*, Whaley, L. J.(1997), Sage Publications), 소통.
김기혁(2009)『언어유형론 -형태론과 통사론-』(원저: *Linguistic typology: morphology and syntax*, Song, J. J.(2001), Harlow and London: Pearson Education), 보고사.
김미형(2009)『인지적 대조언어학의 방법론 연구 -한국어와 영어를 대상으로-』, 한국문화사.
김상근(2003) 중국어, 변광수 편『세계주요언어』, 역락.
김선정(1999a) 승인제약조건과 한국어 모음체계,『언어학』25, 한국언어학회, 55-75.
김선정(1999b) 영어 화자를 위한 한국어 발음 교육 방안,『한국어교육』10-2, 국제한국어교육학회, 153-169.
김선정(1999c) 인접성 조건과 한국어 음운현상,『현대문법연구』18, 현대문법학회, 91-109.
김선정(1999d) 지배음운론에서 본 한국어 중화현상,『언어과학연구』16, 언어과학회, 103-124.
김선정(2000a) 한국어 [으] 모음과 불어 [ə] 모음 비교 연구,『음성과학』7-1, 한국음성과학회, 171-186.
김선정(2000b) 한국어 음운현상에 나타난 결합 작용과 분해 작용 -지배음운론적 접근-,『어문학』69, 한국어문학회, 43-63.
김선정(2001) A Comparative Study of Korean and French Vowel System,『음성과학』8-1, 한국음성과학회, 53-66.
김선정(2003) 어말 음절구조의 특성과 한국어 교육적 접근,『언어과학연구』24, 언어과학회, 23-40.
김선정(2005a) 차용어에 관한 지배음운론적 접근,『언어와 언어학』35, 한국외국어대학교 언어연구소, 69-85.
김선정(2005b) 한국어와 몽고어에 나타난 움라우트 비교 연구,『Comparative Korean Studies』13-1, 국제비교한국학회, 25-54.
김선정(2008) 한국어 자음 연쇄의 분포 특성에 관한 연구,『언어와 문화』4-1, 한국언어문화교육학회, 81-96.
김선정(2011) 중국인 한국어 학습자의 중간언어 연구,『비교문화연구』22, 경희대학교 비교문화연구소, 303-328.

김선정(2011) 한국어와 영어 대조 분석, 『대조분석과 학습자 오류 분석』, 제7회 한국어교육 학술대회 논문집, 연세대학교 언어연구교육원, 3-25.
김선정(2012) 자음연쇄의 발음유형과 한국어교육, 『외국어로서의 한국어교육을 위한 한국어학』, 제6회 한국학 국제학술대회 논문집, 계명대학교 한국학연구원, 135-145.
김성란(2012) 『한국어교육을 위한 한중언어대조연구』, 역락.
김성수·김선정(2010) 명사구 접근 가능성 계층(NPAH)의 유표성 정도와 외국인 한국어 학습자의 특성, 『어문연구』 63, 어문연구학회, 33-51.
김승곤(2011) 『21세기 국어의 의향법 연구』, 박이정.
김영연(2003) 이란어, 변광수 편 『세계주요언어』, 역락.
김영중(2003) 네덜란드어, 변광수 편 『세계주요언어』, 역락.
김옥순 역(2010) 『한일대조언어학』(원저: 『日韓対照言語学入門』, 油谷幸利(2005), 白帝社), 제이앤씨.
김용범(2010) 『영한대조와 학습자오류』, 피오디월드(주).
김재민(2003) 영어, 변광수 편 『세계주요언어』, 역락.
김정관(2009) 『한국어 교육을 위한 '가다'와 '오다'의 화용론적 연구』, 계명대학교 석사학위논문.
김진우(2002) 『제2언어 습득 연구-현황과 전망』, 한국문화사.
김진형·김경란 역(2008) 『형태론』(원저: *Morphology*, Katamba, F. & J. Stonhan(2006), Palgrave Macmillan), 한국문화사.
김한식·김나정(2007) 『번역의 원리: 異문화를 어떻게 번역할 것인가』, (원저: 『翻訳の原理: 異文化をどう訳すが』, 平子義雄(1999), 大修館書店), 한국외국어대학교 출판부.
김현권(1999a) 언어들 간의 공통점과 차이점, 『외국인을 위한 한국어교육의 방법과 실제』, 한국방송통신대학교 출판부.
김현권(1999b) 언어에 대한 이해, 『외국인을 위한 한국어교육의 방법과 실제』, 한국방송통신대학교 출판부.
김현철(2006) 『중국어학의 이해』, 학고방.
김현철·김시연(2011) 『중국어학의 이해』, 학고방.
남기심·이상억·홍재성 외(1999) 『외국인을 위한 한국어교육의 방법과 실제』, 한국방송통신대학교 출판부.
리란(2007) 『현대 한국어 분류사와 중국어 양사의 대조 연구』, 경북대학교 석사학위논문.
문용(1999) 『한국어의 발상·영어의 발상』, 서울대학교 출판부.

민선재(2003) 스페인어, 변광수 편『세계주요언어』, 역락.
박기덕(2003) 한국어, 변광수 편『세계주요언어』, 역락.
박기용(2003) 히브리어, 변광수 편『세계주요언어』, 역락.
박덕유(1998) 국어의 상 종류와 특성에 대해서: 문법적 동사상을 중심으로,『새국어교육』 55-1, 한국국어교육학회, 131-163.
박수영(2003) 헝가리어, 변광수 편『세계주요언어』, 역락.
박창원·오미영·오은진(2006)『한·영·일 음운 대비』, 한국문화사.
배주채(2003)『한국어의 발음』, 삼경문화사.
배주채(2011)『국어음운론개설』, 신구문화사.
변광수 (1987) 중간언어 형성과 음운규칙의 역할: 스웨덴어 학습의 경우,『언어』12-1, 한국언어학회, 130-149.
변광수(2003) 스웨덴어, 변광수 편『세계주요언어』, 역락.
서상규(1999) 형태론과 어휘론,『외국인을 위한 한국어교육의 방법과 실제』, 한국방송통신대학교 출판부.
서재만(2003) 터키어, 변광수 편『세계주요언어』, 역락.
서정목(2002) 대조분석이론에 관한 연구 -음성·음운측면을 중심으로-,『언어과학연구』 23, 언어과학회, 67-89.
서정목·김동우(2009)『영어와 독일어의 역사비교언어학과 대조언어학』, 한국학술정보(주).
서정수(1994)『국어문법』, 뿌리깊은나무.
서정철(2003) 프랑스어, 변광수 편『세계주요언어』, 역락.
성낙일·박의재 역(2011)『현대영어학개론(제9판)』(원저: (An) introduction to language. Fromkin, V., R. Rodman & N. Hyams(2003), Michael Rosenberg). 센게이지러닝코리아(주).
송경안·이기갑 외(2008a)『언어유형론 1』, 월인.
송경안·이기갑 외(2008b)『언어유형론 2』, 월인.
송경안·이기갑 외(2008c)『언어유형론 3』, 월인.
송재목(1999a) 용언과 활용 I,『외국인을 위한 한국어교육의 방법과 실제』, 한국방송통신대학교 출판부.
송재목(1999b) 용언과 활용 II,『외국인을 위한 한국어교육의 방법과 실제』, 한국방송통신대학교 출판부.
송향근(2003) 핀란드어, 변광수 편『세계주요언어』, 역락.

신지영(2011)『한국어의 말소리』, 지식과 교양.

안병곤(2009)『일본어 교수 학습을 위한 한일대조문법론』, 보고사.

안병권·최태욱(2000) 동사에서 유래한 파생명사(派生名詞)에 대한 일한 대조연구, 『일본어교육』, 17-1, 139-175.

안병희·이광호(1990)『중세국어문법론』, 학연사.

안상철·최인철(2006)『영한 대조분석』, 한국문화사.

안수정(2006)『수 분류사(數分類詞)의 유형적 특성 연구: 한국어와 중국어, 일본어, 베트남어의 비교를 중심으로』, 경희대학교 석사학위논문

안영호·전태현(2003) 말레이어, 변광수 편『세계주요언어』, 역락.

양경모(1990) 日本語의 단어형성법에 대하여,『언어연구』2, 서울대언어연구회, 47-59.

엄익상·이옥주·손남호·이미경 역 (2010)『중국어 말소리』(원저: *The Sounds of Chinese*, Lin, Y. H.(2007), Cambridge University Press), 역락.

연재훈(2011)『한국어 구문 유형론』, 태학사.

오대환(2011) 한국어와 일본어 대조 분석,『대조분석과 학습자 오류 분석』, 제7회 한국어교육 학술대회 논문집, 연세대학교 언어연구교육원, 62-81.

오명근(2003) 아랍어, 변광수 편『세계주요언어』, 역락.

오미영 역(2007)『대조언어학』(원저:『対照言語学』, 石綿敏雄・高田誠(1990), おうふう社), 제이앤씨.

유원수(2003) 몽골어, 변광수 편『세계주요언어』, 역락.

유재원(2003) 그리스어, 변광수 편『세계주요언어』, 역락.

윤병달(2009)『언어와 의미: 문법 현상에 대한 해석과 설명』, 동인

윤상실·권승림·오미영(2012)『신 일본어학개설』, 제이앤씨.

이강국·성초림·김준한·곽재용(2008)『스페인어문법 기초다지기』, 한국외국어대학교 출판부.

이관규(2012)『학교문법론』, 월인.

이교충(2003) 타이어, 변광수 편『세계주요언어』, 역락.

이국희(2009)『중국어 학습자를 위한 중국어학기초』, 새문사.

이기동 외 역(1999)『언어와 언어학: 인지적 탐색』(원저: *(A) Cognitive exploration of language and linguistics*, Dirven. R. & M. Verspoor(1999), John Benjamins Publishing Company), 한국문화사.

이기문·이호권(2008)『국어사』, 한국방송통신대학교 출판부.

이기용(2001) 대조언어학: 그 위상과 새로운 응용,『언어과학연구』19, 언어과학회, 69-86.

이문수(2003a) 로망스어 개관, 변광수 편 『세계주요언어』, 역락.
이문수(2003b) 루마니아어, 변광수 편 『세계주요언어』, 역락.
이상억(1999) 한국어의 사회언어학적 특성: 경어법, 『외국인을 위한 한국어교육의 방법과 실제』, 한국방송통신대학교 출판부.
이상직(1999) 한국어의 표준발음과 음운현상, 『외국인을 위한 한국어교육의 방법과 실제』, 한국방송통신대학교 출판부.
이승연(2012) 『한국어교육을 위한 응용언어학 개론』, 태학사.
이익섭·이상억·채완(1997) 『한국의 언어』, 신구문화사.
이익환·안승신(2001) 『영어학 개론』, 한국방송통신대학교 출판부.
이인영(2003) 일본어, 변광수 편 『세계주요언어』, 역락.
이정희(2003) 『한국어 학습자의 오류 연구』, 박이정.
이주화(2011) 중국어권 오류 사례, 『대조분석과 학습자 오류 분석』, 제7회 한국어교육 학술대회 논문집, 연세대학교 언어연구교육원, 124-143.
이진호(2005) 『국어음운론 강의』, 삼경문화사.
이철수·김준기(2000) 『언어와 언어학의 이해』, 한국문화사.
이한우(2002) 『요설 태국어 문법론』, 한국외국어대학교 출판부.
이향란(2010) 『일본어학개론』, 어문학사.
이호영(1996) 『국어음성학』, 태학사.
이근효(1997) 『현대중국어법』, 중문출판사.
임근동(2003) 산스크리트어, 변광수 편 『세계주요언어』, 역락.
임영철(2008) 『한국어와 일본어 그리고 일본인과의 커뮤니케이션』, 태학사.
임헌찬(2008) 『새로운 일본어학의 세계: 한국어와의 비교 대조를 통해서』, 제이앤씨.
장부연(2011) 일본어권 오류 사례, 『대조분석과 학습자 오류 분석』, 제7회 한국어교육 학술대회 논문집, 연세대학교 언어연구교육원, 145-159.
장용규(2003) 줄루어, 변광수 편 『세계주요언어』, 역락.
장태상(2003) 하우사어, 변광수 편 『세계주요언어』, 역락.
전미순(2001) 『일본어 모어 학습자를 위한 한국어 발음 교육 방안 연구』, 경희대학교 교육대학원 석사학위 논문.
전재호·홍사만(2005) 『한·일 언어문화 대조연구』, 역락.
정윤철(2008) 『테마로 배우는 현대중국언어학 개론』, 소통.
정은이 역(2005) 『대조언어학』(원저: *Einführung in die Kontrastive Linguistik*, K.

Rein(1983), Darmstadt), 역락.

정현혁(2012)『일본어학의 이해』, 인문사.

조경숙(2005) 6개 언어 부정에 관한 통사 유형적 비교: 영어, 프랑스어, 러시아어, 한국어, 일본어, 중국어에 관하여,『언어학』41, 237-266, 한국언어학회.

조은숙(2012)『한국어와 일본어의 인지언어학적 대조 연구』, 인문사.

조이환(2003) 포르투갈어, 변광수 편『세계주요언어』, 역락.

천호재(2009)『중간구문의 개별언어 분석 및 범언어적 분석』, 한국문화사.

최경애 역(2003)『일본어의 음성』(원저:『日本語の音声』, 窪薗晴夫(1999), 岩波書店), 목원대학교 출판부.

최영진(2007)『외국어 학습자의 오류 다루기』(원저: *Fehler und Fehlerkorrektur*, Kleppin, K.(1998), Goethe Institut), 한국문화사.

최유경(2011) 영어권 오류 사례,『대조분석과 학습자 오류 분석』, 제7회 한국어 교육 학술대회 논문집, 연세대학교 언어연구교육원, 107- 123.

최종찬(2003a)『힌디어 음운론』, 한국외국어대학교 출판부.

최종찬(2003b) 힌디어, 변광수 편『세계주요언어』, 역락.

최창성(2002) 태국어 관용어의 의미에 대한 연구,『한국태국학회논총』9, 한국태국학회, 1-34.

최한우(2003) 우랄·알타이어 개관, 변광수 편『세계주요언어』, 역락.

편무진(2011)『일본어학 요론』, 인문사.

한국일본어학회(2005)『일본어학 중요용어 743』, 제이앤씨.

한국일본어학회(2012)『일본어학 연구의 최전선』, 책사랑.

허용(1999) 한국어 학습에 나타나는 오류 분석,『외국인을 위한 한국어교육의 방법과 실제』, 한국방송통신대학교 출판부.

허용(2001) 부사격 조사에 대한 한국어 교육학적 접근,『이중언어학』19, 이중언어학회, 365-390.

허용(2002) 한국어 교수 학습에 나타나는 오류에 대한 언어학적 연구,『언어와 언어학』30, 한국외국어대학교 언어연구소, 157-175.

허용(2003) 한국어교육을 위한 중간 언어 음운론 기초연구 : 지배음운론적 관점에 입각한 한국어 모음현상 분석,『언어과학연구』25, 언어과학회, 277-298.

허용(2004a) 중간언어 음운론에서의 간섭현상에 대한 대조언어학적 고찰,『한국어교육』15-1, 국제한국어교육학회, 233-257.

허용(2004b) 중간언어 음운론을 위한 모음 연구,『이중언어학』25, 이중언어학회, 309-330.
허용(2004c) 한국어 자음동화에 대한 지배음운론적 접근,『언어와 언어학』34, 한국외국어대학교 언어연구소, 199-213.
허용(2005a) 한국어교육을 위한 음운론,『외국어로서의 한국어학』, 한국방송통신대학교 출판부.
허용(2005b) 대조언어학을 위한 기초 연구,『한국어문학연구』22, 한국어문학연구회, 33-58.
허용(2006) 모음 교체 현상의 보편성 연구: 영어, 아랍어, 한국어를 중심으로,『이중언어학』30, 이중언어학회, 413-435.
허용(2007) 음절구조제약의 조정현상에 대한 음운론적 유형 연구,『이중언어학』33, 이중언어학회, 297-315.
허용(2008a) 빈 음절핵의 음운 행위 유형 연구: 프랑스어, 타이어, 힌디어를 중심으로,『언어와 언어학』41, 한국외국어대학교 언어연구소, 303-328.
허용(2008b) 중간언어 음운론을 위한 자음 연구,『한국어교육』19-1, 국제한국어교육학회, 1-18.
허용(2008c) 한국어교육에서의 대조언어학과 보편문법의 필요성 연구,『이중언어학』36, 이중언어학회, 1-24.
허용(2009a) 산스크리트어 모음 체계와 모음 산디 규칙에 대한 지배음운론적 해석,『이중언어학』39, 이중언어학회, 397-424.
허용(2009b) 산스크리트어 자음 산디에 대한 지배음운론적 해석,『언어와 언어학』44, 한국외국어대학교 언어연구소, 261-286.
허용(2010a) 외국어로서의 한국어교육에 대한 언어학적 접근,『언어와 문화』6-1, 한국언어문화교육학회, 285-307.
허용(2010b) 음성적 유표성 위계와 보편적 모음과의 상관관계 연구,『이중언어학』42, 이중언어학회, 307-330.
허용(2010c). 자음 체계 대조 연구: 한국어, 영어, 일본어, 중국어를 대상으로,『언어과학연구』55, 언어과학회, 305-332.
허용(2010d) 자음의 보편성과 음성적 유표성의 상관관계 연구: 장애음을 중심으로,『언어와 문화』6-3, 한국언어문화교육학회, 333-351.
허용(2011a) 모음체계 연구: 한국어, 영어, 일본어, 중국어를 대상으로,『비교문화연구』25, 경희대학교 비교문화연구소, 723-741.

허용(2011b) 연음화를 통해서 본 언어보편적 음절구조 연구: 한국어와 일본어를 대상으로, 『언어연구』 27-3, 한국현대언어학회, 525-545.

허용(2011c) 한국어 자음 체계의 유형적 보편성 연구, 『이중언어학』 45, 이중언어학회, 331-351.

허용(2012a) 외국인 학습자의 한국어 발음 오류에 대한 음운론적 분석: 음운현상을 중심으로, 『한국학논집』 46, 201-231, 계명대학교 한국학연구원.

허용(2012b) 아시아 언어의 지리적·계통적 연구, 『언어와 문화』 8-2, 한국언어문화교육학회, 259-288.

허용(2012c) 베트남어와 크메르어의 자음체계 연구, 『언어와 언어학』 57, 한국외국어대학교 언어연구소, 223-248.

허용(2012d) 동남아시아 언어의 자음체계 대조 연구: 말레이어, 타이어, 버마어를 중심으로, 『언어과학연구』 63, 언어과학회, 343-368.

허용·김선정(2005) 『음운론 이해』(원저: *Understanding Phonology*, Gussenhoven, C. & H. Jacobs(1998), Arnold Publishers), 동인.

허용·김선정(2006) 『외국어로서의 한국어발음교육론』, 박이정.

허용 외(2005) 『외국어로서의 한국어교육학 개론』, 박이정.

허인(2003) 이탈리아어, 변광수 편 『세계주요언어』, 역락.

홍사만(2002) 『한일어 대조분석』, 도서출판 역락.

홍사만(2003) 한·일어 대조 연구의 어제와 오늘, 『이중언어학』, 이중언어학회, 49-89.

홍사만 외(2009) 『한국어와 외국어 대조분석론』, 역락.

홍승우(2003) 게르만어 개관, 변광수 편 『세계주요언어』, 역락.

홍재성 외(1996) 『불어학개론』, 한국방송통신대학교 출판부.

홍재성(1999a) 한국어 문장과 그 구조, 『외국인을 위한 한국어교육의 방법과 실제』, 한국방송통신대학교 출판부.

홍재성(1999b) 한국어의 구조·유형론적 특성, 『외국인을 위한 한국어교육의 방법과 실제』, 한국방송통신대학교 출판부.

홍재성 외(1996) 『불어학개론』, 한국방송통신대학교 출판부.

홍종선 외(2009) 『국어의 시제, 상, 서법』, 박문사.

황종인(2003) 독일어, 변광수 편 『세계주요언어』, 역락.

国立国語研究所(1964) 『現代雑誌九十種の用語用字』.

金龍(2008) 『日本語と韓国語における語順の対照研究』, 역락.

金田一 京助他[編](2002)『新選国語辞典』第8版 小学館.
房玉清(1992)『使用汉语语法』, 北京语言学院出版社.
服部 四郎(1951)『音声学』, 岩波書店.
山田明穂秋本守英(2001)『日本語文法大辞典』, 明治書院.
小泉 保(1993)『日本語教師のための言語学入門』, 大修館書店.
日本語教育学会 編(1982)『日本語教育事典』, 大修館書店.

Asher, R. E.(1994) *The Encyclopedia of Language and Linguistics*, Pergamon Press.

Atkinson, D.(1987) The mother tongue in the classroom: a neglected resource?, *ELT Journal* 41-4, 241-247.

Baucom, K. L.(1974) Proto-Central Khoisan. Third Annual Conference on African Linguistics (ed. E. Voeltz) *Indiana University Publications African Series 7*, Indiana University, Blomingtom: 3-38.

Benson, C.(2002) Transfer/Cross-linguistic influence, *ELT Journal* 56-1, Oxford University Press, 68-70.

Bock, J. K.(1982) Toward a cognitive psychology of syntax: Information processing contributions to sentence formulation, *Psychological Review* 89, 1-47.

Brown, H. D.(1994) *Principles of Language Learning and Teaching*(3rd ed.), Englewood Cliffs: Prentice-Hall.

Brown, H. D.(2007) *Teaching by Principles: An Interactive Approach to Language Pedagogy*, White Plain NY: Addison Wesley Longman.

Comrie, B.(1976) *Aspect,* Cambridge University Press.

Comrie, B.(1990) *The World Major Languages*, Oxford University Press.

Corder, S. P.(1967) The Significance of Learners' Errors, *International Review of Applied Linguistics* 5, 161-169.

Corder, S. P.(1971) Idiosyncratic dialects and error analysis, *International Review of Applied Linguistics* 9-2, 147-160.

Crothers, J.(1978) Typology and Universals of Vowel System, in Greenberg, J. H., C. A. Ferguson & E. Moravcsik(eds.), *Universals of human language 2: Phonology*. Stanford University Press.

Crystal, D.(2008) *A dictionary of linguistics and phonetics*, Blackwell.

Crystal, D.(2010) *The Cambridge Encyclopedia of Language*, Cambridge University

Press.

Disner, F.(1980) Insights on vowel spacing: Results of a language survey, *UCLA Working Paper in Phonetics* 50, 70-92.

Dryer, M. S. & M. Haspelmath(eds.)(2011) *The World Atlas of Language Structures Online*. Munich: Max Planck Digital Library. Available online at http://wals.info/ Accessed on 2012-11-5.

Duanmu, S.(2007) *The Phonology of Standard Chinese* (2nd edition), Oxford University Press.

Ellis, R.(1985) *Understanding Second Language Acquisition*, Oxford: Oxford University Press.

Ellis, R.(1994) *The Study of Second Language Acquisition*, Oxford: Oxford University Press.

Fromkin, V. R. Rodman & N. Hyams(2011) *An Introduction to Language* (9th edition), Wadsworth, Cengage Learning.

Gass, S. M. & L. Selinker(1994) *Second Language Acquisition - An Introductory Course*. (『제2언어 습득론』, 박의재·이정원 역(1999), 한신문화사.)

Gimson, A. C.(1970) *An Introduction to the Pronunciation of English*, Edward Arnold.

Givon, T.(1979) *On Understanding Grammar*. New York: Academic Press.

Goddard, C.(2005) *The Languages of East and Southeast Asia*, Oxford University Press.

Greenberg, J. H.(1966) *Universals of Language: Report*, MIT Press.

Greenberg, J. H., C. A. Ferguson & E. A. Moravcsik(eds.)(1978) *Universals of human language*, Stanford University Press.

Gussenhoven, C. & H. Jacobs(2005) *Understanding Phonology*(2nd edition), Trans-Atlantic Publications.

Harris, J. & J. Kaye(1990) A Tale of Two Cities: London Glottaling and New York City Tapping, *The Linguistic Review* 7-2, 251-274.

Harris, J.(1990) Segmental Complexity and Phonological Government, *Phonology* 7-2, 255-300.

Haspelmath, M., M. S Dryer, D. Gil & B. Comrie(2005) *The World Atlas of Language Structures*, Oxford University Press.

Helliwell, M.(1989) *Can I become a beefsteak?* Trügerische Wórter zum Nachschlagen und Üben, Deutsch-Englisch, Berlín.

Heo, Y.(1995) *Empty Categories and Korean Phonology*, Ph.D. Dissertation, SOAS, University of London.

Heo, Y.(2003) Unlicensed domain-final empty nuclei in Korean, in S. Ploch(ed.) *Living on the Edge (Studies in Generative Grammar)*, 481-496.

Hofmann, T. R.(1993) *Realms of Meaning*. Longman.

James, C.(1980) *Contrastive Analysis*. Harlow: Longman Group Limited.

Koessler, M. & J. Derocquigny(1928) *Les faux amis: ou, Les trahisons du vocabulaire anglais* (conseils aux traducteurs), Vuibert.

Kim, S. J.(1996a) *The Representations of Korean Phonological Expressions and Their Consequences*, Ph.D. Dissertation, SOAS, University of London.

Kim, S. J.(1996b) Umlaut in Korean, *SOAS Working Papers in Linguistics and Phonetics* 6, 20-40.

Kim, S. J.(2003) Unreleasing: the case of neutralisation of Korean, in S. Ploch(ed.) *Living on the Edge (Studies in Generative Grammar)*, 497-510.

Krashen, S. D.(1982) *Principles and Practice in Second Language Acquisition*, Pergamon Press.

Labrune, L.(2012) *The Phonology of Japanese*, Oxford University Press.

Lacy, P.(2006) *Markedness: reduction and preservation in phonology*, Cambridge University Press.

Ladefoged, P.(2001) *Vowels and Consonants*, Blackwell.

Ladefoged, P. & I. Maddieson(1990) Vowels of the World's Languages, *Journal of Phonetics* 73, UCLA.

Ladefoged, P. & I. Maddieson(1996) *The Sounds of World's Languages*, Blackwell.

Lado, R.(1957) *Linguistics across Cultures: Applied Linguistics for Language Teachers*, Ann Arbor: University of Michigan Press.

Lass, R.(1984) *Phonology: An introduction to basic concepts*, Cambridge University Press.

Le Tuan Son(2009) 『한국어와 베트남어 한자어의 대조 연구』, 영남대학교 박사학위논문.

Liljencrants, J. & B. Lindblom(1972) Numerical Simulation of Vowel Quality Systems:

the Role of Perceptual Contrast, *Language* 48, 839-62.
Lin. Y. H.(2007) *The Sound Chinese*, Cambridge University Press.
Lindblom, B.(1986) Phonetic Universals in Vowel Systems, in In Ohala, J. J. & J. J. Jaeger, *Experimental Phonology*, Academic Press, 13-44.
Lindblom, B. & I. Maddieson(1988) Phonetic Universals in Consonant Systems, in Hyman, L. 1988. *Language, Speech, and Mind: Studies in Honour of Victoria A. Fromkin*, Routledge Kegan & Paul, 62-78.
Locke, J. L.(1983) *Phonological acquisition and change*, Academic Press.
Maddieson, I.(1977) Tone loans: a question concerning tone spacing and a method of answering it, *UCLA Working Papers in Phonetics* 36, 49-83.
Maddieson, I.(1980) Phonological Generalizations from the UCLA Phonological Segment Inventory Database *UCLA Working Papers in Phonetics* 50, 57-68.
Maddieson, I.(1984) *Patterns of Sounds*, Cambridge University Press.
Maddieson, I.(1986) The Size and Structure of Phonological Inventories: Analysis of UPSID. In Ohala, J. J. & J. J. Jaeger(eds.) *Experimental Phonology*, Academic Press, INC 105-124.
Maddieson, I.(2007) Issues of Phonological Complexity: Statistical Analysis of the Relationship between Syllable Structures, Segment Inventories, and Tone Contrasts In Solé, M. J., Beddor, P. S. & M. Ohala(eds.), *Experimental Approaches to Phonology*, Oxford University Press, 93-103.
Maddieson, I.(2011) Typology of Phonological Systems, In J. J. Song(ed.), *The Oxford Handbook of Linguistic Typology*, Oxford University Press, 534-550.
Miestamo, M.(2005) *Standard Negation: The Negation of Declarative Verbal Main Clauses in a Typological Perspective*, Mouton de Gruyter.
Ohala, J. J.(1980) Chairman's introduction to symposium on phonetic universals in phonological systems and their explanation, in *Proceedings of the 9th International Congress of Phonetic Sciences*, Institute of Phonetics, University of Copenhagen.
Ohala, J. J.(1983) The Origin of Sound Patterns in Vocal Tract Constraints, in P. F. MacNeilage(ed.). *The Production of Speech*, Springer Verlag, 189-216.
Ohala, J. J.(2008) Phonological acquisition in a first language, in Edwards, J. G.

Hansen & M. L. Zampini(eds.), *Phonology and Second Language Acquisition*, John Benjamins Publishing Company, 19-40.

Payne, J. R.(1985) "Negation" in T. Shopen(ed.), *Language Typology and Syntactic Description*, Cambridge University Press.

Prator, C.(1967) *Hierarchy of Difficulty, Unpublished classroom lecture*, University of California, Los Angeles.

Pukui, M. K. & S. H. Elbert(1965) *Hawaiian-English Dictionary.* (3rd ed) University of Hawaii Press, Honolulu.

Richards, J.(1974) A Non-Contrastive Approach to Error Analysis, In J. C. Richards(Ed.), *Error analysis: Perspectives on Second Language Acquisition*, 172-188.

Ruhlen, M.(1975) *A guide to the languages of the world*, Stanford.

Schane, S.(1973) *Generative Phonology*, Prentice-Hall.

Schwartz, J. L., L. J. Boë, N. Vallée & C. Abry(1997) Major trends in vowel system inventories, *Journal of Phonetics* 25, 233-253.

Selinker, L.(1972) Interlanguage, *International Review of Applied Linguistics* 10(3), 209-231.

Selinker, L.(1974) Interlanguage. in J. C. Richards (ed.), *Error Analysis: perspectives on second language acquisition*, 31-54.

Selinker, L.(1992) *Rediscovering Interlanguage*, London: Longman.

Selinker, L., M. Swain & G. Dumas(1975) The interlanguage hypothesis extended to children, *Language Learning* 25-1, 139-152.

Smith, C. S.(1991) *The Parameter of Aspect.* Dordrecht: Kluwer Academic Publishers.

Sohn, H. M.(2001) *The Korean Language, Cambridge Language Surveys*, Cambridge University Press.

Song, J. J.(2011) *The Oxford Handbook of Linguistic Typology*, Oxford University Press.

Stockwell, R. P., J. D. Bowen & J. W. Martin(1965) *The Grammatical Structures of English and Spanish*, Chicago: University of Chicago Press.

Taylor, B. P.(1975) The use of overgeneralization and transfer learning strategies by elementary and intermediate students of ESL. *Language Learning* 25, 73-107.

Terbeek, D.(1977) Some constraints on the principle of maximum perceptual contrast between vowels, *Proceedings of the 13th Regional Meeting of the Chicago Linguistic Society*, 640-650.

Traill, A.(1978) Research on the Non-Bantu African Language, *Language and Communication Studies in South Africa* (ed. L. W. Lanham & K. P. Prinsloo) Oxford University Press, Cape Town.

Vance, T.(2008) *The Sounds of Japanese*, Cambridge University Press.

Vendler, Z.(1967) *Verbs and Times, Linguistics in Philosophy*, Ithaca, Cornell University Press.

Whaley, L. J.(1997) *Introduction to typology: The unity and diversity of language*. Sage Publication: Thousand Oaks.

Williamson, K.(1989) Niger-Congo overview, in J. B. Samuel & R, L. Hartell (eds.) *The Niger-Congo Languages: a classification and description of Africa's largest language family*, 3-45.

Yip, M.(2002) *Tone*, Cambridge University Press.

Zee, E. & W. S. Lee(2007) Vowel typology in Chinese, Paper presented at *the 16th on International Conference of Phonetic Science*, Saarbrucken, German.

〈Website〉

The World Atlas of Language Structures Online, http://wals.info/

Wikipedia, http://www.wikipedia.org/

Ethnologue: Languages of the world, http://www.ethnologue.com/home.asp